मानसरोवर . . दो

रियासत का दीवान तथा अन्य कहानियां

मुंशी प्रेमचंद

स्टार पब्लिकेशन्स प्रा. लि.
नई दिल्ली

संस्करण : 2017 (पुनर्मुद्रण)

ISBN: 978-81-7650-179-8

प्रकाशक:
स्टार पब्लिकेशंस प्रा. लि.
4/5-बी, आसफ अली रोड
नई दिल्ली - 110 002

मूल्य : रु. 199/-

लेज़र कम्पोज़िंग :
आर. एस. प्रिंट्स, नई दिल्ली

Munsi Premchand
Riyasat Ka Diwan Tatha Anya Kahaniyan
Stories
SPPL

अनुक्रमाणिका

कुसुम

साल-भर की बात है। एक दिन शाम को हवा खाने जा रहा था कि महाशय नवीन से मुलाक़ात हो गई। मेरे पुराने दोस्त हैं। बड़े बेतकल्लुफ़ और मनचले। आगरे में मकान है, अच्छे कवि हैं। उनके कवि-समाज में कई बार शरीक़ हो चुका हूँ। ऐसा कविता का उपासक मैंने नहीं देखा। पेशा तो वकालत है, पर डूबे रहते हैं काव्य-चिन्तन में। आदमी ज़हीन हैं, मुकद्दमा सामने आया और उसकी तह तक पहुँच गए, इसलिए कभी-कभी मुकद्दमे मिल जाते हैं; लेकिन कचहरी के बाहर अदालत या मुकद्दमे की चर्चा उनके लिए निषिद्ध है। अदालत की चारदीवारी के अन्दर चार-पाँच घण्टे वह वकील होते हैं। चारदीवारी के बाहर निकलते ही कवि हैं—सिर से पाँव तक। जब देखिए, कवि-मण्डल ज़मा है, कवि-चर्चा हो रही है, रचनाएँ सुन रहे हैं, मस्त हो-होकर झूम रहे हैं, और अपनी रचना सुनाते समय तो उन पर एक तल्लीनता-सी छा जाती है। कण्ठ-स्वर भी इतना मधुर है कि उनके पद बाण की तरह सीधे कलेजे में उतर जाते हैं। अध्यात्म में माधुर्य की सृष्टि करना, निर्गुण में सगुण की बहार दिखाना उनकी रचनाओं की विशेषता है। वह जब लखनऊ आते हैं, मुझे पहले सूचना दे दिया करते हैं। आज उन्हें अनायास लखनऊ में देखकर मुझे आश्चर्य हुआ। पूछा—आप यहाँ कैसे! कुशल तो हैं? मुझे आने की सूचना तक न दी।

बोले—भाईजान, एक जंजाल में फँस गया हूँ। आपको सूचित करने का समय न था। फिर आपके घर को अपना घर समझता हूँ। इस तकल्लुफ़ की क्या ज़रूरत है कि आप मेरे लिए कोई विशेष प्रबन्ध करें। मैं एक ज़रूरी मामले में आपको कष्ट देने आया हूँ। इस वक़्त की सैर को स्थगित कीजिए और चलकर मेरी विपत्ति-कथा सुनिए।

मैंने घबराकर कहा—आपने तो मुझे चिन्ता में डाल दिया। आप और विपत्ति-कथा! मेरे तो प्राण सूखे जाते हैं।

'घर चलिए, चित्त शान्त हो तो सुनाऊँ!'

'बाल-बच्चे तो अच्छी तरह हैं?'

'हाँ, सब अच्छी तरह हैं। वैसी कोई बात नहीं है!'

'तो चलिए, रेस्ट्राँ में कुछ जलपान तो कर लीजिए।'

'नहीं भाई, इस वक़्त मुझे जलपान नहीं सूझता।'

हम दोनों घर की ओर चले।

घर पहुँचकर उनका हाथ-मुँह धुलाया, शरबत पिलाया। इलायची-पान खाकर उन्होंने अपनी विपत्ति-कथा सुनानी शुरू की—

'कुसुम के विवाह में तो आप गए ही थे। उसके पहले भी आपने उसे देखा था। मेरा विचार है कि किसी सरल प्रकृति के युवक को आकर्षित करने के लिए जिन गुणों की ज़रूरत है, वे सब उसमें मौजूद हैं। आपका क्या ख़याल है?'

मैंने तत्परता से कहा—मैं आपसे कहीं ज़्यादा कुसुम का प्रशंसक हूँ। ऐसी लज्जाशील, सुघड़, सलीकेदार और विनोदिनी बालिका मैंने दूसरी नहीं देखी।

❑ 2

महाशय नवीन ने करुण स्वर में कहा—वही कुसुम आज अपने पति के निर्दय व्यवहार के कारण रो-रोकर प्राण दे रही है। उसका गौना हुए एक साल हो रहा है। इस बीच में वह तीन बार ससुराल गई, पर उसका पति उससे बोलता ही नहीं। उसकी सूरत से बेज़ार है। मैंने बहुत चाहा कि उसे बुलाकर दोनों में सफ़ाई करा दूँ; मगर न आता है न मेरे पत्रों का उत्तर देता है। न-जाने क्या गाँठ पड़ गई है कि उसने इस बेदर्दी से आँखें फेर लीं। अब सुनता हूँ, उसका दूसरा विवाह होनेवाला है। कुसुम का बुरा हाल हो रहा है। आप शायद उसे देखकर पहचान भी न सकें। रात-दिन रोने के सिवा दूसरा काम नहीं है। इससे आप हमारी परेशानी का अनुमान कर सकते हैं। ज़िन्दगी की सारी अभिलाषाएँ मिटी जाती हैं। हमें ईश्वर ने पुत्र न दिया; पर हम अपनी कुसुम को पाकर सन्तुष्ट थे और अपने भाग्य को धन्य मानते थे। उसे कितने लाड़-प्यार से पाला, कभी उसे फूल की छड़ी से भी न छुआ। उसकी शिक्षा-दीक्षा में कोई बात उठा न रखी। उसने बी. ए. नहीं पास किया; लेकिन विचारों की प्रौढ़ता और ज्ञान-विस्तार में किसी ऊँचे दर्जे की शिक्षित महिला से कम नहीं। आपने उसके लेख देखे हैं। मेरा ख़याल है, बहुत कम देवियाँ वैसे लेख लिख सकती हैं। समाज, धर्म, नीति सभी विषयों में उसके विचार बड़े परिष्कृत हैं। बहस करने में तो वह इतनी पटु है कि मुझे आश्चर्य होता है। गृह-प्रबन्ध में इतनी कुशल है कि मेरे घर का प्रायः सारा प्रबन्ध उसी के हाथ में था; किन्तु पति की दृष्टि में वह पाँव की धूलि के बराबर भी नहीं। बार-बार पूछता हूँ, तूने उसे कुछ कह दिया है, या क्या बात है? आख़िर वह क्यों तुझसे इतना उदासीन है? इसके जवाब में रोकर यही कहती है—'मुझसे तो उन्होंने कभी कोई बातचीत ही नहीं की।' 'मेरा विचार है कि पहले ही दिन दोनों में कुछ मनमुटाव हो गया। वह कुसुम के पास आया होगा और उससे कुछ पूछा होगा। उसने मारे शर्म के जवाब न दिया होगा। सम्भव है, दो-चार बातें और भी की हों। कुसुम ने सिर न उठाया होगा। आप जानते ही हैं, वह कितनी शर्मीली है। बस, पतिदेव रूठ गए होंगे। मैं तो कल्पना ही नहीं कर सकता कि कुसुम-जैसी बालिका से कोई पुरुष उदासीन रह सकता है, लेकिन दुर्भाग्य का कोई क्या करे? दुखिया ने पति के नाम कई पत्र लिखे, पर उस निर्दयी ने एक का भी जवाब न दिया। सारी चिट्ठियाँ लौटा दीं। मेरी समझ में नहीं आता कि उस पाषाण हृदय को कैसे पिघलाऊँ? मैं अब ख़ुद तो उसे कुछ लिख नहीं सकता। आप ही कुसुम की प्राण-रक्षा करें, नहीं तो शीघ्र ही उसके जीवन का अन्त हो जाएगा, और उसके साथ हम दोनों प्राणी भी सिधार जाएंगे। उसकी व्यथा अब नहीं देखी जाती।'

नवीनजी की आँखें सजल हो गईं। मुझे भी अत्यन्त क्षोभ हुआ। उन्हें तसल्ली देता हुआ बोला—आप इतने दिनों इस चिन्ता में पड़े रहे, मुझसे पहले ही क्यों न कहा? मैं आज ही मुरादाबाद जाऊँगा और उस लौंडे की इस बुरी तरह ख़बर लूँगा कि वह भी याद करेगा। बच्चू को ज़बरदस्ती घसीटकर लाऊँगा और कुसुम के पैरों पर गिरा दूँगा।

नवीनजी मेरे आत्मविश्वास पर मुस्कराकर बोले—आप उससे क्या कहेंगे?

'यह न पूछिए! वशीकरण के जितने मन्त्र हैं, उन सभी की परीक्षा करूँगा।'

'तो आप कदापि सफल न होंगे। वह इतना शीलवान, इतना विनम्र, इतना प्रसन्न-मुख है, इतना मधुर-भाषी कि आप वहाँ से उसके भक्त होकर लौटेंगे। वह नित्य आपके सामने हाथ बाँधे खड़ा रहेगा। आपकी सारी कठोरता शान्त हो जाएगी। आपके लिए तो एक ही साधन है। आपके कलम में जादू है! आपने कितने ही

युवकों को सन्मार्ग पर लगाया है। हृदय में सोई हुई मानवता को जगाना आपका हिस्सा है। मैं चाहता हूँ, आप कुसुम की ओर से एक ऐसा करुणाजनक, ऐसा दिल हिला देनेवाला पत्र लिखें कि वह लज्जित हो जाए और उसकी प्रेम-भावना सचेत हो उठे। मैं जीवन-पर्यन्त आपका आभारी रहूँगा।'

नवीनजी कवि ही तो ठहरे। इस तज़वीज़ में वास्तविकता की अपेक्षा कवित्व ही की प्रधानता थी। आप मेरे कई गल्पों को पढ़कर रो पड़े हैं, इससे आपको विश्वास हो गया है कि मैं चतुर सँपेरे की भाँति जिस दिल को चाहूँ, नचा सकता हूँ। आपको यह मालूम नहीं कि सभी मनुष्य कवि नहीं होते, और न एक-से भावुक। जिन गल्पों को पढ़कर आप रोए हैं, उन्हीं गल्पों को पढ़कर कितने ही सज्जनों ने विरक्त होकर पुस्तकें फेंक दी हैं। पर इन बातों का वह अवसर न था। वह समझते कि मैं अपना गला छुड़ाना चाहता हूँ, इसलिए मैंने सहृदयता से कहा–आपको बहुत दूर की सूझी। और मैं उस प्रस्ताव से सहमत हूँ और यद्यपि आपने मेरी करुणोत्पादक शक्ति का अनुमान करने में अत्युक्ति से काम लिया है, लेकिन मैं आपको निराश नहीं करूँगा। मैं पत्र लिखूँगा, यथा शक्ति उस युवक की न्याय-बुद्धि को जगाने की चेष्टा भी करूँगा। लेकिन आप अनुचित न समझें तो पहले मुझे वह पत्र दिखा दें, जो कुसुम ने अपने पति के नाम लिखे थे। उसने पत्र तो लौटा ही दिए हैं और यदि कुसुम ने उन्हें फाड़ नहीं डाला है, तो उसके पास होंगे। उन पत्रों को देखने से मुझे ज्ञात हो जाएगा कि किन पहलुओं पर लिखने की गुंजाइश बाक़ी है।

नवीनजी ने जेब से पत्रों का एक पुलिन्दा निकालकर मेरे सामने रख दिया और बोले–मैं जानता था, आप इन पत्रों को देखना चाहेंगे, इसलिए इन्हें साथ लेता आया। आप इन्हें शौक़ से पढ़ें। कुसुम जैसी मेरी लड़की है, वैसी ही आपकी भी लड़की है। आपसे क्या परदा!

सुगन्धित, गुलाबी, चिकने काग़ज़ पर बहुत ही सुन्दर अक्षरों में लिखे हुए उन पत्रों को मैंने पढ़ना शुरू किया–

''मेरे स्वामी,

मुझे यहाँ आए एक सप्ताह हो गया; लेकिन आँखें पल भर के लिए भी नहीं झपकीं। सारी रात करवटें बदलते बीत जाती हैं। बार-बार सोचती हूँ, मुझसे ऐसा क्या अपराध हुआ कि उसकी आप मुझे यह सज़ा दे रहे हैं। आप मुझे झिड़कें, घुड़कें, कोसें, इच्छा हो तो मेरे कान भी पकड़ें। मैं इन सभी सज़ाओं को सहर्ष सह लूँगी; लेकिन यह निष्ठुरता नहीं सही जाती। मैं आपके घर एक सप्ताह रही। परमात्मा जानता है कि मेरे दिल में क्या-क्या अरमान थे। मैंने कितनी बार चाहा कि आपसे कुछ पूछूँ, आपसे अपने अपराधों को क्षमा कराऊँ; लेकिन आप मेरी परछाईं से भी दूर भागते थे। मुझे कोई अवसर न मिला।

''आपको याद होगा कि जब दोपहर को सारा घर सो जाता था, तो मैं आपके कमरे में जाती थी और घण्टों सिर झुकाए खड़ी रहती थी; पर आपने कभी आँखें उठाकर न देखा। उस वक़्त मेरे मन की क्या दशा होती थी; इसका कदाचित् आप अनुमान न कर सकेंगे। मेरी-जैसी अभागिनी स्त्रियाँ इसका कुछ अन्दाज़ा कर सकती हैं। मैंने अपनी सहेलियों से उनकी सुहागरात की कथाएँ सुन-सुनकर अपनी कल्पना में सुखों का जो स्वर्ग बनाया था, उसे आपने कितनी निर्दयता से नष्ट कर दिया।'

''मैं आपसे पूछती हूँ, क्या आपके ऊपर मेरा कोई अधिकार नहीं है? अदालत

भी किसी अपराधी को दण्ड देती है, तो उस पर कोई-न-कोई अभियोग लगाती है, गवाहियाँ लेती है, उसका बयान सुनती है। आपने तो कुछ पूछा ही नहीं। मुझे अपनी ख़ता मालूम हो जाती, तो आगे के लिए सचेत हो जाती। आपके चरणों पर गिरकर कहती, मुझे क्षमादान दो। मैं शपथ पूर्वक कहती हूँ, मुझे कुछ नहीं मालूम, आप क्यों रुष्ट हो गए। सम्भव है, आपने अपनी पत्नी में जिन गुणों के देखने की कामना की हो, वे मुझमें न हों। बेशक मैं अंग्रेज़ी नहीं पढ़ी, अंग्रेज़ी-समाज की रीति-नीति से परिचित नहीं, न अंग्रेज़ी खेल ही खेलना जानती हूँ। और भी कितनी ही त्रुटियाँ मुझमें होंगी। मैं मानती हूँ कि मैं आपके योग्य न थी। आपको मुझसे कहीं अधिक रूपवती, गुणवती, बुद्धिमती स्त्री मिलनी चाहिए थी; लेकिन मेरे देवता, दण्ड अपराधों का मिलना चाहिए, त्रुटियों का नहीं। फिर, मैं तो आपके इशारे पर चलने को तैयार हूँ। आप मेरी दिलजोई करें, फिर देखिए, मैं अपनी त्रुटियों को कितनी जल्द पूरा कर लेती हूँ। आपका प्रेम-कटाक्ष मेरे रूप को प्रदीप्त, मेरी बुद्धि को तीव्र और मेरे भाग्य को बलवान कर देगा। वह विभूति पाकर मेरा कायाकल्प हो जाएगा।''

''स्वामी, क्या आपने सोचा है, आप यह क्रोध किस पर कर रहे हैं? वह अबला, जो आपके चरणों पर पड़ी हुई, आपसे क्षमा-दान माँग रही है, जो जन्म-जन्मान्तर के लिए आपकी चेरी है, क्या इस क्रोध को सहन कर सकती है? मेरा दिल बहुत कमज़ोर है, मुझे रुलाकर आपको पश्चात्ताप के सिवा और क्या हाथ आएगा? इस क्रोधाग्नि की एक चिनगारी मुझे भस्म कर देने के लिए काफ़ी है। अगर आपकी यह इच्छा है कि मैं मर जाऊँ, तो मैं मरने के लिए तैयार हूँ; केवल आपका इशारा चाहती हूँ। अगर मेरे मरने से आपका चित्त प्रसन्न हो, तो मैं बड़े हर्ष से अपने को आपके चरणों पर समर्पित कर दूँगी; मगर इतना कहे बिना नहीं रहा जाता कि मुझमें सौ ऐब हों, पर एक गुण भी है—मैं दावा कर सकती हूँ कि आपकी जितनी सेवा मैं कर सकती हूँ उतनी कोई दूसरी स्त्री नहीं कर सकती। आप विद्वान् हैं, उदार हैं, मनोविज्ञान के पण्डित हैं, आपकी लौंडी आपके सामने खड़ी दया की भीख माँग रही है। क्या उसे द्वार से ठुकरा दीजिएगा?

आपकी अपराधिनी

कुसुम''

यह पत्र पढ़कर मुझे रोमांच हो आया। यह बात मेरे लिए असह्य थी कि कोई स्त्री अपने पति की इतनी ख़ुशामद करने पर मज़बूर हो जाए। पुरुष अगर स्त्री से उदासीन रह सकता है, तो स्त्री उसे क्यों नहीं ठुकरा सकती? यह दुष्ट समझता है कि विवाह ने एक स्त्री को उसका ग़ुलाम बना दिया। वह उस अबला पर जितना अत्याचार चाहे, करे, कोई उसका हाथ नहीं पकड़ सकता; कोई चूँ भी नहीं कर सकता। पुरुष अपनी दूसरी, तीसरी, चौथी शादी कर सकता है, स्त्री से कोई सम्बन्ध न रखकर भी उस पर उसी कठोरता से शासन कर सकता है। वह जानता है कि स्त्री कुल-मर्यादा के बन्धनों में जकड़ी हुई है, उसे रो-रोकर मर जाने के सिवा और कोई उपाय नहीं है। अगर उसे भय होता कि औरत भी उसकी ईंट का जवाब पत्थर से नहीं, ईंट से भी नहीं, केवल थप्पड़ से दे सकती है, तो उसे कभी इस बदमिज़ाज़ी का साहस न होता। बेचारी स्त्री कितनी विवश है! शायद मैं कुसुम की जगह होता, तो इस निष्ठुरता का जवाब इसकी दस गुनी कठोरता से देता। उसकी छाती पर मूँग दलता। संसार के हँसने की ज़रा भी चिन्ता

न करता। समाज अबलाओं पर इतना जुल्म देख सकता है और चूँ तक नहीं करता। उसके रोने या हँसने की मुझे ज़रा भी परवाह न होती। अरे अभागे युवक! तुझे ख़बर नहीं, तू अपने भविष्य की गर्दन पर कितनी बेदर्दी से छुरी फेर रहा है? यह वह समय है, जब पुरुष को अपने प्रणय-भण्डार से स्त्री के माता-पिता, भाई-बहन, सखियाँ-सहेलियाँ, सभी के प्रेम की पूर्ति करनी पड़ती है। अगर पुरुष में यह सामर्थ्य नहीं है, तो स्त्री की क्षुधित आत्मा को कैसे सन्तुष्ट रख सकेगा? परिणाम वही होगा, जो बहुधा होता है। अबला कुढ़-कुढ़कर मर जाती है। यही वह समय है, जिसकी स्मृति जीवन में सदैव के लिए मिठास पैदा कर देती है। स्त्री की प्रेम-क्षुधा इतनी तीव्र होती है कि वह पति का स्नेह पाकर अपना जीवन सफल समझती है, और इस प्रेम के आधार पर जीवन के सारे कष्टों को हँस-खेलकर सह लेती है। यही वह समय है, जब हृदय में प्रेम का बसन्त आता है और उसमें नई-नई आशा-कोपलें निकलने लगती हैं। ऐसा कौन निर्दयी है, जो इस ऋतु में उस वृक्ष पर कुल्हाड़ी चलाएगा! यही वह समय है, जब शिकारी किसी पक्षी को उसके बसेरे से लाकर पिंजरे में बन्द कर देता है। क्या वह उसकी गर्दन पर छुरी चलाकर उसका मधुर गान सुनने की आशा रख़ता है?

मैंने दूसरा पत्र पढ़ना शुरु किया–

''मेरे जीवन-धन,

दो सप्ताह जवाब की प्रतीक्षा करने के बाद आज फिर यह उलाहना देने बैठी हूँ। जब मैंने वह पत्र लिखा था, तो मेरा मन गवाही दे रहा था कि उसका उत्तर ज़रूर आएगा। आशा के विरुद्ध आशा लगाए हुए थी। मेरा मन अब भी इसे स्वीकार नहीं करता कि जान-बूझकर उसका उत्तर नहीं दिया गया। कदाचित् आपको अवकाश नहीं मिला, या ईश्वर न करे, कहीं आप अस्वस्थ तो नहीं हो गए? किससे पूछूँ? इसी विचार से ही मेरा हृदय काँप रहा है। मेरी ईश्वर से यही प्रार्थना है कि आप प्रसन्न और स्वस्थ हों। पत्र मुझे न लिखें, न सही, रोकर चुप ही तो हो जाऊँगी। आपको ईश्वर का वास्ता है; अगर आपको किसी प्रकार का कष्ट हो, तो मुझे तुरन्त पत्र लिखिए, मैं किसी को साथ लेकर आ जाऊँगी। मर्यादा और परिपाटी के बन्धनों से मेरा जी घबड़ाता है, ऐसी दशा में भी यदि आप मुझे अपनी सेवा से वंचित रखते हैं तो आप मुझसे मेरा वह अधिकार छीन रहे हैं, जो मेरे जीवन की सबसे मूल्यवान् वस्तु है। मैं आपसे और कुछ नहीं माँगती। आप मुझे मोटे-से-मोटा खिलाइए मोटे-से-मोटा पहनाइए, मुझे ज़रा भी शिकायत न होगी। मैं आपके साथ घोर-से-घोर विपत्ति में भी प्रसन्न रहूँगी। मुझे आभूषणों की लालसा नहीं, धन बटोरने की लालसा नहीं। मेरे जीवन का उद्देश्य केवल आपकी सेवा करना है। यही उसका ध्येय है।

मेरे लिए दुनिया में कोई देवता नहीं, कोई गुरु नहीं, कोई हाकिम नहीं। मेरे देवता आप हैं, मेरे गुरु आप हैं, मेरे राजा आप हैं। मुझे अपने चरणों से न हटाइए, मुझे ठुकराइए नहीं। मैं सेवा और प्रेम के फूल लिए, कर्तव्य और व्रत की भेंट आँचल में सजाए आपकी सेवा में आई हूँ। मुझे इस भेंट को, इन फूलों को अपने चरणों पर रखने दीजिए। उपासक का काम तो पूजा करना है। देवता उसकी पूजा स्वीकार करता है या नहीं, यह सोचना उसका धर्म नहीं।

मेरे सरताज, शायद आपको पता नहीं, आजकल मेरी क्या दशा है। यदि मालूम होता, तो आप इस निष्ठुरता का व्यवहार न करते। आप पुरुष हैं, आपके

हृदय में दया है, सहानुभूति है, उदारता है, मैं विश्वास नहीं कर सकती कि आप मुझ-जैसी नाचीज़ पर क्रोध कर सकते हैं। मैं आपकी दया के योग्य हूँ–कितनी दुर्बल, कितनी अपंग, कितनी बेज़ुबान! आप सूर्य हैं, मैं अणु हूँ, आप अग्नि हैं, मैं तृण हूँ आप राजा हैं, मैं भिखारिन हूँ। क्रोध तो बराबरवालों पर करना चाहिए। मैं भला आपके क्रोध का आघात कैसे सह सकती हूँ?

अगर आप समझते हैं कि मैं आपकी सेवा के योग्य नहीं हूँ, तो मुझे अपने हाथों से विष का प्याला दे दीजिए। मैं उसे सुधा समझकर सिर आँखों से लगाऊँगी और आँखें बन्द करके पी जाऊँगी। जब यह जीवन आपकी भेंट हो गया, तो आप मारें या जिलाएँ, यह आपकी इच्छा पर है। मुझे यही सन्तोष काफ़ी है कि मेरी मृत्यु से आप निश्चिन्त हो गए। मैं तो इतना ही जानती हूँ कि मैं आपकी हूँ और सदैव आपकी रहूँगी, इस जीवन में ही नहीं, बल्कि अनन्त तक।

अभागिनी

कुसुम''

यह पत्र पढ़कर मुझे कुसुम पर भी झुँझालाहट आने लगी और उस लौंडे से तो घृणा हो गई। माना, तुम स्त्री हो, आजकल के प्रथानुसार पुरुष को तुम्हारे ऊपर हर तरह का अधिकार है; लेकिन नम्रता की भी तो कोई सीमा होती है। स्त्री में कुछ तो मान, कुछ अकड़ होनी चाहिए। अगर पुरुष उससे ऐंठता है, तो उसे भी चाहिए कि उसकी बात न पूछे। स्त्रियों को धर्म और त्याग का पाठ पढ़ा-पढ़ाकर हमने उनके आत्म-सम्मान और आत्म-विश्वास दोनों ही का अन्त कर दिया। अगर पुरुष स्त्री का मोहताज़ नहीं, तो स्त्री भी पुरुष की मोहताज क्यों हो? ईश्वर ने पुरुष को हाथ दिए हैं, तो क्या स्त्री को उससे वंचित रखा है? पुरुष के पास बुद्धि है, तो क्या स्त्री अबोध है? इसी नम्रता ने तो मर्दों का मिज़ाज़ आसमान पर पहुँचा दिया। पुरुष रूठ गया, तो स्त्री के लिए मानो प्रलय आ गई। मैं तो समझता हूँ, कुसुम नहीं, उसका अभागा पति ही दया के योग्य है, जो कुसुम-जैसी स्त्री-रत्न की क़द्र नहीं कर सकता। मुझे ऐसा सन्देह होने लगा कि इस लौंडे ने कोई दूसरा रोग पाल रखा है। किसी शिकारी के रंगीन जाल में फँसा हुआ है।

ख़ैर, मैंने तीसरा पत्र खोला–

''प्रियतम,

अब मुझे मालूम हो गया कि मेरी ज़िन्दगी निरुद्देश्य है। जिस फूल को देखनेवाला, चुननेवाला कोई नहीं, वह खिले तो क्यों? क्या इसीलिए कि मुरझाकर ज़मीन पर गिर पड़े और पैरों से कुचल दिया जाए? मैं आपके घर में एक महीना रहकर दोबारा आई हूँ। ससुरजी ही ने मुझे बुलाया, ससुरजी ही ने मुझे विदा कर दिया। इतने दिनों में आपने एक बार भी मुझे दर्शन न दिए। आप दिन में बीसों ही बार घर में आते थे, अपने भाई-बहनों से हँसते-बोलते थे, या मित्रों के साथ सैर-तमाशे देखते थे, लेकिन मेरे पास आने की आपने क़सम खा ली थी। मैंने कितनी बार आपके पास सन्देश भेंजे, कितना अनुनय-विनय किया, कितनी बार बेशर्मी करके आपके कमरे में गई, लेकिन आपने कभी मुझे आँखें उठाकर भी न देखा। मैं तो कल्पना ही नहीं कर सकती कि कोई प्राणी इतना हृदयहीन हो सकता है। प्रेम के योग्य नहीं, विश्वास के योग्य नहीं, सेवा करने के योग्य नहीं, क्या दया के भी योग्य नहीं? मैंने उस दिन कितनी मेहनत और प्रेम से आपके

लिए रसगुल्ले बनाए थे। आपने उन्हें हाथ से छुआ भी नहीं। जब आप मुझसे इतने विरक्त हैं, तो मेरी समझ में नहीं आता कि जीकर क्या करूँ? न जाने वह कौन-सी आशा है, जो मुझे जीवित रखे हुए है। क्या अन्धेर है कि आप सज़ा तो देते हैं, पर अपराध नहीं बताते। यह कौन-सी बात है? आपको ज्ञात है, इस एक मास में मैंने मुश्क़िल से दस दिन आपके घर में भोजन किया होगा। मैं इतनी कमज़ोर हो गई हूँ कि चलती हूँ, तो आँखों के सामने अँधेरा छा जाता है। आँखों में जैसे ज्योति ही नहीं रही। हृदय में मानो रक्त का संचालन ही नहीं रहा। ख़ैर, सता लीजिए, जितना जी चाहे। इस अनीति का अन्त भी एक दिन हो ही जाएगा। अब तो मृत्यु ही पर सारी आशाएँ टिकी हुई हैं। अब मुझे प्रतीत हो रहा है कि मेरे मरने की ख़बर पाकर आप उछलेंगे और हलकी साँस लेंगे, आपकी आँखों से आँसू की एक बूँद भी न गिरेगी; पर यह आपका दोष नहीं, मेरा दुर्भाग्य है। उस जन्म में मैंने कोई बहुत बड़ा पाप किया था। मैं चाहती हूँ, मैं भी अपकी परवाह न करूँ, आप ही की भाँति अपनी आँखें फेर लूँ, मुँह फेर लूँ, दिल फेर लूँ लेकिन न-जाने क्यों मुझमें वह शक्ति नहीं है। क्या लता वृक्ष की भाँति खड़ी रह सकती है? वृक्ष के लिए किसी सहारे की ज़रूरत नहीं। लता वह शक्ति कहाँ से लाए? वह तो वृक्ष से लिपटने के लिए पैदा की गई है। उसे वृक्ष से अलग कर दो, तो वह सूख जाएगी। मैं आपसे पृथक् अपने अस्तित्व की कल्पना ही नहीं कर सकती। मेरे जीवन की हर एक गति, प्रत्येक विचार, प्रत्येक कामना में आप मौजूद होते हैं। मेरा जीवन वह वृक्ष है, जिसके केन्द्र आप हैं। मैं वह हार हूँ, जिसके प्रत्येक फूल में आप धागे की भाँति घुसे हुए हैं। उस धागे के बग़ैर हार के फूल बिख़र जाएँगे और धूल में मिल जाएँगे।''

''मेरी एक सहेली है शन्नो! उसका इस साल पाणिग्रहण हो गया है। उसका पति जब ससुराल आता है, शन्नो के पाँव ज़मीन पर नहीं पड़ते। दिन-भर में न जाने कितने रूप बदलती है। मुख-कमल ख़िल जाता है। उल्लास सँभाले नहीं सँभलता। उसे बिखेरती, लुटाती चलती है—हम जैसे अभागों के लिए। जब आकर मेरे गले से लिपट जाती है, तो हर्ष और उन्माद की वर्षा से जैसे मैं लथपथ हो जाती हूँ। दोनों अनुराग से मतवाले हो रहे हैं। उनके पास धन नहीं है, ज़ायदाद नहीं है; मगर अपनी दरिद्रता में ही मगन हैं। इस अखण्ड प्रेम का एक क्षण! उसकी तुलना में संसार की कौन-सी वस्तु रखी जा सकती है? मैं जानती हूँ यह रँगरेलियाँ और बेफ़िक्रियाँ बहुत दिन न रहेंगी। जीवन की चिन्ताएँ और दुराशाएँ उन्हें भी परास्त कर देंगी; लेकिन ये मधुर स्मृतियाँ संचित धन की भाँति अन्त तक उन्हें सहारा देती रहेंगी। प्रेम में भीगी हुई सूखी रोटियाँ, प्रेम में रँगे हुए मोटे कपड़े और प्रेम के प्रकाश से आलोकित छोटी-सी कोठरी, अपनी इस विपन्नता में भी वह स्वाद, वह शोभा और वह विश्राम रख़ती है, जो शायद देवताओं को स्वर्ग में भी नसीब नहीं।''

जब शन्नो का पति अपने घर चला जाता है, तो वह दुख़िया किस तरह फूट-फूटकर रोती है कि मेरा हृदय गद्‌गद हो जाता है। उसके पत्र आ जाते हैं, तो मानो उसे कोई विभूति मिल जाती है। उसके रोने में भी, उसकी विकलताओं में भी, उसके उपालम्भों में भी एक स्वाद है, एक रस है। उसके आँसू, व्यग्रता और विह्वलता के हैं, मेरे आँसू, निराशा और दुःख के। उसकी व्याकुलता में प्रतीक्षा और उल्लास है, मेरी व्याकुलता में दैन्य और परवशता। उसके उपालम्भ में अधिकार और ममता है, मेरे उपालम्भ में भग्नता और रुदन है।

पत्र लम्बा हुआ जाता है और दिल का बोझ हलका नहीं होता। भयंकर गरमी पड़ रही है। दादा मुझे मंसूरी ले जाने का विचार कर रहे हैं। मेरी दुर्बलता से उन्हें 'टी. बी.' का सन्देह हो रहा है। वह नहीं जानते कि मेरे लिए मंसूरी नहीं, स्वर्ग भी कालकोठरी है।

अभागिनी,

कुसुम

मेरे पत्थर के देवता,

कल मंसूरी से लौट आई। लोग कहते हैं, बड़ा स्वास्थ्यवर्द्धक और रमणीक स्थान है, होगा। मैं तो एक दिन भी कमरे से नहीं निकली। भग्न-हृदयों के लिए संसार सूना है।

"मैंने रात एक बड़ा मज़ेदार सपना देखा। बतलाऊँ; पर क्या फ़ायदा? न जाने क्यों मैं अब भी मौत से डरती हूँ। आशा का कच्चा धागा मुझे अब भी जीवन से बाँधे हुए है। जीवन-उद्यान के द्वार पर जाकर बिना सैर किए लौट जाना कितना हसरतनाक़ है। अन्दर क्या सुषमा है, क्या आनन्द है? मेरे लिए वह द्वार ही बन्द है। कितनी अभिलाषा से विहार का आनन्द उठाने चली थी–कितनी तैयारियों से, पर मेरे पहुँचते ही द्वार बन्द हो गया है।

"अच्छा बतलाइओ, मैं मर जाऊँगी तो मेरी लाश पर आप आँसू की दो बूँदें गिराओगे? जिसकी ज़िंदगी-भर ज़िम्मेदारी ली थी, जिसकी सदैव के लिए बाँह पकड़ी थी, क्या उसके साथ इतनी भी उदारता न करोगे? मरनेवालों के अपराध सभी क्षमा कर दिया करते हैं। आप भी क्षमा कर देना। आकर मेरे शव को अपने हाथों से नहलाना, अपने हाथ से सुहाग का सिन्दूर लगाना, अपने हाथ से सुहाग की चूड़ियाँ पहनाना, अपने हाथ से मेरे मुँह में गंगाजल डालना, दो चार पग कन्धा दे देना, बस, मेरी आत्मा सन्तुष्ट हो जाएगी और आपको आशीर्वाद देगी। मैं वचन देती हूँ कि मालिक के दरबार में आपका यश गाऊँगी। क्या यह भी महँगा सौदा है? इतने से शिष्टाचार से आप अपनी सारी ज़िम्मेदारियों से मुक्त हो जाएँगे। आह! मुझे विश्वास होता कि आप इतना शिष्टाचार ज़रूर करेंगे, तो मैं कितनी ख़ुशी से मौत का स्वागत करती। लेकिन मैं आपके साथ अन्याय नहीं करूँगी। आप कितने ही निष्ठुर हों, इतने निर्दयी नहीं हो सकते। मैं जानती हूँ, आप यह समाचार पाते ही आएँगे और शायद एक क्षण के लिए शोक-मृत्यु पर आपकी आँखें रो पड़ें! कहीं, मैं अपने जीवन में वह शुभ अवसर देख सकती!

"अच्छा, क्या मैं एक प्रश्न पूछ सकती हूँ? नाराज़ न होना। क्या मेरी जगह किसी और सौभाग्यवती ने ले ली है? अगर ऐसा है, तो बधाई! ज़रा उसका चित्र मेरे पास भेज देना। मैं उनकी पूजा करूँगी, उनके चरणों पर शीश नवाऊँगी। मैं जिस देवता को प्रसन्न न कर सकी, उसी देवता से उसने वरदान प्राप्त कर लिया। ऐसी सौभागिनी के तो चरण धो-धो पीना चाहिए। मेरी हार्दिक इच्छा है कि आप उसके साथ सुखी रहें। यदि मैं उस देवी की कुछ सेवा कर सकती, परोक्ष न सही, अपरोक्ष रूप से ही आपके कुछ काम आ सकती। आप मुझे केवल उसका शुभ नाम और स्थान बता दो, मैं सिर के बल दौड़ी हुई उसके पास जाऊँगी और कहूँगी–देवी तुम्हारी लौंडी हूँ; इसलिए कि तुम मेरे स्वामी की प्रेमिका हो, मुझे अपने चरणों में शरण दो। मैं तुम्हारे लिए फूलों की सेज बिछाऊँगी, तुम्हारी माँग मोतियों से भरूँगी, तुम्हारी ऐड़ियों में महावर रचाऊँगी, यही मेरे जीवन की साधना होगी!

यह मत समझना कि मैं जलूँगी या कुढ़ूगी। जलन तब होती है, जब कोई मुझे कभी मुझसे मेरी वस्तु छीन रहा हो। जिस वस्तु को अपना समझने का मुझे कभी सौभाग्य न हुआ, उसके लिए मुझे जलन क्यों हो?

''अभी बहुत कुछ लिखना था; लेकिन डॉक्टर साहब आ गए हैं। बेचारा हृदय-दाह को 'टी.बी.' समझ रहा है।

दुःख की सताई हुई,

कुसुम''

इन चारों पत्रों ने मेरे धैर्य का प्याला भर दिया। मैं बहुत ही आवेशहीन आदमी हूँ। भावुकता मुझे छू भी नहीं गई। अधिकांश कलाविदों की भाँति मैं भी शब्दों से आन्दोलित नहीं होता। क्या वस्तु दिल से निकलती है, क्या वस्तु केवल मर्म को स्पर्श करने के लिए लिखी गई है, यह भेद बहुधा मेरे साहित्यिक आनन्द में बाधक हो जाता है; लेकिन इन पत्रों ने मुझे आपे से बाहर कर दिया। एक स्थान पर तो सचमुच मेरी आँखें भर आईं। यह भावना कितनी वेदना पूर्ण थी कि वही बालिका, जिस पर माता-पिता प्राण छिड़कते रहते थे, विवाह होते ही इतनी विपद्ग्रस्त हो जाए! विवाह क्या हुआ, मानो उसकी चिता बनी, या उसकी मौत का परवाना लिखा गया। इसमें सन्देह नहीं कि ऐसी वैवाहिक दुर्घटनाएँ कम होती हैं; लेकिन समाज की वर्तमान दशा में उनकी सम्भावना बनी रहती है। जब तक स्त्री-पुरुष के अधिकार समान न होंगे, ऐसे आघात नित्य होते रहेंगे। दुर्बल को सताना कदाचित् प्राणियों का स्वभाव है। काटनेवाले कुत्तों से लोग दूर भागते हैं, सीधे कुत्ते पर बालवृन्द विनोद के लिए पत्थर फेंकते है। तुम्हारे दो नौकर एक ही श्रेणी के हों, उनमें कभी झगड़ा न होगा; लेकिन आज उनमें से एक को अफ़सर और दूसरे को उसका मातहत बना दो, फिर देखो, अफ़सर साहब अपने मातहत पर कितना रौब ज़माते हैं। सुखमय दाम्पत्य की नींव अधिकार-साम्य ही पर रखी जा सकती है। इस वैषम्य में प्रेम का निवास हो सकता है, मुझे तो इसमें सन्देह है। हम आज जिसे स्त्री-पुरुष में प्रेम कहते हैं, वह वही प्रेमी है, जो स्वामी को अपने पशु से होता है। पशु सिर झुकाए काम किए चला जाए, स्वामी उसे भूसा और खली भी देगा, उसकी देह भी सहलाएगा, उसे आभूषण भी पहनाएगा; लेकिन जानवर ने ज़रा चाल धीमी की, ज़रा गर्दन टेढ़ी की कि मालिक का चाबुक पीठ पर पड़ा। इसे प्रेम नहीं कहते।

ख़ैर, मैंने पाँचवाँ पत्र खोला—

जैसा मुझे विश्वास था, आपने मेरे पिछले पत्र का भी उत्तर न दिया। इसका खुला हुआ अर्थ यह है कि आपने मुझे परित्याग करने का संकल्प कर लिया है। जैसी आपकी इच्छा! पुरुष के लिए स्त्री पाँव की जूती है, स्त्री के लिए तो पुरुष देव तुल्य है, बल्कि देवता से भी बढ़कर। विवेक का उदय होते ही वह पति की कल्पना करने लगती है। मैंने भी वही किया। जिस समय मैं गुड़िया खेलती थी, उसी समय आपने गुड्डे के रूप में मनोदेश में प्रवेश किया। मैंने आपके चरणों को पखारा, माला-फूल और नैवेद्य से आपका सत्कार किया। कुछ दिनों बाद कहानियाँ सुनने और पढ़ने की चाट पड़ी, तब आप कथाओं के नायक के रूप में मेरे घर आए। मैंने आपको हृदय में स्थान दिया। बाल्यकाल ही से आप किसी-न-किसी रूप में मेरे जीवन में घुसे हुए थे। वे भावनाएँ मेरे अनतकाल की गहराइयों तक पहुँच गई हैं। मेरे अस्तित्व का एक-एक अणु उन भावनाओं से गुँथा हुआ है। उन्हें दिल से निकाल डालना सहज नहीं है। उसके साथ मेरे जीवन के परमाणु भी बिखर

जायँगे, लेकिन आपकी यही इच्छा है तो यही सही। मैं आपकी सेवा में सब कुछ करने को तैयार थी। अभाव और विपन्नता का तो कहना ही क्या, मैं तो अपने को मिटा देने को भी राज़ी थी। आपकी सेवा में मिट जाना ही मेरे जीवन का उद्देश्य था। मैंने लज्जा और संकोच का परित्याग किया, आत्म-सम्मान को पैरों से कुचला, लेकिन आप मुझे स्वीकार नहीं करना चाहते। मजबूर हूँ। आपका कोई दोष नहीं। अवश्य मुझसे कोई ऐसी बात हो गई है, जिसने आपको इतना कठोर बना दिया है। आप उसे जबान पर लाना भी उचित नहीं समझते। मैं इस निष्ठुरता के सिवा और हर एक सज़ा झेलने को तैयार थी। आपके हाथ से ज़हर का प्याला लेकर पी जाने में मुझे विलम्ब न होता, किन्तु विधि की गति निराली है। मुझे पहले इस सत्य के स्वीकार करने में बाधा थी कि स्त्री पुरुष की दासी है। मैं उसे पुरुष की सहचरी, अर्द्धांगिनी समझती थी, पर अब मेरी आँखें खुल गईं। मैंने कई दिन हुए, एक पुस्तक में पढ़ा था कि आदिकाल में स्त्री पुरुष की उसी तरह सम्पत्ति थी, जैसे गाय-बैल या खेती-बारी। पुरुष को अधिकार था, स्त्री को बेचे, गिरवी रखे या मार डाले। विवाह की प्रथा उस समय केवल यह थी कि वर-पक्ष अपने सूर-सामन्तों को लेकर सशस्त्र आता था और कन्या को उड़ा ले जाता था। कन्या के साथ कन्या के घर में रुपया-पैसा, अनाज या पशु, जो कुछ उसके हाथ में लग जाता था, उसे भी उठा ले जाता था। वह स्त्री को अपने घर ले जाकर, उसके पैरों में बेड़ियाँ डालकर घर के अन्दर बन्द कर देता था। उसके आत्म-सम्मान के भावों को मिटाने के लिए यह उपदेश दिया जाता था कि पुरुष ही उसका देवता है, सुहाग स्त्री की सबसे बड़ी विभूति है। आज कई हज़ार वर्षों के बीतने पर भी पुरुष के उस मनोभाव में कोई परिवर्तन नहीं हुआ। पुरानी सभी प्रथाएँ कुछ विकृत या संस्कृति के रूप में मौजूद हैं। आज मुझे मालूम हुआ कि उस लेखक ने स्त्री-समाज की दशा का कितना सुन्दर निरूपण किया था।

"अब आपसे मेरा सविनय अनुरोध है और यही अन्तिम अनुरोध है कि आप मेरे पत्रों को लौटा दें। आपके दिए हुए गहने और कपड़े अब मेरे किसी काम के नहीं। इन्हें अपने पास रखने का मुझे कोई अधिकर नहीं। आप जिस समय चाहें; वापस मँगवा लें। मैंने उन्हें एक पिटारी में बन्द करके अलग रख दिया है। उसकी सूची भी वहीं रखी हुई है, मिला लीजिएगा। आज से आप मेरी जबान या क़लम से कोई शिकायत न सुनेंगे। इस भ्रम को भूलकर भी दिल में स्थान न दीजिएगा कि मैं आपसे बेवफ़ाई या विश्वासघात करूँगी। मैं इसी घर में कुढ़-कुढ़कर मर जाऊँगी, पर आपकी ओर से मेरा मन कभी मैला न होगा। मैं जिस जलवायु में पली हूँ, उसका मूल तत्त्व है–पति में श्रद्धा। ईर्ष्या या जलन भी उस भावना को मेरे दिल से नहीं निकाल सकती। मैं आपकी कुल-मर्यादा की रक्षिका हूँ। उस अमानत में जीते-जी ख़यानत न करूँगी। अगर मेरे बस में होता, तो मैं उसे भी वापस कर देती, लेकिन यहाँ मैं भी मजबूर हूँ और आप भी मजबूर हैं। मेरी ईश्वर से यही विनती है कि आप जहाँ रहें, कुशल से रहें। जीवन में मुझे सबसे कटु अनुभव जो हुआ, वह यही है कि नारी-जीवन अधम है–अपने लिए, अपने माता-पिता के लिए, अपने पति के लिए। उसकी क़द्र न माता के घर में है, न पति के घर में। मेरा घर शोकागार बना हुआ है। अम्माँ रो रही हैं, दादा रो रहे हैं, कुटुम्ब के लोग रो रहें हैं, एक मेरी जात से लोगों को कितनी मानसिक वेदना हो रही है! कदाचित् वे सोचते होंगे, कुल में न आती यह कन्या मर गई होता तो अच्छा होता। मगर सारी दुनिया एक तरफ़ हो जाए, आपका प्यार मैं नहीं पा

सकती। आप मेरे प्रभु हैं। आपका फैसला अटल है। उसकी कहीं अपील नहीं, कहीं फ़रियाद नहीं। ख़ैर, आज से यह काण्ड समाप्त हुआ। अब मैं हूँ और मेरा दलित, भग्न-हृदय। हसरत यही है कि आपकी कुछ सेवा न कर सकी!

अभागिनी,

कुसुम

2

मालूम नहीं, मैं कितनी देर तक मूक-वेदना की दशा में बैठा रहा कि महाशय नवीन बोले—आपने इन पत्रों को पढ़कर क्या निश्चय किया?

मैंने रोते हुए हृदय से कहा—अगर इन पत्रों ने उस नर-पिशाच के दिल पर कोई असर न किया, तो मेरा पत्र भला क्या असर करेगा? इससे अधिक करुणा और वेदना मेरी शक्ति के बाहर है। ऐसा कौन-सा धार्मिक भाव है, जिसे इन पत्रों में स्पर्श न किया गया हो। दया, लज्ञा, तिरस्कार, न्याय, मेरे विचार में तो कुसुम ने कोई पहलू नहीं छोड़ा। मेरे लिए अब यही अन्तिम उपाय है कि उस शैतान के सिर पर सवार हो जाऊँ और उससे मुँह-दर-मुँह बातें करके इस समस्या की तह तक पहुँचने की चेष्टा करूँ। अगर उसने मुझे कोई सन्तोषप्रद उत्तर न दिया, तो मैं उसका और अपना ख़ून एक कर दूँगा। या तो मुझी को फाँसी होगी, या वही कालेपानी जाएगा। कुसुम ने जिस धैर्य और साहस से काम लिया है, वह सराहनीय है। आप उसे सान्त्वना दीजिएगा। मैं आज रात की गाड़ी से मुरादाबाद जाऊँगा और परसों तक जैसी कुछ परिस्थिति होगी, उसकी आपको सूचना दूँगा! मुझे तो यह कोई चरित्रहीन और बुद्धिहीन युवक मालूम होता है।

मैं उस बहक में जाने क्या-क्या बकता रहा। इसके बाद हम दोनों भोजन करके स्टेशन चले। वह आगरे गए, मैंने मुरादाबाद का रास्ता लिया। उनके प्राण अब भी सूखे जाते थे कि क्रोध के आवेश में, मैं कोई पागलपन न कर बैठूँ। मेरे बहुत समझाने पर उनका चित्त शान्त हुआ।

मैं प्रातःकाल मुरादाबाद पहुँचा और जाँच शुरु कर दी। इस युवक के चरित्र के विषय में मुझे जो सन्देह था, वह ग़लत निकला। मुहल्ले में, कॉलेज में, इष्ट-मित्रों में, सभी उसके प्रशंसक थे। अँधेरा और गहरा होता हुआ जान पड़ा। संध्या समय मैं उसके घर जा पहुँचा। जिस निष्कपट भाव से वह दौड़कर मेरे पैरों पर झुका है, वह मैं नहीं भूल सकता। ऐसा वाक्-चतुर, ऐसा सुशील और विनीत युवक मैंने नहीं देखा। बाहर और भीतर में इतना आकाश-पाताल का अन्तर मैंने कभी न देखा था। मैंने कुशल-क्षेम और शिष्टाचार के दो-चार वाक्यों के बाद पूछा—तुमसे मिलकर चित्त प्रसन्न हुआ, लेकिन आख़िर कुसुम ने क्या अपराध किया है, जिसका तुम उसे इतना कठोर दण्ड दे रहे हो? उसने तुम्हारे पास कई पत्र लिखे, तुमने एक का उत्तर न दिया। वह दो-तीन बार यहाँ भी आई, पर तुम उससे बोले तक नहीं। क्या उस निर्दोष बालिका के साथ तुम्हारा यह अन्याय नहीं है?

युवक ने लज्जित भाव से कहा—बहुत अच्छा होता कि आपने इस प्रश्न को न उठाया होता। उसका जवाब देना मेरे लिए मुश्क़िल है। मैंने तो इसे आप लोगों के अनुमान पर छोड़ दिया था; लेकिन इस ग़लतफ़हमी को दूर करने के लिए मुझे विवश होकर कहना पड़ेगा।

यह कहते-कहते वह चुप हो गया। बिजली की बत्ती पर भाँति-भाँति के कीट-पतंगे ज़मा हो गए थे। कई झींगुर उछल-उछलकर मुँह पर आ जाते थे और जैसे मनुष्य पर अपनी विजय का परिचय देकर उड़ जाते थे। एक बड़ा-सा अँखफोड़ भी मेज पर बैठा था और शायद जस्त मारने के लिए अपनी देह तौल रहा था। युवक ने एक पंखा लाकर मेज पर रख दिया, जिसने विजयी कीट-पतंगों को दिखा दिया कि मनुष्य इतना निर्बल नहीं है, जितना वे समझ रहे थे। एक क्षण में मैदान साफ़ हो गया और हमारी बातों में दख़ल देनेवाला कोई न रहा।

युवक ने सकुचाते हुए कहा—सम्भव है, आप मुझे अत्यन्त लोभी, कमीना और स्वार्थी समझें; लेकिन यथार्थ यह है कि इस विवाह से मेरी वह अभिलाषा न पूरी हुई, जो मुझे प्राणों से भी प्रिय थी। मैं विवाह पर रज़ामन्द न था, अपने पैरों में बेड़ियाँ न डालना चाहता था; किन्तु जब महाशय नवीन बहुत पीछे पड़ गए और उनकी बातों से मुझे यह आशा हुई कि वह सब प्रकार से मेरी सहायता करने को तैयार हैं, तब मैं राज़ी हो गया; पर विवाह होने के बाद उन्होंने मेरी बात भी न पूछी। मुझे एक पत्र भी न लिखा कि कब तक वह मुझे विलायत भेजने का प्रबन्ध कर सकेंगे। हालाँकि मैंने अपनी इच्छा उन पर पहले ही प्रकट कर दी थी; पर उन्होंने मुझे निराश करना ही उचित समझा। उनकी इस अकृपा ने मेरे सारे मनसूबे धूल में मिला दिए। मेरे लिए अब इसके सिवा और क्या रह गया है कि एल. एल. बी. पास कर लूँ और कचहरी में जूती फट-फटाता फिरूँ।

मैंने पूछा—तो आख़िर तुम नवीनजी से क्या चाहते हो? लेन-देन में तो उन्होंने शिकायत का कोई अवसर नहीं दिया। तुम्हें विलायत भेजने का खर्च तो शायद उनके काबू से बाहर हो।

युवक ने सिर झुकाकर कहा—तो यह उन्हें पहले ही मुझसे कह देना चाहिए था। फिर मैं विवाह ही क्यों करता? उन्होंने चाहे कितना ही ख़र्च कर डाला हो; पर इससे मेरा क्या उपकार हुआ? दोनों तरफ़ से दस-बारह हज़ार रुपये ख़ाक में मिल गए और उनके साथ मेरी अभिलाषाएँ भी ख़ाक में मिल गईं। पिताजी पर तो कई हज़ार का ऋण हो गया है। वह अब मुझे इंगलैण्ड नहीं भेज सकते। क्या पूज्य नवीनजी चाहते तो मुझे इंगलैण्ड न भेज देते? उनके लिए दस-पाँच हज़ार की कोई हक़ीक़त नहीं।

मैं सन्नाटे में आ गया। मेरे मुँह से अनायास निकल गया—छिः! वाह री दुनिया! और वाह रे हिन्दू-समाज! तेरे यहाँ ऐसे-ऐसे स्वार्थ के दास पड़े हुए हैं, जो एक अबला का जीवन संकट में डालकर, उसके पिता पर ऐसा अत्याचारपूर्ण दबाव डालकर ऊँचा पद प्राप्त करना चाहते हैं। विद्यार्जन के लिए विदेश जाना बुरा नहीं। ईश्वर सामर्थ्य दे तो शौक़ से जाओ; किन्तु पत्नी का परित्याग करके ससुर पर इसका भार रखना निर्लज्जता की पराकाष्ठा है। तारीफ़ की बात तो तब थी कि तुम अपने पुरुषार्थ से जाते। इस तरह किसी की गर्दन पर सवार होकर, अपना आत्मसम्मान बेचकर गए, तो क्या गए? इस पामर की दृष्टि में कुसुम का कोई मूल्य ही नहीं। वह केवल उसकी स्वार्थसिद्धी का साधन मात्र है। ऐसे नीच प्रकृति के आदमी से कुछ तर्क करना व्यर्थ था। परिस्थिति ने हमारी चुटिया उसके हाथ में दे रखी थी और हमें उसके चरणों पर सिर झुकाने के सिवाय और कोई उपाय न था।

दूसरी गाड़ी से मैं आगरे जा पहुँचा और नवीनजी से यह वृत्तान्त कहा। उन बेचारे को क्या मालूम था कि यहाँ सारी ज़िम्मेदारी उन्हीं के सिर डाल दी गई

है। यद्यपि इस मन्दी ने उनकी वकालत भी ठण्डी कर रखी है और वह दस-पाँच हज़ार का ख़र्च सुगमता से नहीं उठा सकते; लेकिन इस युवक ने उनसे इसका संकेत भी किया होता, तो वह अवश्य कोई-न-कोई उपाय करते। कुसुम के सिवा दूसरा उनका कौन बैठा हुआ है? उन बेचारे को तो इस बात का ज्ञान ही न था। अतएव मैंने ज्योंही उनसे यह समाचार कहा, तो वह बोल उठे—छिः! इस ज़रा-सी बात को इस भले आदमी ने इतना तूल दे दिया। आप आज ही उसे लिख दें कि वह जिस वक़्त जहाँ पढ़ने के लिए जाना चाहे, शौक़ से जा सकता है। मैं उसका सारा भार स्वीकार करता हूँ। साल-भर तक निर्दयी ने कुसुम को रुला-रुलाकर मार डाला।

घर में इसकी चर्चा हुई। कुसुम ने भी माँ से सुना। मालूम हुआ, एक हज़ार का चेक उसके पति के नाम भेजा जा रहा है; पर इस तरह, जैसे किसी संकट का मोचन करने के लिए अनुष्ठान किया जा रहा हो।

कुसुम ने भृकुटी सिकोड़कर माँ से कहा—अम्माँ, दादा से कह दो, कहीं रुपये भेजने की ज़रूरत नहीं।

माता ने विस्मित होकर बालिका की ओर देखा—कैसे रुपये? अच्छा! वह! क्यों इसमें क्या हर्ज है? लड़के का मन है, तो विलायत जाकर पढ़े। हम क्यों रोकने लगे? यों भी उसी का है, वो भी उसी का है। हमें कौन छाती पर लादकर ले जाना है?

'नहीं, आप दादा से कह दीजिए, एक पाई न भेजें।'

'आख़िर इसमें क्या बुराई है?'

'इसीलिए कि यह उसी तरह की डाकाजनी है, जैसे बदमाश लोग किया करते हैं। किसी आदमी को पकड़कर ले गए और उसके घरवालों से उसके मुक्तिधन के तौर पर अच्छी रकम ऐंठ ली।

माता ने तिरस्कार की आँखों से देखा।

'कैसी बातें करती हो बेटी? इतने दिनों के बाद तो जाके देवता सीधे हुए हैं, और तुम उन्हें फिर चिढ़ाए देती हो।'

कुसुम ने झल्लाकर कहा—ऐसे देवता का रूठे रहना ही अच्छा है। जो आदमी इतना स्वार्थी, इतना दम्भी, इतना नीच है, उसके साथ मेरा निर्वाह न होगा। मैं कहे देती हूँ, वहाँ रुपये गए, तो मैं ज़हर खा लूँगी। इसे दिल्लगी न समझना। मैं ऐसे आदमी का मुँह भी नहीं देखना चाहती। दादा से कह देना और अगर तुम्हें डर लगता हो, तो मैं ख़ुद कह दूँ। मैंने स्वतन्त्र रहने का निश्चय कर लिया है।

माँ ने देखा, लड़की का मुख-मण्डल आरक्त हो उठा है, मानो इस प्रश्न पर वह न कुछ कहना चाहती है, न सुनना।

दूसरे दिन नवीनजी ने यह हाल मुझसे कहा, तो मैं एक आत्मविस्मृति की दशा में दौड़ा हुआ गया और कुसुम को गले लगा लिया। मैं नारियों में ऐसा ही आत्माभिमान देखना चाहता हूँ। कुसुम ने वही कर दिखाया, जो मेरे मन में था और जिसे प्रकट करने का साहस मुझमें न था।

साल-भर हो गया है, कुसुम ने पति के पास एक पत्र भी नहीं लिखा और न उसका ज़िक्र ही करती है। नवीनजी ने कई बार जमाई को मना लाने की इच्छा प्रकट की; पर कुसुम उसका नाम भी सुनना नहीं चाहती। उसमें स्वावलम्बन की ऐसी दृढ़ता आ गई है कि आश्चर्य होता है। उसके मुख पर निराशा और वेदना के पीलेपन और तेजहीनता की जगह स्वाभिमान और स्वतन्त्रता की लाली और तेजस्विता भासित हो गई है।

❑❑❑

खुदाई फौज़दार

सेठ नानकचन्द को आज फिर वही लिफ़ाफ़ा मिला और वही लिखावट सामने आई, तो उनका चेहरा पीला पड़ गया। लिफ़ाफ़ा खोलते हुए हाथ और हृदय दोनों काँपने लगे। ख़त में क्या है, यह उन्हें ख़ूब मालूम था। इसी तरह के दो ख़त पहले पा चुके थे। इस तीसरे ख़त में भी वही धमकियाँ हैं इसमें उन्हें सन्देह न था। पत्र हाथ में लिए हुए आकाश की ओर ताकने लगे। वह दिल के मज़बूत आदमी थे, धमकियों से डरना उन्होंने न सीखा था, मुर्दों से भी अपनी रकम वसूल कर लेते थे। दया या उपकार जैसी मानवीय दुर्बलताएँ उन्हें छू भी न गई थीं, नहीं तो महाजन ही कैसे बनते! उस पर धर्मनिष्ठ भी थे। हर पूर्णमासी को सत्यनारायण की कथा सुनते थे। हर मंगल को महावीरजी को लड्डू चढ़ाते थे, नित्य-प्रति जमुना में स्नान करते थे और हर एकादशी को व्रत रखते और ब्राह्मणों को भोजन कराते थे। और इधर जब से घी में करारा नफ़ा होने लगा था, एक धर्मशाला बनवाने की फ़िक्र में थे। ज़मीन ठीक कर ली थी। उनके असामियों में सैकड़ों ही थवई और बेलदार थे, जो केवल सूद में काम करने को तैयार थे। इन्तज़ार यही था कि कोई ईंट और चूनेवाला फँस जाए और दस-बीस हज़ार का दस्तावेज़ लिखा ले, तो सूद में ईंट और चूना भी मिल जाए। इस धर्मनिष्ठा ने उनकी आत्मा को और भी शक्ति प्रदान कर दी थी। देवताओं के आशीर्वाद और प्रताप से उन्हें, कभी किसी सौदे में घाटा नहीं हुआ और भीषण परिस्थितियों में भी वह स्थिरचित्त रहने के आदी थे; किन्तु जब से यह धमकियों से भरे हुए पत्र मिलने लगे थे, उन्हें बरबस तरह-तरह की शंकाएँ व्यथित करने लगी थीं। कहीं सचमुच डाकुओं ने छापा मारा, तो कौन उनकी सहायता करेगा? दैवीक बाधाओं में तो देवताओं की सहायता पर वह सिर तकिया कर सकते थे; पर लटकती हुई तलवार के सामने वह श्रद्धा कुछ काम न देती थी। रात को उनके द्वार पर केवल एक चौकीदार रहता है। अगर दस-बीस हथियारबन्द आदमी आ जाएँ, तो वह अकेला क्या कर सकता है? शायद उनकी आहट पाते ही भाग खड़ा हो। पड़ोसियों में ऐसा कोई नज़र न आता था, जो इस संकट में काम आए। यद्यपि सभी उनके आसामी थे या रह चुके थे; लेकिन यह अहसान-फ़रामोशों का सम्प्रदाय है, जिस पत्तल में खाता है उसी में छेद करता है; जिसके द्वार पर अवसर पड़ने पर नाक रगड़ता है, उसी का दुश्मन हो जाता है। इनसे कोई आशा नहीं। हाँ, किवाड़ें सुदृढ़ हैं, उन्हें तोड़ना आसान नहीं, फिर अन्दर का दरवाज़ा भी तो है। सौ आदमी लग जाएँ, तो हिलाए न हिले। और किसी ओर से हमले का खटका नहीं। इतनी ऊँची सपाट दीवार पर कोई क्या चढ़ेगा? फिर उनके पास रायफ़लें भी तो हैं। एक रायफ़ल से वह दर्जनों आदमियों को भूनकर रख देंगे; मगर इतने प्रतिबन्धों के होते हुए भी उनके मन में एक हूक-सी समाई रहती थी। कौन जाने, चौकीदार भी उन्हीं से मिल गया हो, खिदमतगार भी आस्तीन के साँप हो गए हों, इसलिए वह अब बहुधा अन्दर ही रहते थे, और जब तक मिलनेवालों का पता-ठिकाना न पूछ लें, उनसे मिलते न थे। फिर भी दो-चार घण्टे तो चौपाल में बैठने ही पड़ते थे, नहीं तो सारा कारोबार मिट्टी में न मिल जाता! जितनी देर बाहर रहते थे, उनके प्राण जैसे सूली पर टँगे रहते थे, इधर उनके मिज़ाज में बड़ी तब्दीली हो गई थी। इतने विनम्र और मिष्टभाषी वह कभी न थे।

गालियाँ तो क्या, किसी से तू-तकार भी न करते। सूद की दर भी कुछ घटा दी थी; लेकिन फिर भी चित्त को शान्ति न मिलती थी। आख़िर कई मिनट तक दिल को मज़बूत करने के बाद उन्होंने पत्र खोला और जैसे गोली लग गई। सिर में चक्कर आ गया और सारी चीज़ें नाचती हुई मालूम हुईं। साँस फूलने लगी। आँखें फैल गईं। लिखा था, ''तुमने हमारे दोनों पत्रों पर कुछ भी ध्यान न दिया। शायद तुम समझते होगे कि पुलिस तुम्हारी रक्षा करेगी; लेकिन यह तुम्हारा भ्रम है। पुलिस उस वक़्त आएगी, जब हम अपना काम करके सौ कोस निकल गए होंगे। तुम्हारी अक्ल पर पत्थर पड़ गया है, इसमें हमारा दोष नहीं। हम तुमसे 25 हज़ार रुपये माँगते हैं, इतने रुपये दे देना तुम्हारे लिए कुछ भी मुश्क़िल नहीं। हमें पता है कि तुम्हारे पास एक लाख मोहरें रखी हुई हैं, लेकिन 'विनाशकाले विपरीत बुद्धि'। अब हम तुम्हें और ज़्यादा न समझाएँगे। तुमको समझाने की चेष्टा करना ही व्यर्थ है। आज शाम तक अगर रुपये न आ गए, तो रात को तुम्हारे ऊपर धावा होगा। अपनी हिफ़ाज़त के लिए जिसे बुलाना चाहो, बुला लो; जितने आदमी और हथियार जमा करना चाहो, ज़मा कर लो। हम ललकार कर आएँगे और दिन दहाड़े आएँगे। हम चोर नहीं हैं, हम वीर हैं और हमारा विश्वास बाहुबल में है। हम जानते हैं कि लक्ष्मी उसी के गले में जयमाल डालती है, जो धनुष को तोड़ सकता है, मछली को वेध सकता है। यदि ···।

सेठजी ने तुरन्त बही-खाते बन्द कर दिए और रोकड़ संभालकर तिजोरी में रख दिया और सामने का द्वार भीतर से बन्द करके मरे हुए-से केसर के पास आकर बोले—आज फिर वही ख़त आया, केसर! अब आज ही आ रहे हैं।

केसर दोहरे बदन की स्त्री थी, यौवन बीत जाने पर भी युवती जैसे शौक़-सिंगार में लिप्त रहनेवाली, उस फलहीन वृक्ष की तरह, जो पतझड़ में भी हरी-भरी पत्तियों से लदा रहता है। सन्तान की विफल कामना में जीवन का बड़ा भाग बिता चुकने के बाद, अब उसे अपनी संचित माया को भोगने की धुन सवार रहती थी। मालूम नहीं, कब आँखें बन्द हो जाएँ, फिर यह थाती किसके हाथ लगेगी, कौन जाने? इसलिए उसे सबसे अधिक भय बीमारी का था, जिसे वह मौत का पैगाम समझती थी और नित्य ही कोई-न-कोई दवा खाती रहती थी। काया के इस वस्त्र को उस समय तक उतारना न चाहती थी, जब तक उसमें एक तार भी बाक़ी रहे। बाल-बच्चे होते तो वह मृत्यु का स्वागत करती; लेकिन अब तो उसके जीवन ही के साथ अन्त था, फिर क्यों न वह अधिक-से-अधिक समय तक जिए। हाँ, वह जीवन निरानन्द अवश्य था, उस मधुर ग्रास की भाँति, जिसे हम इसलिए खा जाते हैं कि रखे-रखे सड़ जायगा।

उसने घबराकर कहा—मैं तुमसे कब से कह रही हूँ कि दो-चार महीनों के लिए यहाँ से भाग चलो, लेकिन तुम सुनते ही नहीं। आख़िर क्या करने पर तुले हुए हो?

सेठजी सशंक तो थे, और यह स्वाभाविक था, ऐसी दशा में कौन शांत रह सकता था; लेकिन वह कायर नहीं थे। उन्हें अब भी विश्वास था कि अगर कोई संकट आ पड़े, तो वह पीछे कदम न हटाएँगे। जो कुछ कमज़ोरी आ गई थी, वह संकट को सिर पर मँडराते देखकर भाग गई थी। हिरन भी तो भागने की राह न पाकर शिकारी पर चोट कर बैठता है। कभी-कभी नहीं, अकसर संकट पड़ने पर ही आदमी के जौहर खुलते हैं। इतनी देर में सेठ जी ने एक तरह से भावी विपत्ति का सामना करने का पक्का इरादा कर लिया था। डरें क्यों, जो कुछ होना

है, वह होकर रहेगा। अपनी रक्षा करना हमारा कर्तव्य है, मरना-जीना विधि के हाथ में है। सेठानीजी को दिलासा देते हुए बोले—तुम नाहक इतना डरती हो केसर, आख़िर वे सब भी तो आदमी है, अपनी जान का मोह उन्हें भी है, नहीं तो यह कुकर्म ही क्यों करते? मैं खिड़की की आड़ से दस-बीस आदमियों को गिरा सकता हूँ। पुलिस को इत्तला देने भी जा रहा हूँ। पुलिस का कर्तव्य है कि हमारी रक्षा करे। हम दस हज़ार सालाना टैक्स देते हैं, किसलिए? मैं अभी दारोगाजी के पास जाता हूँ। जब सरकार हमसे टैक्स लेती है, तो हमारी मदद करना उसका धर्म हो जाता है।

राजनीति का यह तत्त्व उसकी समझ में नहीं आया। वह तो किसी तरह उस भय से मुक्त होना चाहती थी, जो उनके दिल में साँप की भाँति बैठा फुफ्कार रहा था। पुलिस का जो उसे अनुभव था, उससे चित्त को सन्तोष न होता था। बोली—पुलिसवालों को बहुत देख चुकी। वारदात के समय तो उनकी सूरत नहीं दिखाई देती। जब वारदात हो चुकती है, तब अलबत्ता शान के साथ आकर रौब ज़माने लगते हैं।

'पुलिस तो सरकार का राज चला रही है, तुम क्या जानो?'

''मैं तो कहती हूँ, यों अगर कल वारदात होनेवाली होगी, तो पुलिस को ख़बर देने से आज ही हो जायगी। लूट के माल में इनका भी साझा होता है।''

जानता हूँ, देख चुका हूँ और रोज़ देखता हूँ; पुलिसवालों का आदर सत्कार भी करता हूँ। अभी जाड़ों में सुपरिटेंडेंट साहब आए थे, तो मैंने कितनी रसद पहुँचाई थी! एक पूरा कनस्तर घी और एक शक्कर की पूरी बोरी भेज दी थी। यह सब खिलाना-पिलाना किस दिन काम आएगा? हाँ, आदमी को सोलहवे आने दूसरों के भरोसे न बैठना चाहिए; इसलिए मैंने सोचा है, तुम्हें भी बन्दूक चलाना सिखा दूँ। हम दोनों बन्दूकें छोड़ना शुरू करेंगे, तो डाकुओं की क्या मजाल है कि अन्दर कदम रख सकें।

प्रस्ताव हास्यजनक था। केसर ने मुस्करा कर कहा—हाँ और क्या, अब आज मैं बन्दूक़ चलाना सीखूँगी! तुमको जब देखो, हँसी ही सूझती है।

'इसमें हँसी की क्या बात है? आजकल तो औरतों की फौज़ें बन रही हैं। सिपाहियों की तरह औरतें भी क़वायद करती हैं, बन्दूक़ चलाती हैं, मैदानों में खेलती हैं। औरतों के घर में बैठने का ज़माना अब नहीं है।'

'विलायत की औरतें बन्दूक़ चलाती होंगी, यहाँ की औरतें क्या चलाएँगी। हाँ हाथ-भर की जबान चाहे चला लें।'

'यहाँ की औरतों ने बहादुरी के जो-जो काम किए हैं, उनसे इतिहास के पन्ने भरे पड़े हैं। आज भी दुनिया उन वृत्तांतों को पढ़कर चकित हो जाती है।'

'पुराने जमाने की बातें छोड़ो। तब औरतें बहादुर रही होंगी। आज कौन बहादुरी कर रही हैं?'

'वाह! अभी हज़ारों औरतें घर-बार छोड़कर हँसते-हँसते जेल चली गईं, यह बहादुरी नहीं थी? अभी पंजाब में हरनाम कुँवर ने अकेले चार सशस्त्र डाकुओं को गिरफ़्तार किया और लाट साहब तक ने उसकी प्रशंसा की।'

'क्या जाने वे कैसी औरत हैं। मैं तो डाकुओं को देखते ही चक्कर खाकर गिर पड़ूँगी।

उसी वक़्त नौकर ने आकर कहा--सरकार, थाने से चार कॉनिस्टबिल आए हैं। आपको बुला रहे हैं।

सेठजी प्रसन्न होकर बोले—थानेदार भी है?

'नहीं सरकार, अकेले कानिस्टबिल हैं।'

'थानेदार क्यों नहीं आया?'—यह कहते हुए सेठजी ने पान खाया और बाहर निकले।

2

सेठजी को देखते ही चार कॉन्सटेबिलों ने झुककर सलाम किया, बिल्कुल अंग्रेज़ी क़ायदे से, मानो अपने किसी अफ़सर को सैल्यूट कर रहे हों। सेठजी ने उन्हें बेंचों पर बैठाया और बोले—दारोग़ाजी का मिज़ाज तो अच्छा है? मैं तो उनके पास आनेवाला था।

चारों में जो सबसे प्रौढ़ था, जिसकी आस्तीन पर कई बिल्ले लगे हुए थे, बोला—आप क्यों तकलीफ़ करते, वह तो ख़ुद ही आ रहे थे; पर एक बड़ी ज़रूरी, तहक़ीक़ात आ गई, इससे रुक गए। कल आपसे मिलेंगे। जबसे यहाँ डाकुओं की ख़बरें आयी हैं। बेचारे बहुत घबराए हुए हैं। आपकी तरफ़ हमेशा उनका ध्यान रहता है। कई बार कह चुके हैं कि मुझे सबसे ज़्यादा फ़िक्र सेठजी की है। गुमनाम ख़त तो आपके पास भी आए होंगे?

सेठजी ने लापरवाही दिखाकर कहा—अजी, ऐसी चिट्ठियाँ आती ही रहती हैं, इनकी परवाह कौन करता है। मेरे पास तो तीन ख़त आ चुके हैं, मैंने किसी से जिक्र भी नहीं किया।

कॉन्सटेबिल हँसा—दारोग़ाजी को ख़बर मिली थी।

'सच!'

'हाँ, साहब! रत्ती-रत्ती ख़बर मिलती रहती है यहाँ तक मालूम हुआ है कि कल आपके मकान पर उनका धावा होनेवाला है। तभी तो आज दारोग़ाजी ने मुझे आपकी ख़िदमत में भेजा।'

मगर वहाँ कैसे ख़बर पहुँची? मैंने तो किसी से कहा ही नहीं।

कॉन्सटेबिल ने रहस्यमय भाव से कहा—'हुजूर, यह न पूछें! इलाके के सबसे बड़े सेठ के पास ऐसे ख़त आएँ और पुलिस को ख़बर न हो! भला, कोई बात है। फिर ऊपर से बराबर ताक़ीद आती रहती है कि सेठजी को शिकायत का कोई मौक़ा न दिया जाए। सुपरिंटेंडेंट साहब की ख़ास ताक़ीद है आपके लिए। और हजूर, सरकार भी तो आप ही के बूते पर चलती है। सेठ-साहूकारों के जान-माल की हिफ़ाज़त न करें, तो रहें कहाँ! हमारे होते, मज़ाल है कि कोई आपकी तरफ़ तिरछी आँखों से देख सके! मगर यह कम्बख़्त इतने दिलेर और तादात में इतने ज़्यादा हैं कि थाने के बाहर उनसे मुकाबिला करना मुश्क़िल है। दारोगाजी गारद मँगाने की बात सोच रहे थे! मगर ये हत्यारे कहीं एक जगह तो रहते नहीं, आज यहाँ हैं, तो कल यहाँ से दो सौ कोस पर। गारद मँगाकर ही क्या किया जाए? इलाक़े की रिआया की तो हमें ज़्यादा फ़िक्र नहीं, हुजूर मालिक हैं, आपसे क्या छिपाएँ, किसके पास रखा है इतना माल-असबाब! अगर किसी के पास दो-चार सौ की पूँजी निकल ही आई तो उसके लिए पुलिस डाकुओं के पीछे अपनी जान हथेली पर लिए न फिरेगी। उन्हें क्या, वह तो छूटते ही गोली चलाते हैं, और अकसर छिपकर। हमारे लिए तो हज़ार बन्दिशें हैं। कोई बात बिगड़ जाए तो उलटे अपनी ही जान आफ़त में फँस जाए।

'हमें तो ऐसे रास्ते पर चलना है कि साँप मरे और लाठी भी न टूटे! इसलिए दारोग़ाजी ने आपसे यह अर्ज़ करने को कहा है कि आपके पास जोखिम की जो चीज़ें, हों उन्हें लाकर सरकारी खजाने में ज़मा कर दीजिए। आपको उसकी रसीद दे दी जाएगी। ताला और मुहर आप ही की रहेगी। अब यह हंगामा ठण्डा हो जाए तो मँगवा लीजिएगा। इससे आपको भी बेफ़िक्री हो जाएगी और हम भी ज़िम्मेदारी से बच जाएँगे। नहीं, ख़ुदा न करे, कोई वारदात हो जाए, तो हुजूर को जो नुकसान हो, वह तो हो ही, हमारे ऊपर भी जवाबदेही आ जाए। और यह ज़ालिम सिर्फ़ माल-असबाब लेकर ही जान नहीं छोड़ते–ख़ून करते हैं, घर में आग लगा देते हैं, यहाँ तक कि औरतों की बेइज़्ज़ती भी करते हैं। हुजूर तो जानते हैं, होता है वही, जो तक़दीर में लिखा है।' आप इकबाल वाले आदमी हैं, डाकू आपका कुछ नहीं बिगाड़ सकते। सारा कस्बा आपके लिए जान देने को तैयार है। आपका पूजा-पाठ, धर्म-कर्म ख़ुदा ख़ुद देख रहा है। यह उसी की बरक़त है कि आप मिट्टी भी छू लें तो सोना हो जाए। लेकिन आदमी भरसक अपनी हिफ़ाज़त करता है। हुजूर के पास मोटर है ही, जो कुछ रखना हो, उस पर रख दीजिए। हम चार आदमी आपके साथ हैं, कोई खटका नहीं। वहाँ एक मिनट में आपको फ़ुरसत हो जाएगी। पता चला है कि इस गोल में बीस जवान हैं। दो तो बैरागी बने हुए हैं, दो पंजाबियों के भेष में धुस्से और अलवान बेचते फिरते हैं। इन दोनों के साथ दो बहँगीवाले भी हैं। दो आदमी बलूचियों के भेष में छुरियाँ और ताले बेचते हैं। कहाँ तक गिनाऊँ, हुजूर! हमारे थाने में तो हर एक का हुलिया रखा हुआ है।'

ख़तरे में आदमी का दिल कमज़ोर हो जाता है और वह ऐसी बातों पर विश्वास कर लेता है, जिन पर शायद होश-हवास में न करता। जब किसी दवा से रोगी को लाभ नहीं होता, तो हम दुआ, तावीज़, ओझों और सयानों की शरण लेते हैं, और यहाँ तो सन्देह करने का कोई कारण ही न था। सम्भव है, दारोग़ाजी का कुछ स्वार्थ हो, मगर सेठजी इसके लिए तैयार थे। अगर दो-चार सौ बल खाने पड़ें तो कोई बड़ी बात नहीं। ऐसे अवसर तो जीवन में आते ही रहते हैं। और, इस परिस्थिति में इससे अच्छा दूसरा क्या इन्तज़ाम हो सकता था, बल्कि इसे तो ईश्वरीय प्रेरणा समझना चाहिए। माना, उनके पास दो-दो बन्दूक़ें हैं, कुछ लोग मदद करने के लिए निकल ही आएँगे, लेकिन है जान जोखिम! उन्होंने निश्चय किया, दारोग़ाजी की इस कृपा से लाभ उठाना चाहिए। इन्हीं आदमियों को कुछ दे-दिलाकर सारी चीज़ें निकलवा लेंगे। दूसरों का क्या भरोसा? कहीं कोई चीज़ उड़ा दें तो बस!

उन्होंने इस भाव से कहा, मानो दारोग़ाजी ने उनपर कोई विशेष कृपा नहीं की है, 'वह तो उनका कर्तव्य ही था–मैंने यहाँ ऐसा प्रबन्ध किया था कि यहाँ वह सब आते तो उनके दाँत खट्टे कर दिए जाते। सारा कस्बा मदद करने के लिए तैयार था। सभी से तो अपना मित्र-भाव है, लेकिन दारोग़ाजी की तजवीज़ मुझे पसन्द है। इससे वह भी अपनी ज़िम्मेदारी से बरी हो जाते हैं और मेरे सिर से भी फ़िक्र का बोझ उतर जाता है; लेकिन भीतर से चीज़ें बाहर निकाल-निकालकर लाना मेरे बूते की बात नहीं। आप लोगों की दुआ से नौकर-चाकर की तो कमी नहीं है, मगर किसकी नीयत कैसी है, कौन जान सकता है? आप लोग कुछ मदद करें, तो काम आसान हो जाए।'

हैड कॉन्सटेबिल ने बड़ी ख़ुशी से यह सेवा स्वीकार कर ली और बोला–'हम हुजूर के ताबेदार हैं, इसमें मदद की कौन-सी बात है? तलब सरकार से

पाते हैं, यह ठीक है; मगर देनेवाले तो आप ही हैं! आप केवल सामान हमें दिखाते जाए, हम बात-ही-बात में सारी चीज़ें निकाल लाएगे। हुज़ूर की ख़िदमत करेंगे तो कुछ इनाम-इकराम मिलेगा ही। तनख्वाह में गुज़र नहीं होती सेठजी! आप लोगों की करम की निग़ाह न हो, तो एक दिन भी निबाह न हो। बाल-बच्चे भूखे मर जाए। पन्द्रह-बीस रुपये में क्या होता है हुजूर,! इतना तो हमारे लिए ही पूरा नहीं पड़ता।'

सेठजी ने अन्दर जाकर केसर से यह समाचार कहा, तो उसे जैसे आँखें मिल गईं। बोली–'भगवान् ने सहायता की, नहीं तो मेरे प्राण बड़े संकट में पड़े हुए थे।'

सेठजी ने सर्वज्ञता के भाव से फ़रमाया–'इसी को कहते हैं सरकार का इन्तज़ाम? इसी मुस्तैदी के बल पर सरकार का राज थमा हुआ है। कैसी सुव्यवस्था है कि ज़रा-सी कोई बात हो, वहाँ तक ख़बर पहुँच जाती है और तुरन्त उसके रोक-थाम का हुक्म हो जाता है। और यहाँवाले ऐसे बुद्धू हैं कि स्वराज्य स्वराज्य चिल्ला रहे हैं। इनके हाथ में अख्तियार आ जाए तो दिन-दोपहर लूट मच जाए, कोई किसी की न सुने। ऊपर से ताक़ीद आई है। हाकिमों का आदर-सत्कार कभी निष्फल नहीं जाता। मैं तो सोचता हूँ, कोई बहुमूल्य वस्तु घर में न छोड़ूँ। साले आएँ, तो अपना-सा मुँह लेकर रह जाए।'

केसर ने मन-ही-मन प्रसन्न होकर कहा–'कुंजी उसके सामने फेंक देना कि जो चीज़ चाहो, निकाल ले जाओ।'

साले झेंप जाएँगे।

'मुँह पर कालिख लग जाएगी।'

'घमण्ड तो देखो कि तिथि तक बता दी। यह नहीं समझे कि अंग्रेज़ सरकार का राज है। तुम डाल-डाल, तो वह पात-पात चलती है।'

'समझें होंगे कि धमकी में आ जाएँगे।'

तीन कॉन्स्टेबिलों ने आकर सन्दूकें और सेफ निकालने शुरू किए। एक बाहर सामान को मोटर पर लाद रहा था और हरेक चीज़ को नोट-बुक पर टाँकता जाता था। आभूषण, मोहरें, नोट, रुपये, क़ीमती कपड़े, साड़ियाँ लहँगे, शाल-दुशाले, सब कार में रख दिए। मामूली बरतन, लोहे-लकड़ी के सामान, फ़र्श, आदि के सिवा घर में और कुछ न बचा। और डाकुओं के लिए ये चीज़ें कौड़ी की भी नहीं। केसर का सिंगारदान सेठजी ख़ुद लाए और हेड के हाथ में देकर बोले–इसे बड़ी हिफ़ाजत से रखना, भाई!

हेड ने सिंगारदान लेकर कहा–'मेरे लिए एक-एक तिनका इतना ही क़ीमती है।'

सेठजी के मन में एक सन्देह उठा। पूछा–'ख़जाने की कुंजी तो मेरे ही पास रहेगी?'

'और क्या, यह तो मैं पहले ही अर्ज़ कर चुका, मगर यह सवाल आपके दिल में क्यों पैदा हुआ?'

'यों ही पूछा था। ''–सेठजी लज्जित हो गए।''

'नहीं, अगर आपके दिल में कुछ शुबहा हो, तो हम लोग यहाँ भी अपकी ख़िदमत के लिए हाज़िर हैं। हाँ, उस हालत में हम ज़िम्मेदार न होंगे।'

'अजी, नहीं हेड साहब, मैंने यों ही पूछ लिया था। यह फ़ेहरिस्त तो मुझे दे दोगे न?'

'फ़ेहरिस्त आपको थाने में दारोग़ाजी के दस्तख़त से मिलेगी। इसका क्या एतबार कि यहाँ लेकर आप इनकार कर जाएँ?'

कार पर सारा सामान रख दिया गया। कस्बे के सैकड़ों आदमी तमाशा देख रहे थे। कार बड़ी थी; पर ठसाठस भरी हुई थी। बड़ी मुश्क़िल से सेठजी के लिए जगह निकली। चारों कॉन्स्टेबिल आगे की सीट पर सिमटकर बैठे।

कार चली। केसर द्वार पर इस तरह खड़ी थी, मानो उसकी बेटी बिदा हो रही हो। बेटी ससुराल जा रही है, जहाँ वह मालकिन बनेगी; लेकिन उसका घर सूना किए जा रही है।

3

थाना यहाँ से पाँच मील पर था। कस्बे से बाहर निकलते ही पहाड़ों का पथरीला सन्नाटा था, जिसके दामन में हरा-हरा मैदान और इसी मैदान के बीच में लाल मोरम की सड़क चक्कर खाती हुई लाल साँप-जैसी निकल गई थी।

हेड ने सेठजी से पूछा—यह कहाँ तक सही है सेठजी, कि आज से पचीस साल पहले आपके पिता केवल लोटा-डोर लेकर यहाँ खाली हाथ आए थे?

सेठजी ने गर्व करते हुए कहा—'बिलकुल सही है। मेरे पास कुल तीन रुपये थे। उसी से आटे-दाल की दुकान खोली थी। तक़दीर का खेल है, भगवान् की दया चाहिए, आदमी को बनते-बिगड़ते देर नहीं लगती। लेकिन मैंने कभी पैसे को दाँतों से नहीं पकड़ा। यथाशक्ति धर्म का पालन करता गया। धन की शोभा धर्म ही से है, नहीं तो धन से कोई फायदा नहीं।'

'आप बिलकुल ठीक कहते हैं, सेठजी! आपकी मूरत बनाकर पूजना चाहिए। तीन रुपये से तीन लाख कमा लेना मामूली काम नहीं है!'

'आधी रात तक सिर उठाने की फ़ुरसत नहीं मिलती, ख़ाँ साहब!'

'आपको तो यह सब कारोबार जंजाल-सा लगता होगा?'

'जंजाल तो है ही; मगर भगवान् की ऐसी माया है कि आदमी सब कुछ समझकर भी इसमें फँस जाता है और सारी उम्र फँसा रहता है। मौत आ जाती है, तभी छुट्टी मिलती है। बस, यही अभिलाषा है कि कुछ यादगार छोड़ जाऊँ।'

'आपके कोई औलाद हुई ही नहीं!'

'भाग्य में न थी ख़ाँ साहब, और क्या कहूँ! जिनके घर में भूनी भाँग नहीं है, उनके यहाँ घास-फूस की तरह बच्चे-ही-बच्चे देख लो; जिन्हें भगवान् ने खाने को दिया है, वे सन्तान का मुँह देखने को तरसते हैं।'

'आप बिलकुल ठीक कहते हैं, सेठजी! जिन्दगी का मज़ा सन्तान से है। जिसके आगे अँधेरा है, उसके लिए धन-दौलत किस काम का?'

'ईश्वर की यही इच्छा है, तो आदमी क्या करे! मेरा बस चलता, तो मायाजाल से निकल भागता ख़ाँ साहब, एक क्षण-भर वहाँ न रहता, कहीं तीर्थस्थान में बैठकर भगवान् का भजन करता। मगर करूँ क्या? मायाजाल तोड़े नहीं टूटता।'

'एक बार दिल मज़बूत करके तोड़ क्यों नहीं देते? सब उठाकर ग़रीबों को बाँट दीजिए। साधु-सन्तों को नहीं, न मोटे ब्राह्मणों को, बल्कि उनको, जिनके लिए यह जिन्दगी बोझ हो रही है, जिसकी यही एक आरज़ू है कि मौत आकर उनकी विपत्ति का अन्त कर दे।

'इस मायाजाल को तोड़ना आदमी का काम नहीं है, ख़ाँ साहब! भगवान की इच्छा होती है, तभी मन में वैराग्य आता है।'

'आज भगवान् ने आपके ऊपर दया की है। हम इस मायाजाल को मकड़ी के जाले की तरह तोड़कर आपको आज़ाद करने के लिए भेजे गए हैं। भगवान् आपकी भक्ति से प्रसन्न हो गए हैं और आपको इस बन्धन में नहीं रखना चाहते, जीवन-मुक्त कर देना चाहते हैं।'

'ऐसी भगवान् की दया हो जाती, तो क्या पूछना ख़ाँ साहब!'

'भगवान् की ऐसी ही दया है सेठजी, विश्वास मानिए। हमें इसीलिए उन्होंने मृत्युलोक में तैनात किया है। हम कितने ही मायाजाल के क़ैदियों की बेड़ियां काट चुके हैं। आज आपकी बारी है।'

सेठजी की नाड़ियों में जैसे रक्त का प्रवाह बन्द हो गया। सहमी हुई आँखों से सिपाहियों को देखा। फिर बोले—आप बड़े हँसोड़ हो, ख़ाँ साहब!

'हमारे जीवन का सिद्धान्त है कि किसी को कष्ट मत दो; लेकिन ये रुपयेवाले कुछ ऐसी औंधी-खोपड़ी के लोग हैं कि जो उनका उद्धार करने आता है, उसी के दुश्मन हो जाते हैं। हम आपकी बेड़ियाँ काटने आए हैं; लेकिन अगर आपसे कहें कि यह सब ज़मा-जथा और लता-पता छोड़कर घर की राह लीजिए, तो आप चीख़ना-चिल्लाना शुरू कर देंगे। हम लोग वही ख़ुदाई फौजदार हैं, जिनके इत्तलाई ख़त आपके पास पहुँच चुके हैं!'

सेठजी मानो आकाश से पाताल में गिर पड़े। सारी ज्ञानेन्द्रियों ने जवाब दे दिया और इसी मूर्च्छा की दशा में वह मोटरकार से नीचे ढकेल दिए गए। और गाड़ी चल पड़ी।

सेठजी की चेष्टा जाग पड़ी। बदहवास गाड़ी के पीछे दौड़े—हुजूर, सरकार तबाह हो जाएंगे, दया कीजिए, घर में एक कौड़ी भी नहीं है...

हेड साहब ने खिड़की से बाहर हाथ निकाला और तीन रुपये ज़मीन पर फेंक दिए। मोटर की चाल तेज हो गई।

सेठजी सिर पकड़कर बैठ गए और विक्षिप्त नेत्रों से मोटरकार को देखा, जैसे कोई शव स्वर्गारोही प्राण को देखे। उनके जीवन का स्वप्न उड़ा चला जा रहा था।

□□□

वेश्या

छः महीने बाद कलकत्ते से घर आने पर दयाकृष्ण ने पहला काम जो किया, वह अपने प्रिय मित्र सिंगारसिंह से मातमपुरसी करने जाना था। सिंगार के पिता का आज तीन महीने हुए, देहांत हो गया था। दयाकृष्ण बहुत व्यस्त रहने के कारण उस समय न आ सका था। मातमपुरसी की रस्म, पत्र लिखकर अदा कर दी थी; लेकिन ऐसा एक दिन भी नहीं बीता कि सिंगार की याद उसे न आई हो। अभी वह दो-चार महीने और कलकत्ते रहना चाहता था; क्योंकि वहाँ उसने जो कारोबार जारी किया था, उसे संगठित रूप में लाने के लिए उसका वहाँ मौजूद रहना ज़रूरी था और उसकी थोड़े दिन की गैरहाज़िरी से भी हानि की आशंका थी। किन्तु जब सिंगार की स्त्री लीला का परवाना आ पहुँचा, तो वह अपने को न रोक सका। लीला ने साफ़-साफ़ तो कुछ न लिखा था, केवल उसे तुरन्त बुलाया था; लेकिन दयाकृष्ण को पत्र के शब्दों से कुछ ऐसा अनुमान हुआ कि वहाँ की परिस्थिति चिन्ताजनक है और इस अवसर पर उनका वहाँ पहुँचना ज़रूरी है। सिंगार सम्पन्न बाप का बेटा था, बड़ा ही अल्हड़, बड़ा ही जिद्दी, बड़ा ही आराम पसन्द। दृढ़ता या लगन उसे छू भी नहीं सकी थी। उसकी माँ उसके बचपन ही में मर चुकी थी और बाप ने उसके पालन में नियंत्रण की अपेक्षा स्नेह से ज़्यादा काम लिया था। उसे कभी दुनिया की हवा नहीं लगने दी। उद्योग भी कोई वस्तु है, वह जानता ही न था। उसके महज़ इशारे पर हर-एक चीज़ सामने आ जाती थी। वह जवान बालक था, जिसमें न अपने विचार थे, न सिद्धान्त। कोई भी आदमी, उसे बड़ी आसानी से अपने कपट-बाणों का निशाना बना सकता था। मुख़्तारों और मुनीमों के दाँव-पेच समझना उसके लिए लोहे के चने चबाना था। उसे किसी ऐसे समझदार और हितैषी मित्र की ज़रूरत थी, जो स्वार्थियों के हथकण्डों से उसकी रक्षा करता रहे। दयाकृष्ण पर इस घर के बड़े-बड़े एहसान थे। उसी दोस्ती का हक़ अदा करने के लिए उसका आना आवश्यक था।

मुँह-हाथ धोकर सिंगार सिंह के घर पर ही भोजन का इरादा करके दयाकृष्ण उससे मिलने चला। नौ बज गए थे, हवा और धूप में गर्मी आने लगी थी।

सिंगार सिंह उसकी ख़बर पाते ही बाहर निकल आया। दयाकृष्ण उसे देखकर चौंक पड़ा। लम्बे-लम्बे केशों की जगह उसके सिर पर घुँघराले बाल थे (वह सिक्ख था), आड़ी माँग निकाली हुई। आँखों में न आँसू थे, न शोक का कोई दूसरा चिह्न, चेहरा कुछ जर्द अवश्य था, पर उस पर विलासिता की मुस्कराहट थी। वह एक महीन रेशमी कमीज़ और मख़मली जूते पहने हुए था; मानो किसी महफ़िल से उठा आ रहा हो। संवेदना के शब्द दयाकृष्ण के ओठों तक आकर निराश लौट गए। वहाँ बधाई के शब्द ज़्यादा अनुकूल प्रतीत हो रहे थे।

सिंगार सिंह लपककर उसके गले से लिपट गया और बोला–'तुम ख़ूब आए यार, इधर तुम्हारी बहुत याद आ रही थी; मगर पहले यह बतला दो, वहाँ का कारोबार बन्द कर आए या नहीं? अगर वह झंझट छोड़ आए हो, तो पहले उसे तिलांजलि दे आओ। अब आप यहाँ से जाने न पाएँगे। मैंने तो भई, अपना कैंड़ा

बदल दिया। बताओ, कब तक तपस्या करता। अब तो आए-दिन जलसे होते हैं। मैंने सोचा—यार, दुनिया में आए, तो कुछ दिन सैर-सपाटे का आनन्द भी उठा लो, नहीं तो एक दिन यों ही हाथ मलते चले जाएँगे। कुछ भी साथ न जाएगा।'

दयाकृष्ण विस्मय से उसके मुँह की ओर ताकने लगा। यह वही सिंगार है या कोई और! बाप के मरते ही इतनी तब्दीली!

दोनों मित्र कमरे में गए और सोफे पर बैठे। सरदार साहब के सामने इस कमरे में फ़र्श और मसनद थी, अलमारी थी। अब दर्जनों गद्देदार सोफे और कुर्सियाँ हैं, कालीन का फ़र्श है, रेशमी परदे हैं, बड़े-बड़े आइने हैं। सरदार साहब को संचय की धुन थी, सिंगार को उड़ाने की धुन है।

सिंगार ने एक सिगार जलाकर कहा—'तेरी बहुत याद आती थी यार, तेरी जान की क़सम।'

दयाकृष्ण ने शिकवा किया—'क्यों झूठ बोलते हो भाई, महीनों गुज़र जाते थे, एक ख़त लिखने की तो आपको फ़ुर्सत न मिलती थी, मेरी याद आती थी?'

सिंगार ने अल्हड़पन से कहा—'बस, इसी बात पर मेरी सेहत का एक जाम पियो। अरे यार, इस ज़िंदगी में और क्या रखा है? हँसी-खेल में जो वक़्त कट जाए, उसे गनीमत समझो। मैंने तो यह तपस्या त्याग दी। अब तो आए-दिन जलसे होते हैं, कभी दोस्तों की दावत है, कभी दरिया की सैर, कभी गाना-बजाना, कभी शराब के दौर। मैंने कहा, लाओ कुछ दिन यह बहार भी देख लूँ। हसरत क्यों दिल में रह जाए? आदमी संसार में कुछ भोगने के लिए आता है, यही ज़िंदगी के मज़े हैं। जिसने ये मजे नहीं चक्खे, उसका जीना व्यर्थ है। बस, दोस्तों की मज़लिस हो, बगल में माशूक़ हो और हाथ में प्याला हो, इसके सिवाय मुझे और कुछ न चाहिए।'

उसने अलमारी खोलकर एक बोतल निकाली और दो गिलासों में शराब डालकर बोला—'यह मेरी सेहत का जाम है। इनकार न करना। मैं तुम्हारी सेहत का जाम पीता हूँ।'

दयाकृष्ण को कभी शराब पीने का अवसर न मिला था। वह इतना धर्मात्मा तो न था कि शराब पीना पाप समझता था, हाँ, उसे दुर्व्यसन समझता था। गन्ध ही से उसका जी मतलि करने लगा। उसे भय हुआ कि वह शराब की घूँट चाहे मुँह में ले ले, उसे कण्ठ के नीचे नहीं उतार सकता। उसने प्याले को शिष्टाचार के तौर पर हाथ में ले लिया, फिर उसे ज्यों-का-त्यों मेज़ पर रखकर बोला—'तुम जानते हो, मैंने कभी नहीं पी। इस समय मुझे क्षमा करो। दस-पाँच दिन में यह फ़न भी सीख जाऊँगा; मगर यह बताओ, अपना कारोबार भी कुछ देखते हो, या इसी में पड़े रहते हो?'

सिंगार ने अरुचि से मुँह बनाकर कहा—'ओह, तुमने क्या ज़िक्र छेड़ दिया, यार? कारोबार के पीछे इस छोटी-सी ज़िंदगी को तबाह नहीं कर सकता। न कोई साथ लाया है, न ले जाएगा। पापा ने मर-मरकर धन संचय किया। क्या हाथ लगा? पचास तक पहुँचते-पहुँचते चल बसे। उनकी आत्मा अब भी संसार के सुखों के लिए तरस रही होगी। धन छोड़कर मरने से फ़ाक़ेमस्त रहना कहीं अच्छा है। धन की चिन्ता तो नहीं सताती, यह हाय-हाय तो नहीं होती कि मेरे बाद क्या होगा! तुमने गिलास मेज पर रख दिया? ज़रा पियो, आँखें खुल जाएँगी। दिल हरा हो जाएगा। और लोग सोडा और बरफ़ मिलाते हैं, मैं तो ख़ालिस पीता हूँ। इच्छा हो, तो तुम्हारे लिए बरफ मँगाऊँ।'

दयाकृष्ण ने फिर क्षमा माँगी; मगर सिंगार गिलास-पर-गिलास पीता गया। उसकी आँखें लाल-लाल निकल आईं, ऊलजलूल बकने लगा, ख़ूब डींगें मारीं, फिर बेसुरे राग में एक बाज़ारू गीत गाने लगा। अन्त में उसी कुर्सी पर पड़ा-पड़ा बेसुध हो गया।

2

सहसा पीछे का परदा हटा और लीला ने उसे इशारे से बुलाया। दयाकृष्ण की धमनियों में शतगुण वेश से रक्त दौड़ने लगा। उसकी संकोचमय, भीरु प्रकृति भीतर से जितनी ही रूपासक्त थी, बाहर से उतनी ही विरक्त। सुन्दरियों के सम्मुख आकर वह स्वयं अवाक् हो जाता था, उसके कपोलों पर लज्जा की लाली दौड़ जाती और आँखें झुक जाती थीं; लेकिन मन, उनके चरणों पर लोटकर अपने आपको समर्पित कर देने के लिए विकल हो जाता था। मित्रगण उसे बूढ़े बाबा कहा करते थे। स्त्रियाँ उसे अरसिक समझकर उससे उदासीन रहती थीं, किसी युवती के साथ लंका तक रेल में एकान्त-यात्रा करके भी वह उससे एक शब्द भी बोलने का साहस न करता। हाँ, यदि युवती स्वयं उसे छेड़ती, तो वह अपने प्राण तक उसकी भेंट कर देता। उसके इस संकोचमय, अवरुद्ध जीवन में लीला ही एक युवती थी, जिसने उसके मन को समझा था और उससे सवाक् सहृदयता का व्यवहार किया था। तभी से दयाकृष्ण मन से उसका उपासक हो गया था। उसके अनुभव शून्य हृदय में लीला नारी-जाति का सबसे सुन्दर आदर्श थी। उसकी प्यासी आत्मा को शर्बत या लेमनेड की उतनी इच्छा न थी, जितनी ठण्डे, मीठे पानी की। लीला में रूप है, लावण्य है, सुकुमारता है, इन बातों की ओर उसका ध्यान न था। उससे ज़्यादा रूपवती, लावण्यमयी और सुकुमार युवतियाँ उसने पार्कों में देखी थीं। लीला में सहृदयता है, विचार है, दया है, इन्हीं तत्त्वों की ओर उसका आकर्षण था। उसकी रसिकता में आत्मसमर्पण के सिवा और कोई भाव न था। लीला के किसी आदेश का पालन करना, उसकी सबसे बड़ी कामना थी, उसकी आत्मा की तृप्ति के लिए इतना काफ़ी था। उसने काँपते हाथों से परदा उठाया और अन्दर जाकर खड़ा हो गया और विस्मय-भरी आँखों से उसे देखने लगा। उसने लीला को यहाँ न देखा होता, तो पहचान भी न सकता। वह रूप, यौवन और विकास की देवी इस तरह मुरझा गई थी, जैसे किसी ने उसके प्राणों को चूसकर निकाल लिया है। करुण-स्वर में बोला—'यह तुम्हारा क्या हाल है लीला? बीमार हो क्या? मुझे सूचना तक न दी?'

लीला मुस्कराकर बोली—'तुमसे मतलब? मैं बीमार हूँ या अच्छी हूँ, तुम्हारी बला से! तुम तो अपने सैर-सपाटे करते रहे। छः महीने के बाद जब आपको याद आई है, तो पूछते हो, बीमार हो? मैं उस रोग में ग्रस्त हूँ, जो प्राण लेकर ही छोड़ता है। तुमने इन महाशय की हालत देखी? इनका यह रंग देखकर मेरे दिल पर क्या गुज़रती है, यह क्या मैं अपने मुँह से कहूँ तभी समझोगे? मैं अब इस घर में ज़बरदस्ती पड़ी हूँ और बेहयाई से जीती हूँ। किसी को मेरी चाह या चिन्ता नहीं है। पापा क्या मरे, मेरा सोहाग ही उठ गया। कुछ समझाती हूँ तो बेवकूफ़ बनाई जाती हूँ। रात-रात भर न जाने कहाँ ग़ायब रहते हैं! जब देखो, नशे में मस्त। हफ़्तों घर में नहीं आते कि दो बातें कर लूँ। अगर इनके यही ढंग रहे तो, साल-दो-साल में रोटियों को मोहताज हो जाएगे।'

दया ने पूछा–यह लत इन्हें कैसे पड़ गई? ये बातें तो इनमें न थीं।

लीला ने व्यथित स्वर में कहा–'रुपये की बलिहारी है, और क्या! इसी लिए तो बूढ़े मर-मर-के कमाते हैं और मरने के बाद लड़कों के लिए छोड़ जाते हैं। अपने मन में समझते होंगे, हम लड़कों के लिए बैठने का ठिकाना किए जाते हैं। मैं कहती हूँ, तुम उनके सर्वनाश का सामना किए जाते हो, उनके लिए ज़हर बोए जाते हो। पापा ने लाखों रुपये की सम्पत्ति न छोड़ी होती, तो आज यह महाशय किसी काम में लगे होते, कुछ घर की चिन्ता होती, कुछ ज़िम्मेदारी होती, नहीं तो बैंक से रुपये निकाले और उड़ाए। अगर मुझे विश्वास होता कि सम्पत्ति समाप्त करके यह सीधे मार्ग पर आ जाएँगे, तो मुझे ज़रा भी दुःख न होता; पर मुझे तो यह भय है कि ऐसे लोग फिर किसी काम के नहीं रहते। या तो जेलख़ाने में मरते हैं या अनाथालय में। आपकी एक वेश्या से आशनाई है। माधुरी नाम है और वह इन्हें उलटे छुरे से मूँड़ रही है, जैसा उसका धर्म है। आपको यह ख़ब्त हो गई कि वह मुझ पर जान देती है। उससे विवाह का प्रस्ताव भी किया जा चुका है। मालूम नहीं, उसने क्या जवाब दिया। कई बार जी में आया कि जब यहाँ किसी से कोई नाता ही नहीं है, तो अपने घर चली जाऊँ; लेकिन डरती हूँ कि तब तो यह और भी स्वतन्त्र हो जाएँगे। मुझे किसी पर विश्वास है, तो वह तुम हो। इसीलिए तुम्हें बुलाया था कि शायद तुम्हारे समझाने-बुझाने का कुछ असर हो। अगर तुम भी असफल हुए, तो मैं एक क्षण यहाँ न रहूँगी। भोजन तैयार है, चलो कुछ खा लो।'

दयाकृष्ण ने सिंगार सिंह की ओर संकेत करके कहा–और यह?

''यह तो अब कहीं दो तीन बजे चेतेंगे।''

''बुरा न मानेंगे।''

''मैं अब इन बातों की परवाह नहीं करती। मैंने तो निश्चय कर लिया है कि अगर मुझे कभी आँखें दिखाईं, तो मैं भी इन्हें मजा चखा दूँगी। मेरे पिताजी फौज़ में सूबेदार मेजर हैं। मेरी देह में उनका रक्त है।''

लीला की मुद्रा उत्तेजित हो गई। विद्रोह की वह आग, जो महीनों से पड़ी सुलग रही थी, प्रचण्ड हो उठी।

उसने उसी लहज़े में कहा–'मेरी इस घर में इतनी सांसत हुई है, इतना अपमान हुआ है और हो रहा है कि मैं उसका किसी तरह भी प्रतिकार करके आत्मग्लानि का अनुभव न करूँगी। मैंने पापा से अपना हाल छिपा रखा है। आज लिख दूँ, तो इनकी सारी मशीख़त उतर जाए। नारी होने का दण्ड भोग रही हूँ, लेकिन नारी के धैर्य की सीमा है।'

दयाकृष्ण उस सुकुमारी का वह तमतमाया हुआ चेहरा, वे जलती हुई आँखें, वह काँपते हुए होंठ देखकर काँप उठा। उसकी दशा, उस आदमी की-सी हो गई, जो किसी रोगी को दर्द से तड़पते देखकर वैद्य को बुलाने दौड़े। आर्द्र कण्ठ से बोले–'इस समय मुझे क्षमा करो लीला, फिर कभी तुम्हारा निमन्त्रण स्वीकार करूँगा। तुम्हें अपनी ओर से इतना ही विश्वास दिलाता हूँ कि मुझे अपना सेवक समझती रहना। मुझे न मालूम था कि तुम्हें इतना कष्ट है, नहीं तो शायद अब तक मैंने कुछ युक्ति सोची होती। मेरा यह शरीर तुम्हारे किसी काम आए, इससे बढ़कर सौभाग्य की बात मेरे लिए और क्या होगी!' दयाकृष्ण यहाँ से चला, तो उसके मन में इतना उल्लास भरा हुआ था, मानो विमान पर बैठा हुआ स्वर्ग की ओर जा रहा है। आज उसे जीवन में एक ऐसा लक्ष्य मिल गया था, जिसके लिए वह

जी भी सकता है और मर भी सकता है। वह एक महिला का विश्वासपात्र हो गया था। इस रत्न को वह अपने हाथ से कभी न जाने देगा, चाहे उसकी जान ही क्यों न चली जाए।

3

एक महीना गुज़र गया। दयाकृष्ण सिंगार सिंह के घर नहीं आया। न सिंगार सिंह ने उसकी परवाह की। इस एक ही मुलाक़ात में उसने समझ लिया था कि दया इस नए रंग में आनेवाला आदमी नहीं है। ऐसे सात्त्विक जनों के लिए उसके यहाँ स्थान न था। वहाँ तो रँगीले, रसिया, अय्यास और बिगड़े दिल ही की चाह थी। हाँ, लीला को हमेशा उसकी याद आती रहती थी।

मगर दयाकृष्ण के स्वभाव में अब वह संयम नहीं है। विलासिता का जादू उस पर भी चढ़ता हुआ मालूम होता है। माधुरी के घर उसका भी आना-जाना शुरू हो गया है। वह सिंगार सिंह का मित्र नहीं रहा, प्रतिद्वन्दी हो गया है। दोनों एक ही प्रतिमा के उपासक हैं; मगर उनकी उपासना में अन्तर है। सिंगार की दृष्टि में माधुरी केवल विलास की एक वस्तु है, केवल विनोद का एक यन्त्र। दयाकृष्ण विनय की मूर्ति है, जो माधुरी की सेवा में ही प्रसन्न है! सिंगार माधुरी के हास-विलास को अपना ज़र-ख़रीद हक़ समझता है, दयाकृष्ण इसी में सन्तुष्ट है कि माधुरी उसकी सेवाओं को स्वीकार करती है। माधुरी की ओर से ज़रा भी अरुचि देखकर सिंगार उसी तरह बिगड़ जाएगा, जैसे अपनी प्यारी घोड़ी की मुँहज़ोरी पर। दयाकृष्ण अपने को उसकी कृपादृष्टि के योग्य ही नहीं समझता। सिंगार जो कुछ माधुरी को देता है, गर्व-भरे आत्म-प्रदर्शन के साथ; मानो उस पर कोई अहसान कर रहा हो। दयाकृष्ण के पास देने को है ही क्या; पर वह जो कुछ भेंट करता है, वह ऐसी श्रद्धा से, मानो देवता को फूल चढ़ाता हो। सिंगार का आसक्त मन, माधुरी को अपने पिंजरे में बन्द रखना चाहता है, जिससे उस पर किसी की निग़ाह न पड़े। दयाकृष्ण निर्लिप्त भाव से उसकी स्वच्छन्द क्रीड़ा का आनन्द उठाता है। माधुरी को अब तक जितने आदमियों से साबिका पड़ा था, वे सब सिंगार सिंह की ही भाँति कामुक, ईर्ष्यालु, दम्भी और कोमल भावों से शून्य थे, रूप को भोगने की वस्तु समझनेवाले। दयाकृष्ण उन सबों से अलग था—सहृदय, भद्र और सेवाशील, मानो उस पर अपनी आत्मा का समर्पण कर देना चाहता है। माधुरी को अब अपने जीवन में कोई ऐसा पदार्थ मिल गया है, जिसे वह बड़ी एहतियात से सँभालकर रखना चाहती है। जड़ाऊ गहने अब उसकी आँखों में उतने मूल्यवान् नहीं रहे, जितनी यह फ़क़ीर की दी हुई तावीज़। जड़ाऊ गहने हमेशा मिलेंगे, यह तावीज़ खो गई, तो फिर शायद ही कभी हाथ आए। जड़ाऊ गहने केवल उसकी विलास-प्रवृत्ति को उत्तेजित करते हैं। पर इस तावीज़ में कोई दैवी शक्ति है, जो न जाने कैसे उसमें सदनुराग और परिष्कार-भावना को जगाती है। दयाकृष्ण कभी प्रेम-प्रदर्शन नहीं करता, अपनी विरह-व्यथा के राग नहीं अलापता, पर माधुरी को उस पर पूरा विश्वास है। सिंगार सिंह के प्रलाप में उसे बनावट और दिखावे का आभास होता है। वह चाहती है, यह जल्द यहाँ से टले; लेकिन दयाकृष्ण के संयत भाषण में उसे गहराई तथा गाम्भीर्य और गुरुत्व का आभास होता है। औरों की वह प्रेमिका है; लेकिन दयाकृष्ण की आशिक़, जिसके कदमों की आहट पाकर उसके अन्दर

एक तूफान उठने लगता है। उसके जीवन में यह नई अनुभूति है। अब तक वह दूसरों के भोग की वस्तु थी, अब कम-से-कम एक प्राणी की दृष्टि में वह आदर और प्रेम की वस्तु है।

सिंगार सिंह को जबसे दयाकृष्ण के इस प्रेमाभिनय की सूचना मिली है, वह उसके ख़ून का प्यासा हो गया है। ईर्ष्याग्नि से फुँका जा रहा है। उसने दयाकृष्ण के पीछे कई शोहदे लगा रखे हैं कि वे उसे जहाँ पाएँ, उसका काम तमाम कर दें। वह ख़ुद पिस्तौल लिए उसकी टोह में रहता है। दयाकृष्ण इस ख़तरे को समझता है, जानता है; पर अपने नियत समय पर माधुरी के पास बिना नाग़ा आ जाता है। मालूम होता है, उसे अपनी जान का कुछ भी मोह नहीं है। शोहदे उसे देखकर क्यों उस पर वार नहीं करते, इसका रहस्य वह नहीं समझता।

एक दिन माधुरी ने उससे कहा—कृष्णजी, तुम यहाँ न आया करो। तुम्हें तो पता नहीं है; पर यहाँ तुम्हारे बीसों दुश्मन हैं। मैं डरती हूँ कि किसी दिन कोई बात न हो जाए।

शिशिर की तुषार-मण्डित संध्या थी। माधुरी एक काश्मीरी शाल ओढ़े अँगीठी के सामने बैठी हुई थी। कमरे में बिजली का रजत प्रकाश फैला हुआ था। दयाकृष्ण ने देखा, माधुरी की आँखें सजल हो गई हैं और वह मुँह फेरकर उन्हें दयाकृष्ण से छिपाने की चेष्टा कर रही है। प्रदर्शन और सुख-भोग करने वाली रमणी क्यों इतना संकोच कर रही है, यह उसका अनाड़ी मन न समझ सका। हाँ, माधुरी के गोरे, प्रसन्न, संकोचहीन मुख पर लज्जा-मिश्रित मधुरिमा की ऐसी छटा उसने कभी न देखी थी। आज उसने उस मुख पर कुल-वधू की भीरु आकांक्षा और दृढ़ वात्सल्य देखा और उसके अभिनय में सत्य का उदय हो गया।

उसने स्थिर भाव से जवाब दिया—मैं तो किसी की बुराई नहीं करता, मुझसे किसी को क्यों बैर होने लगा? मैं यहाँ किसी का बाधक नहीं, किसी का विरोधी नहीं। दाता के द्वार पर सभी भिक्षुक जाते हैं। अपना-अपना भाग्य है, किसी को एक चुटकी मिलती है, किसी को पूरा थाल। कोई क्यों किसी से जले? अगर किसी पर तुम्हारी विशेष कृपा है, तो मैं उसे भाग्यशाली समझकर उसका आदर करूँगा। जलूँ क्यों?

माधुरी ने स्नेह-कातर स्वर में कहा—जी नहीं, आप कल से न आया कीजिए।

दयाकृष्ण मुस्कराकर बोला—तुम मुझे यहाँ आने से नहीं रोक सकतीं। भिक्षुक को तुम दुत्कार सकती हो, द्वार पर आने से नहीं रोक सकतीं।

माधुरी स्नेह की आँखों से उसे देखने लगी, फिर बोली—क्या सभी आदमी तुम्हीं जैसे निष्कपट हैं?

"तो फिर मैं क्या करूँ?"

"यहाँ न आया करो।"

"यह मेरे बस की बात नहीं।"

माधुरी एक क्षण तक विचार करके बोली—एक बात कहूँ, मानोगे? चलो, हम तुम किसी दूसरे नगर की राह लें।

"केवल इसीलिए कि कुछ लोग मुझसे खार खाते हैं?"

"खार नहीं खाते, तुम्हारी जान के ग्राहक हैं।"

दयाकृष्ण उसी अविचलित भाव से बोला—जिस दिन प्रेम का यह पुरस्कार मिलेगा, वह मेरे जीवन का नया दिन होगा, माधुरी! इससे अच्छी मृत्यु और क्या हो सकती है? तब मैं तुमसे पृथक् न रहकर तुम्हारे मन में, तुम्हारी स्मृति में रहूँगा।

माधुरी ने कोमल हाथ से उसके गाल पर थपकी दी। उसकी आँखें भर आई थीं। इन शब्दों में जो प्यार भरा हुआ था, वह जैसे पिचकारी की धार की तरह उसके हृदय में समा गया। ऐसी विकल वेदना! ऐसा नशा! इसे वह क्या कहे?

उसने करुण स्वर में कहा—ऐसी बात न किया करो कृष्ण, नहीं तो मैं सच कहती हूँ, एक दिन ज़हर खाकर तुम्हारे चरणों पर सो जाऊँगी। तुम्हारे इन शब्दों में न-जाने क्या जादू था कि मैं जैसे फुँक उठी। अब आप ख़ुदा के लिए यहाँ न आया करो, नहीं तो देख लेना, मैं एक दिन प्राण दे दूँगी। तुम क्या जानो, हत्यारा सिंगार किस बुरी तरह तुम्हारे पीछे पड़ा हुआ है। मैं उसके शोहदों की ख़ुशामद करते-करते हार गई। कितना कहती हूँ, दयाकृष्ण से मेरा कोई सम्बन्ध नहीं, उसके सामने तुम्हारी कितनी निन्दा करती हूँ, कितना कोसती हूँ, लेकिन उस निर्दयी को मुझ पर विश्वास नहीं आता। तुम्हारे लिए मैंने इन गुण्डों की कितनी मिन्नतें की हैं, उनके हाथों कितना अपमान सहा है, वह तुमसे न कहना ही अच्छा है। जिनका मुँह देखना भी मैं अपनी शान के खिलाफ़ समझती हूँ, उनके पैरों पड़ी हूँ; लेकिन ये कुत्ते, हड्डियों के टुकड़े पाकर और भी शेर हो जाते हैं। मैं अब उनसे तंग आ गई हूँ और तुमसे हाथ जोड़कर कहती हूँ कि यहाँ से किसी ऐसी जगह चले चलो, जहाँ हमें कोई न जानता हो। वहाँ शान्ति के साथ पड़े रहें। मैं तुम्हारे साथ सब कुछ झेलने को तैयार हूँ। आज इसका निश्चय कराए बिना मैं तुम्हें न जाने दूँगी। मैं जानती हूँ, तुम्हें मुझ पर अब भी विश्वास नहीं है। तुम्हें संदेह है कि मैं तुम्हारे साथ कपट करूँगी।

दयाकृष्ण ने टोका—नहीं माधुरी, तुम मेरे साथ अन्याय कर रही हो। मेरे मन में कभी ऐसा संदेह नहीं आया। पहले ही दिन मुझे न-जाने क्यों, कुछ ऐसा प्रतीत हुआ कि तुम अपनी और बहनों से पृथक् हो। मैंने तुममें वह शील और संकोच देखा, जो मैंने कुल-वधुओं में देखा है।

माधुरी ने उसकी आँखों में आँखें गड़ाकर कहा—तुम झूठ बोलने की कला में इतने निपुण नहीं हो कृष्ण, कि वेश्या को भुलावा दे सको। मैं न शीलवती हूँ, न संकोचवती हूँ और न अपनी दूसरी बहनों से भिन्न हूँ। मैं वेश्या हूँ, उतनी ही कलुषित, उतनी ही विलासान्ध, उतनी ही मायाविनी, जितनी, मेरी दूसरी बहनें; बल्कि उनसे कुछ ज़्यादा। न तुम अन्य पुरुषों की तरह मेरे पास विनोद और वासना-तृप्ति के लिए आए थे, नहीं महीनों आते रहने पर भी तुम यों अलिप्त न रहते। तुमने कभी डींग नहीं मारी, मुझे धन का प्रलोभन नहीं दिया। मैंने कभी तुमसे धन की आशा नहीं की। तुमने अपनी वास्तविक स्थिति मुझसे कह दी। फिर भी मैंने तुम्हें एक नहीं, अनेक अवसर दिये कि कोई दूसरा आदमी उन्हें न छोड़ता; लेकिन तुम्हें मैं अपने पंजे में न ला सकी। तुम चाहे और जिस इरादे से आए हो, भोग की इच्छा से नहीं आए। अगर मैं तुम्हें इतना नीच, इतना हृदयहीन, इतना विलासान्ध समझती, तो इस तरह तुम्हारे नाज़ न उठाती। फिर मैं भी तुम्हारे साथ मित्र-भाव रखने लगी। समझ लिया, मेरी परीक्षा हो रही है। जब तक इस परीक्षा में सफल न हो जाऊँ, तुम्हें नहीं पा सकती। तुम जितने सज्जन हो, उतने ही कठोर हो।

यह कहते हुए माधुरी ने दयाकृष्ण का हाथ पकड़ लिया और अनुराग और समर्पण-भरी चितवनों से उसे देखकर बोली—सच बताओ कृष्ण, तुम मुझमें क्या देखकर आकर्षित हुए थे? देखो, बहानेबाज़ी न करना। तुम रूप पर मुग्ध होनेवाले आदमी नहीं हो, मैं क़सम खा सकती हूँ।

दयाकृष्ण ने संकट में पड़कर कहा—रूप इतनी तुच्छ वस्तु नहीं है, माधुरी। वह मन का आईना है।

''यहाँ मुझसे रूपवान स्त्रियों की कमी नहीं है।''

''यह तो अपनी-अपनी निगाह है। मेरे पूर्व संस्कार रहे होंगे।''

माधुरी ने भँवें सिकोड़कर कहा—तुम फिर झूठ बोल रहे हो, चेहरा कहे देता है।

दयाकृष्ण ने परास्त होकर कहा—पूछकर क्या करोगी, माधुरी? मैं डरता हूँ, कहीं तुम मुझसे घृणा न करने लगो। सम्भव है, तुम मेरा जो रूप देख रही हो, वह मेरा असली रूप न हो।

माधुरी का मुँह लटक गया। विरक्त-सी होकर बोली—इसका खुले शब्दों में यह अर्थ है कि तुम्हें मुझ पर विश्वास नहीं। ठीक है, वेश्याओं पर विश्वास करना भी नहीं चाहिए। विद्वानों और महात्माओं का उपदेश कैसे न मानोगे?

नारी-हृदय इस समस्या पर विजय पाने के लिए अपने अस्त्रों से काम लेने लगा।

दयाकृष्ण पहले ही हमले में हिम्मत छोड़ बैठा। बोला—तुम तो नाराज़ हुई जाती हो, माधुरी! मैंने तो केवल इस विचार से कहा था कि तुम मुझे धोखेबाज़ समझने लगोगी। तुम्हें शायद मालूम नहीं है, सिंगार सिंह ने मुझे पर कितने अहसान किए हैं। मैं उन्हीं के टुकड़ों पर पला हूँ। इसमें रत्ती भर भी मुबालगा नहीं है। यहाँ आकर जब मैंने उनके रंग-ढंग देखे और उनकी साध्वी स्त्री लीला को बहुत दुखी पाया, तो सोचते-सोचते मुझे यही उपाय सूझा कि किसी तरह सिंगार सिंह को तुम्हारे पंजे से छुड़ाऊँ। मेरे इस अभियान का यही रहस्य है, लेकिन उन्हें छुड़ा तो न सका, ख़ुद फँस गया। मेरे इस फ़रेब की जो चाहे सजा दो, सिर झुकाए हुए हूँ।

माधुरी का अभिमान टूट गया। जलकर बोली—तो यह कहिए कि आप लीलादेवी के आशिक़ हैं। मुझे पहले से मालूम होता, तो तुम्हें इस घर में घुसने न देती। तुम तो एक छिपे रुस्तम निकले।

वह तोते के पिंजरे के पास जाकर उसे पुचकारने का बहाना करने लगी। मन में जो एक दाह उठ रही थी, उसे कैसे शान्त करे?

दयाकृष्ण ने तिरस्कार-भरे स्वर में कहा—मैं लीला का आशिक़ नहीं हूँ, माधुरी! उस देवी को कलंकित न करो। मैं आज तुमसे शपथ खाकर कहता हूँ कि मैंने कभी उसे इस निगाह से नहीं देखा। उसके प्रति मेरा वही भाव था; जो अपने किसी आत्मीय को दुःख में देखकर हर एक मनुष्य के मन में आता है।

''किसी से प्रेम करना तो पाप नहीं है, तुम व्यर्थ में अपनी और लीला की सफ़ाई दे रहे हो।''

''मैं नहीं चाहता कि लीला पर किसी तरह का आक्षेप किया जाए।''

''अच्छा साहब, लीजिए, लीला का नाम नहीं लूँगी। मैंने मान लिया, वह सती है, साध्वी है और केवल उनकी आज्ञा से ...''

दयाकृष्ण ने बात काटी—उसकी कोई आज्ञा नहीं थी।

''ओहो, तुम तो ज़बान पकड़ते हो, कृष्ण! क्षमा करो, उनकी आज्ञा से नहीं, तुम अपनी इच्छा से आए थे। अब तो राज़ी हुए। अब यह बताओ, आगे तुम्हारे क्या इरादे हैं? मैं वचन तो दे दूँगी, मगर अपने संस्कारों को नहीं बदल सकती, मेरा मन दुर्बल है। मेरा सतीत्व कब का नष्ट हो चुका है। अन्य मूल्यवान पदार्थों

की ही तरह रूप और यौवन की रक्षा भी बलवान् हाथों से हो सकती है। मैं तुमसे पूछती हूँ, तुम मुझे अपनी शरण में लेने पर तैयार हो? तुम्हारा आश्रय पाकर, तुम्हारे प्रेम की शक्ति से, मुझे विश्वास है, मैं जीवन के सारे प्रलोभनों का सामना कर सकती हूँ। मैं इस सोने के महल को ठुकरा दूँगी; लेकिन इसके बदले मुझे किसी हरे वृक्ष की छाँह तो मिलनी चाहिए। वह छाँह तुम मुझे दे दोगे? अगर नहीं दे सकते, तो मुझे छोड़ दो। मैं अपने हाल में मगन हूँ। वादा करती हूँ, सिंगारसिंह से मैं कोई सम्बन्ध न रखूँगी। वह मुझे घेरेगा, रोएगा। संभव है गुण्डों से मेरा अपमान कराए, आतंक दिखाए लेकिन मैं सब कुछ झेल लूँगी, तुम्हारी ख़ातिर से···।''

आगे और कुछ न कहकर वह तृष्णा-भरी, लेकिन उसके साथ ही निरपेक्ष नेत्रों से दयाकृष्ण की ओर देखने लगी, जैसे दूकानदार ग्राहक को बुलाता तो है, पर साथ ही यह भी दिखाना चाहता है कि उसे उसकी परवाह नहीं है। दयाकृष्ण क्या जवाब दे? संघर्षमय संसार में उसने अभी केवल एक कदम टिका पाया है। इधर वह अंगुल-भर जगह भी उससे छिन गई है। शायद ज़ोर मारकर वह फिर वह स्थान पा जाए लेकिन वहाँ बैठने की जगह नहीं। और एक दूसरे प्राणी को लेकर तो वह खड़ा भी नहीं रह सकता। अगर मान लिया जाए कि अदम्य-उद्योग से दोनों के लिए स्थान निकाल लेगा, तो आत्म-सम्मान को कहाँ ले जाए? संसार क्या कहेगा? लीला क्या फिर उसका मुँह देखना चाहेगी? सिंगार से वह फिर आँखें मिला सकेगा? यह भी छोड़ो। लीला अगर उसे पतित समझती है समझे; सिंगार अगर उससे जलता है तो जले, उसे इसकी परवाह नहीं है; लेकिन अपने मन को क्या करे? विश्वास उसके अन्दर आकर जाल में फँसे पक्षी की भाँति फड़फड़ाकर निकल भागता है। कुलीनता अपने साथ विश्वास का वरदान लिए आती है। उसके साहचर्य में हमें कभी सन्देह नहीं होता। वहाँ सन्देह के लिए प्रत्यक्ष प्रमाण चाहिए। कुत्सिता सन्देह का संस्कार लिए आती है। वहाँ विश्वास के लिए प्रत्यक्ष—अत्यन्त प्रत्यक्ष प्रमाण की ज़रूरत है। उसने नम्रता से कहा—तुम जानती हो, मेरी क्या हालत है?

''हाँ, ख़ूब जानती हूँ।''

''और उस हालत में तुम प्रसन्न रह सकोगी?''

''तुम ऐसा प्रश्न क्यों करते हो, कृष्ण? मुझे दुःख होता है। तुम्हारे मन में जो सन्देह है, वह मैं जानती हूँ, समझती हूँ। मुझे भ्रम हो गया था कि तुमने भी मुझे जान लिया है, समझ लिया है। अब मालूम हुआ, मैं धोखे में थी।''

वह उठकर वहाँ से जाने लगी। दयाकृष्ण ने उसका हाथ पकड़ लिया और प्रार्थी-भाव से बोला—तुम मेरे साथ अन्याय कर रही हो, माधुरी! मैं सत्य कहता हूँ, ऐसी कोई बात नहीं है···

माधुरी ने खड़े-खड़े विरक्त मन से कहा—तुम झूठ बोल रहे हो, बिलकुल झूठ। तुम अब भी मन से यह स्वीकार नहीं कर रहे हो कि कोई स्त्री स्वेच्छा से रूप का व्यवसाय नहीं करती। पैसे के लिए अपनी लज्जा को उघाड़ना तुम्हारी समझ में कुछ ऐसे आनन्द की बात है, जिसे वेश्या शौक़ से करती है। तुम वेश्या में स्त्रीत्व का होना सम्भव से बहुत दूर समझते हो। तुम इसकी कल्पना ही नहीं कर सकते कि वह क्यों अपने प्रेम में स्थिर नहीं होती। तुम नहीं जानते कि प्रेम के लिए उसके मन में कितनी व्याकुलता होती है और जब वह सौभाग्य से उसे पा जाती है, तो किस तरह प्राणों की भाँति उसे संचित रख़ती है। खारे पानी के

समुद्र में मीठे पानी का छोटा-सा पात्र कितना प्रिय होता है, इसे वह क्या जाने, जो मीठे पानी के मटके उँड़ेलता रहता हो।

दयाकृष्ण कुछ ऐसे असमंजस में पड़ा हुआ था कि उसके मुँह से एक भी शब्द न निकला। उसके मन में जो शंका चिनगारी की भाँति छिपी हुई है, वह बाहर निकलकर कितनी भयंकर ज्वाला उत्पन्न कर देगी। उसने कपट को जो अभिनय किया था, प्रेम का जो स्वाँग रचा था, उसकी ग्लानि उसे और भी व्यथित कर रही थी।

सहसा माधुरी ने निष्ठुरता से पूछा–तुम यहाँ क्यों बैठे हो?

दयाकृष्ण ने अपमान को पीकर कहा–मुझे सोचने के लिए कुछ समय दो माधुरी!

''क्या सोचने के लिए?''

''अपना कर्तव्य''

'मैंने अपना कर्तव्य सोचने के लिए तो तुमसे समय नहीं माँगा। तुम अगर मेरे उद्धार की बात सोच रहे हो, तो उसे दिल से निकाल डालो। मैं भ्रष्टा हूँ और तुम साधुता के पुतले हो–जब तक यह भाव तुम्हारे अन्दर रहेगा, मैं तुमसे उसी तरह बात करूँगी, जैसे औरों के साथ करती हूँ। अगर भ्रष्टा हूँ, तो जो लोग यहाँ अपना मुँह काला करने आते हैं, वे कुछ कम भ्रष्ट नहीं हैं। तुम जो एक मित्र की स्त्री पर दाँव लगाए हुए हो, तुम जो एक सरल मन की अबला के साथ झूठे प्रेम का स्वाँग करते हो, तुम्हारे हाथों अगर मुझे स्वर्ग भी मिलता हो, तो उसे ठुकरा दूँ।

दयाकृष्ण ने लाल आँखें करकें कहा–तुमने फिर वही आक्षेप किया?'

माधुरी तिलमिला उठी। उसकी रही-सही मृदुता भी ईर्ष्या के उमड़ते हुए प्रवाह में समा गई। लीला का आक्षेप भी असह्य है, इसलिए कि वह कुल-वधू है। मैं वेश्या हूँ, इसलिए मेरे प्रेम का उपहार भी स्वीकार नहीं किया जा सकता।

उसने अविचलित भाव से कहा–आक्षेप नहीं कर रही हूँ, तुम्हारे डर से बिल नहीं खोदने जा रही हूँ। तुम स्वीकार करो या न करो, तुम लीला पर मरते हो। तुम्हारी लीला तुम्हें मुबारक रहे। मैं अपने सिंगार सिंह ही से प्रसन्न हूँ, उद्धार की लालसा अब नहीं रही। पहले जाकर अपना उद्धार करो। अब से ख़बरदार, कभी भूलकर भी यहाँ न आना, नहीं तो पछताओगे। तुम जैसे रँगे हुए, पतितों का उद्धार वही कर सकते हैं, जो उद्धार के अभिमान को हृदय में आने ही नहीं देते। जहाँ प्रेम है, वहाँ किसी तरह का भेद नहीं रह सकता।

यह कहने के साथ ही वह उठकर बराबरवाले दूसरे कमरे में चली गई और अन्दर से द्वार बन्द कर लिया। दयाकृष्ण कुछ देर वहाँ मर्माहत-सा रहा, फिर धीरे-धीरे नीचे उतर गया, मानो देह में प्राण न हो।

4

दो दिन दयाकृष्ण घर से न निकला। माधुरी ने उसके साथ जो व्यवहार किया, इसकी उसे आशा न थी। माधुरी को उससे प्रेम था, इसका उसे विश्वास था; लेकिन जो प्रेम इतना असहिष्णु हो, जो दूसरे के मनोभावों का ज़रा भी विचार न करे, जो मिथ्या कलंक आरोपण करने में भी संकोच न करे, वह उन्माद हो

सकता है, प्रेम नहीं। उसने बहुत अच्छा किया कि माधुरी के कपट-जाल में न फँसा, नहीं तो उसकी न जाने क्या दुर्गति होती!

पर दूसरे क्षण उसके भाव बदल जाते और माधुरी के प्रति उसका मन कोमलता से भर जाता। अब वह अपनी अनुदारता पर, अपनी संकीर्णता पर पछताता। उसे माधुरी पर सन्देह करने का कोई कारण न था। ऐसी दशा में ईर्ष्या स्वाभाविक है और वह ईर्ष्या ही क्या, जिसमें डंक न हो, विष न हो। माना, समाज उसकी निन्दा करता। यह भी मान लिया कि माधुरी सती भार्या न होती। कम-से-कम सिंगार सिंह तो उसके पंजे से निकल जाता, लीला का जीवन तो सुखी हो जाता।

सहसा किसी ने द्वार खटखटाया। उसने द्वार खोला तो सिंगार सिंह सामने खड़ा था। बाल बिखरे हुए, कुछ अस्त-व्यस्त।

दयाकृष्ण ने हाथ मिलाते हुए पूछा—क्या पाँव-पाँव ही आ रहे हो, मुझे क्यों न बुला लिया?

सिंगार ने उसे चुभती हुई आँखों से देखकर कहा—मैं तुमसे यह पूछने आया हूँ कि माधुरी कहाँ है? अवश्य तुम्हारे घर में होगी।

''क्यों? अपने घर पर होगी, मुझे क्या ख़बर? मेरे घर क्यों आने लगी?''

''इन सब बहानों से काम न चलेगा, समझ गए? मैं कहता हूँ, मैं तुम्हारा ख़ून पी जाऊँगा, वरना ठीक-ठीक बता दो, वह कहाँ गई?''

''मैं बिलकुल कुछ नहीं जानता, तुम्हें विश्वास दिलाता हूँ। मैं तो दो दिन से घर से निकला ही नहीं।''

'रात को मैं उसके पास था। सवेरे मुझे उसका यह पत्र मिला। मैं उसी वक़्त दौड़ा हुआ उसके घर गया। वहाँ उसका पता न था। नौकरों से इतना मालूम हुआ, ताँगें पर बैठकर कहीं गई है, कह गयी है, यह कोई न बता सका। मुझे शक हुआ, यहाँ आई होगी। जब तक तुम्हारे घर की तलाशी न ले लूँगा, मुझे चैन न आएगा।'

उसने मकान का एक-एक कोना देखा, तख्त के नीचे, अलमारी के पीछे तब निराश होकर बोला, बड़ी बेवफ़ा और मक्कार औरत है। ज़रा इस ख़त को पढ़ो।

दोनों फ़र्श पर बैठ गए। दयाकृष्ण ने पत्र लेकर पढ़ना शुरू किया-

"सरदार साहब! मैं आज कुछ दिनों के लिए यहां से जा रही हूं, कब तक लौटूंगी, कुछ नहीं जानती। कहां जा रही हूं, यह भी नहीं जानती। जा इसलिए रही हूं कि इस बेशर्मी, बेहयाई की ज़िंदगी से मुझे घृणा हो रही है, और घृणा है, उन लम्पटों से, जिनमे कुत्सित विलास का मैं खिलौना थी; और जिनमें तुम मुख्य हो। तुम महीनों सेमुझ पर सोने और रेशम की वर्षा कर रही हो; मगर मैं तुमसे पूछती हूं, उससे लाख गुने सोने और दस लाख गुने रेशम पर भी तुम अपनी बहन या स्त्री को इस रूप के बाज़ार में बैठने दोगे? कभी नहीं। उन देवियों में कोई ऐसी वस्तु हैं, जिसे तुम संसार भर की दौलत से भी मूल्यवान समझते हो; लेकिन जब तुम शराब के नशे में चूर, अपने एक-एक अंग में काम का उन्माद भरे आते थे, तो तुम्हें कभी ध्यान आता था कि तुम उसी अमूल्य वस्तु को किस निर्दयता के साथ पैरों से कुचल रहे हो? कभी ध्यान आता था कि अपनी कुल-देवियों को इस अवस्था में देखकर तुम्हें कितना दुःख होता? कभी नहीं! यह उन गीदड़ों और गिद्धों की मनोवृत्ति है, जो किसी लाश को देखकर चारों ओर से ज़मा

हो जाते हैं, और उसे नोंच-नोंचकर खाते हैं, यह समझ रखो, नारी अपना बस रहते हुए कभी पैसों के लिए अपने को समर्पित नहीं करती। यदि वह ऐसा कर रही है, तो समझ लो कि उसके लिए और कोई आश्रय, और कोई आधार नहीं है, और पुरुष इतना निर्लज्ज है कि उसकी दुरावस्था से अपनी वासना तृप्त करता है और इसके साथ ही इतना निर्दय कि उसके माथे पर पतिता का कलंक लगाकर उसे उसी दुरावस्था में रहते देखना चाहता है। क्या नारीत्व के पवित्र मन्दिर में उसका स्थान नहीं हैं? लेकिन तुम उसे उस मन्दिर में घुसने नहीं देते। उसके स्पर्श से मंदिर की प्रतिमा भ्रष्ट हो जाएगी। ख़ैर, पुरुष-समाज जितना अत्याचार चाहे, कर ले। हम असहाय हैं, अशक्त हैं, आत्मभिमान को भूल बैठी हैं, लेकिन ···।''

सहसा सिंगार सिंह ने उसके हाथ से वह पत्र छीन लिया और जेब में रखता हुआ बोला—क्या बड़े गौर से पढ़ रहे हो, कोई नई बात नहीं है। सब कुछ वही है, जो तुमने सिखाया है। यही करने तो तुम उसके यहाँ जाते थे। मैं कहता हूँ, तुम्हें मुझसे इतनी जलन क्यों हो गई? मैंने तो तुम्हारे साथ कोई बुराई न की थी। इस साल-भर में मैंने माधुरी पर दस हज़ार से कम न फूँके होंगे घर में जो मूल्यवान था, वह मैंने उसके चरणों पर चढ़ा दिया और आज उसमें इतना साहस हो गया कि वह हमारी कुल-देवियों की बराबरी करे! यह सब तुम्हारा प्रसाद है। 'सत्तर चूहे खाके बिल्ली हज को चली।' कितनी बेवफ़ा जात है! ऐसों को तो गोली मार दे। जिस पर सारा घर लुटा दिया, जिसके पीछे सारे शहर में बदनाम हुआ, वह आज मुझे उपदेश देने चली है! ज़रूर इसमें कोई-न-कोई रहस्य है। कोई नया शिकार फाँसा होगा; मगर मुझसे भागकर जाएगी कहाँ, ढूँढ़ न निकालूँ तो नाम नहीं। कम्बख़्त कैसी प्रेम-भरी बातें करती थी कि मुझ पर घड़ों नशा चढ़ जाता था। बस, कोई नया शिकार फँस गया होगा। यह बात न हो, तो मूँछ मुँड़ा लूँ।

दयाकृष्ण उसके सफ़ाचट चेहरे की ओर देखकर मुस्कुराया—तुम्हारी मूँछें तो पहले ही मुँड़ चुकी हैं।

इस हल्के से विनोद ने जैसे सिंगार सिंह के घाव पर मरहम रख दिया। वह बे-सरोसामान घर, वह फटा फ़र्श, वे टूटी-फूटी चीजें देखकर उसे दयाकृष्ण पर दया आ गई। चोट की तिलमिलाहट में वह जवाब देने के लिए ईंट-पत्थर ढूँढ़ रहा था, पर अब चोट ठण्डी पड़ गई थी और दर्द घनीभूत हो रहा था। दर्द के साथ-साथ सौहार्द्र भी जाग रहा था। जब आग ही गई, तो धुआँ कहाँ से आता?

उसने पूछा—सच कहना, तुमसे भी कभी प्रेम की बातें करती थी?

दयाकृष्ण ने मुस्कुराते हुए कहा—मुझसे! मैं तो ख़ाली उसकी सूरत देखने जाता था।

''सूरत देखकर दिल पर काबू तो नहीं रहता।''

''यह तो अपनी-अपनी रुचि है।''

''है मोहिनी, देखते ही कलेजे पर छुरी चल जाती है।''

''मेरे कलेजे पर तो कभी छुरी नहीं चली। यही इच्छा होती थी कि इसके पैरों पर गिर पड़ूँ।''

''इसी शायरी ने तो यह अनर्थ किया। तुम जैसे बुद्धुओं को किसी देहातिन से शादी करके रहना चाहिए। चले थे वेश्या से प्रेम करने!''

''एक क्षण के बाद उसने फिर कहा—मगर है बेवफ़ा, मक्क़ार!''

''तुमने उससे वफ़ा की आशा की, मुझे तो यही अफ़सोस है।''

''तुमने वह दिल हीं नहीं पाया, तुमसे क्या कहूँ।''

एक मिनट के बाद उसने सहृदय भाव से कहा–अपने पत्र में उसने बातें तो सच्ची लिखी हैं, चाहे कोई माने या न माने। सौन्दर्य को बाज़ारू चीज़ समझना कुछ बहुत अच्छी बात तो नहीं है।

दयाकृष्ण ने पुचारा दिया–जब स्त्री अपना रूप बेचती है, तो उसके ख़रीददार भी निकल आते हैं। फिर यहाँ तो कितनी ही जातियाँ हैं, जिनका यही पेशा है।

''यह पेशा चला कैसे?''

''स्त्रियों की दुर्बलता से।''

''नहीं, मैं समझता हूँ, बिस्मिल्लाह पुरुषों ने की होगी।''

इसके बाद एकाएक जेब से घड़ी निकालकर देखता हुआ बोला–ओहो! दो बज गए और अभी मैं यहीं बैठा हूँ। आज शाम को मेरे यहाँ खाना खाना। ज़रा इस विषय पर बातें होंगी। अब तो उसे ढूँढ़ निकालना है, वह है कहीं इसी शहर में। घरवालों से भी कुछ नहीं कहा। बुढ़िया नायका सिर पीट रही थी। उस्तादजी अपनी तकदीर को रो रहे थे। न जाने कहाँ जाकर छिप रही?

उसने उठकर दयाकृष्ण से हाथ मिलाया और चल दिया।

दयाकृष्ण ने पूछा–मेरी तरफ़ से तो तुम्हारा दिल साफ़ हो गया?,

सिंगार ने पीछे मुड़कर कहा–'हुआ भी और नहीं भी हुआ', और बाहर निकल गया।

5

सात-आठ दिन तक सिंगार सिंह ने सारा शहर छान मारा, पुलिस में रिपोर्ट की, समाचार-पत्रों में नोटिस छपायी, अपने आदमी दौड़ाए; लेकिन माधुरी का कुछ भी सुराग न मिला। फिर कैसे महफ़िल गर्म होती! मित्र-बन्धु सुबह-शाम हाज़िरी देने आते और अपना-सा मुँह लेकर लौट जाते। सिंगार के पास उनके साथ गप-शप करने का समय न था।

गर्मी का दिन, सजा हुआ कमरा भट्ठी बना हुआ था। खस की टट्टियाँ भी थीं, पंखा भी; लेकिन गर्मी जैसे किसी के समझाने-बुझाने की परवाह नहीं करना चाहती थी, अपने दिल का बुख़ार निकालकर ही रहेगी।

सिंगार सिंह अपने भीतरवाले कमरे में बैठा हुआ पैग-पर-पैग चढ़ा रहा था; पर अन्दर की आग न शान्त होती थी। इस आग ने ऊपर की घास-फूस को जलाकर भस्म कर दिया था और अब अन्तस्तल की जड़ विरक्ति और अचल विचार को द्रवित करके बड़े वेग से ऊपर फेंक रही थी। माधुरी की बेवफ़ाई ने उसके आमोदी हृदय को इतना आहत कर दिया था कि अब अपना जीवन ही उसे बेकार-सा मालूम होता था। माधुरी उसके जीवन में सबसे सत्य वस्तु थी, सत्य भी और सुन्दर भी। उसके जीवन की सारी रेखाएँ इसी बिन्दु पर आकर जमा हो जाती थीं। वह बिन्दु एकाएक पानी के बुलबुले की भाँति मिट गया और अब वे सारी रेखाएँ, वे सारी भावनाएँ, वे सारी मृदु-स्मृतियाँ उन झल्लायी हुई मधु-मक्खियों की तरह भिनभिनाती फिरती थीं, जिनका छत्ता जला दिया गया हो। जब माधुरी ने कपट-व्यवहार किया, तो और किससे कोई आशा की जाए? इस जीवन ही में क्या है? आम में रस ही न रहा, तो गुठली किस काम की?

लीला कई दिनों से महफ़िल में सन्नाटा देखकर चकित हो रही थी। उसने कई महीनों से घर के किसी विषय में बोलना छोड़ दिया था। बाहर से जो आदेश मिलता था, उसे बिना कुछ कहे-सुने पूरा करना ही उसके जीवन का क्रम था। वीतराग-सी हो गई थी। न किसी शौक़ से वास्ता था, न सिंगार से।

मगर इस कई दिन के सन्नाटे ने उसके उदास मन को भी चिन्तित कर दिया। चाहती थी कि कुछ पूछे; लेकिन पूछे कैसे? मान जो टूट जाता। मान ही किस बात का? मान तब करे, जब कोई उसकी बात पूछता हो। मान-अपमान से उसे प्रयोजन नहीं। नारी ही क्यों हुई?

उसने धीरे-धीरे कमरे का पर्दा हटाकर अन्दर झाँका। देखा, सिंगार सिंह सोफे पर चुपचाप लेटा हुआ है, जैसे कोई पक्षी साँझ के सन्नाटे में पैरों में मुँह छिपाए बैठा हो।

समीप आकर बोली—मेरे मुँह पर तो ताला डाल दिया गया है; लेकिन क्या करूँ, बिना बोले रहा नहीं जाता। कई दिन से सरकार की महफ़िल में सन्नाटा क्यों है? तबीयत तो अच्छी है?

सिंगार ने उसकी ओर आँखें उठाईं। उनमें व्यथा भरी हुई थी। कहा—तुम अपने मैके क्यों नहीं चली जातीं लीला?

''आपकी जो आज्ञा, पर यह तो मेरे प्रश्न का उत्तर न था।''

''वह कोई बात नहीं। मैं बिलकुल अच्छा हूँ। ऐसी बेहयाओं को मौत भी नहीं आती। अब इस जीवन से जी भर गया। कुछ दिनों के लिए बाहर जाना चाहता हूँ। तुम अपने घर चली जाओ, तो मैं निश्चिन्त हो जाऊँ।''

''भला, आपको मेरी इतनी चिन्ता तो है।''

''अपने साथ जो कुछ ले जाना चाहती हो, ले जाओ।''

''मैंने इस घर की चीज़ों को अपनी समझना छोड़ दिया है।''

''मैं नाराज़ होकर नहीं कर रहा हूँ, लीला? न जाने कब लौटूँ; तुम यहाँ अकेली कैसे रहोगी?''

कई महीने के बाद लीला ने पति की आँखों में स्नेह की झलक देखी।

''मेरा विवाह इस घर की सम्पत्ति से नहीं हुआ है, तुमसे हुआ है। जहाँ तुम रहोगे, वहीं मैं भी रहूँगी।''

''मेरे साथ तो अब तक तुम्हें रोना ही पड़ा।''

लीला ने देखा, सिंगार की आँखों में आँसू की एक बूँद नीले आकाश चन्द्रमा की तरह गिरने को हो रही थी। उसका मन भी पुलकित हो उठा। महीन की क्षुधाग्नि में जलने के बाद अन्न का एक दाना पाकर उसे कैसे ठुकरा दे? पे नहीं भरेगा, कुछ भी नहीं होगा; लेकिन उस दाने को ठुकराना क्या उसके बस की बात थी?

उसने बिल्कुल पास आकर, अपने आँचल को उसके समीप ले जाकर कहा—मैं तो तुम्हारी हो गई। हँसाओगे हँसूँगी, रुलाओगे रोऊँगी, रखोगे तो रहूँगी, निकालोगे तो भी रहूँगी, मेरा घर तुम हो, अच्छी हूँ, तो तुम्हारी हूँ, बुरी हूँ, तो तुम्हारी हूँ।

और दूसरे ही क्षण सिंगार के विशाल सीने पर उसका सिर रखा हुआ था और उसके हाथे थे लीला की कमर में। दोनो के मुख पर हर्ष की लाली थी, आँखों में हर्ष के आँसू और मन में एक ऐसा तूफ़ान जो उन्हें न-जाने कहाँ उड़ा ले जाएगा।

एक क्षण के बाद सिंगार ने कहा–तुमने कुछ सुना, माधुरी भाग गई और पगला दयाकृष्ण उसकी खोज में निकला!

लीला को विश्वास न आया–दयाकृष्ण!

'हाँ जी, जिस दिन वह भागी है, उसके दूसरे ही दिन वह भी चल दिया।'

'वह तो ऐसा नहीं है। और माधुरी क्यों भागी?'

दोनों में प्रेम हो गया था। माधुरी उसके साथ रहना चाहती थी। वह राजी न हुआ।

लीला ने एक लम्बी साँस ली। दयाकृष्ण के वे शब्द याद आए, जो उसने कई महीने पहले कहे थे। दयाकृष्ण की याचना-भरी आँखें उसके मन को मसोसने लगीं।

सहसा किसी ने बड़े ज़ोर से द्वार खोला और धड़धड़ाता हुआ भीतर वाले कमरे के द्वार पर आ गया।

सिंगार ने चकित होकर कहा–अरे! तुम्हारी यह क्या हालत है, कृष्ण? किधर से आ रहे हो?

दयाकृष्ण की आँखें लाल थीं, सिर और मुँह पर गर्द ज़मी हुई, चेहरे पर घबराहट, जैसे कोई दीवाना हो।

उसने चिल्लाकर कहा–तुमने सुना, माधुरी इस संसार में नहीं रही!

और दोनों हाथों से सिर पीट-पीटकर रोने लगा, मानो हृदय और प्राणों को आँखों से बहा देगा।

❑❑❑

चमत्कार

बी० ए० पास करने के बाद चन्द्रप्रकाश को एक ट्यूशन करने के सिवा और कुछ न सूझा। उनकी माता पहले ही मर चुकी थी, इसी साल पिता का भी देहान्त हो गया और चन्द्रप्रकाश जीवन के जो मधुर स्वप्न देखा करते थे, वे सब धूल में मिल गए। पिता ऊँचे आहदे पर थे, उनकी कोशिश से चन्द्रप्रकाश को कोई अच्छी जगह मिलने की पूरी आशा थी; पर वे सब मनसूबे धरे रह गए और अब गुज़र-बसर के लिए वही 30 रुपये महीने की ट्यूशन रह गई। पिता ने कुछ सम्पत्ति भी न छोड़ी, उल्टे वधू का बोझ और सिर पर लाद दिया। और स्त्री भी मिली, तो पढ़ी-लिखी, शौक़ीन, जुबान की तेज़, जिसे मोटा खाने और मोटा पहनने से मर जाना कबूल था। चन्द्रप्रकाश को 30 रुपये की नौकरी करते शर्म तो आई; लेकिन ठाकुर साहब ने रहने का स्थान देकर उनके आँसू पोंछ दिए। यह मकान ठाकुर साहब के मकान से बिल्कुल मिला हुआ था—पक्का, हवादार, साफ़-सुथरा और ज़रूरी सामान से लैस। ऐसा मकान 20 रुपये से कम पर न मिलता, काम केवल दो घंटे का। लड़का था तो लगभग उन्हीं की उम्र का; पर बड़ा कुंद जेहन, कामचोर। अभी नवें दरज़े में पढ़ता था। सबसे बड़ी बात यह कि, ठाकुर और ठकुराइन दोनों चन्द्रप्रकाश का बहुत आदर करते थे, बल्कि उसे लड़का ही समझते थे। वह नौकर नहीं, घर का आदमी था और घर के हर एक मामले में उसकी सलाह ली जाती थी। ठाकुर साहब अंग्रेज़ी नहीं जानते थे। उसकी समझ में अंग्रेज़ी दाँ लौंडा भी उनसे ज़्यादा बुद्धिमान, चतुर और तजुरबेकार था।

2

सन्ध्या का समय था। प्रकाश ने अपने शिष्य वीरेन्द्र को पढ़ाकर छड़ी उठाई तो ठकुराइन ने आकर कहा—अभी न जाओ बेटा, ज़रा मेरे साथ आओ, तुमसे कुछ सलाह करनी है।

प्रकाश ने मन में सोचा—आज कैसी सलाह है, वीरेन्द्र के सामने क्यों नहीं कहा? उसे भीतर ले जाकर रमा देवी ने कहा—तुम्हारी क्या सलाह है, बीरू का ब्याह कर दूँ? एक बहुत अच्छे घर से सन्देशा आया है।

प्रकाश ने मुस्कुराकर कहा—यह तो बीरू बाबू से पूछिए।

''नहीं, मैं तुमसे पूछती हूँ।''

प्रकाश ने असमंजस में पड़कर कहा—मैं इस विषय में क्या सलाह दे सकता हूँ? उनका बीसवाँ साल तो है; लेकिन यह समझ लीजिए कि पढ़ना हो चुका।

''तो अभी न करूँ, यही सलाह है?''

''जैसा आप उचित समझें। मैंने तो दोनों बातें कह दीं।''

''तो कर डालूँ? मुझे यही डर लगता है कि लड़का कहीं बहक न जाए।''

''मेरे रहते इसकी तो आप चिन्ता न करें। इच्छा हो, तो कर डालिए। कोई हरज भी नहीं है।''

''सब तैयारियाँ तुम्हीं को करनी पड़ेंगी, यह समझ लो।''

"तो मैं इनकार कब करता हूँ।"

रोटी की ख़ैर मनानेवाले शिक्षित युवकों में एक प्रकार की दुविधा होती है, जो उन्हें अप्रिय सत्य कहने से रोकती है। प्रकाश में यह कमज़ोरी थी।

बात पक्की हो गई और विवाह का सामान होने लगा। ठाकुर साहब उन मनुष्यों में थे, जिन्हें अपने ऊपर विश्वास नहीं होता। उनकी निग़ाह में प्रकाश की डिग्री, उनके साठ साल के अनुभव से कहीं मूल्यवान थी। विवाह का सारा आयोजन प्रकाश के हाथ में था। दस-बारह हज़ार रुपये ख़र्च करने का अधिकार कुछ कम गौरव की बात न थी। देखते-देखते एक फटेहाल युवक ज़िम्मेदार मैनेजर बन बैठा। कहीं कपड़ेवाला उसे सलाम करने आया है, कहीं मुहल्ले का बनिया घेरे हुए है। कहीं गैस और शामियानेवाला ख़ुशामद कर रहा है। वह चाहता, तो दो-चार सौ रुपए बड़ी आसानी से बना लेता, लेकिन इतना नीच न था। फिर उसके साथ क्या दग़ा करता, जिसने सब कुछ उसी पर छोड़ दिया था? पर जिस दिन उसने पाँच हज़ार के जेवर ख़रीदे, उस दिन उसका मन चंचल हो उठा।

घर आकर चम्पा से बोला—हम तो यहाँ रोटियों के मोहताज़ हैं और दुनिया में ऐसे-ऐसे आदमी पड़े हुए हैं, जो हज़ारों-लाखों रुपयों के जेवर बनवा डालते हैं। ठाकुर साहब ने आज बहू के चढ़ावे के लिए पाँच हज़ार के जेवर ख़रीदे। ऐसी-ऐसी चीज़ें कि देखकर आँखें ठण्डी हो जाएं। सच कहता हूँ, आज चीज़ों पर तो आँख नहीं ठहरती थी।

चम्पा-ईर्ष्या जनित विराग से बोली—उँह, हमें क्या करना है? जिन्हें ईश्वर ने दिया है, वे पहनें। यहाँ तो रो-रोकर मरने के लिए ही पैदा हुए हैं।

चन्द्रप्रकाश—इन्हीं लोगों की मौज़ है। न कमाना, न धमाना। बाप-दादा छोड़ गए हैं, मज़े से खाते और चैन करते हैं। इसी से कहता हूँ, ईश्वर बड़ा अन्यायी है।

चम्पा—अपना-अपना पुरुषार्थ है, ईश्वर का क्या दोष? तुम्हारे बाप-दादा छोड़ गए होते, तो तुम भी मौज़ करते। यहाँ तो रोटियाँ चलनी मुश्क़िल हैं; गहने-कपड़े को कौन रोए? और न इस ज़िन्दगी में कोई ऐसी आशा ही है। कोई गत की साड़ी भी नहीं रही कि किसी भले आदमी के घर जाऊँ, तो पहन लूँ। मैं तो इसी सोच में हूँ कि ठकुराइन के यहाँ ब्याह में कैसे जाऊँगी? सोचती हूँ, बीमार पड़ जाती, तो जान बचती।

यह कहते-कहते उसकी आँखें भर आईं।

प्रकाश ने तसल्ली दी—साड़ी तुम्हारे लिए अवश्य लाऊँगा। भला क्या इतना भी न कर सकूँगा? मुसीबत के ये दिन क्या सदा बने रहेंगे? ज़िन्दा रहा तो एक दिन तुम सिर से पाँव तक जेवरों से लदी होगी।

चम्पा मुस्कुराकर बोली—चलो, ऐसी मन की मिठाई मैं नहीं खाती। विवाह होता जाए, यही बहुत है, गहनों की साध नहीं है।

प्रकाश ने चम्पा की बातें सुनकर लज्ञा और दुःख से सिर झुका लिया। चम्पा उसे इतना पुरुषार्थहीन समझती है!

3

रात को दोनों भोजन करके लेटे, तो प्रकाश ने फिर गहनों की बात छेड़ी। गहने

उसकी आँखों में बसे हुए थे–इस शहर में, ऐसे बढ़िया गहने बनते हैं, मुझे इसकी आशा न थी।

चम्पा ने कहा–कोई और बात करो, गहनों की बात सुनकर जी जलता है।

'वैसी चीज़ें तुम पहनो तो रानी मालूम होने लगो।''

''गहनों से क्या सुन्दरता बढ़ जाती है? मैंने तो ऐसी बहुत-सी औरतें देखी हैं, जो गहने पहनकर और भद्दी दिखने लगती हैं।''

''ठाकुर साहब भी मतलब के यार हैं। यह न हुआ कि कहते, इसमें से कोई चीज़ चम्पा के लिए भी लेते जाओ।''

''तुम भी कैसी बच्चों की-सी बात करते हो?''

''इसमें बचपने की क्या बात है! कोई उदार आदमी कभी इतनी कृपणता न करता।''

''मैंने तो कोई ऐसा उदार आदमी नहीं देखा, जो अपनी बहू के गहने किसी ग़ैर को दे दे।''

''मैं ग़ैर नहीं हूँ। हम दोनों एक ही मकान में रहते हैं, मैं उनके लड़के को पढ़ाता हूँ और शादी का सारा इन्तज़ाम कर रहा हूँ। अगर सौ-दो सौ की कोई चीज़ दे देते, तो वह निष्फल न जाती, मगर धनवानों का हृदय धन के भार से दबकर सिकुड़ गया होता है। उसमें उदारता के लिए स्थान नहीं रहता''

रात के बारह बज गए हैं, फिर भी प्रकाश को नींद नहीं आती। बार-बार वही चमकीले गहने आँखों के सामने आ जाते हैं। कुछ बादल हो आए हैं, और बार-बार बिजली चमक उठती है।

सहसा प्रकाश चारपाई से उठ खड़ा हुआ। उसे चम्पा का आभूषणहीन अंग देखकर दया आई। यही तो खाने-पहनने की उम्र है। इसी उम्र में इस बेचारी को हर एक चीज़ के लिए तरसना पड़ रहा है। वह दबे पाँव कमरे से बाहर निकलकर छत पर आया। ठाकुर साहब की छत इस छत से मिली हुई थी। बीच में एक पाँच फुट ऊँची दीवार पर चढ़कर ठाकुर साहब की छत पर आहिस्ता से उतर गया। घर में बिल्कुल सन्नाटा था।

उसने सोचा–पहले जीने से उतरकर ठाकुर साहब के कमरे में चलूँ। अगर वह जाग गए तो ज़ोर से हँसूँगा और कहूँगा–कैसे चकरा दिया, या कह दूँगा मेरे घर की छत से कोई आदमी इधर आता दिखाई दिया, इसलिए मैं भी उसके पीछे-पीछे आया कि देखूँ, वह क्या करता है। अगर सन्दूक की चाबी मिल गई, तो फिर फ़तह है। किसी को मुझ पर सन्देह ही न होगा, सब लोग नौकरों पर सन्देह करेंगे। मैं भी कहूँगा–साहब, नौकरों की हरक़त है, इन्हें छोड़कर और कौन ले जा सकता है? मैं बेदाग़ बच जाऊँगा। शादी के बाद कोई दूसरा घर ले लूँगा। फिर धीरे-धीरे एक-एक चीज़ चम्पा को दूँगा, जिससे उसे कोई सन्देह न हो।

फिर भी वह जीने से उतरने लगा, तो उसकी छाती धड़क रही थी।

4

धूप निकल आई थी। प्रकाश अभी सो रहा था कि चम्पा ने उसे जगाकर कहा–बड़ा ग़ज़ब हो गया। रात को ठाकुर साहब के घर चोरी हो गई। चोर गहने की सन्दूकची उठा ले गया।

प्रकाश ने पड़े-पड़े पूछा—किसी ने पकड़ा नहीं चोर को?

'किसी को ख़बर भी हो! वही सन्दूकची ले गया, जिसमें ब्याह के गहने रखे थे। न जाने कैसे चाबी उड़ा ली और न जाने कैसे मालूम हुआ कि इस सन्दूक में सन्दूकची रखी है!'

''नौकरों की कार्रवाई होगी। बाहरी चोर का यह काम नहीं है।''

''नौकर तो उनके तीनों पुराने हैं।''

''नीयत बदलते क्या देर लगती है? आज मौक़ा देखा, उठा ले गए!''

''तुम जाकर ज़रा उन लोगों को तसल्ली तो दो। ठकुराइन बेचारी रो रही थीं। तुम्हारा नाम ले-लेकर कहती थीं कि बेचारा महीनों इन गहनों के लिए दौड़ा, एक-एक चीज़ अपने सामने जँचवायी और चोर दाढ़ीजारों ने उसकी सारी मेहनत पर पानी फेर दिया।''

प्रकाश चटपट उठ बैठा और घबराता हुआ-सा जाकर ठकुराइन से बोला—यह तो बड़ा अनर्थ हो गया माताजी, मुझसे तो अभी-अभी चम्पा ने कहा।

ठाकुर साहब सिर पर हाथ रखे बैठे हुए थे। बोले—कहीं सेंध नहीं, कोई ताला नहीं टूटा, किसी दरवाज़े की चूल नहीं उतरी। समझ में नहीं आता, चोर आया किधर से?

ठकुराइन ने रोकर कहा—मैं तो लुट गई भैया, ब्याह सिर पर खड़ा है, कैसे क्या होगा, भगवान! तुमने दौड़-धूप की थी, तब कहीं जाके चीज़ें आई थीं। न जाने किस मनहूस समय में लग्न आई थी।

प्रकाश ने ठाकुर साहब के कान में कहा—मुझे तो किसी नौकर की शरारत मालूम होती है।

ठकुराइन ने विरोध किया—अरे नहीं भैया, नौकरों में ऐसा कोई नहीं। दस-दस हज़ार रुपए यों ही ऊपर रखे रहते थे, कभी एक पाई भी नहीं गयी।

ठाकुर साहब ने नाक सिकोड़कर कहा—तुम क्या जानो, आदमी का मन कितना जल्द बदल जाया करता है। जिसने अभी तक चोरी नहीं की, वह कभी चोरी न करेगा, यह कोई नहीं कह सकता। मैं पुलिस में रिपोर्ट करूँगा और एक एक नौकर की तलाशी कराऊँगा। कहीं माल उड़ा दिया होगा। जब पुलिस के जूते पड़ेंगे, तो आप ही कबूलेंगे।

प्रकाश ने पुलिस का घर में आना ख़तरनाक समझा। कहीं उन्हीं के घर में तलाशी ले, तो अनर्थ ही हो जाए। बोले—पुलिस में रिपोर्ट करना और तहक़ीक़ात कराना व्यर्थ है। पुलिस माल तो न बरामद कर सकेगी। हाँ, नौकरों को मार-पीट भले ही लेगी। कुछ नज़र भी उसे चाहिए, नहीं तो कोई दूसरा ही स्वाँग खड़ा कर देगी। मेरी तो यही सलाह है कि एक-एक नौकर को एकान्त में बुलाकर पूछा जाए।

ठाकुर साहब ने मुँह बनाकर कहा—तुम भी क्या बच्चों की-सी बातें करते हो, प्रकाश बाबू। बोलो, चोरी करनेवाला अपने-आप कैसे कबूलेगा! तुम मार-पीट भी तो नहीं कर सकते। हाँ, पुलिस में रिपोर्ट करना मुझे भी फिजूल मालूम होता है। माल बरामद होने से रहा, उलटे महीनों की परेशानी हो जाएगी।

प्रकाश—लेकिन कुछ तो करना ही पड़ेगा।

ठाकुर—कोई लाभ नहीं! हाँ, अगर कोई ख़ुफ़िया पुलिस हो, जो चुपके-चुपके पता लगाए, तो अलबत्ता माल निकल आए; लेकिन यहाँ ऐसी पुलिस कहाँ? तक़दीर ठोककर बैठे रहो, और क्या।

प्रकाश–आप बैठे रहिए, लेकिन मैं यों बैठनेवाला नहीं। मैं इन्हीं नौकरों के सामने चोर का नाम निकलवाऊँगा।

ठकुराइन–नौकरों पर मुझे पूरा विश्वास है। किसी का नाम निकल भी आए, तो मुझे सन्देह ही रहेगा। किसी बाहर के आदमी का काम है। चाहे जिधर से आया हो; पर चोर आया बाहर से। तुम्हारे कोठे से भी तो आ सकता है।

ठाकुर–हाँ, ज़रा अपने कोठे पर तो देखो, शायद कोई निशान मिले। कल दरवाज़ा तो खुला नहीं रह गया?

प्रकाश का दिल धड़कने लगा। बोला–मैं तो दस बजे द्वार बन्द कर लेता हूँ। हाँ, कोई पहले से ही मौक़ा पाकर कोठे पर चला गया हो और वहाँ छिपा बैठा रहा हो, तो बात दूसरी है।

तीनों आदमी छत पर गए, तो बीच की मुँडेर पर किसी के पाँव की रगड़ के निशान दिखाई दिए। जहाँ प्रकाश का पाँव पड़ा था, वहाँ का चूना लग जाने के कारण छत पर पाँव का निशान पड़ गया था। प्रकाश की छत पर जाकर मुँडेर की दूसरी तरफ़ देखा, तो वैसे ही निशान वहाँ भी दिखाई दिए। ठाकुर साहब सिर झुकाए खड़े थे, संकोच के मारे कुछ कह न सकते थे। प्रकाश ने उनके मन की बात खोल दी–इससे तो स्पष्ट होता है कि चोर मेरे ही घर में से आया। अब तो कोई सन्देह ही नहीं रहा।

ठाकुर साहब ने कहा–हाँ, मैं भी यही समझता हूँ; लेकिन इतना पता लग जाने से ही क्या हुआ। माल तो जाना था, सो गया। अब चलो, आराम से बैठें। आज रुपये की कोई फ़िक्र करनी होगी।

प्रकाश–मैं आज ही यह घर छोड़ दूँगा।

ठाकुर–क्यों, इसमें तुम्हारा कोई दोष नहीं।

प्रकाश–आप न कहें; लेकिन मैं तो समझता हूँ, मेरे सिर बड़ा भारी अपराध लग गया। मेरा दरवाज़ा नौ-दस बजे तक खुला ही रहता है। चोर ने रास्ता देख लिया। सम्भव है, दो-चार दिन में फिर आ घुसे। घर में अकेली एक औरत सारे घर की निग़रानी नहीं कर सकती। इधर वह तो रसोई में बैठी है, उधर कोई आदमी चुपके से ऊपर चढ़ जाए, तो ज़रा भी आहट नहीं मिल सकती। मैं घूम-घामकर कभी नौ बजे आया, कभी दस बजे और शादी के दिनों में तो देर होती ही रहेगी। उधर का रास्ता बन्द ही हो जाना चाहिए। मैं तो समझता हूँ, इस चोरी की सारी ज़िम्मेदारी मेरे सिर है।

ठकुराइन डरीं–तुम चले जाओगे भैया, तब तो घर और फाड़ खायेगा।

प्रकाश–कुछ भी हो माताजी, मुझे बहुत जल्द घर छोड़ना ही पड़ेगा। मेरी ग़फ़लत से चोरी हुई, उसका मुझे प्रायश्चित्त करना ही पड़ेगा।

प्रकाश चला गया, तो ठाकुर ने स्त्री से कहा–बड़ा लायक आदमी है।

ठकुराइन–क्या बात है। चोर उधर से आया, यही बात उसे लग गई। कहीं यह चोर को पकड़ पाए, तो कच्चा खा जाए।

''मार ही डाले!''

''देख लेना, कभी-न-कभी माल बरामद करेगा।''

''अब इस घर में कदापि न रहेगा, कितना ही समझाओ।''

''किराये के 20 रुपये और दे दूँगा।''

''हम किराया क्यों दें? वह आप ही घर छोड़ रहे हैं। हम तो कुछ कहते नहीं।''

"किराया तो देना ही पड़ेगा। ऐसे आदमी के साथ कुछ बल भी खाना पड़े, तो बुरा नहीं लगता।"

"मैं तो समझती हूँ, वह किराया लेंगे ही नहीं।"

"तीस रुपये में गुज़र भी तो न होता होगा।"

5

प्रकाश ने उसी दिन वह घर छोड़ दिया। उस घर में रहने से जोख़िम था। लेकिन जब तक शादी की धूमधाम रही, प्रायः सारे दिन यहीं रहते थे। चम्पा से कहा—एक सेठजी के यहाँ 50 रु. महीने का काम और मिल गया है; मगर वह रुपये मैं उन्हीं के पास ज़मा करता जाऊँगा। वह आमदनी केवल जेवरों में ख़र्च होगी। उसमें से एक पाई भी घर के ख़र्च में न आने दूँगा। चम्पा फड़क उठी। पति-प्रेम का यह परिचय पाकर उसने अपने भाग्य को सराहा, देवताओं में उसकी श्रद्धा और भी बढ़ गई।

अब तक प्रकाश और चम्पा के बीच में कोई पर्दा न था। प्रकाश के पास जो कुछ था, वह चम्पा का था। चम्पा ही के पास उसके बक्स, सन्दूक़, अलमारी की चाबियाँ रहती थीं; मगर अब प्रकाश का एक सन्दूक़ हमेशा बन्द रहता। उसकी चाबी कहाँ है, इसका चम्पा को पता नहीं। वह पूछती है, इस सन्दूक़ में क्या है, तो वह कह देता है—कुछ नहीं, पुरानी किताबें मारी-मारी फिरती थीं, उठा के सन्दूक़ में बन्द कर दी हैं। चम्पा को सन्देह का कोई कारण न था।

एक दिन चम्पा पति को पान देने गयी, तो देखा, वह उस सन्दूक को खोले हुए देख रहे हैं। उसे देखते ही उन्होंने सन्दूक जल्दी से बन्द कर दिया। उनका चेहरा जैसे फ़क़ हो गया। सन्देह का अंकुर ज़मा; मगर पानी न पाकर सूख गया। चम्पा किसी ऐसे कारण की कल्पना ही न कर सकी, जिससे सन्देह को आश्रय मिलता।

लेकिन पाँच हज़ार सम्पत्ति को इस तरह छोड़ देना कि उसका ध्यान ही न आए, प्रकाश के लिए असम्भव था। वह कहीं बाहर से आता, तो एक बार सन्दूक अवश्य खोलता।

एक दिन पड़ोस में चोरी हो गई। उस दिन से प्रकाश अपने कमरे ही में सोने लगा। आसाढ़ के दिन थे। उमस के मारे दम घुटता था। ऊपर एक साफ़-सुथरा बरामदा था, जो बरसात में सोने के लिए शायद बनाया था। चम्पा ने कई बार ऊपर सोने के लिए कहा, पर प्रकाश न माना। अकेला घर कैसे छोड़ दे?

चम्पा ने कहा—चोरी ऐसों के यहाँ नहीं होती। चोर घर में कुछ देखकर ही जान ख़तरे में डालता है। यहाँ क्या रखा है?

प्रकाश ने क्रुद्ध होकर कहा—कुछ नहीं है, बरतन-भाँड़े तो हैं ही। ग़रीब के लिए अपनी हाँडी ही बहुत है।

एक दिन चम्पा ने कमरे में झाड़ू लगायी, तो सन्दूक को खिसकाकर दूसरी तरफ़ रख दिया। प्रकाश ने सन्दूक का स्थान बदला हुआ पाया, तो सशंक होकर बोला—सन्दूक़ तुमने हटाया?

यह पूछने की कोई बात न थी। झाड़ू लगाते समय प्रायः चीज़ें इधर-उधर हो जांती हैं। बोली—मैं क्यों हटाने लगी?

"फिर किसने हटाया?"

"मैं नहीं जानती?"

"घर में तुम रहती हो, जानेगा कौन?"

"अच्छा, अगर मैंने ही हटा दिया, तो इसमें पूछने की क्या बात है?"

"कुछ नहीं, यों ही पूछता था।"

मगर जब तक सन्दूक खोलकर सब चीज़ देख न ले, प्रकाश को चैन कहाँ? चम्पा ज्यों ही भोजन पकाने लगी, उसने सन्दूक खोला और आभूषणों को देखने लगा। आज चम्पा ने पकौड़ियाँ बनाई थीं। पकौडियाँ गरम-गरम ही मज़ा देती हैं। प्रकाश को पकौड़ियाँ पसन्द भी थीं। उसने थोड़ी-सी पकौड़ियाँ एक तश्तरी में रखीं और प्रकाश को देने गयी। प्रकाश ने उसके देखते ही सन्दूक धमाके से बन्द कर दिया और ताला लगाकर उसे बहलाने के इरादे से बोला–तश्तरी में क्या लाई हो? अच्छा, पकौड़ियाँ हैं?

आज चम्पा को सन्देह हो गया। सन्दूक में क्या है, यह देखने की उत्सुकता हुई। प्रकाश उसकी चाबी कहीं छिपाकर रखता था। चम्पा किसी तरह वह चाबी उड़ा लेने की चाल सोचने लगी। एक दिन एक बिसाती चाबियों का गुच्छा बेचने आ निकला। चम्पा ने उस ताले की चाबी ले ली और सन्दूक खोल डाला। अरे! ये तो आभूषण हैं! उसने एक-एक आभूषण को निकालकर देखा। ये गहने कहाँ से आए! मुझसे इनकी चर्चा क्यों नहीं की। सहसा उसके मन में भाव उठा–कहीं ये ठाकुर साहब के गहने तो नहीं हैं? चीज़ें वही थीं, जिनका वह बखान करते रहते थे। उसे अब कोई सन्देह न रहा; लेकिन इतना घोर पतन! लज्ज़ा और खेद से उसका सिर झुक गया।

उसने तुरन्त सन्दूक़ बन्द कर दिया और चारपाई पर लेटकर सोचने लगी। इनकी इतनी हिम्मत पड़ी कैसे? यह दुर्भावना इनके मन में आई ही क्यों? मैंने तो कभी आभूषणों के लिए आग्रह नहीं किया! अगर आग्रह भी करती, तो क्या उसका आशय यह होता कि वह चोरी करके लाएँ? चोरी, आभूषणों के लिए! इनका मन क्यों इतना दुर्बल हो गया?

उसके जी में आया, इन गहनों को उठा ले और ठकुराइन के चरणों पर डाल दे। उनसे कहे–यह मत पूछिए, ये गहने मेरे पास कैसे आए! आपकी चीज़ आपके पास आ गई, इसी से सन्तोष कर लीजिए।

लेकिन परिणाम कितना भयंकर होगा!

6

उस दिन से चम्पा कुछ उदास रहने लगी। प्रकाश से उसे वह प्रेम न रहा, न वह सम्मान-भाव। बात-बात पर तक़रार होती। अभाव में जो परस्पर सद्‌भाव था, वह गायब हो गया। तब एक दूसरे से दिल की बात कहता था, भविष्य के मनसूबे बाँधे जाते थे, आपस में सहानुभूति थी। अब दोनों ही दिलगीर रहते। कई-कई दिनों तक आपस में एक बात भी न होती।

कई महीने गुज़र गए। शहर के एक बैंक में असिस्टेण्ट मैनेजर की जगह खाली हुई। प्रकाश ने अर्थशास्त्र पढ़ा था; लेकिन शर्त यह थी कि नकद दस हज़ार की ज़मानत दाखिल की जाए। इतनी बड़ी रकम कहाँ से आए? प्रकाश तड़प-तड़पकर रह जाता था।

एक दिन ठाकुर साहब से इस विषय में बात चल पड़ी।

ठाकुर साहब ने कहा–तुम क्यों नहीं दरख्वास्त भेजते?

प्रकाश ने सिर झुकाकर कहा–दस हज़ार की नकद ज़मानत माँगते हैं। मेरे पास रुपये कहाँ रखे हैं?

''अजी तुम दरख़्वास्त तो दो। अगर सारी बातें तय हो जाएं, तो ज़मानत भी दे दी जाएगी। इसकी चिन्ता न करो।''

प्रकाश ने स्तम्भित होकर कहा–''आप ज़मानत दे देंगे?''

''हाँ, हाँ, यह कौन-सी बड़ी बात है।''

प्रकाश घर चला तो बहुत रंजीदा था। उसको यह जगह अब अवश्य मिलेगी; लेकिन फिर भी वह प्रसन्न नहीं है। ठाकुर साहब की सरलता, उनका उस पर इतना अटल विश्वास उसे आहत कर रहा है। उनकी शराफ़त उसके क़मीनेपन को कुचल डालती है।

उसने घर आकर चम्पा को यह ख़ुशख़बरी सुनायी। चम्पा ने सुनकर मुँह फेर लिया। एक क्षण के बाद बोली–ठाकुर साहब से तुमने क्यों ज़मानत दिलवायी?

प्रकाश ने चिढ़कर कहा–फिर और किससे दिलवाता?

''यही न होता कि जगह न मिलती। रोटियाँ तो मिल ही जातीं। रुपये-पैसे की बात है। कहीं भूल-चूक हो जाए, तो तुम्हारे साथ उनके रुपये भी जाएं।''

''यह तुम कैसे समझती हो कि भूल-चूक होगी? क्या मैं ऐसा अनाड़ी हूँ?''

चम्पा ने विरक्त मन से कहा–आदमी की नीयत भी तो हमेशा एक-सी नहीं रहती!

प्रकाश धक-से रह गया। उसने चम्पा को चुभती हुई आँखों से देखा; पर चम्पा ने मुँह फेर लिया था। वह उसके भावों के विषय में कुछ निश्चय न कर सका; लेकिन ऐसी खुशखबरी सुनकर भी चम्पा का उदासीन रहना उसे विकल करने लगा। उसके मन में प्रश्न उठा–इस वाक्य में कहीं आक्षेप तो नहीं छिपा हुआ है? चम्पा ने सन्दूक़ खोलकर देख तो नहीं लिया? इस प्रश्न का उत्तर पाने के लिए इस समय वह अपनी एक आँख भी भेंट कर सकता था।

भोजन करते समय प्रकाश ने चम्पा से पूछा–तुमने क्या सोचकर कहा था कि आदमी की नीयत तो हमेशा एक-सी नहीं रहती? जैसे वह उसके जीवन या मृत्यु का प्रश्न हो।

चम्पा ने संकट में पड़कर कहा–कुछ नहीं, मैंने दुनिया की बात कही थी। प्रकाश को सन्तोष न हुआ।

''क्या जितने आदमी बैंकों में नौकर हैं, उनकी नीयत बदलती रहती है? वह बोला।''

चम्पा ने संकट में पड़कर कहा–तुम जुबान पकड़ते हो। ठाकुर साहब के यहाँ इस शादी में तुम अपनी नीयत ठीक नहीं रख सके। सो-दो सौ रुपये की चीज़ें घर में रख ही लीं।

प्रकाश के दिल का बोझ उतर गया। मुस्कुराकर बोला–अच्छा, तुम्हारा संकेत उस तरफ़ था; लेकिन मैंने कमीशन के सिवा उसकी एक पाई भी नहीं छुई। और कमीशन लेना तो कोई पाप नहीं! बड़े-बड़े हुक्काम खुले खजाने कमीशन लिया करते हैं।

चम्पा ने तिरस्कार के भाव से कहा–जो आदमी अपने ऊपर इतना विश्वास रखे, उसकी आँख बचाकर एक पाई भी लेना मैं पाप समझती हूँ। तुम्हारी सज्ञनता तो मैं जब जानती कि तुम कमीशन के रुपये ले जाकर उनके हवाले कर देते।

इन छः महीनों में उन्होंने तुम्हारे लिए क्या-क्या नहीं किया, कुछ याद है? मकान तुमने ख़ुद छोड़ा, लेकिन वह 20 रु० महीने देते हैं। इलाके से कोई सौगात आती है, तो तुम्हारे यहाँ ज़रूर भेजते हैं। तुम्हारे पास घड़ी नहीं थी, अपनी घड़ी तुम्हें दे दी। तुम्हारी महरी जब नागा करती है, ख़बर पाते ही अपना नौकर भेज देते हैं। मेरी बीमारी ही में डॉक्टर साहब की फीस उन्होंने दी, और दिन में दो बार हाल-चाल भी पूछने आया करते थे। यह ज़मानत ही क्या छोटी बात है? अपने सम्बन्धियों तक की ज़मानत तो जल्दी कोई करता नहीं, तुम्हारी ज़मानत के लिए दस हज़ार रुपये नकद निकालकर दे दिये। इसे तुम छोटी बात समझते हो? आज तुमसे कोई भूल-चूक हो जाए, तो उनके रुपये तो ज़ब्त हो ही जाएंगे। जो आदमी अपने ऊपर इतनी दया रखे, उसके लिए हमें भी प्राण देने को तैयार रहना चाहिए।

प्रकाश भोजन करके लेटा, तो उसकी आत्मा उसे धिक्कार रही थी। दुख़ते हुए फोड़े में कितना मवाद भरा हुआ है, यह उस वक़्त मालूम होता है, जब नश्तर लगाया जाता है। मन का विकार उस वक़्त मालूम होता है, जब कोई उसे हमारे सामने खोलकर रख देता है। किसी सामाजिक या राजनीतिक अन्याय का व्यंग्य-चित्र देखकर क्यों हमारे मन को चोट पहुँचाती है? इसलिए कि वह चित्र हमारी पशुता को हमारे सामने रख देता है। वह, जो मनोसागर में बिख़रा हुआ पड़ा था, जैसे केंद्रीभूत होकर वृहदाकार हो जाता है। तब हमारे मुँह से निकल पड़ता है—ओफ़्फ़ोह! चम्पा के इन तिरस्कार भरे शब्दों ने प्रकाश के मन में ग्लानि उत्पन्न कर दी। वह सन्दूक कई गुना भारी होकर शिला की भाँति उसे दबाने लगा। मन में फैला हुआ विकार एक बिन्दु पर एकत्र होकर टीसने लगा।

7

कई दिन बीत गए। प्रकाश को बैंक में जगह मिल गई। उस उत्सव में उसके यहाँ मेहमानों की दावत है। ठाकुर साहब, उसकी स्त्री, बीरू और उसकी नवेली बहू—सभी आए हुए हैं। चम्पा सेवा-सत्कार में लगी हुई है। बाहर दो चार मित्र गा-बजा रहे हैं। भोजन करने के बाद ठाकुर साहब चलने को तैयार हुए।

प्रकाश ने कहा—आज आपको यहाँ रहना होगा दादा, मैं इस वक़्त न जाने दूँगा!

चम्पा को उसका यह आग्रह बुरा लगा। चारपाइयाँ नहीं हैं, बिछावन नहीं है और न काफ़ी जगह है। रात-भर उन्हें तकलीफ देने और आप तकलीफ उठाने की कोई ज़रूरत उसकी समझ में न आई; लेकिन प्रकाश आग्रह करता ही रहा, यहाँ तक कि ठाकुर साहब राज़ी हो गए।

बारह बज गए थे। ठाकुर साहब ऊपर सो रहे थे। बीरू और प्रकाश बरामदे में थे। तीनों स्त्रियाँ अन्दर कमरे में थीं। प्रकाश जाग रहा था। बीरू के सिरहाने उसकी चाबियों का गुच्छा पड़ा हुआ था। प्रकाश ने गुच्छा उठा लिया। फिर कमरा खोलकर उसमें से गहनों का सन्दूक निकाला और ठाकुर साहब के घर की तरफ़ चला। कई महीने पहले वह इसी भाँति कम्पित हृदय के साथ ठाकुर साहब के घर में घुसा था। उसके पाँव तब भी इसी तरह थरथरा रहे थे; लेकिन जब काँटा चुभने की वेदना थी, आज काँटा निकलने की। तब ज्वर का चढ़ाव था, उन्माद, ताप और विकलता से भरा हुआ अब ज्वर का उतार था, शान्त और शीतल। तब कदम पीछे हटता था, आज आगे बढ़ रहा था।

ठाकुर साहब के घर पहुँचकर उसने धीरे से बीरू का कमरा खोला और अन्दर जाकर साहब की खाट के नीचे सन्दूक रख दिया। फिर तुरन्त बाहर आकर धीरे से द्वार बन्द किया और घर को लौट पड़ा। हनुमान संजीवनी बूटी वाला धवलगिरि उठाए जिस गर्वीले आनन्द का अनुभव कर रहे थे, कुछ वैसा ही आनन्द प्रकाश को भी हो रहा था। गहनों को अपने घर ले जाते समय उनके प्राण सूखे हुए थे, मानो किसी गहरी अथाह खाई में गिरा जा रहा हो। आज सन्दूक को लौटाकर उसे मालूम हो रहा था, जैसे वह किसी विमान पर बैठा हुआ आकाश की ओर उड़ा जा रहा हो, ऊपर और ऊपर!

वह घर पहुँचा, तो बीरू सोया हुआ था। चाबी उसने सिरहाने रख दी।

8

ठाकुर साहब, प्रातःकाल चले गए।

प्रकाश सन्ध्या समय पढ़ाने आया करता था। आज वह अधीर होकर तीसरे ही पहर जा पहुँचा। देखना चाहता था, वहाँ आज क्या गुल खिल रहे हैं।

वीरेन्द्र ने उसे देखते ही खुश होकर कहा–बाबूजी, कल आपके यहाँ की दावत बड़ी मुबारक थी। जो गहने चोरी गए थे, सब मिल गए।

ठाकुर साहब भी आ गए और बोले–बड़ी मुबारक दावत थी तुम्हारी! पूरा सन्दूक का सन्दूक मिल गया। एक चीज़ भी नहीं छुई। जैसे केवल रखने ही के लिए ले गया हो।

प्रकाश को इन बातों पर कैसे विश्वास आए, जब तक वह अपनी आँखों से सन्दूक देख न ले। कहीं ऐसा भी हो सकता है कि चोरी गया हुआ माल छः महीने बाद मिल जाए, और ज्यों-का-त्यों!

सन्दूक को देखकर उसने गम्भीर भाव से कहा–बड़े आश्चर्य की बात है। मेरी बुद्धि तो कुछ काम नहीं करती।

ठाकुर–किसी की बुद्धि कुछ काम नहीं करती भई, तुम्हारी ही क्यों? बीरू की माँ कहती है, कोई दैविक घटना है। आज मुझे भी देवताओं में श्रद्धा हो गई।

प्रकाश–अगर आँखों-देखी बात न होती, तो मुझे तो कभी विश्वास ही न आता।

ठाकुर–आज इस ख़ुशी में हमारे यहाँ दावत होगी।

प्रकाश–आपने कोई अनुष्ठान तो नहीं कराया था?

ठाकुर–अनुष्ठान तो बीसों ही कराए।

प्रकाश–बस, तो यह अनुष्ठान ही की करामात है।

घर लौटकर प्रकाश ने चम्पा को यह ख़बर सुनायी, तो वह दौड़कर उसके गले से चिपट गई और न जाने क्यों रोने लगी, जैसे उसका बिछड़ा हुआ पति बहुत दिनों के बाद घर आ गया हो।

प्रकाश ने कहा–आज उनके यहाँ हमारी दावत है।

''मैं कल एक हज़ार कंगलों को भोजन कराऊँगी।''

''मुझे इतना आनन्द हो रहा है कि लाखों ख़र्च करने पर भी अरमान पूरा न होगा।''

प्रकाश की आँखों से भी आँसू निकल आए।

❑❑❑

मोटर के छींटे

क्या नाम कि प्रातःकाल स्नान-पूजा से निपट, तिलक लगा, पीताम्बर पहन, खड़ाऊँ पाँव में डाल, बगल में पत्रा दबा, हाथ में मोटा-सा शत्रु-मस्तक भंजन ले एक जजमान के घर चला। विवाह की साइत विचारनी थी। कम-से-कम एक कलदार का डौल था। जलपान ऊपर से। और मेरा जलपान मामूली जलपान नहीं है। बाबुओं को तो मुझे निमन्त्रित करने की हिम्मत ही नहीं पड़ती। उनका महीने-भर का नाश्ता मेरे एक दिन का जलपान है। इस विषय में तो हम अपने सेठों-साहूकारों के कायल हैं। ऐसा खिलाते हैं, ऐसा खिलाते हैं, और इतने खुले मन से कि चोला आनन्दित हो उठता है। जजमान का दिल देखकर ही मैं उनका निमंत्रण स्वीकार करता हूँ। खिलाते समय किसी ने रोनी सूरत बनाई ओर मेरी क्षुधा गायब हुई। रोकर किसी ने खिलाया तो क्या? ऐसा भोजन कम-से-कम मुझे नहीं पचता। जजमान ऐसा चाहिए कि ललकारता जाए—लो शास्त्रीजी, एक बालूशाही और। और मैं कहता जाऊँ—नहीं जजमान, अब नहीं।

रात ख़ूब वर्षा हुई थी, सड़क पर जगह-जगह पानी ज़मा था। मैं अपने विचारों में मग्न चला जाता था कि एक मोटर छप-छप करती हुई निकल गई। मुँह पर छींटे पड़े। जो देखता हूँ, तो धोती पर मानो किसी ने कीचड़ घोलकर डाल दिया हो। कपड़े भ्रष्ट हुए वह अलग, देह भ्रष्ट हुई वह अलग, आर्थिक क्षति जो हुई वह अलग। अगर मोटरवाले को पकड़ पाता, तो ऐसी मरम्मत करता कि वे भी याद करते। मन मसोसकर रह गया था। इस वेश में जजमान के घर तो जा नहीं सकता था, अपना घर भी मील भर से कम न था। फिर आने-जानेवाले सब मेरी और देख-देखकर तालियाँ बजा रहे थे। ऐसी दुर्गति मेरी कभी नहीं हुई थी। अब क्या करोगे मन? घर जाओगें, तो पण्डिताइन क्या कहेंगी?

मैंने चटपट अपने कर्तव्य का निश्चय कर लिया। इधर-उधर से दस-बारह पत्थर के टुकड़े बटोर लिए और दूसरी मोटर की राह देखने लगा। ब्रह्म-तेज सिर पर चढ़ बैठा। अभी दस मिनट भी न गुज़रे होंगे कि एक मोटर आती हुई दिखाई दी। ओहो! वही मोटर थी। शायद स्वामी को स्टेशन के लेकर लौट रही थी। ज्योंही समीप आई, मैंने एक पत्थर चलाया, भरपूर ज़ोर लगाकर चलाया। साहब की टोपी उड़कर सड़क से उस बाजू पर गिरी। मोटर की चाल धमी हुई। मैंने दूसरा फैर किया। खिड़की के शीशे चर-चूर हो गए और एक टुकड़ा साहब बहादुर के गाल में भी लगा। ख़ून बहने लगा। मोटर रुकी और साहब उतरकर मेरी तरफ़ आए और घूँसा तानकर बोले—सुअर, हम तुमको पुलिस में देगा। इतना सुनना था कि मैने पोथी-पत्रा ज़मीन पर फेंका और साहब की कमर पकड़कर अड़ंगी लगायी, तो कीचड़ में भद से गिरे। मैंने चट सवारी गाँठी और गरदन पर एक पचीस रद्दे ताबड़तोड़ जमाए कि साहब चौंधिया गए। इतने में उनकी पत्नीजी उतर आईं। ऊँची एड़ी का जूता, रेशमी साड़ी, गालों पर पाउडर, होंठों पर रंग, भौंहों पर स्याही। मुझे छाते से गोदने लगीं। मैंने साहब को छोड़ दिया और डण्डा सँभालता हुआ बोला—देवीजी, आप मरदों के बीच में न पड़ें, कहीं चोट-चपेट आ जाए, तो मुझे दुःख होगा।

साहब ने अवसर पाया, तो सँभलकर उठे और अपने बूटदार पैरों से मुझे एक ठोकर जमायी। मेरे घुटने में बड़ी चोट लगी। मैंने बौखलाकर डण्डा उठा लिया और साहब के पाँव में जमा दिया। वह कटे पेड़ की तरह गिरे। मेम साहब छतरी तानकर दौड़ीं। मैंने धीरे से उनकी छतरी छीनकर फेंक दी। ड्राइवर अभी तक बैठा था। अब वह भी उतरा और छड़ी लेकर मुझ पर पिल पड़ा। मैंने एक डण्डा उसके भी ज़माया, लौट गया। पचासों आदमी तमाशा देखने ज़मा हो गए। साहब भूमि पर पड़े-पड़े बोले—रास्कल, हम तुमको पुलिस में देगा।

मैंने फिर डण्डा सँभला और चाहता था कि खोपड़ी पर जमाऊँ कि साहब ने हाथ जोड़कर कहा—नहीं-नहीं बाबा, हम पुलिस में नहीं जाएगा। माफ़ी दो।

मैंने कहा—हाँ, पुलिस का नाम न लेना, नहीं तो यहीं खोपड़ी रँग दूँगा। बहुत होगा। छः महीने की सजा हो जाएगी; मगर तुम्हारी आदत छुड़ा दूँगा। मोटर चलाते हो तो छींटे उड़ाते हो, मारे घमण्ड के अन्धे हो जाते हो। सामने या बगल में कौन जा रहा है, इसका कुछ ध्यान ही नहीं रखते।

एक दर्शक ने आलोचना की—अरे महाराज, मोटरवाले जान-बूझकर छींटे उड़ाते हैं और जब आदमी लथपथ हो जाता है, तो सब उसका तमाशा देखते हैं और ख़ूब हँसते हैं। आपने बड़ा अच्छा किया कि एक को ठीक कर दिया।

मैंने साहब को ललकारकर कहा—सुनता है कुछ, जनता क्या कहती है?

साहब ने उस आदमी की ओर लाल-लाल आँखों से देखकर कहा—तुम झूठ बोलता है, बिल्कुल झूठ बोलता है।

मैंने डाँटा—अभी तुम्हारी हेकड़ी कम नहीं हुई, आऊँ फिर, और दूँ एक सोंटा कसके?

साहब ने घिघियाकर कहा—अरे नहीं बाबा, सच बोलता है, सच बोलता है। अब तो ख़ुश हुआ।

दूसरा दर्शक बोला—अभी जो चाहे कह दें; लेकिन ज्योंही गाड़ी पर बैठे, फिर वही हरकत शुरू कर देंगे। गाड़ी पर बैठते ही सब अपने को नवाब का नाती समझने लगते हैं।

दूसरे महाशय बोले—इससे कहिए, थूककर चाटे।

तीसरे सज्जन ने कहा—नहीं, कान पकड़कर उठाइए-बैठाइए।

चौथा बोला—और ड्राइवर को भी। ये सब बदमाश होते हैं। मालदार आदमी घमण्ड करे, तो एक बात है, तुम किस बात पर अकड़ते हो? चक्कर हाथ में लिया और आँखों पर परदा पड़ा।

मैंने यह प्रस्ताव स्वीकार किया। ड्राइवर और मालिक दोनों ही को कान पकड़कर उठाना-बैठाना चाहिए और मेम साहब गिनें। सुनो मेम साहब, तुमको गिनना होगा। पूरी सी बैठकें। एक भी कम नहीं, ज़्यादा जितनी चाहे हो जाएँ।

दो आदमियों ने साहब का हाथ पकड़कर उठाया, दो ने ड्राइवर महोदय को। ड्राइवर बेचारे की टाँग में चोट थी, फिर भी वह बैठकें लगाने लगा। साहब की अकड़ भी काफ़ी थी। आप लेट गए और ऊल-जलूल बकने लगे। मैं उस समय रुद्र बना हुआ था। दिल में ठान लिया था कि इससे बिना सौ बैठकें लगवाए न छोड़ूँगा। चार आदमियों को हुक्म दिया कि गाड़ी को ढकेलकर सड़क के नीचे गिरा दो।

हुक्म की देर थी। चार की जगह पचास आदमी लिपट गए और गाड़ी को ढकलने लगे, वह सड़क बहुत ऊँची थी। दोनों तरफ़ की ज़मीन नीची। गाड़ी नीचे

गिरती और टूट-टाटकर ढेर हो जाती। गाड़ी सड़क के किनारे तक पहुँच चुकी थी कि साहब काँखकर उठ खड़े हुए और बोले–बाबा, गाड़ी मत तोड़ो, हम उठे बैठेगा।

मैंने आदमियों को अलग हट जाने का हुक्म दिया; मगर सभी को एक दिल्लगी मिल गई थी। किसी ने मेरी ओर ध्यान न दिया। लेकिन जब मैं डण्डा लेकर उनकी ओर दौड़ा, तब सब गाड़ी छोड़कर भागे और साहब ने आँखें बन्द करके बैठकें लगानी शुरू कीं।

मैंने दस बैठकों के बाद मेम साहब से पूछा–कितनी बैठकें हुईं?

मेम साहब ने रोज़ से जवाब दिया–हम नहीं गिनता।

''तो इस तरह साहब दिन-भर काँखते रहेंगे और मैं न छोडूँगा। अगर उनको सकुशल से घर ले जाना चाहती हो, तो बैठकें गिन दो। मैं उनको रिहा कर दूँगा।''

साहब ने देखा कि बिना दण्ड भोगे जान न बचेगी, तो बैठकें लगाने लगे। एक, दो, तीन, चार, पाँच ...

सहसा एक दूसरी मोटर आती दिखाई दी। साहब ने देखा और नाक रगड़कर बोले–पंडितजी, आप मेरा बाप है। मुझ पर दया करो, अब हम कभी मोटर पर न बैठेंगे। मुझे भी दया आ गई। बोला–नहीं, मोटर पर बैठने से मैं नहीं रोकता, इतना ही कहता हूँ कि मोटर पर बैठकर भी आदमियों को आदमी समझो।

दूसरी गाड़ी तेज़ चली आती थी। मैंने इशारा किया। सब आदमियों ने दो-दो पत्थर उठा लिए। उस गाड़ी का मालिक स्वयं ड्राइव कर रहा था। गाड़ी धीमी करके धीरे से सरक जाना चाहता था कि मैंने बढ़कर उसके दो कान पकड़े और खूब ज़ोर से हिलाकर और दोनों गालों पर एक-एक पड़ाका देकर कहा–गाड़ी से छींटे न उड़ाया करो, समझे। चुपके से चले जाओ।

यह महोदय बक-बक तो करते रहे; मगर एक सौ आदमियों को पत्थर लिये खड़ा देखा, तो बिना कान-पूँछ हिलाए चलते बने।

उनके जाने के एक ही मिनट बाद दूसरी गाड़ी आई। मैंने 50 आदमियों को राह रोक लेने का हुक्म दिया। गाड़ी रुक गई। मैंने उन्हें भी चार पड़ाके देकर बिदा किया; मगर यह बेचारे भले आदमी थे। मज़े से चाँटे खाकर चलते बने।

सहसा एक आदमी ने कहा–पुलिस आ रही है।

और सब के सब दूर हो गए। मैं भी सड़क के नीचे उतर गया और एक गली में घुसकर ग़ायब हो गया।

❑❑❑

कैदी

चौदह साल तक निरन्तर मानसिक वेदना और शारीरिक यातना भोगने के बाद आइवन ओखोटस्क जेल से निकला; पर उस पक्षी की भाँति नहीं, जो शिकारी के पिंजरे से पंखहीन होकर निकला हो, बल्कि उस सिंह की भाँति, जिसे कठघरे की दीवारों ने और भी भयंकर तथा और भी रक्तलोलुप बना दिया हो। उसके अन्तस्तल में एक प्रचंड ज्वाला उमड़ रही थी, जिसने अपने ताप से उसके बलिष्ठ शरीर, सुडौल अंग-प्रत्यंग और लहराती हुई अभिलाषाओं को झुलसा डाला था और आज उसके अस्तित्व का एक-एक अणु एक-एक चिनगारी बना हुआ था—क्षुधित, चंचल और विद्रोहमय।

जेलर ने उसे तौला। प्रवेश के समय दो मन तीन सेर था, आज केवल एक मन पाँच सेर।

जेलर ने सहानुभूति दिखाकर कहा—तुम बहुत दुर्बल हो गए हो, आइवन! अगर ज़रा भी कुपथ्य हुआ, तो बुरा होगा।

आइवन ने अपने हड्डियों के ढाँचे को विजय भाव से देखा और अपने अन्दर एक अग्निमय प्रवाह का अनुभव करता हुआ बोला—कौन कहता है कि मैं दुर्बल हो गया हूँ?

''तुम ख़ुद देख रहे होंगे।''

''दिल की आग जब तक नहीं बुझेगी, आइवन नहीं मरेगा मि. जेलर, सौ वर्ष तक नहीं, विश्वास रखिए।''

आइवन इसी प्रकार बहकी-बहकी बातें किया करता था, इसलिए जेलर ने ज़्यादा परवाह न की। सब उसे अर्द्ध विक्षिप्त समझते थे। कुछ लिखा-पढ़ी हो जाने के बाद उसके कपड़े और पुस्तकें मँगवाई गईं; पर वे सादे सूट अब उसे उतारे हुए-से लगते थे। कोटों की जेबों में कई नोट निकले, कई नकद रूबल। उसने सब कुछ वहीं जेल के वार्डरों और निम्न कर्मचारियों को दे दिया, मानो उसे कोई राज्य मिल गया है।

जेलर ने कहा—यह नहीं हो सकता आइवन, तुम सरकारी आदमियों को रिश्वत नहीं दे सकते।

आइवन साधु-भाव से हँसा, यह रिश्वत नहीं है, मि. जेलर! इन्हें रिश्वत देकर अब मुझे इनसे क्या लेना-देना है? अब ये अप्रसन्न होकर मेरा क्या बिगाड़ लेंगे और प्रसन्न होकर मुझे क्या देंगे? यह उन कृपाओं को धन्यवाद है, जिनके बिना चौदह साल तो क्या, मेरा यहाँ चौदह घंटे रहना असह्य हो जाता।

जब वह जेल के फाटक से निकला तो जेलर और सारे अन्य कर्मचारी उसके पीछे उसे मोटर तक पहुँचाने चले।

2

पन्द्रह साल पहले आइवन मास्को के सम्पन्न और सम्भ्रान्त कुल का दीपक था।

उसने विद्यालय में ऊँची शिक्षा पाई थी, खेल में अभ्यस्त था, निर्भीक था उदार और सहृदय था। दिल आइने की भाँति निर्मल, शील का पुतला, दुर्बलों

रक्षा के लिए जान पर खेलनेवाला, जिसकी हिम्मत संकट के सामने नंगी तलवार हो जाती थी। उसके साथ एक हेलेन नाम की युवती पढ़ती थी; जिस पर विद्यालय के सारे युवक प्राण देते थे। वह जितनी ही रूपवती थी, उतनी ही तेज़ थी। बड़ी कल्पनाशील; पर अपने मनोभावों को ताले में बन्द रखनेवाली। आइवन में क्या देखकर वह उसकी और आकर्षित हो गई, यह कहना कठिन है। दोनों में लेश-मात्र भी सामंजस्य न था। आइवन सैर और शराब का प्रेमी था, हेलेन कविता एवं संगीत और नृत्य पर जान देती थी। आइवन की निग़ाह में रुपए केवल इसलिए थे कि दोनों हाथों से उड़ाए जाएं, हेलेन अत्यन्त कृपण। आइवन को लेक्चर हाल कारागार-सा लगता था; हेलेन इस सागर की मछली थी। पर कदाचित् यह विभिन्नता ही उनमें स्वाभाविक आकर्षण बन गई, जिसने अन्त में विकल प्रेम का रूप लिया। आइवन ने उससे विवाह का प्रस्ताव किया और उसने स्वीकार कर लिया और दोनों किसी शुभ मुहूर्त में पाणिग्रहण करके सुहागरात बिताने के लिए किसी पहाड़ी जगह में जाने के मनसूबे बाँध रहे थे कि सहसा राजनीतिक संग्राम ने उन्हें अपनी ओर खींच लिया। हेलन पहले से ही राष्ट्रवादियों की ओर झुकी हुई थी। आइवन भी उसी रंग में रँग उठा। खानदान का रईस था, उसके लिए प्रजा-पक्ष लेना एक महान् तपस्या थी, इसलिए जब कभी वह संग्राम में हताश हो जाता, तो हेलेन उसको हिम्मत बँधाती और आइवन उसके साहस और अनुराग से प्रभावित होकर अपनी दुर्बलता पर लज्जित हो जाता।

इन्हीं दिनों उक्रेन प्रान्त की सूबेदारी पर रोमनाफ़ नाम का एक गवर्नर नियुक्त होकर आया—बड़ा ही कट्टर, राष्ट्रवादियों का जानी दुश्मन, दिन में दो-चार विद्रोहियों को जब तक जेल न भेज लेता, उसे चैन न आता। आते- ही-आते उसने कई सम्पादकों पर राजद्रोह का अभियोग चलाकर उन्हें साइबेरिया भिजवा दिया, कृषकों की सभाएँ तोड़ दीं, नगर की म्युनिसिपैलिटी तोड़ दी, और जब जनता ने अपना रोज़ प्रकट करने के लिए जलसे किए, तो पुलिस से भीड़ पर गोलियाँ चलवायीं, जिससे कई बेगुनाहों की जानें गईं। मार्शल-लॉ ज़ारी कर दिया। सारे नगर में हाहाकार मच गया। लोग मारे डर के घरों से न निकलते थे; क्योंकि पुलिस हरएक की तलाशी लेती थी और उसे पीटती थी।

हेलेन ने कठोर मुद्रा से कहा—यह अंधेर तो अब नहीं देखा जाता, आइवन। इसका कुछ उपाय होना चाहिए।

आइवन ने प्रश्न की आँखों से देखा—उपाय! हम क्या कर सकते हैं?

हेलेन ने उसकी जड़ता पर खिन्न होकर कहा—तुम कहते हो, हम क्या कर सकते हैं? मैं कहती हूँ, हम सब कुछ कर सकते हैं। मैं इन्हीं हाथों से उसका अन्त कर दूँगी।

आइवन ने विस्मय से उसकी ओर देखा—तुम समझती हो, उसे क़त्ल करना आसान है? वह कभी खुली गाड़ी में नहीं निकलता। उसके आगे-पीछे सशस्त्र सवारों का एक दल हमेशा रहता है। रेलगाडी में भी वह रिज़र्व डब्बों में ही सफ़र करता है। मुझे तो असम्भव लगता है, हेलेन, बिल्कुल असम्भव।

हेलेन कई मिनट तक चाय बनाती रही। फिर दो प्याले मेज़ पर रखकर उसने प्याला मुँह में लगाया और धीरे-धीरे पीने लगी। वह किसी विचार में तन्मय हो रही थी। सहसा उसने प्याला मेज पर रख दिया और बड़ी-बड़ी आँखों में तेज़ भरकर बोली—यह सब कुछ होते हुए भी मैं उसे क़त्ल कर सकती हूँ, आइवन। आदमी एक बार अपनी जान पर खेलकर सब कुछ कर सकता है। जानते हो

मैं क्या करूँगी? मैं उससे राहो-रस्म पैदा करूँगी, उसका विश्वास प्राप्त करूँगी, उसे इस भ्रान्ति में डालूँगी कि मुझे उससे प्रेम है। मनुष्य कितना ही हृदयहीन हो, उसके हृदय के किसी-न-किसी कोने में पराग की भाँति रस छिपा ही रहता है–"मैं तो समझती हूँ कि रोमनाफ़ की यह दमन-नीति उसकी अवरुद्ध अभिलाषा की गाँठ है, और कुछ नहीं। किसी मायाविनी के प्रेम में असफल होकर उसके हृदय का रस-स्त्रोत सूख गया है। वहाँ रस का संचार करना होगा और किसी युवती का एक मधुर शब्द, एक सरल मुस्कान भी जादू का काम करेगी। ऐसों को तो वह चुटकियों में अपने पैरों पर गिरा सकती है। तुम जैसे सैलानियों को रिझाना इससे कहीं कठिन है। अगर तुम यह स्वीकार करते हो कि मैं रूपहीन नहीं हूँ, तो मैं तुम्हें विश्वास दिलाती हूँ कि मेरा कार्य सफल होगा। बतलाओ, मैं रूपवती हूँ या नहीं?"

उसने तिरछी आँखों से आइवन को देखा। आइवन इस भावविलास पर मुग्ध होकर बोला–तुम यह मुझसे पूछती हो हेलेन? मैं तो तुम्हें संसार की . . .

हेलेन ने उसकी बात काटकर कहा–अगर तुम ऐसा समझते हो, तो तुम मूर्ख हो, आइवन? इसी नगर में, नहीं, हमारे विद्यालय में ही, मुझसे कहीं रूपवती बालिकाएँ मौजूद हैं। हाँ, तुम इतना ही कह सकते हो कि तुम कुरूपा नहीं हो। क्या तुम समझते हो, मैं तुम्हें संसार का सबसे रूपवान युवक समझती हूँ? कभी नहीं। मैं ऐसे एक नहीं, सौ नाम गिना सकती हूँ, जो चेहरे-मोहरे में तुमसे कहीं बढ़कर हैं; मगर तुममें कोई ऐसी वस्तु है, जो तुम्हीं में है और वह मुझे और कहीं नज़र नहीं आती। तो मेरा कार्यक्रम सुनो। एक महीना तो मुझे उससे मेल करते लगेगा। फिर वह मेरे साथ सैर करने निकलेगा। और तब एक दिन हम और वह दोनों रात को पार्क में जाएंगे और तालाब के किनारे बेंच पर बैठेंगे। तुम उसी वक़्त रिवाल्वर लिये आ जाओगे और वहीं पृथ्वी उसके बोझ से हलकी हो जाएगी।

जैसा हम पहले कह चुके है, आइवन एक रईस का लड़का था और क्रांतिमय राजनीति से उसका हार्दिक प्रेम न था। हेलेन के प्रभाव से कुछ मानसिक सहानुभूति अवश्य पैदा हो गई थी और मानसिक सहानुभूति प्राणों को संकट में नहीं डालती। उसने प्रकट रूप से तो कोई आपत्ति नहीं की; लेकिन कुछ संदिग्ध भाव से बोला–यह तो सोचो हेलेन, इस तरह की हत्या कोई मानुषीय कृति है।

हेलेन ने तीखेपन से कहा–जो दूसरों के साथ मानुषीय व्यवहार नहीं करता, उसके साथ हम क्यों मानुषीय व्यवहार करें ? क्या यह सूर्य की भाँति प्रकट नहीं है कि आज सैकड़ों परिवार इस राक्षस के हाथों तबाह हो रहे हैं ? कौन जानता है, इसके हाथ कितने बेगुनाहों के ख़ून से रँगे हुए हैं? ऐसे व्यक्ति के साथ किसी तरह की रिआयत करना असंगत है। तुम न जाने क्यों इतने ठण्डे हो। मैं तो उसके दुष्टाचरण देखती हूँ, तो मेरा रक्त खौलने लगता है। मैं सच कहती हूँ, जिस वक़्त उसकी सवारी निकलती है, मेरी बोटी-बोटी हिंसा के आवेग से काँपने लगती है। अगर मेरे सामने कोई उसकी खाल भी खींच ले, तो मुझे दया न आए। अगर तुममें इतना साहस नहीं है, तो कोई हरज नहीं। मैं ख़ुद सब कर लूँगी। हाँ, देख लेना, मैं कैसे उस कुत्ते को जहन्नुम पहुँचाती हूँ।

हेलेन का मुखमण्डल हिंसा के आवेग से लाल हो गया। आइवन ने लज्जित होकर कहा–नहीं-नहीं, यह बात नहीं है, हेलेन! मेरा आशय यह न था कि मैं इस काम में तुम्हें सहयोग न दूँगा। मुझे आज मालूम हुआ कि तुम्हारी आत्मा

देश की दुर्दशा से कितनी विकल है; लेकिन मैं फिर भी यही कहूँगा कि यह काम उतना आसान नहीं है और हमें बड़ी सावधानी से काम लेना पड़ेगा।

हेलेन ने उसके कन्धे पर हाथ रखकर कहा—तुम इसकी कुछ चिन्ता न करो, आइवन! संसार में मेरे लिए जो वस्तु सबसे प्यारी है, उसे दाँव पर रखते हुए क्या मैं सावधानी से काम न लूँगी? लेकिन तुमसे एक याचना करती हूँ; अगर इस बीच में मैं कोई ऐसा काम करूँ, जो तुम्हें बुरा मालूम हो, तो तुम मुझे क्षमा करोगे न?

आइवन ने विस्मय-भरी आँखों से हेलेन के मुख की ओर देखा। उसका आशय उसकी समझ में न आया।

हेलेन डरी, आइवन कोई नई आपत्ति तो नहीं खड़ी करना चाहता। आश्वासन के लिए अपने मुख को उसके आतुर अधरों के समीप ले जाकर बोली—प्रेम का अभिनय करने में मुझे वह सब कुछ करना पड़ेगा, जिस पर एकमात्र तुम्हारा ही अधिकार है। डरती हूँ, कहीं तुम मुझ पर सन्देह न करने लगो।

आइवन ने उसे कर-पाश में लेकर कहा—यह असम्भव है हेलेन, विश्वास प्रेम की पहली सीढ़ी है।

अन्तिम शब्द कहते-कहते उसकी आँखें झुक गईं। इन शब्दों में उदारता का जो आदर्श था, वह उस पर पूरा उतरेगा या नहीं, वह यही सोचने लगा।

इसके तीन दिन बाद नाटक का सूत्रपात हुआ। हेलेन अपने ऊपर पुलिस के निराधार सन्देह की फ़रियाद लेकर रोमनाफ़ से मिली और उसे विश्वास दिलाया कि पुलिस के अधिकारी उससे केवल इसलिए असन्तुष्ट हैं कि वह उनके कलुषित प्रस्तावों को ठुकरा रही है। यह सत्य है कि विद्यालय में उसकी संगति कुछ उग्र युवकों से हो गई थी; पर विद्यालय से निकलने के बाद उसका उनसे कोई सम्बन्ध नहीं है।

रोमनाफ़ जितना चतुर था, उससे कहीं चतुर अपने को समझता था। अपने दस साल के अधिकारी जीवन में उसे किसी ऐसी रमणी से साबिका न पड़ा था, जिसने उसके ऊपर इतना विश्वास करके अपने को उसकी दया पर छोड़ दिया हो। किसी धन-लोलुप की भाँति सहसा यह धनराशि देखकर उसकी आँखों पर परदा पड़ गया। अपनी समझ में तो वह हेलेन से उग्र युवकों के विषय में ऐसी बहुत-सी बातों का पता लगाकर फूला न समाया, जो ख़ुफ़िया पुलिसवालों को बहुत सिर मारने पर भी ज्ञात न हो सकी थीं; पर इन बातों में मिथ्या का कितना मिश्रण है, यह वह न भाँप सका। इस आध घण्टे में एक युवती ने एक अनुभवी अफ़सर को अपने रूप की मदिरा से उन्मत्त कर दिया था।

जब हेलेन चलने लगी तो रोमनाफ़ ने कुर्सी से खड़े होकर कहा—मुझे आशा है, यह हमारी आख़िरी मुलाक़ात न होगी।

हेलेन ने हाथ बढ़ाकर कहा—हुजूर ने जिस सौजन्य से मेरी विपत्ति-कथा सुनी है, उसके लिए मैं आपको धन्यवाद देती हूँ।

''कल आप तीसरे पहर यहीं चाय पिएँ।''

रब्त-ज़ब्त बढ़ने लगा। हेलेन आकर रोज़ की बातें आइवन से कह सुनाती। रोमनाफ़ वास्तव में जितना बदनाम है, उतना बुरा नहीं। नहीं, वह बड़ा रसिक संगीत और कला का प्रेमी और शील तथा विनय की मूर्ति है। इन थोड़े ही दिनों में हेलेन से उसकी घनिष्ठता हो गई है और किसी अज्ञात रीति से नगर में पुलिस का अत्याचार कम होने लगा।

अन्त में वह निश्चित तिथि आई। आइवन और हेलेन दिन-भर बैठे-बैठे इसी प्रश्न पर विचार करते रहे। आइवन का मन आज बहुत चंचल हो रहा था। वह कभी अकारण ही हँसने लगता, कभी अनायास से रो पड़ता। शंका, प्रतीक्षा और किसी अज्ञात चिन्ता ने उसके मनोसागर को इतना अशान्त कर दिया था कि उसमें भावों की नौकाएँ डगमगा रही थीं—न मार्ग का पता था, न दिशा का। हेलेन भी आज बहुत चिंतित और गम्भीर थी। आज के लिए उसने पहले ही से सजीले वस्त्र बनवा रखे थे। रूप को अलंकृत करने के न जाने किन-किन विधानों का प्रयोग कर रही थी; पर इसमें किसी योद्धा का उत्साह नहीं, कायर का कम्पन था।

सहसा आइवन ने आँखों में आँसू भरकर कहा—तुम आज इतनी मायाविनी हो गई हो हेलेन कि मुझे न जाने क्यों तुमसे भय हो रहा है!

हेलेन मुस्कुरायी। उस मुस्कान में करुणा भरी हुई थी—मनुष्य को कभी-कभी कितने ही अप्रिय कर्तव्यों का पालन करना पड़ता है आइवन, आज मैं सुधा से विष का काम लेने जा रही हूँ। अलंकार का ऐसा दुरुपयोग तुमने कहीं और देखा है?

आइवन उड़े हुए मन से बोला—इसी को राष्ट्र-जीवन कहते हैं।

"यह राष्ट्र-जीवन नहीं है—यह नरक है।"

"मगर संसार में अभी कुछ दिन और इसकी ज़रूरत रहेगी।"

"यह अवस्था जितनी जल्द बदल जाए, उतना ही अच्छा।"

पासा पलट चुका था, आइवन ने गर्म होकर कहा—अत्याचारियों को संसार में फलने-फूलने दिया जाए, जिससे एक दिन इनके काँटों के मारे पृथ्वी पर कहीं पाँव रखने की जगह न रहे?

हेलेन ने कोई जवाब न दिया; पर उसके मन में जो अवसाद उत्पन्न हो गया था, वह उसके मुख पर झलक रहा था। राष्ट्र उसकी दृष्टि में सर्वोपरि था, उसके सामने व्यक्तिव का कोई मूल्य न था। अगर इस समय उसका मन किसी कारण से दुर्बल भी हो गया था, तो उसे खोल देने का उसमें साहस न था।

दोनों गले मिलकर विदा हुए। कौन जाने, यह अन्तिम दर्शन हों! दोनों के दिल भारी थे, और आँखें सजल।

आइवन ने उत्साह के साथ कहा—मैं ठीक समय पर आ जाऊँगा।

हेलेन ने कोई जवाब न दिया।

आइवन ने फिर सानुरोध कहा—ख़ुदा से मेरे लिए दुआ करना हेलेन!

हेलेन ने जैसे रोते हुए गले से कहा—मुझे ख़ुदा पर भरोसा नहीं है।

"मुझे तो है!"

"कब से?"

"जब से मौत मेरी आँखों के सामने खड़ी हो गई।"

यह वेग के साथ चला गया। सन्ध्या हो गई थी और दो घण्टे के बाद ही उस कठिन परीक्षा का समय आ जाएगा, जिससे उसके प्राण काँप रहे थे। वह कहीं एकांत में बैठकर सोचना चाहता था। आज उसे ज्ञात हो रहा था कि वह स्वाधीन नहीं है। बड़ी मोटी जंज़ीर उसके एक-एक अंग को जकड़े हुए थी। इन्हें वह कैसे तोड़े?

दस बज गए थे। हेलेन और रोमनाफ़ पार्क के एक कुञ्ज में बेंचों पर बैठे हुए थे। तेज बर्फ़ीली हवा चल रही थी। चाँद किसी क्षीण आशा की भाँति बादलों में छिपा हुआ था।

हेलेन ने इधर-उधर सशंक नेत्रों से देखकर कहा—अब तो देर हो गई; यहाँ से चलना चाहिए।

रोमनाफ़ ने बेंच पर पाँव फैलाते हुए कहा—अभी तो ऐसी देर नहीं हुई है, हेलेन! कह नहीं सकता, जीवन के यह क्षण स्वप्न हैं या सत्य; लेकिन सत्य भी है तो स्वप्न से अधिक मधुर, और स्वप्न भी है, तो सत्य से अधिक उज्ज्वल।

हेलेन बेचैन होकर उठी और रोमनाफ़ का हाथ पकड़कर बोली—मेरा जी आज कुछ चंचल हो रहा है। सिर में चक्कर-सा आ रहा है। चलो, मुझे मेरे घर पहुँचा दो।

रोमनाफ़ ने उसका हाथ पकड़कर अपनी बगल में बैठाते हुए कहा—लेकिन मैंने मोटर तो ग्यारह बजे बुलायी है!

हेलेन के मुख से एक चीख निकल गई—ग्यारह बजे!

'हाँ, अब ग्यारह बजने ही वाले हैं। आओ, तब तक और कुछ बातें हों। रात तो काली बला-सी मालूम होती है। जितनी ही देर उसे दूर रख सकूँ, उतना ही अच्छा। मैं तो समझता हूँ, उस दिन तुम मेरे सौभाग्य की देवी बनकर आई थीं हेलेन, नहीं तो अब तक मैंने न जाने क्या-क्या अत्याचार किए होते। इस उदार नीति ने वातावरण में जो शुभ परिवर्तन कर दिया, उस पर मुझे स्वयं आश्चर्य हो रहा है। महीनों के दमन ने जो कुछ न कर पाया था, वह दिनों के आश्वासन ने पूरा कर दिखाया है। और इसके लिए मैं तुम्हारा ऋणी हूँ हेलेन, केवल तुम्हारा। पर खेद यही है कि हमारी सरकार दया करना नहीं जानती, केवल मारना जानती है। ज़ार के मंत्रियों में अभी से मेरे विषय में सन्देह होने लगा है, और मुझे यहाँ से हटाने का प्रश्न हो रहा है।'

सहसा टार्च का चकाचौंध पैदा करनेवाला प्रकाश बिजली की भाँति चमक उठा और रिवाल्वर छूटने की आवाज आई। उसी वक़्त रोमनाफ़ ने उछलकर आइवन को पकड़ लिया और चिल्लाया—पकड़ो, पकड़ो! ख़ून! हेलेन, तुम यहाँ से भागो!

पार्क में कई सन्तरी थे। चारों ओर से दौड़ पड़े। आइवन गिर गया। एक क्षण में न जाने कहाँ से टॉउन-पुलिस, सशस्त्र-पुलिस, गुप्त पुलिस और सवार पुलिस के जत्थे-के-जत्थे आ पहुँचे। आइवन गिरफ्तार हो गया।

रोमनाफ़ ने हेलेन से हाथ मिलाकर सन्देह के स्वर में कहा—यह आइवन तो वही युवक है, जो तुम्हारे साथ विद्यालय में था?

हेलेन ने क्षुब्ध होकर कहा—हाँ, है; लेकिन मुझे इसका ज़रा भी अनुमान न था कि वह क्रान्तिवादी हो गया है।

''गोली मेरे सिर पर से सन्-सन् करती हुई निकल गई।''

''हे ईश्वर!''

''मैंने दूसरा फायर करने का अवसर ही न दिया। मुझे इस युवक की दशा पर दुःख हो रहा है, हेलेन! ये अभागे समझते हैं कि इन हत्याओं से वे देश का उद्धार कर लेंगे। अगर मैं मर ही जाता, तो क्या मेरी जगह कोई मुझसे भी ज़्यादा कठोर मनुष्य न आ जाता? लेकिन मुझे ज़रा भी क्रोध, दुःख या भय नहीं है हेलेन, तुम बिल्कुल चिन्ता न करना। चलो, मैं तुम्हें पहुँचा दूँ।''

रास्ते-भर रोमनाफ़ इस आघात से बच जाने पर अपने को बधाई और ईश्वर को धन्यवाद देता रहा और हेलेन विचारों में मग्न बैठी रही।

दूसरे दिन मजिस्ट्रेट के इज़लास में अभियोग चला, और हेलेन सरकारी गवाह थी। आइवन को मालूम हुआ कि दुनिया अँधेरी हो गई है और वह उसकी अथाह गहराई में धँसता जा रहा है।

3

चौदह साल के बाद।

आइवन रेलगाड़ी से उतरकर हेलेन के पास जा रहा है। उसे घरवालों की सुध नहीं है। माता और पिता उसके वियोग में मरणासन्न हो रहे हैं, इसकी उसे परवाह नहीं है। वह अपने चौदह साल के पाले हुए हिंसाभाव से उन्मत्त, हेलेन के पास जा रहा है; पर उसकी हिंसा में रक्त की प्यास नहीं है, केवल गहरी दाहक दुर्भावना है। इन चौदह सालों में उसने जो यातनाएँ झेली हैं, उनका दो-चार वाक्यों में मानो सत्त निकालकर, विष के समान हेलेन की धमनियों में भरकर उसे तड़पते हुए देखकर, वह अपनी आँखों को तृप्त करना चाहता है। और वह वाक्य क्या है? ''हेलेन, तुमने मेरे साथ जो दग़ा की है, वह शायद त्रिया-चरित्र के इतिहास में भी अद्बितीय है। मैंने अपना सर्वस्व तुम्हारे चरणों पर अर्पण कर दिया। मैं केवल तुम्हारे इशारों का गुलाम था। तुमने ही मुझे रोमनाफ़ की हत्या के लिए प्रेरित किया, और तुमने ही मेरे विरुद्ध साक्षी दी; केवल अपनी कुटिल काम-लिप्सा को पूरा करने के लिए! मेरे विरुद्ध कोई दूसरा प्रमाण न था। रोमनाफ़ और उसकी सारी पुलिस भी झूठी शहादतों से मुझे परास्त न कर सकती थी; मगर तुमने केवल अपनी वासना को तृप्त करने के लिए, केवल रोमनाफ़ के विषाक्त आलिंगन का आनन्द उठाने के लिए मेरे साथ यह विश्वासघात किया; पर आँखें खोलकर देखो कि वही आइवन, जिसे तुमने पैर के नीचे कुचला था, आज तुम्हारी उन सारी मक्कारियों का पर्दा खोलने के लिए तुम्हारे सामने खड़ा है। तुमने राष्ट्र की सेवा का बीड़ा उठाया था। तुम अपने को राष्ट्र की वेदी पर होम कर देना चाहती थीं; किन्तु कुत्सित कामनाओं के पहले ही प्रलोभन में तुम अपने सारे बहुरूप को तिलांजलि देकर भोग-लालसा की गुलामी करने पर उतर गईं। अधिकार और समृद्धि के पहले ही टुकड़े पर तुम दुम हिलाती हुई टूट पड़ीं। धिक्कार है तुम्हारी भोग-लिप्सा को, तुम्हारे इस कुत्सित जीवन को!''

4

सन्ध्या-काल था। पश्चिम के क्षितिज पर दिन की चिता जलकर ठंडी हो रही थी और रोमनाफ़ के विशाल भवन में हेलेन की अर्थी को ले चलने की तैयारियाँ हो रही थीं। नगर नेता ज़मा थे और रोमनाफ़ अपने शोक कम्पित हाथों से अर्थी को पुष्पहारों से सजा रहा था एवं उन्हें अपने आत्मजल से शीतल कर रहा था। उसी वक़्त आइवन उन्मत्त वेश में, दुर्बल, झुका हुआ, सिर के बाल बढ़ाए, कंकाल-सा आकर खड़ा हो गया। किसी ने उसकी ओर ध्यान न दिया। समझे, कोई भिक्षुक होगा, जो ऐसे अवसरों पर दान के लोभ से आ जाया करते हैं।

जब नगर के विशप ने अन्तिम संस्कार समाप्त किया और मरियम की बेटियाँ नए जीवन के स्वागत का गीत गा चुकीं, तो आइवन ने अर्थी के पास जाकर आवेश से काँपते हुए स्वर में कहा—यह दुष्टा है, जिसे सारी दुनिया की पवित्र आत्माओं की शुभकामनाएँ भी नरक की यातना से नहीं बचा सकतीं। वह इस योग्य थी कि उसकी लाश · · ·

कई आदमियों ने दौड़कर उसे पकड़ लिया और उसे धक्के देते हुए फाटक

की ओर ले चले। उसी वक़्त रोमनाफ़ ने आकर उसके कन्धें पर हाथ रख दिया और उसे अलग ले जाकर पूछा–दोस्त, क्या तुम्हारा नाम क्लाडियस आइवनाफ़ है? हाँ, तुम वही हो, मुझे तुम्हारी सूरत याद आ गई। मुझे सब कुछ मालूम है–रत्ती-रत्ती मालूम है। हेलेन ने मुझसे कोई बात नहीं छिपायी। अब वह इस संसार में नहीं है, मैं झूठ बोलकर उसकी कोई सेवा नहीं कर सकता। तुम उस पर कठोर शब्दों का प्रहार करो या कठोर आघातों का, वह समान रूप से शान्त रहेगी, लेकिन अन्त समय तक वह तुम्हारी याद करती रही। उस प्रसंग की स्मृति उसे सदैव रुलाती रहती थी। उसके जीवन की यह सबसे बड़ी कामना थी कि तुम्हारे सामने घुटने टेककर क्षमा की याचना करे। मरते-मरते उसने यह वसीयत की कि जिस तरह भी हो सके, उसकी यह विनय तुम तक पहुँचाऊँ कि वह तुम्हारी अपराधिनी है और तुमसे क्षमा चाहती है। क्या तुम समझते हो, जब वह तुम्हारे सामने आँखों में आँसू भरे आती, तो तुम्हारा हृदय पत्थर होने पर भी न पिघल जाता? क्या इस समय भी वह तुम्हें दीन-याचना की प्रतिमा-सी खड़ी नहीं दीख़ती? ज़रा चलकर उसका मुस्कुराता हुआ चेहरा देखो। मोशियो आइवन, तुम्हारा मन अब भी उसका चुम्बन लेने के लिए विकल हो जाएगा। मुझे ज़रा भी ईर्ष्या न होगी। उन फूलों की सेज पर लेटी हुई वह ऐसी लग रही है, मानो फूलों की रानी हो। जीवन में उसकी एक ही अभिलाषा अपूर्ण रह गई आइवन, वह तुम्हारी क्षमा है। प्रेमी हृदय बड़ा उदार होता है आइवन, वह क्षमा और दया का सागर होता है। ईर्ष्या और दम्भ के गन्दे नाले उसमें मिलकर उतने ही विशाल और पवित्र हो जाते हैं। जिसे एक बार तुमने प्यार किया, उसकी अन्तिम अभिलाषा की तुम उपेक्षा नहीं कर सकते।

उसने आइवन का हाथ पकड़ा और सैकड़ों कौतूहलपूर्ण नेत्रों के सामने उसे लिये हुए अर्थी के पास आया और ताबूत का ऊपरी तख़्ता हटाकर हेलेन का शांत मुख-मण्डल उसे दिखा दिया। उस निस्पन्द, निश्चेष्ट, निर्विकार छवि को मृत्यु ने एक गरिमा-सी प्रदान कर दी थी, मानो स्वर्ग की सारी विभूतियाँ उसका स्वागत कर रही हैं। आइवन की कुटिल आँखों में एक दिव्य ज्योति-सी चमक उठी और वह दृश्य सामने खिंच गया, जब उसने हेलेन को प्रेम से आलिंगित किया था और अपने हृदय के सारे अनुराग और उल्लास को पुष्पों में गूँथकर उसके गले में डाला था। उसे जान पड़ा, यह सब-कुछ, जो उसके सामने हो रहा है, स्वप्न है और एकाएक उसकी आँखें खुल गई हैं और वह उसी भाँति हेलेन को अपनी छाती से लगाए हुए है। उस आत्मानन्द के एक क्षण के लिए क्या वह फिर चौदह साल का कारावास झेलने के लिए न तैयार हो जाएगा। क्या अब भी उसके जीवन की सबसे सुखद घड़ियाँ वही न थीं, जो हेलेने के साथ गुज़री थीं और क्या उन घड़ियों के अनुपम आनन्द को वह इन चौदह सालों में भी भूल सका था? उसने ताबूत के पास बैठकर श्रद्धा से काँपते हुए कंठ से प्रार्थना की–"ईश्वर, तू मेरी प्राणों से प्रिय हेलेन को अपनी क्षमा के दामन में ले!" और जब वह ताबूत कन्धे पर लिये चला, तो उसकी आत्मा लज्जित थी अपनी संकीर्णता पर, अपनी उद्विग्नता पर, अपनी नीचता पर। और जब ताबूत कब्र में रख दिया गया, तो वह वहाँ बैठकर न जाने कब तक रोता रहा। दूसरे दिन रोमनाफ़ जब फ़ातिहा पढ़ने आया तो देखा, आइवन सजदे में सिर झुकाए हुए है और उसकी आत्मा स्वर्ग को प्रयाण कर चुकी है।

□□□

मिस पद्मा

कानून में अच्छी सफलता प्राप्त कर लेने के बाद मिस पद्मा को एक नया अनुभव हुआ, वह था जीवन का सूनापन। विवाह को उन्होंने एक अप्राकृतिक बंधन समझा था और निश्चय कर लिया था कि स्वतंत्र रहकर जीवन का उपभोग करूँगी। एम.ए. की डिग्री ली, फिर कानून पास किया और प्रैक्टिस शुरू कर दी। रूपवती थी, युवती थी, मृदुभाषिणी थी और प्रतिभाशालिनी भी थी। मार्ग में कोई बाधा न थी। देखते-देखते वह अपने साथी नौजवान-मर्द वकीलों को पीछे छोड़कर आगे निकल गई और अब उसकी आमदनी कभी-कभी एक हज़ार से भी ऊपर बढ़ जाती। अब उतने परिश्रम और सिर-मगजन की आवश्यकता न रही; मुकद्दमे अधिकतर वही होते थे, जिनका उसे पूरा अनुभव हो चुका था, उनके विषय की किसी तरह की तैयारी की उसे ज़रूरत न मालूम होती। अपनी शक्तियों पर कुछ विश्वास भी हो गया था। कानून में कैसे विजय मिल सकती है, इसके कुछ लटके भी उसे मालूम हो गए थे; इसलिए उसे अब बहुत अवकाश मिलता था और इसे वह किस्से-कहानियाँ पढ़ने, सैर करने, सिनेमा देखने, मिलने-मिलाने में ख़र्च करती थी।

जीवन को सुखी बनाने के लिए किसी व्यसन की ज़रूरत को वह ख़ूब समझती थी। उसने फूल-पौधे लगाने का व्यसन पाल लिया था। तरह-तरह के बीज और पौधे मँगाती और उन्हें उगते-बढ़ते, फूलते-फलते देखकर ख़ुश होती, मगर फिर भी जीवन में सूनेपन का अनुभव होता रहता था। वह बात न थी कि उसे पुरुषों से विरक्ति हो। नहीं, उसके प्रेमियों की कमी न थी। अगर उसके पास केवल रूप और यौवन होता, तो भी उपासकों का अभाव न रहता; मगर यहाँ तो रूप और यौवन के साथ धन भी था। फिर रसिक-वृन्द क्यों चूक जाते? पद्मा को विलास से घृणा नहीं, घृणा थी पराधीनता से, विवाह को जीवन का व्यवसाय बनाने से। जब स्वतन्त्र रहकर भोग-विलास का आनन्द उड़ाया जा सकता है, तो फिर क्यों न उड़ाया जाए? भोग में उसे कोई नैतिक बाधा न थी, इसे वह केवल देह की एक भूख समझती थी। इस भूख को किसी साफ़-सुथरी दूकान से भी शान्त किया जा सकता है। और पद्मा को साफ़-सुथरी दूकान की हमेशा तलाश रहती थी। ग्राहक दुकान में वही चीज़ लेता है, जो उसे पसन्द आती है। पद्मा भी वही चीज़ चाहती थी, यों उसके दर्जनों आशिक थे—कई वकील, कई प्रोफ़ेसर, कई रईस। मगर ये सब-के-सब ऐयाश थे—बेफ़िक्र, केवल भँवरे की तरह रस लेकर उड़ जाने वाले। ऐसा एक भी न था, जिस पर वह विश्वास कर सकती। अब उसे मालूम हुआ कि उसका मन केवल भोग नहीं चाहता, कुछ और भी चाहता है। वह चीज़ क्या थी? पूरा आत्मसमर्पण, और यह उसे न मिलती थी।

उसके प्रेमियों में एक मि. प्रसाद था—बड़ा ही रूपवान और धुरन्धर विद्वान। एक कॉलेज में प्रोफ़ेसर था। वह भी मुक्त भोग के आदर्श का उपासक था और पद्मा उस पर फ़िदा थी। चाहती थी उसे बाँधकर रखे, सम्पूर्णतः अपना बना ले; लेकिन प्रसाद चंगुल में न आता था।

सन्ध्या हो गई थी। पद्मा सैर करने जा रही थी कि प्रसाद आ गए। सैर

करना मुल्तवी हो गया। बातचीत में सैर से कहीं ज़्यादा आनन्द था और पद्मा आज प्रसाद से कुछ दिल की बात कहनेवाली थी। कई दिन के सोच-विचार के बाद आज उसने कह डालने ही का निश्चय किया था।

उसने प्रसाद की नशीली आँखों में आँखें मिलाकर कहा—तुम यहीं मेरे बँगले में आकर क्यों नहीं रहते?

प्रसाद ने कुटिल-विनोद के साथ कहा—नतीज़ा यह होगा कि दो-चार महीने में यह मुलाक़ात भी बन्द हो जाएगी।

"मेरी समझ में नहीं आया, तुम्हारा क्या आशय है!"

"आशय वही है, जो मैं कह रहा हूँ।"

"आख़िर क्यों?"

"मैं अपनी स्वतन्त्रता न खोना चाहूँगा, तुम अपनी स्वतन्त्रता न खोना चाहोगी। तुम्हारे पास तुम्हारे आशिक आएँगे, मुझे जलन होगी। मेरे पास मेरी प्रेमिकाएँ आएँगी, तुम्हें जलन होगी। मनमुटाव होगा, फिर वैमनस्य होगा और तुम मुझे घर से निकाल दोगी। घर तुम्हारा है ही। मुझे बुरा लगेगा ही, फिर यह मैत्री कैसे निभेगी?"

दोनों कई मिनट तक मौन रहे। प्रसाद ने परिस्थिति को इतने स्पष्ट, बेलाग, लट्ठमार शब्दों में खोलकर रख दिया था कि कुछ कहने की जगह न मिलती थी।

आख़िर प्रसाद ही को नुकता सूझा। बोला—जब तक हम दोनों यह प्रतिज्ञा न कर लें कि आज से मैं तुम्हारा हूँ और तुम मेरी हो, तब तक एक साथ निर्वाह नहीं हो सकता।

"तुम यह प्रतिज्ञा करोगे?"

"पहले तुम बताओ।"

"मैं करूँगी।"

"तो मैं भी करूँगा।"

"मगर इस बात के सिवा मैं और सभी बातों में स्वतन्त्र रहूँगी।"

"और मैं भी इस एक बात के सिवा हर बात में स्वतन्त्र रहूँगा।"

"मंजूर।"

"मंजूर!"

"तो कब से?"

"जब से तुम कहो।"

"मैं तो कहती हूँ, कल ही से।"

"तय है; लेकिन अगर तुमने इसके विरुद्ध आचरण किया तो?"

"और तुमने किया तो?"

"तुम मुझे घर से निकाल सकती हो; लेकिन मैं तुम्हें क्या सज़ा दूँगा?"

"तुम मुझे त्याग देना, और क्या करोगे?"

"जी नहीं, तब इतने से चित्त को शान्ति न मिलेगी। तब मैं चाहूँगा तुम्हें जलील करना; बल्कि तुम्हारी हत्या करना।"

"तुम बड़े निर्दयी हो, प्रसाद!"

"जब तक हम दोनों स्वाधीन हैं, हमें किसी को कुछ कहने का हक़ नहीं; लेकिन एक बार प्रतिज्ञा में बँध जाने के बाद फिर न मैं उसकी अवज्ञा सह सकूँगा, न तुम सह सकोगी। तुम्हारे पास दण्ड का साधन है, मेरे पास नहीं है। कानून

मुझे कोई अधिकार नहीं देता। मैं तो केवल अपने पशु-बल से प्रतिज्ञा का पालन कराऊँगा और तुम्हारे इतने नौकरों के सामने मैं अकेला क्या कर सकूँगा?''

''तुम तो चित्र का श्याम-पक्ष ही देखते हो। जब मैं तुम्हारी हो रही हूँ, तो यह मकान, नौकर-चाकर और जायदाद सब कुछ तुम्हारा है। हम तुम दोनों जानते हैं कि ईर्ष्या से ज़्यादा घृणित कोई सामाजिक पाप नहीं है। तुम्हें मुझसे प्रेम है या नहीं, मैं नहीं कह सकती; लेकिन तुम्हारे लिए मैं सब कुछ सहने, सब कुछ करने को तैयार हूँ।''

''दिल से कहती हो पद्‌मा''?

''सच्चे दिल से।''

''मगर न जाने क्यों तुम्हारे ऊपर विश्वास नहीं आ रहा है?''

''मैं तो तुम्हारे ऊपर विश्वास कर रही हूँ।''

''यह समझ लो, मैं मेहमान बनकर तुम्हारे घर में न रहूँगा। स्वामी बनकर रहूँगा।''

''तुम घर के स्वामी ही नहीं, मेरे स्वामी बनकर रहोगे। मैं तुम्हारी स्वामिनी बनकर रहूँगी।''

2

प्रो. प्रसाद और मिस पद्‌मा दोनों साथ रहते हैं और प्रसन्न हैं। दोनों ही ने जीवन का जो आदर्श मन में स्थिर कर लिया था, वह सत्य बन गया है। प्रसाद को केवल दो-सौ रुपये वेतन मिलता है; मगर अब वह अपनी आमदनी का दुगना भी ख़र्च कर दे तो परवाह नहीं। पहले वह कभी-कभी शराब पीता था, अब रात-दिन शराब में मस्त रहता है। अब उसके लिए अलग अपनी कार है, अलग अपने नौकर हैं, तरह-तरह की बहुमूल्य चीजें मँगवाता रहता है और पद्‌मा बड़े हर्ष से उसकी सारी फजूल ख़र्चियाँ बर्दाश्त करती है। नहीं, बर्दाश्त करने का प्रश्न नहीं है। वह ख़ुद उसे अच्छे-अच्छे सूट पहनाकर, अच्छे-से-अच्छे ठाठ में रखकर प्रसन्न होती है। जैसी घड़ी इस वक़्त प्रो. प्रसाद के पास है, शहर के बड़े-से-बड़े रईस के पास न होगी और पद्‌मा जितना ही उससे दबती है, प्रसाद उतना ही उसे दबाता है, कभी-कभी उसे नागवार भी लगता है; पर वह किसी अज्ञात कारण से अपने को उसके वश में पाती है। प्रसाद को ज़रा भी उदास या चिन्तित देखकर उसका मन चंचल हो जाता है। उस पर आवाज़ें कसी जातीं हैं, फबतियाँ चुस्त की जाती हैं। जो उसके पुराने प्रेमी थे, वे उसे जलाने और कुढ़ाने का प्रयास भी करते हैं; पर वह प्रसाद के पास आते ही सब कुछ भूल जाती है। प्रसाद ने उस पर पूरा आधिपत्य पा लिया है, और उसे इसका ज्ञान है। पद्‌मा को उसने बारीक़ आँखें से पढ़ा है और उसका आसन अच्छी तरह पा गया है।

मगर जैसे राजनीति के क्षेत्र में अधिकार दुरुपयोग की ओर जाता है, उसी तरह प्रेम के क्षेत्र में भी दुरुपयोग की ओर ही जाता है, और जो कमज़ोर है, उसे तावान देना पड़ता है। आत्माभिमानिनी पद्‌मा अब प्रसाद की लौंडी थी और प्रसाद उसकी दुर्बलता का फ़ायदा उठाने में क्यों चूकता? उसने कील की पतली नोक चुभा ली थी और बड़ी कुशलता से उत्तरोत्तर उसे अन्दर ठोकता जाता था।

यहाँ तक कि उसने रात को देर में घर आना शुरू किया। पद्मा घूमने चली जाती तो अपनी कार निकाल लेता और उड़ जाता। दो साल गुज़र गए थे, और पद्मा को गर्भ था। वह स्थूल भी हो चली थी। उसके रूप में पहले की-सी नवीनता और मादकता न रह गई थी। वह घर की मुर्गी थी, साग बराबर।

एक दिन इसी तरह पद्मा लौटकर आई, तो प्रसाद ग़ायब थे। वह झुँझला उठी। इधर कई दिन से वह प्रसाद का रंग बदला हुआ देख रही थी। आज उसने कुछ स्पष्ट बातें कहने का साहस बटोरा। दस बज गए, ग्यारह बज गए, पद्मा उसके इन्तज़ार में बैठी थी। भोजन ठण्डा हो गया, नौकर-चाकर सो गए। बार-बार उठती, फाटक पर जाकर नज़र दौड़ाती। बारह-एक बजे के क़रीब प्रसाद घर आए।

पद्मा ने साहस तो बहुत बटोरा था; पर प्रसाद के सामने जाते ही उसे अपनी कमज़ोरी मालूम हुईं। फिर भी उसने ज़रा कड़े स्वर में पूछा—आज आप इतनी रात तक कहाँ थे? कुछ ख़बर है, कितनी रात गयी?

प्रसाद को वह इस वक़्त असुन्दरता की मूर्ति-सी लगी। वह एक विद्यालय की छात्रा के साथ सिनेमा देखने गया था। बोला—तुमको आराम से सो जाना चाहिए था।

पद्मा का साहस कुछ प्रबल हुआ—तुमसे मैं जो पूछती हूँ, उसका जवाब दो। मुझे जहन्नुम में भेजो?

''तो तुम भी मुझे जहन्नुम में जाने दो।''

मैं इधर कई दिन से तुम्हारा मिज़ाज़ बदला हुआ देख रही हूँ।

''तुम्हारी आँखों की ज्योति कुछ बढ़ गई होगी।''

''तुम मेरे साथ दग़ा कर रहे हो, यह मैं साफ़ देख रही हूँ।''

''मैंने तुम्हारे हाथ अपने को बेचा नहीं है। अगर तुम्हारा जी मुझसे भर गया हो, तो मैं आज जाने को तैयार हूँ।''

''तुम जाने की क्या धमकी देते हो! यहाँ तुमने आकर कोई बड़ा त्याग नहीं किया है।''

मैंने त्याग नहीं किया है? तुम यह कहने का साहस कर रही हो। मैं देखता हूँ, तुम्हारा मिज़ाज़ बिगड़ रहा है। तुम समझती हो, मैंने इसे अपंग कर दिया। मगर मैं इसी वक़्त तुम्हें ठोकर मारने को तैयार हूँ। इसी वक़्त!

पद्मा का साहस जैसे बुझ गया था। प्रसाद अपना ट्रंक सँभाल रहा था। पद्मा ने दीन-भाव से कहा—मैंने तो ऐसी कोई बात नहीं कही, जो तुम इतना बिगड़ उठे। मैं तो केवल तुमसे पूछ रही थी, कहाँ थे। क्या तुम मुझे इतना भी अधिकार देना नहीं चाहते? मैं कभी तुम्हारी इच्छा के विरुद्ध कोई काम नहीं करती और तुम मुझे बात-बात पर डाँटते रहते हो। तुम्हें मुझ पर ज़रा भी दया नहीं आती! मुझे तुमसे कुछ तो सहानुभूति मिलनी चाहिए। मैं तुम्हारे लिए क्या कुछ करने को तैयार नहीं हूँ? और आज जो मेरी यह दशा हो गई है, तो तुम मुझसे आँखें फेर लेते हो ...

उसका कण्ठ रुँध गया और वह मेज पर सिर रख कर फूट-फूटकर रोने लगी।

प्रसाद ने पूरी विजय पायी।

3

पद्मा के लिए मातृत्व अब बड़ा ही अप्रिय प्रसंग था। उस पर एक चिन्ता मँडराती रहती। कभी-कभी वह भय से काँप उठती और पछताती। प्रसाद की निरंकुशता दिन-दिन बढ़ती जाती थी। क्या करे, क्या न करे। गर्भ पूरा हो गया था, वह कोर्ट न जाती थी। दिन-भर अकेली बैठी रहती। प्रसाद सन्ध्या समय आते, चाय-वाय पीकर फिर उड़ जाते, तो ग्यारह-बारह बजे के पहले न लौटते। वह कहाँ जाते हैं, यह भी उससे छिपा न था। प्रसाद को जैसे उसकी सूरत से नफ़रत थी। पूर्ण गर्भ, पीला मुख, चिन्तित, सशंक, उदास; मगर वह जितना ही प्रयास करती, उतना ही प्रसाद का मन उसकी ओर से फिरता था। इस अवस्था में श्रृंगार उसे और भी भद्दा लगता।

प्रसव-वेदना हो रही थी। प्रसाद का पता नहीं। नर्स मौजूद थी, लेडी डॉक्टर मौजूद थी; मगर प्रसाद का न रहना पद्मा की प्रसव-वेदना को और भी दारुण कर रहा था।

बालक को गोद में देखकर उसका कलेजा फूल उठा; मगर फिर प्रसाद को सामने न पाकर उसने बालक की ओर से मुँह फेर लिया। मीठे फल में जैसे कीड़े पड़ गए हों।

पाँच दिन सौर-ग्रह में काटने के बाद जैसे पद्मा जेलखाने से निकली—नंगी तलवार बनी हुई। माता बनकर वह अपने में एक अद्भुत शक्ति का अनुभव कर रही थी।

उसने चपरासी को चेक़ देकर बैंक भेजा। प्रसव-सम्बन्धी कई बिल अदा करने थे। चपरासी ख़ाली हाथ लौट आया।

पद्मा ने पूछा—रुपये?

''बैंक के बाबू ने कहा, रुपये सब प्रसाद बाबू निकाल ले गए।''

पद्मा को जैसे गोली लग गई। बीस हज़ार रुपये प्राणों की तरह संचित कर रखे थे। इसी शिशु के लिए। हाय! सौर से निकलने पर मालूम हुआ, प्रसाद विद्यालय की एक बालिका को लेकर इंगलैंड की सैर करने चले गए। झल्लाई हुई घर में आई, प्रसाद की तस्वीर उठाकर ज़मीन पर पटक दी और उसे पैरों से कुचला। उसका जितना सामान था, उसे ज़मा करके दियासलाई लगा दी और उसके नाम पर थूक दिया।

एक महीना बीत गया था। पद्मा अपने बंगले के फाटक पर शिशु को गोद में लिये खड़ी थी। उसका क्रोध अब शोकमय निराशा बन चुका था। बालक पर कभी दया आती, कभी प्यार आता, कभी घृणा आती। उसने देखा, सड़क पर एक यूरोपियन लेडी अपने पति के साथ अपने बालक को बच्चों की गाड़ी में बिठाए लिये चली जा रही थी। उसने हसरत भरी आँखों से ख़ुशनसीब जोड़े को देखा और उसकी आँखें सजल हो गईं।

❑❑❑

विद्रोही

आज दस साल से ज़ब्त कर रहा हूँ। अपने इस नन्हें से हृदय में अग्नि का दहकता हुआ कुण्ड छिपाए बैठा हूँ। संसार में कहीं शान्ति होगी, कहीं सैर-तमाशे होंगे, कहीं मनोरंजन की वस्तुएँ होंगी; मेरे लिए तो अब यही अग्निराशि है, और कुछ नहीं। जीवन की सारी अभिलाषाएँ इसी में जलकर राख हो गईं। किससे अपनी मनोव्यथा कहूँ? फ़ायदा ही क्या? जिसके भाग्य में रुदन–अनन्त रुदन हो, उसका मर ही जाना अच्छा।

मैंने पहली बार तारा को उस वक़्त देखा, जब मेरी उम्र दस साल की थी। मेरे पिता आगरे के एक अच्छे डॉक्टर थे। लखनऊ में मेरे एक चाचा रहते थे। उन्होंने वकालत में काफ़ी धन कमाया था। मैं उन दिनों चाचा ही के साथ रहता था। चाचा के कोई सन्तान न थी, इसलिए मैं ही उनका वारिस था। चाचा और चाची दोनों मुझे अपना पुत्र समझते थे। मेरी माता बचपन ही में सिधार चुकी थीं। मातृ-स्नेह का जो कुछ प्रसाद मुझे मिला, वह चाचीजी ही की भिक्षा थी। वही भिक्षा मेरे उस मातृ-प्रेम से वंचित बालपन की सारी विभूति थी।

चाचा साहब के पड़ोस में हमारी बिरादरी के एक बाबू साहब और रहते थे। वह रेलवे विभाग में किसी अच्छे ओहदे पर थे। दो-ढाई सौ रुपए पाते थे। नाम था विमलचन्द्र। तारा उन्हीं की पुत्री थी। उस वक़्त उसकी उम्र पाँच साल की होगी। बचपन का वह दिन आज भी आँखों के सामने है, जब तारा एक फ्राक पहने, बालों में एक गुलाब का फूल गूँथे हुए मेरे सामने आकर खड़ी हो गई। कह नहीं सकता, क्यों मैं उसे देखकर झेंप-सा गया था। मुझे वह देवकन्या-सी मालूम हुई, जो ऊषा-काल के सौरभ और प्रकाश से रंजित आकाश से उतर आई हो।

उस दिन से तारा अकसर मेरे घर आती। उसके घर में खेलने की जगह न थी। चाचा साहब के घर के सामने लम्बा-चौड़ा मैदान था। वहीं वह खेला करती। धीरे-धीरे मैं भी उससे मानूस हो गया। मैं जब स्कूल से लौटता, तो तारा दौड़कर मेरे हाथों से किताबों का बस्ता ले लेती। जब मैं स्कूल जाने के लिए गाड़ी पर बैठता तो वह भी आकर मेरे पास बैठ जाती। एक दिन उसके सामने चाची ने चाचाजी से कहा–तारा को मैं अपनी बहू बनाऊँगी। क्यों कृष्णा, तू तारा से ब्याह करेगा? मैं मारे शर्म के बाहर भाग गया; लेकिन तारा वहीं खड़ी रही, मानो चाची ने उसे मिठाई देने को बुलाया हो। उस दिन से चाचा और चाची में अकसर यह चर्चा होती–कभी सलाह के ढंग से, कभी मज़ाक के ढंग से। उस अवसर पर मैं तो शर्माकर बाहर भाग जाता था; पर तारा ख़ुश होती थी। दोनों परिवारों में इतना मेल-जोल था कि इस सम्बन्ध का हो जाना कोई असाधारण बात न थी। तारा के माता-पिता को तो इसका पूरा विश्वास था कि तारा से मेरा विवाह होगा। मैं जब-जब उनके घर जाता, तो मेरी बड़ी आव-भगत होती। तारा की माँ उसे मेरे साथ छोड़कर किसी बहाने से टल जाती थीं। किसी को अब इसमें शक न था कि तारा ही मेरी हृदयेश्वरी होगी।

एक दिन उस सरला ने मिट्टी का एक घरौंदा बनाया। मेरे मकान के सामने

नीम का पेड़ था। उसी की छाँह में वह घरौंदा तैयार हुआ। उसमें कई ज़रा-ज़रा से कमरे थे, कई मिट्टी के बरतन, एक नन्हीं-सी चारपाई थी। मैंने जाकर देखा तो तारा घरौंदा बनाने में तन्मय हो रही थी। मुझे देखते ही दौड़कर मेरे पास आई और बोली–कृष्णा, चलो हमारा घर देखो, मैंने अभी बनाया है। घरौंदा देखा और हँसकर बोला–इसमें कौन रहेगा, तारा?

तारा ने मुँह बनाया, मानो वह व्यर्थ का प्रश्न था। बोली क्यों, हम और तुम कहाँ रहेंगे? जब हमारा-तुम्हारा विवाह हो जाएगा, तो हम लोग इसी घर में आकर रहेंगे। यह देखो, तुम्हारी बैठक है, तुम यहाँ बैठकर पढ़ोगे। दूसरा कमरा मेरा है, इसमें बैठकर मैं गुड़िया खेलूँगी।

मैंने हँसी करके कहा–क्यों, क्या मैं सारी उम्र पढ़ता ही रहूँगा और तुम हमेशा गुड़िया ही खेलती रहोगी?

तारा ने मेरी तरफ़ इस ढंग से देखा, जैसे मेरी बात वह न समझी हो। पगली जानती थी कि ज़िदगी खेलने और हँसने ही के लिए है। यह न जानती थी, कि एक दिन हवा का एक झोंका आएगा और इस घरौंदे को उड़ा ले जाएगा। इसी के साथ हम दोनों भी कहीं-से-कहीं जा उड़ेंगे।

2

इसके बाद मैं पिताजी के पास चला आया और कई साल पढ़ता रहा। लखनऊ की जलवायु मेरे अनुकूल न थी, या पिताजी ने मुझे अपने पास रखने के लिए यह बहाना किया था मैं निश्चय नहीं कह सकता। इण्टरमीडिएट तक मैं आगरे ही में पढ़ा; लेकिन चाचा साहब के दर्शनों के लिए बराबर जाता रहता था। हर एक तातील में लखनऊ अवश्य जाता और गर्मियों की छुट्टी तो पूरी लखनऊ में ही कटती थी। एक छुट्टी गुज़रते ही दूसरी छुट्टी आने के दिन गिनने लगते थे। अगर मुझे एक दिन की भी देर हो जाती, तो तारा का पत्र आ पहुँचता। बचपन के उस सरल प्रेम में अब जवानी का उत्साह और उन्माद था। वे प्यारे दिन क्या कभी भूल सकते हैं! वही मधुर स्मृतियाँ अब इस जीवन का सर्वस्व हैं। हम दोनों रात को सबकी नज़रें बचाकर मिलते और हवाई क़िले बनाते। इससे कोई यह न समझे कि हमारे मन में पाप था, कदापि नहीं। हमारे बीच में एक भी ऐसा शब्द, एक भी ऐसा संकेत न आने पाता, जो हम दूसरों के सामने न कर सकते, जो उचित सीमा के बाहर होता। यह केवल वह संकोच था, जो इस अवस्था में हुआ करता है। शादी हो जाने के बाद भी तो कुछ दिनों तक स्त्री और पुरुष बड़ों के सामने बातें करते लजाते हैं। हाँ, जो अंग्रेज़ी सभ्यता के उपासक हैं, उनकी बात मैं नहीं कहता। वे तो बड़ों के सामने आलिंगन और चुम्बन तक करते हैं। हमारी मुलाक़ातें दोस्तों की मुलाक़ातें होती थीं–कभी ताश की बाज़ी होती, कभी साहित्य की चर्चा, कभी स्वदेश-सेवा के मनसूबे बँधते, कभी संसार-यात्रा के। क्या कहूँ, तारा का हृदय कितना पवित्र था। अब मुझे ज्ञात हुआ कि स्त्री कैसे पुरुष पर नियन्त्रण कर सकती है, कुत्सित को भी कैसे पवित्र बना सकती है। एक दूसरे से बातें करने में, एक-दूसरे के सामने बैठे रहने में हमें असीम आनन्द होता था। फिर प्रेम की बातों की ज़रूरत वहाँ होती है, जहाँ अपने अखण्ड अनुराग, अपनी अतुल निष्ठा, अपने पूर्ण आत्मसमर्पण का विश्वास दिलाना होता है। हमारा सम्बन्ध

तो स्थिर हो चुका था। केवल रस्में बाक़ी थीं। वह मुझे अपना पति समझती थी, मैं उसे अपनी पत्नी समझता था। ठाकुरजी के भोग लगने के पहले थाल के पदार्थों में कौन हाथ लगा सकता है? हम दोनों में कभी-कभी लड़ाई भी होती थी; और कई-कई दिनों तक बातचीत की नौबत न आती; लेकिन ज़्यादती कोई करे, मनाना उसी को पड़ता था। मैं ज़रा-सी बात पर तिनक जाता था। वह हँसमुख थी, बहुत ही सहनशील; लेकिन उसके साथ ही मानिनी भी परले सिरे की। मुझे खिलाकर भी ख़ुद न खाती, मुझे हँसाकर भी ख़ुद न हँसती।

इण्टरमीडिएट पास होते ही मुझे फौज़ में एक जगह मिल गई। उस विभाग के अफ़सरों में पिताजी का बड़ा मान था। मैं सार्जेण्ट हो गया और सौभाग्य से लखनऊ में ही मेरी नियुक्ति हुई। मुँह माँगी मुराद पूरी हुई।

मगर विधि-वाम कुछ और ही षड्यन्त्र रच रहा था। मैं तो इस ख़याल में मग्न था कि कुछ दिनों में तारा मेरी होगी। उधर एक दूसरा ही गुल खिल गया। शहर के एक नामी रईस ने चाचाजी से मेरे विवाह की बात छेड़ दी और आठ हज़ार रुपए दहेज का वचन दिया। चाचाजी के मुँह से लार टपक पड़ी। सोचा, यह आशातीत रक़म मिलती है, इसे क्यों छोड़ूँ। विमल बाबू की कन्या का विवाह कहीं न-कहीं हो ही जाएगा। उन्हें सोचकर जवाब देने का वादा करके विदा किया और विमल बाबू को बुलाकर बोले—आज चौधरी साहब कृष्णा की शादी की बातचीत करने आए थे। आप तो उन्हें जानते होंगे? अच्छे रईस हैं। आठ हज़ार रुपए दे रहे हैं। मैंने कह दिया है, सोचकर जवाब दूँगा। आपकी क्या राय है? यह शादी मंजूर कर लूँ?

विमल बाबू ने चकित होकर कहा—यह आप क्या फ़रमाते हैं? कृष्णा की शादी तो तारा से तय हो चुकी है न?

चाचा साहब ने अनजान बनकर कहा—यह तो मुझे आज मालूम हो रहा है। किसने तय की है यह शादी आपसे? मुझसे तो इस विषय में कोई बातचीत नहीं हुई।

विमल बाबू ज़रा गरम होकर बोले—जो बात आज दस-बारह साल से सुनता आ रहा हूँ, क्या उसकी तसदीक़ भी करनी चाहिए थी? मैं तो इसे तय समझे बैठा हूँ। मैं ही क्या, सारा मुहल्ला तय समझ रहा है।

चाचा साहब ने बदनामी के भय से ज़रा दबकर कहा—भाईसाहब, हक़ तो यह कि मैं जब कभी इस सम्बन्ध की चर्चा करता था, दिल्लगी के तौर पर; लेकिन ख़ैर, मैं आपको निराश नहीं करना चाहता। आप मेरे पुराने मित्र हैं। मैं आपके साथ सब तरह की रिआयत करने को तैयार हूँ। मुझे आठ हज़ार मिल रहे हैं, आप मुझ सात ही हज़ार दीजिए, छः ही दीजिए।

विमल बाबू ने उदासीन भाव से कहा—आप मुझसे मज़ाक कर रहे हैं या सचमुच दहेज माँग रहे हैं, मुझे यक़ीन नहीं आता।

चाचा साहब ने माथा सिकोड़कर कहा—इसमें मज़ाक की तो कोई बात नहीं। मैं आपके सामने चौधरी से बातें कर सकता हूँ।

विमल—बाबूजी, आपने तो यह नया प्रश्न छेड़ दिया। मुझे तो स्वप्न में भी गुमान न था कि हमारे और आपके बीच में यह प्रश्न खड़ा होगा। ईश्वर ने आपको बहुत कुछ दिया। दस-पाँच हज़ार में आपका कुछ न बनेगा। हाँ, यह रक़म मेरी सामर्थ्य से बाहर है। मैं तो आपसे दया ही की भिक्षा माँग सकता हूँ। आज दस-बारह साल से हम कृष्णा को अपना दामाद समझते आ रहे हैं। आपकी बातों से

भी कई बार इसकी तसदीक़ हो चुकी है। कृष्णा और तारा में जो प्रेम है, वह आपसे छिपा नहीं है। ईश्वर के लिए थोड़े से रुपयों के वास्ते कई जनों का ख़ून न कीजिए।

चाचा साहब ने दृढ़ता से कहा—विमल बाबू, मुझे खेद है कि मैं इस विषय में और नहीं दब सकता।

विमल बाबू ज़रा तेज़ होकर बोले—आप मेरा गला घोंट रहे हैं।

चाचा—आपको मेरा एहसान मानना चाहिए कि कितनी रिआयत कर रहा हूँ।

विमल—क्यों न हो, आप मेरा गला घोटें और मैं आपका एहसान मानूँ? मैं इतना उदार नहीं हूँ। अगर मुझे मालूम होता कि आप इतने लोभी हैं, तो आपसे दूर ही रहता। मैं आपको सज्जन समझता था। अब मालूम हुआ कि आप भी कौड़ियों के गुलाम हैं। जिसकी निग़ाह में मुरौवत नहीं, जिसकी बातों का कोई विश्वास नहीं, उसे मैं शरीफ़ नहीं कह सकता। आपको अख़्तियार है, कृष्णा बाबू की शादी जहाँ चाहे करें; लेकिन आपको हाथ न मलना पड़े, तो कहिएगा। तारा का विवाह तो कहीं-न-कहीं हो ही जाएगा, और ईश्वर ने चाहा, तो किसी अच्छे ही घर में होगा। संसार में सज्जनों का अभाव नहीं है; मगर आपके हाथ अपयश के सिवा और कुछ न लगेगा।

चाचा साहब ने त्यौरियाँ चढ़ाकर कहा—अगर आप मेरे घर में न होते, तो इस अपमान का कुछ जवाब देता।

विमल बाबू ने छड़ी उठा ली और कमरे से बाहर जाते हुए कहा—आप मुझे क्या जवाब देंगे? आप जवाब देने योग्य ही नहीं हैं।

उसी दिन शाम को जब मैं बैरक से आया और जलपान करके विमल बाबू के घर जाने लगा, तो चाची ने कहा—कहाँ जाते हो? विमल बाबू से और तुम्हारे चाचाजी से आज एक झड़प हो गई।

मैंने ठिठककर ताज्जुब के साथ कहा—झड़प हो गई! किस बात पर?

चाची ने सारा-का-सारा वृतान्त कह सुनाया और विमल बाबू को जितने काले रँगों में रँग सकी, रंगा—तुमसे क्या कहूँ बेटा, ऐसा मुँहफट तो आदमी ही नहीं देखा। हज़ारों ही गालियाँ दीं, लड़ने पर आमादा हो गया।

मैंने एक मिनट तक सन्नाटे में खड़े रहकर कहा—अच्छी बात है, वहाँ न जाऊँगा। बैरक जा रहा हूँ।

चाची बहुत रोयीं-चिल्लायीं; पर मैं एक क्षण-भर भी न ठहरा। ऐसा जान पड़ता था, जैसे कोई मेरे हृदय में भाले भोंक रहा है। घर से बैरक तक पैदल जाने में शायद मुझे दस मिनट से ज़्यादा न लगे होंगे। बार-बार जी झुँझलाता था, चाचा साहब पर नहीं, विमल बाबू पर भी नहीं, केवल अपने ऊपर! क्यों मुझमें इतनी हिम्मत नहीं है कि जाकर चाचा साहब से कह दूँ—कोई मुझे लाख रुपए भी दे, तो भी शादी न करूँगा। मैं क्यों इतना डरपोक, इतना तेज़हीन, इतना दब्बू हो गया?

इसी क्रोध में मैंने पिताजी को एक पत्र लिखा और वह सारा वृतान्त सुनाने के बाद अन्त में लिखा—मैंने निश्चय कर लिया है कि और कहीं शादी न करूँगा, चाहे मुझे आपकी अवज्ञा ही क्यों न करनी पड़े। उस आवेश में न जाने क्या-क्या लिख गया, अब याद भी नहीं। इतना ही याद है कि दस-बारह पन्ने दस मिनट में लिख डाले थे। सम्भव होता, तो मैं यही सारी बातें तार से भेजता।

तीन दिन मैंने बड़ी व्यग्रता के साथ काटे। उसका केवल अनुमान किया जा सकता है। सोचता, तारा हमें अपने मन में कितना नीच समझ रही होगी। कई बार जी में आया कि चलकर उसके पैरों पर गिर पड़ूँ और कहूँ–देवी, मेरा अपराध क्षमा करो। चाचा साहब के कठोर व्यवहार की परवाह न करो। मैं तुम्हारा था, और तुम्हारा हूँ। चाचा साहब मुझसे बिगड़ जाए, पिताजी घर से निकाल दें; मुझे किसी की परवाह नहीं है; लेकिन तुम्हें खोकर मेरा जीवन ही खो जाएगा।

तीसरे दिन पत्र का जवाब आया। रही-सही आशा भी टूट गई। वही जवाब था, जिसकी मुझे शंका थी। लिखा था–भाई साहब मेरे पूज्य हैं। उन्होंने जो निश्चय किया है, उसके विरुद्ध मैं एक शब्द भी मुँह से नहीं निकाल सकता और तुम्हारे लिए भी यही उचित है कि उन्हें नाराज़ न करो।

मैंने उस पत्र को फाड़कर पैरों से कुचल दिया, और उसी वक़्त विमल बाबू के घर की तरफ़ चला। आह! उस वक़्त अगर कोई मेरा रास्ता रोक लेता, मुझे धमकाता कि उधर मत जाओ, तो मैं विमल बाबू के पास जाकर ही दम लेता और आज मेरा जीवन कुछ और ही होता; पर वहाँ मना करनेवाला कौन बैठा था? कुछ दूर चलकर हिम्मत हार बैठा। लौट पड़ा। कह नहीं सकता, क्या सोचकर लौटा। चाचा साहब की अप्रसन्नता का मुझे रत्ती भर भय न था। उनकी अब मेरे दिल में ज़रा भी इज़्ज़त न थी। मैं उनकी सारी सम्पत्ति को ठुकरा देने को तैयार था। पिताजी से नाराज़ हो जाने का भी डर न था। संकोच केवल यह था–कौन मुँह लेकर जाऊँ! आख़िर, मैं उन्हीं चाचा का भतीजा तो हूँ। विमल बाबू मुझसे मुख़ातिब न हुए या जाते-ही-जाते दुतकार दिया, तो मेरे लिए डूब मरने के सिवा और क्या रह जाएगा? सबसे बड़ी शंका यह थी कि कहीं तारा ही मेरा तिरस्कार कर बैठे, तो मेरी क्या गति होगी। हाय! अहृदय तारा! निष्ठुर तारा! अबोध तारा! अगर तूने उस वक़्त दो शब्द लिखकर मुझे तसल्ली दे दी होती, तो आज मेरा जीवन कितना सुखमय होता। तेरे मौन ने मुझे मटियामेट कर दिया–सदा के लिए। आह! सदा के लिए।

3

तीन दिन फिर मैंने अँगारों पर लोट-लोटकर काटे। मैंने ठान लिया कि अब किसी से न मिलूँगा। सारा संसार मुझे शत्रु-सा दिखता था तारा पर भी क्रोध आता था। चाचा साहब की तो सूरत से मुझे घृणा हो गई थी; मगर तीसरे दिन शाम को चाचाजी का रुक्का पहुँचा, मुझसे आकर मिल जाओ। जी में तो आया, लिख दूँ कि मेरा आपसे कोई सम्बन्ध नहीं, आप समझ लीजिए, मैं मर गया; मगर फिर उनके स्नेह और उपकारों की याद आ गई। खरी-खरी सुनाने का भी अच्छा अवसर मिल रहा था। हृदय में युद्ध का नशा और ज़ोर भरे हुए मैं चाचाजी की सेवा में पहुँच गया।

चाचाजी ने मुझे सिर से पैर तक देखकर कहा–क्या आजकल तुम्हारी तबीयत अच्छी नहीं है? आज रायसाहब सीताराम तशरीफ लाये थे। तुमसे कुछ बातें करना चाहते हैं। कल सवेरे मौक़ा मिले, तो चले आना या तुम्हें लौटने की जल्दी न हो, तो मैं इसी वक़्त बुला भेजूँ।

मैं समझ तो गया कि यह रायसाहब कौन हैं; लेकिन अनजान बनकर बोला–यह रायसाहब कौन हैं? मेरा तो उनसे परिचय नहीं है।

चाचाजी ने लापरवाही से कहा—अजी, यह वही महाशय हैं, जो तुम्हारे ब्याह के लिए घेरे हुए हैं। शहर के रईस और कुलीन आदमी हैं। लड़की भी बहुत अच्छी है। कम-से-कम तारा से कई गुनी अच्छी। मैंने हाँ कर लिया है। तुम्हें भी जो बातें पूछनी हों, उनसे पूछ लो।

मैंने आवेश में उमड़ते हुए तूफ़ान को रोककर कहा—आपने नाहक हाँ की। मैं अपना विवाह नहीं करना चाहता।

चाचाजी ने मेरी तरफ़ आँखें फाड़कर कहा—क्यों?

मैंने उसी निर्भीकता से जवाब दिया—इसलिए कि मैं इस विषय में स्वाधीन रहना चाहता हूँ।

चाचा साहब ने ज़रा गरम होकर कहा—मैं अपनी बात दे चुका हूँ, क्या तुम्हें इसका कुछ ख़याल नहीं है?

मैंने उद्दण्डता से जवाब दिया—जो बात पैसों पर बिकती है, उसके लिए मैं अपनी ज़िन्दगी नहीं ख़राब कर सकता।

चाचा साहब ने गम्भीर भाव से कहा—यह तुम्हारा आख़िरी फ़ैसला है?

'जी हाँ, आख़िरी।'

'पछताना पड़ेगा।'

'आप इसकी चिन्ता न करें। आपको कष्ट देने न आऊँगा।'

'अच्छी बात है।'

यह कहकर वह उठे और अन्दर चले गए। मैं कमरे से निकला और बैरक की तरफ़ चला। सारी पृथ्वी चक्कर खा रही थी, आसमान नाच रहा था और मेरी देह हवा में उड़ी जाती थी। मालूम होता था, पैरों के नीचे ज़मीन है ही नहीं।

बैरक में पहुँचकर मैं पलंग पर लेट गया और फूट-फूटकर रोने लगा। माँ-बाप, चाचा-चाची, धन-दौलत, सब कुछ होते हुए भी मैं अनाथ था। उफ़! कितना निर्दय आघात था।

4

सवेरे हमारे रेजिमेंट को देहरादून जाने का हुक्म हुआ। मुझे आँखें-सी मिल गईं। अब लखनऊ काटे खाता था। उसके गली-कूचों तक से घृणा हो गई थी। एक बार जी में आया, चलकर तारा से मिल लूँ। मगर फिर वही शंका हुई—कहीं वह मुख़ातिब न हुई तो? विमल बाबू इस दशा में भी मुझसे उतना ही स्नेह दिखाएँगे, जितना अब तक दिखाते आए हैं, इसका मैं निश्चय न कर सका। पहले मैं एक धनी परिवार का दीपक था, अब एक अनाथ युवक, जिसे मजूरी के सिवा और कोई अवलम्ब न था।

देहरादून में अगर कुछ दिन मैं शान्ति से रहता, तो सम्भव था, मेरा आहत हृदय सँभल जाता और मैं विमल बाबू को मना लेता; लेकिन वहाँ पहुँचे एक सप्ताह भी न हुआ था कि मुझे तारा का पत्र मिल गया।

पते की लिपि देखकर मेरे हाथ काँपने लगे। समस्त देह में कम्पन-सा होने लगा। शायद शेर को सामने देखकर भी मैं इतना भयभीत न होता। हिम्मत ही न पड़ती थी कि उसे खोलूँ। वही लिखावट थी, वही मोतियों की लड़ी, जिसे देखकर मेरे लोचन तृप्त-से हो जाते थे, जिसे चूमता था और हृदय से लगाता था, वही

काले अक्षर आज नागिनों से भी ज़्यादा डरावने मालूम होते थे। अनुमान कर रहा था कि उसने क्या लिखा होगा; पर अनुमान की दूर तक की दौड़ भी पत्र के विषय तक न पहुँच सकी। आख़िर एक बार कलेजा मज़बूत करके मैंने पत्र खोल डाला। देखते ही आँखों में अँधेरा छा गया। मालूम हुआ, किसी ने शीशा पिघलाकर पिला दिया। तारा का विवाह तय हो गया था। शादी होने में कुल चौबीस घंटे बाक़ी थे। उसने मुझसे अपनी भूलों के लिए क्षमा माँगी थी और विनती की थी कि मुझे भुला मत देना। पत्र का अन्तिम वाक्य पढ़कर मेरी आँखों से आँसुओं की झड़ी लग गई। लिखा था—यह अन्तिम प्यार लो। अब आज से मेरे और तुम्हारे बीच केवल मैत्री का नाता है। अगर कुछ और समझूँ तो वह मेरे पति के साथ अन्याय होगा, जिसे शायद तुम सबसे ज़्यादा नापसन्द करोगे। बस, इससे अधिक और न लिखूँगी। बहुत अच्छा हुआ कि तुम यहाँ से चले गए। तुम यहाँ रहते, तो तुम्हें भी दुःख होता और मुझ भी; मगर प्यारे! अपनी इस अभागिनी तारा को भूल न जाना। तुमसे यही अन्तिम निवेदन है।

मैं पत्र को हाथ में लिये-लिये लेट गया। मालूम होता था, छाती फट जाएगी। भगवान्! अब क्या करूँ? जब तक मैं लखनऊ पहुँचूँगा, बारात द्वार पर आ चुकी होगी—यह निश्चय था; लेकिन तारा के अन्तिम दर्शन करने की प्रबल इच्छा को मैं किसी तरह न रोक सकता था। वही अब जीवन की अन्तिम लालसा थी।

मैंने जाकर कमांडिंग ऑफिसर से कहा—मुझे एक ज़रूरी काम से लखनऊ जाना है। तीन दिन की छुट्टी चाहता हूँ।''"

''साहब ने कहा—अभी छुट्टी नहीं मिल सकती।''

''मेरा जाना ज़रूरी है।''

''तुम नहीं जा सकते।''

''मैं किसी तरह रुक नहीं सकता।''

''तुम किसी तरह नहीं जा सकते?''

मैंने और अधिक आग्रह न किया। वहाँ से चला आया। रात को गाड़ी से लखनऊ जाने का निश्चय कर लिया। कोर्ट-मार्शल का अब मुझे ज़रा भी डर न था।

5

जब मैं लखनऊ पहुँचा, तो शाम हो गई थी। कुद देर तक मैं प्लेटफॉर्म से दूर खड़ा, ख़ूब अँधेरा हो जाने का इन्तज़ार करता रहा। तब अपनी क़िस्मत के नाटक का भीषण कांड देखने चला। बारात द्वार पर आ गई थी। गैस की रोशनी हो रही थी। बाराती लोग ज़मा थे। हमारे मकान की छत तारा की छत से मिली हुई थी। रास्ता मरदाने कमरे की बगल से था। चाचा साहब शायद कहीं सैर करने गए हुए थे। नौकर-चाकर सब बारात की बहार देख रहे थे।

मैं चुपके से जीने पर चढ़ा और छत पर जा पहुँचा। वहाँ इस वक़्त सन्नाटा था। उसे देखकर मेरा दिल भर आया। हाय! यही वह स्थान है, जहाँ हमने प्रेम के आनन्द उठाए थे। यहीं मैं तारा के साथ बैठकर ज़िन्दगी के मनसूबे बाँधता था। यही स्थान मेरी आशाओं का स्वर्ग और मेरे जीवन का तीर्थ था। इस जीवन का एक-एक अणु मेरे लिए मधुर स्मृतियों से पवित्र था; पर हाय! मेरे हृदय की

भाँति आज वह भी ऊजड़, सुनसान अँधेरा था। मैं उस ज़मीन से लिपटकर ख़ूब रोया, यहाँ तक कि हिचकियाँ बँध गईं। काश, उस वक़्त तारा वहाँ आ जाती, तो मैं उसके चरणों पर सिर रखकर हमेशा के लिए सो जाता। मुझे ऐसा आभास होता था कि तारा की पवित्र आत्मा मेरी दशा पर रो रही है। आज भी तारा यहाँ ज़रूर आई होगी। शायद इसी ज़मीन पर लिपटकर वह भी रोयी होगी। उस भूमि से उसके सुगन्धित केशों की महक आ रही थी। मैंने जेब से रूमाल निकाला और वहाँ की धूल ज़मा करने लगा। एक क्षण में मैने सारी छत साफ़ कर डाली और अपनी अभिलाषाओं की इस राख को हाथ में लिये घंटो रोया। यही मेरे प्रेम का पुरस्कार है, यही मेरी उपासना का वरदान है, यही मेरे जीवन की विभूति है। हाय री दुराशा!

नीचे विवाह के संस्कार हो रहे थे। ठीक आधी रात के समय वधू मण्डप के नीचे आई, अब भाँवरें होंगी। मैं छत के किनारे चला आया और वह मर्मान्तक दृश्य देखने लगा। बस, यही मालूम हो रहा था कि कोई हृदय के टुकड़े किए डालता है। आश्चर्य है, मेरी छाती क्यों न फट गई; मेरी आँखें क्यों न निकल पड़ीं। वह मण्डप मेरे लिए एक चिता थी, जिसमें वह सब कुछ, जिस पर मेरे जीवन का आधार था, जला जा रहा था।

भाँवरें समाप्त हो गईं तो मैं कोठे से उतरा। अब क्या बाक़ी था। चिता की राख भी जलमग्न हो चुकी थी। दिल को थामे, वेदना से तड़पता हुआ, जीने के द्वार तक आया मगर द्वार बाहर से बन्द था। अब क्या हो? उलटे-पाँव लौटा। अब तारा के आँगन से होकर जाने के सिवा दूसरा रास्ता न था। मैंने सोचा, इस जमघट में मुझे कौन पहचानता है, निकल जाऊँगा; लेकिन ज्योंही आँगन में पहुँचा, तारा की माताजी की निग़ाह पड़ गई। चौंककर बोलीं–कौन, कृष्णा बाबू? तुम कब आए? आओ, मेरे कमरे में आओ। तुम्हारे चाचा साहब के भय से हमने तुम्हें न्यौता नहीं भेजा। तारा प्रातःकाल विदा हो जाएगी। आओ, उससे मिल लो। दिन-भर से तुम्हारी रट लगा रही है।

यह कहते हुए उन्होंने मेरा बाजू पकड़ लिया और मुझे खींचते हुए अपने कमरे में ले गईं। फिर पूछा–अपने घर से होते हुए आए हो न?

मैंने कहा–"घर यहाँ कहाँ है?"

"क्यों, तुम्हारे चचा साहब नहीं हैं?"

"हाँ, चाचा साहब का घर है, मेरा घर अब कहीं नहीं है। बनने की कभी आशा थी; पर आप लोगों ने वह भी तोड़ दी।"

"हमारा इसमें क्या दोष था भैया? लड़की का ब्याह तो कहीं-न-कहीं करना ही था। तुम्हारे चाचाजी ने हमें मझधार में छोड़ दिया था। भगवान ही ने उबारा। क्या अभी सीधे स्टेशन से चले आ रहे हो? तब तो अभी कुछ खाया भी न होगा?"

"हाँ, थोड़ा-सा ज़हर लाकर दे दीजिए, यही मेरे लिए सबसे अच्छी दवा है।"

वृद्धा विस्मित होकर मेरा मुँह ताकने लगी। मुझे तारा से कितना प्रेम था, वह बेचारी क्या जानती थी!

मैंने उसी विरक्ति के साथ फिर कहा–जब आप लोगों ने मुझे मार डालने ही का निश्चय कर लिया, तो अब देर क्यों करती हैं? आप मेरे साथ यह दग़ा करेंगी, यह मैं न समझता था। ख़ैर, जो हुआ, अच्छा ही हुआ। चाचा और बाप की आँखों से गिरकर मैं शायद आपकी आँखों में भी न जँचता।

बुढ़िया ने मेरी तरफ़ शिकायत की नज़रों से देखकर कहा—तुम हम लोगों को इतना स्वार्थी समझते हो बेटा!

मैंने जले हुए हृदय से कहा—अब तक तो न समझता था, लेकिन परिस्थिति ने ऐसा समझने को मज़बूर किया। मेरे ख़ून का प्यासा दुश्मन भी मेरे ऊपर इससे घातक वार न कर सकता था। मेरा ख़ून आप ही की गरदन पर होगा।

तुम्हारे चाचाजी ने ही तो इनकार कर दिया।

''आप लोगों ने मुझसे भी कुछ पूछा, मुझसे भी कुछ कहा, मुझे भी कुछ कहने का अवसर दिया? आपने तो ऐसी निग़ाहें फेरीं, जैसे आप दिल से यही चाहती थीं; मगर अब आपसे शिकायत क्यों करूँ? तारा ख़ुश रहे, मेरे लिए यही बहुत है।''

''तो बेटा, तुमने भी तो कुछ नहीं लिखा; अगर तुम एक पुरजा भी लिख देते, तो हमें तस्क़ीन हो जाती। हमें क्या मालूम था कि तुम तारा को इतना प्यार करते हो। हमसे ज़रूर भूल हुई; मगर उससे बड़ी भूल तुमसे हुई। अब मुझे मालूम हुआ कि तारा क्यों बराबर डाकिए को पूछती रहती थी। अभी कल वह दिन-भर डाकिए की राह देखती रही। जब तुम्हारा कोई ख़त नहीं आया, तब वह निराश हो गई। बुला दूँ उसे? मिलना चाहते हो?''

मैंने चारपाई से उठकर कहा—नहीं-नहीं, उसे मत बुलाइए। मैं अब उसे नहीं देख सकता। उसे देखकर मैं न जाने क्या कर बैठूँ।

यह कहता हुआ मैं चल पड़ा। तारा की माँ ने कई बार पुकारा; पर मैंने पीछे मुड़कर भी न देखा।

यह है मुझ निराश की कहानी। इसे आज दस साल गुज़र गए। इन दस सालों में मेरे ऊपर जो कुछ बीती, उसे मैं ही जानता हूँ। कई-कई दिन मुझे निराहार रहना पड़ता है। फौज़ से तो उसके तीसरे ही दिन निकाल दिया गया था। अब मारे-मारे फिरने के सिवा मुझे कोई काम नहीं। ज़िन्दगी पहाड़ हो गई है। किसी बात की रुचि नहीं रही। आदमी की सूरत से दूर भागता हूँ।

तारा प्रसन्न है। तीन-चार साल हुए, एक बार मैं उसके घर गया था। उसके स्वामी ने बहुत आग्रह करके बुलाया था। बहुत कसमें दिलायी। मज़बूर होकर गया। वह कली अब खिलकर फूल हो गयी है। तारा मेरे सामने आयी। उसका पति भी बैठा हुआ था। मैं उसकी तरफ ताक न सका। उसने मेरे पैर खींच लिए। मेरे मुँह से एक शब्द भी न निकला। अगर तारा दुःखी होती, कष्ट में होती, फटे हालों होती, तो मैं उस पर बलि हो जाता; पर सम्पन्न, सरस, विकसित तारा मेरी संवेदना के योग्य न थी। मैं इस कुटिल विचार को न रोक सका—कितनी निष्ठुरता! कितनी बेवफाई!

शाम को मैं उदास बैठा वहाँ जाने पर पछता रहा था कि तारा का पति आकर मेरे पास बैठ गया और मुस्कुराकर बोला—बाबूजी, मुझे यह सुनकर खेद हुआ कि तारा से मेरा विवाह हो जाने का आपको बड़ा सदमा हुआ। तारा जैसी रमणी शायद देवताओं को भी स्वार्थी बना देती; लेकिन आपसे मैं सच कहता हूँ, अगर मैं जानता कि आपको उससे इतना प्रेम है, तो मैं हरगिज़ आपकी राह का काँटा न बनता। शोक यही है कि मुझे बहुत पीछे मालूम हुआ, तारा मुझसे आपकी प्रेम-कथा कह चुकी है।

मैंने मुस्कुराकर कहा—अब तो आपको मेरी सूरत से भी घृणा होगी?

उसने जोश से कहा—इसके प्रतिकूल मैं आपका आभारी हूँ। प्रेम का ऐसा पवित्र, ऐसा उज्ज्वल आदर्श आपने उसके सामने रखा। वह आपको अब भी उसी मुहब्बत से याद करती है। शायद कोई दिन ऐसा नहीं जाता कि आपका ज़िक्र न करती हो। आपके प्रेम को वह अपनी ज़िन्दगी की सबसे प्यारी चीज़ समझती है। आप शायद समझते हों कि उन दिनों को याद करके उसे दुःख होता होगा? बिल्कुल नहीं; वही उसके जीवन की सबसे मधुर स्मृतियाँ हैं। वह कहती है, मैंने अपने कृष्णा को तुममें पाया है।

मेरे लिए इतना ही काफ़ी है।

❑❑❑

उन्माद

मनहर ने अनुरक्त होकर कहा–यह सब तुम्हारी कुर्बानियों का फल है वागी; नहीं तो आज मैं भी किसी अँधेरी गली में किसी अँधेरे मकान के अन्दर अपनी अँधेरी ज़िन्दगी के दिन काटता होता। तुम्हारी सेवा और उपकार हमेशा याद रहेंगे। तुमने मेरा जीवन सुधार दिया–मुझे आदमी बना दिया।

वागेश्वरी ने सिर झुकाए हुए नम्रता से उत्तर दिया–यह तुम्हारी सज्जनता है मानू, मैं बेचारी भला तुम्हारी ज़िन्दगी क्या सुधारूँगी? हाँ, तुम्हारे साथ मैं भी एक दिन आदमी बन जाऊँगी। तुमने परिश्रम किया, उसका पुरस्कार पाया। जो अपनी मदद आप करते हैं, उनकी मदद परमात्मा भी करते हैं; अगर मुझ जैसी गँवारिन किसी और के पल्ले पड़ती, तो अब तक न जाने क्या गत बनी होती।

मनहर मानो इस बहस में अपना पक्ष-समर्थन करने के लिए कमर बाँधता हुआ बोला–तुम जैसी गँवारिन पर मैं एक लाख सजी हुई गुड़ियों और रंगीन तितलियों को न्यौछावर कर सकता हूँ। तुमने मेहनत करने का वह अवसर और अवकाश दिया, जिसके बिना कोई सफल हो ही नहीं सकता। अगर तुमने अपनी अन्य विलास-प्रिय, रंगीन-मिज़ाज़ बहनों की तरह मुझे अपने तकाज़ों से दबा रखा होता, तो मुझे उन्नति करने का अवसर कहाँ मिलता? तुमने मुझे वह निश्चिन्तता प्रदान की, जो स्कूल के दिनों में भी न मिली थी। अपने और सहकारियों को देखता हूँ, तो मुझे उन पर दया आती है। किसी का ख़र्च पूरा नहीं पड़ता। आधा महीना भी नहीं जाने पाता और हाथ ख़ाली हो जाता है। कोई दोस्तों से उधार माँगता है, कोई घरवालों को ख़त लिख़ता है। कोई गहनों की फ़िक्र में मरा जाता है, कोई कपड़ों की। कभी नौकर की टोह में हैरान, कभी वैद्य की टोह में परेशान। किसी को शान्ति नहीं। आए दिन स्त्री-पुरुष में जूते चलते रहते हैं। अपना जैसा भाग्यवान तो मुझे कोई दिखाई ही नहीं पड़ता, मुझे घर के सारे आनन्द प्राप्त हैं और ज़िम्मेदारी एक भी नहीं। तुमने ही मेरे हौसलों को उभारा। मुझे उत्तेजना दी। जब कभी मेरा उत्साह टूटने लगता था, तो तुम मुझे तसल्ली देती थीं। मुझे मालूम ही नहीं हुआ कि तुम घर का प्रबंध कैसे करती हो? तुमने मोटे-से-मोटा काम अपने हाथों से किया, जिससे मुझे पुस्तकों के लिए रुपए की कमी न हो। तुम्हीं मेरी देवी हो और तुम्हारी बदौलत ही आज मुझे यह सौभाग्य प्राप्त हुआ है। मैं तुम्हारी इन सेवाओं की स्मृति को हृदय में सुरक्षित रखूँगा वागी, और एक दिन वह आएगा, जब तुम अपने त्याग और तप का आनन्द उठाओगी।

वागेश्वरी ने गद्‌गद होकर कहा–तुम्हारे ये शब्द मेरे लिए सबसे बड़े पुरस्कार हैं, मानू! मैं और किसी पुरस्कार की भूखी नहीं। मैंने जो कुछ तुम्हारी थोड़ी-बहुत सेवा की, उसका इतना यश मुझे मिलेगा, मुझे तो आशा भी न थी।

मनहरनाथ का हृदय इस समय उदार भावों से उमड़ा हुआ था। वह यों बहुत ही अल्पभाषी, कुछ रूखा आदमी था और शायद वागेश्वरी को मन में उसकी शुष्कता पर दुःख भी हुआ हो; पर इस समय सफलता के नशे ने उसकी वाणी में पर-से लगा दिये थे। बोला–जिस समय मेरे विवाह की बातचीत हो रही थी,

मैं बहुत शंकित था। समझ गया कि मुझे जो कुछ होना था, हो चुका। अब सारी उम्र देवीजी की नाज़बरदारी में गुज़रेगी। बड़े-बड़े अँगरेज़ विद्वानों की पुस्तकें पढ़ने से मुझे भी विवाह से घृणा हो गई थी। मैं इसे उम्र-क़ैद समझने लगा था, जो आत्मा और बुद्धि की उन्नति का द्वार बन्द कर देती है, जो मनुष्य को स्वार्थ का भक्त बना देती है, जो जीवन के क्षेत्र को संकीर्ण कर देती है; मगर दो ही चार मास के बाद मुझे अपनी भूल मालूम हुई। मुझे मालूम हुआ कि सुभार्या स्वर्ग की सबसे बड़ी विभूति है, जो मनुष्य के चरित्र को उज्ज्वल और पूर्ण बना देती है, जो आत्मोन्नति का मूल-मंत्र है। मुझे मालूम हुआ कि विवाह का उद्देश्य भोग नहीं, आत्मा का विकास है।

वागेश्वरी की नम्रता और सहन न कर सकी। वह किसी बात के बहाने से उठकर चली गयी।

मनहर और वागेश्वरी का विवाह हुए तीन साल गुज़रे थे। मनहर उस समय एक दफ़्तर में क्लर्क था। सामान्य युवकों की भाँति उसे भी जासूसी उपन्यासों से बहुत प्रेम था। धीरे-धीरे उसे जासूसी का शौक़ हुआ। इस विषय पर उसने बहुत-सा साहित्य जमा किया और बड़े मनोयोग से उसका अध्ययन किया। इसके बाद उसने इस विषय पर स्वयं एक किताब लिखी। इस रचना में उसने ऐसी विलक्षण विवेचन-शक्ति का परिचय दिया, उसकी शैली भी इतनी रोचक थी, कि जनता ने उसे हाथों-हाथ लिया। इस विषय पर वह सर्वोत्तम ग्रन्थ था।

देश में धूम मच गई। यहाँ तक कि इटली और जर्मनी जैसे देशों से उसके पास प्रशंसा-पत्र आए, और इस विषय की पत्रिकाओं में अच्छी-अच्छी आलोचनाएँ निकलीं। अन्त में सरकार ने भी उसकी गुणग्राहकता का परिचय दिया—उसे इंगलैंड जाकर इस कला का अभ्यास करने के लिए छात्रवृत्ति प्रदान की। और, यह सब कुछ वागेश्वरी की सत्प्रेरणा का शुभ फल था।

मनहर की इच्छा थी कि वागेश्वरी भी साथ चले; पर वागेश्वरी उसके पाँव की बेड़ी न बनना चाहती थी। उसने घर रहकर सास-ससुर की सेवा करना उचित समझा।

मनहर के लिए इंगलैण्ड एक दूसरी ही दुनिया थी, जहाँ उन्नत्ति के मुख्य साधनों में एक रूपवती पत्नी का होना भी था। अगर पत्नी रूपवती है, चपल है, चतुर है, वाणी-कुशल है, प्रगल्भ है, तो समझ लो कि उसके पति को सोने की खान मिल गई, अब वह उन्नति के शिखर पर पहुँच सकता है। मनोयोग और तपस्या के बूते पर नहीं; पत्नी के प्रभाव और आकर्षण के बूते पर। उस संसार में रूप और लावण्य, व्रत के बन्धनों से मुक्त, एक अबोध सम्पत्ति थी। जिसने किसी रमणी को प्राप्त कर लिया, उसकी मानो तक़दीर खुल गई। यदि कोई सुन्दरी तुम्हारी सहधर्मिणी नहीं है, तो तुम्हारा सारा उद्योग, सारी कार्यपटुता निष्फल है, कोई तुम्हारा पुरसाँहाल न होगा। अतएव वहाँ लोग रूप को व्यापारिक दृष्टि से देखते थे।

साल ही भर के अंग्रेज़ी समाज के संसर्ग ने मनहर की मनोवृत्तियों में क्रान्ति पैदा कर दी। उसके मिज़ाज़ में सांसारिकता का इतना प्राधान्य हो गया कि कोमल भावों के लिए वहाँ कोई स्थान ही न रहा।

वागेश्वरी उसके विद्याभ्यास में सहायक हो सकती थी; पर उसे अधिकार और पद की ऊँचाइयों पर न पहुँचा सकती थी। उसके त्याग और सेवा का महत्त्व

भी अब मनहर की निग़ाहों में कम होता जाता था। वागेश्वरी अब उसको एक व्यर्थ-सी वस्तु मालूम होती थी, क्योंकि उसकी भौतिक दृष्टि में हर एक वस्तु का मूल्य उससे होनेवाले लाभ पर ही अवलम्बित था। अपना पूर्व जीवन अब उसे हास्यप्रद जान पड़ता था। चंचल, हँसमुख, विनोदिनी अंग्रेज़ युवतियों के सामने वागेश्वरी एक हलकी, तुच्छ-सी वस्तु जान पड़ती—इस विद्युत-प्रकाश में वह दीपक अब मलिन पड़ गया था। यहाँ तक कि शनैः-शनैः उसका वह मलिन प्रकाश भी लुप्त हो गया।

मनहर ने अपने भविष्य का निश्चय कर लिया। वह भी एक रमणी की रूप-नौका द्वारा ही अपने लक्ष्य पर पहुँचेगा। इसके सिवा और कोई उपाय न था।

2

रात के नौ बजे थे। मनहर लन्दन के एक फैशनेबल रेस्ट्राँ में बना-ठना बैठा था। उसका रंग-रूप और ठाट-बाट देखकर सहसा यह कोई नहीं कह सकता था कि वह अंग्रेज़ नहीं है। लन्दन में भी उसके सौभाग्य ने उसका साथ दिया था। उसने चोरी के कई गहरे मामलों का पता लगा दिया था, इसलिए उसे धन और यश, दोनों ही मिल रहा था। वह अब वहाँ के भारतीय समाज का एक प्रमुख अंग बन गया था, जिसके आतिथ्य और सौजन्य की सभी सराहना करते थे। उसका लबो-लहज़ा भी अंग्रेज़ों से मिलता-जुलता था। उसके सामने मेज़ की दूसरी और एक रमणी बैठी हुई उसकी बातें बड़े ध्यान से सुन रही थी। उसके अंग-अंग से यौवन टपका पड़ता था। भारत के अद्भुत वृत्तान्त सुन-सुनकर उसकी आँखें ख़ुशी से चमक रही थीं। मनहर चिड़िया के सामने दाने बिखेर रहा था।

मनहर—विचित्र देश है जेनी, अत्यन्त विचित्र। पाँच-पाँच साल के दूल्हे तुम्हें भारत के सिवा और कहीं देखने को न मिलेंगे। लाल रंग के कामदार कपड़े, सिर पर चमकता हुआ लम्बा टोप, चेहरे पर फूलों का झालरदार बुरका, घोड़े पर सवार चले जा रहे हैं। दो आदमी दोनों तरफ़ से छतरियाँ लगाए हुए हैं। हाथों में मेहँदी लगी हुई।

जेनी—मेहँदी क्यों लगाते हैं?

मनहर—जिससे हाथ लाल हो जाएं। पैरों में भी रंग भरा जाता है। उँगलियों के नाख़ून लाल रँग दिये जाते हैं। वह दृश्य देखते ही बनता है।

जेनी—यह तो दिल में सनसनी पैदा करनेवाला दृश्य होगा। दुल्हन भी इसी तरह सजाई जाती होगी!

मनहर—इससे कई गुनी अधिक। सिर से पाँव तक सोने-चाँदी के जेवरों से लदी हुई। ऐसा कोई अंग नहीं, जिसमें दो-दो, चार-चार गहने न हों।

जेनी—तुम्हारी शादी भी उसी तरह हुई होगी। तुम्हें तो बड़ा आनन्द आया होगा?

मनहर—हाँ, वही आनन्द आया था, जो तुम्हें मेरी-गो-राऊण्ड पर चढ़ने में आता है। अच्छी-अच्छी चीज़ें खाने को मिलती हैं, अच्छे-अच्छे कपड़े पहनने को मिलते हैं। ख़ूब नाच-तमाशे देखता था और शहनाइयों का गाना सुनता था। मज़ा तो तब आता है, जब दुल्हन अपने घर-से विदा होती है। सारे घर में कुहराम मच जाता है। दुल्हन हर एक से लिपट-लिपटकर रोती है; जैसे मातम कर रही हो।

जेनी—दुल्हन रोती क्यों है?

मनहर—रोने का रिवाज़ चला आता है। हालाँकि सभी जानते हैं कि वह हमेशा के लिए नहीं चली जा रही है, फिर भी सारा घर इस तरह फूट-फूटकर रोता है, मानो वह काले पानी भेजी जा रही हो।

जेनी—मैं तो इस तमाशे पर ख़ूब हँसूँ।

मनहर—हँसने की बात ही है।

जेनी—तुम्हारी बीवी भी रोयी होगी?

मनहर—अजी कुछ न पूछो, पछाड़ें खा रही थी, मानो मैं उसका गला घोंट दूँगा। मेरी पालकी से निकलकर भागी जाती थी; पर मैंने ज़ोर से पकड़कर अपनी बगल में बैठा लिया। तब मुझे दाँत काटने दौड़ी।

मिस जेनी ने ज़ोर से कहकहा मारा और मारे हँसी के लोट गई। बोली—हॉरिबल! हॉरिबल! क्या अब भी दाँत काटती है?

मनहर—वह अब इस संसार में नहीं है, जेनी! मैं उससे ख़ूब काम लेता था। मैं सोता था, तो वह मेरे बदन में चम्पी लगाती थी, मेरे सिर में तेल डालती थी, पंखा झलती थी।

जेनी—मुझे तो विश्वास नहीं आता। बिल्कुल मूर्ख थी।

मनहर—कुछ न पूछो। दिन को किसी के सामने मुझसे बोलती भी न थीं; मगर मैं उसका पीछा करता रहता था।

जेनी—ओ! नॉटी बवाय ! तुम बड़े शरीर हो। थी तो रूपवती?

मनहर—हाँ, उसका मुँह तुम्हारे तलुवों-जैसा था।

जेनी—नॉनसेंस! तुम ऐसी औरत के पीछे कभी न दौड़ते।

मनहर—उस वक़्त मैं भी मूर्ख था, जेनी।

जेनी—ऐसी मूर्ख लड़की से तुमने विवाह क्यों किया?

मनहर—विवाह न करता, तो माँ-बाप ज़हर खा लेते।

जेनी—वह तुम्हें प्यार कैसे करने लगी?

मनहर—और करती क्या? मेरे सिवा दूसरा था ही कौन? घर से बाहर न निकलने पाती थी; मगर प्यार हममें से किसी को न था। वह मेरी आत्मा और हृदय को संतुष्ट न कर सकती थी, जेनी! मुझे उन दिनों की याद आती है, तो ऐसा मालूम होता है कि कोई भयंकर स्वप्न था। उफ़! अगर वह स्त्री आज जीवित होती, तो मैं किसी अँधेरे दफ़्तर में बैठा कलम घिसता होता। इस देश में आकर मुझे यथार्थ ज्ञान का हुआ कि संसार में स्त्री का क्या स्थान है! उसका क्या दायित्व है! और जीवन उसके कारण कितना आनंदप्रद हो जाता है! और जिस दिन तुम्हारे दर्शन हुए, वह तो मेरी ज़िन्दगी का सबसे मुबारक दिन था। याद है तुम्हें वह दिन? तुम्हारी वह सूरत मेरी आँखों में अब भी फिर रही है।

जेनी—अब मैं चली जाऊँगी। तुम मेरी ख़ुशामद करने लगे।

3

मज़दूर-दल के भारत-सचिव थे लॉर्ड बारबर, और उनके प्राइवेट सेक्रेटरी थे मि. कावर्ड। लॉर्ड बारबर भारत के सच्चे मित्र समझे जाते थे। जब कंजरवेटिव और लिबरल दलों का अधिकार था, तो लॉर्ड बारबर भारत की बड़े ज़ोरों से वकालत करते थे। वह मन्त्रियों पर ऐसे-ऐसे कटाक्ष करते थे कि उन बेचारों को कोई जवाब न सूझता।

एक बार वह हिन्दुस्तान आए थे और यहाँ कांग्रेस में शरीक़ भी हुए थे। उस समय उनकी उदार वक्कृताओं ने समस्त देश में आशा और उत्साह की एक लहर दौड़ा दी, काँग्रेस के जलसे के बाद वह जिस शहर में गए, जनता ने उनके रास्ते में आँखें बिछाईं, उनकी गाड़ियाँ खींची, उन पर फूल बरसाए। चारों ओर से यही आवाज़ आती थी–यह है भारत का उद्धार करनेवाला। लोगों को विश्वास हो गया कि भारत के सौभाग्य से अगर कभी लॉर्ड बारबर को अधिकार प्राप्त हुआ, तो वह दिन भारत के इतिहास में मुबारक होगा।

लेकिन अधिकार पाते ही लॉर्ड बारबर में एक विचित्र परिवर्तन हो गया। उनके सारे सद्‌भाव, उनकी उदारता, न्यायपरायणता, सहानुभूति–ये सभी अधिकार के भँवर, में पड़ गए। और अब लॉर्ड बारबर और उनके पूर्वाधिकारी के व्यवहार में लेशमात्र भी अन्तर न था। वह भी वही कर रहे थे, जो उनके पहले के लोग कर चुके थे। वही दमन था, वही जातिगत अभिमान, वही कट्टरता, वही संकीर्णता। देवता अधिकार के सिंहासन पर पाँव रखते ही अपना देवत्व खो बैठा था। अपने दो साल के अधिकार-काल में उन्होंने सैकड़ों ही अफ़सर नियुक्त किए थे; पर उनमें एक भी हिन्दुस्तानी न था। भारतवासी निराश होकर उन्हें 'डाइहार्ड', 'धन का उपासक' और 'साम्राज्यवाद का पुजारी' कहने लगे थे। यह खुला हुआ रहस्य था कि जो कुछ करते थे, मि. कावर्ड करते थे। हक़ यह था कि लॉर्ड बारबर नीयत के इतने शेर थे, जितने दिल के कमज़ोर। हालाँकि परिणाम दोनों दशाओं में एक-सा था।

यह मि. कावर्ड एक ही महापुरुष थे। उनकी उम्र चालीस से अधिक गुज़र चुकी थी; पर अभी तक उन्होंने विवाह न किया था। शायद उनका ख़याल था कि राजनीति के क्षेत्र में रहकर वैवाहिक जीवन का आनन्द नहीं उठा सकते। वास्तव में वह नवीनता के मधुप थे। उन्हें नित्य नए विनोद और आकर्षण, नित्य नए विलास और उल्लास की टोह रहती थी। दूसरों के लगाए हुए बाग़ की सैर करके आप चित्त को प्रसन्न कर लेना, इससे कहीं सरल था कि अपना बाग़ आप लगाएँ और उसकी रक्षा और सजावट में अपना सिर खपाएँ। उनकी व्यावहारिक और व्यापारिक दृष्टि से यह लटका उससे कहीं आसान था।

दोपहर का समय था। मि. कावर्ड नाश्ता करके सिगार पी रहे थे कि मिस जेनी रोज़ के आने की ख़बर हुई। उन्होंने तुरन्त आईने के सामने खड़े होकर अपनी सूरत देखी, बिखरे हुए बालों को सँवारा, बहूमूल्य इत्र मला और मुख से स्वागत की सहास छवि दर्शाते हुए कमरे से निकलकर मिस रोज़ से हाथ मिलाया।

जेनी ने कमरे में कदम रखते ही कहा–अब मैं समझ गई कि क्यों कोई सुन्दरी तुम्हारी बात नहीं पूछती, आप अपने वादों को पूरा करना नहीं जानते।

मि. कावर्ड ने जेनी के लिए एक कुर्सी खींचते हुए कहा–मुझे बहुत खेद है मिस रोज़, कि मैं कल अपना वादा पूरा न कर सका। प्राइवेट सेक्रेटरियों का जीवन कुत्तों के जीवन से भी हेय है। बार-बार चाहता था कि दफ़्तर से उठूँ; पर एक-न-एक कॉल ऐसा आ जाता था कि फिर रुक जाना पड़ता था। मैं तुमसे क्षमा माँगता हूँ। बॉल में तुम्हें ख़ूब आनन्द आया होगा?

जेनी–मैं तुम्हें तलाश करती रही। जब तुम न मिले, तो मेरा जी खट्टा हो गया। मैं और किसी के साथ नहीं नाची। अगर तुम्हें नहीं जाना था, तो मुझे निमन्त्रण-पत्र क्यों दिलाया था?

कावर्ड ने जेनी को सिगार भेंट करते हुए कहा—तुम मुझे लज्जित कर रही हो, जेनी! मेरे लिए इससे ज़्यादा ख़ुशी की और क्या बात हो सकती थी कि तुम्हारे साथ नाचता हूँ। बस, यही समझ लो कि तड़प-तड़पकर रह जाता था।

जेनी ने कठोर मुस्कान के साथ कहा—तुम इसी योग्य हो कि बैचलर बने रहो। यह तुम्हारी सज़ा है।

कावर्ड ने अनुरक्त होकर उत्तर दिया—तुम बड़ी कठोर हो, जेनी! तुम्हीं क्या, रमणियाँ सभी कठोर होती हैं। मैं कितनी ही परवशता दिखाऊँ, तुम्हें विश्वास न आएगा। मुझे यह अरमान ही रह गया कि कोई सुन्दरी मेरे अनुराग और लगन का आदर करती।

जेनी—तुममें अनुराग हो भी तो? रमणियाँ ऐसे बहानेबाज़ों को मुँह नहीं लगातीं।

कावर्ड—फिर बहानेबाज़ कहा। मजबूर क्यों नहीं कहतीं?

जेनी—मैं किसी मजबूरी को नहीं मानती। मेरे लिए यह हर्ष और गौरव की बात नहीं हो सकती कि आपको जब अपने सरकारी, अर्द्ध-सरकारी और ग़ैर-सरकारी कामों से अवकाश मिले, तो आप मेरा मन रखने को एक क्षण के लिए अपने कोमल चरणों को कष्ट दें। मैं दफ़्तर और काम के हीले नहीं सुनना चाहती। इसी कारण तुम अब तक झींक रहे हो।

कावर्ड ने गम्भीर भाव से कहा—तुम मेरे साथ अन्याय कर रही हो, जेनी! मेरे अविवाहित रहने का क्या कारण है, यह कल तक मुझे ख़ुद न मालूम था। कल आप-ही-आप मालूम हो गया।

जेनी ने उसका परिहास करते हुए कहा—अच्छा! तो यह रहस्य आपको मालूम हो गया? तब तो आप सचमुच आत्मदर्शी हैं। ज़रा मैं भी सुनूँ, क्या कारण था?

कावर्ड ने उत्साह के साथ कहा—अब तक कोई ऐसी सुन्दरी न मिली थी, जो मुझे उन्मत्त कर सकती।

जेनी ने कठोर परिहास के साथ कहा—मेरा ख़याल था कि दुनिया में ऐसी औरत पैदा ही नहीं हुई, जो तुम्हें उन्मत्त कर सकती। तुम उन्मत्त बनाना चाहते हो, उन्मत्त बनना नहीं चाहते।

कावर्ड—तुम बड़ा अत्याचार करती हो, जेनी।

जेनी—अपने उन्माद का प्रमाण देना चाहते हो?

कावर्ड—हृदय से, जेनी! मैं उस अवसर की ताक में बैठा हूँ।

उसी दिन शाम को जेनी ने मनहर से कहा—तुम्हारे सौभाग्य पर बधाई? तुम्हें वह जगह मिल गयी।

मनहर उछलकर बोला—सच! सेक्रेटरी से कोई बातचीत हुई थी?

जेनी—सेक्रेटरी से कुछ कहने की ज़रूरत ही न पड़ी। सब कुछ कावर्ड के हाथ में है। मैंने उसी को चंग पर चढ़ाया। लगा मुझे इश्क़ जताने। पचास साल की तो उम्र है, चाँद के बाल झड़ गए हैं, गालों पर झुर्रियाँ पड़ गई हैं पर अभी तक आपको इश्क़ का ख़ब्त है। आप अपने को एक ही रसिक समझते हैं। उसके बूढ़े चोंचले बहुत बुरे मालूम होते थे; मगर तुम्हारे लिए सब कुछ सहना पड़ा। ख़ैर, मेहनत सफल हो गई है। कल तुम्हें परवाना मिल जाएगा। अब सफ़र की तैयारी करनी चाहिए।

मनहर ने गद्‌गद् होकर कहा—तुमने मुझ पर बड़ा एहसान किया है, जेनी।

4

मनहर को गुप्तचर विभाग में ऊँचा पद मिला। देश के राष्ट्रीय पत्रों ने उसकी तरीफ़ों के पुल बाँधे, उसकी तसवीर छापी और राष्ट्र की ओर से उसे बधाई दी। वह पहला भारतीय था, जिसे, यह ऊँचा पद प्रदान किया गया था। ब्रिटिश सरकार ने सिद्ध कर दिया था कि उसकी न्याय-बुद्धि जातीय अभिमान और द्वेष से उच्चतर है।

मनहर और जेनी का विवाह इंगलैण्ड में ही हो गया। हनीमून का महीना फ्रांस में गुज़रा। वहाँ से दोनों हिन्दुस्तान आए। मनहर का दफ़्तर बंबई में था। वहीं दोनों एक होटल में रहने लगे। मनहर को गुप्त अभियोग की खोज के लिए अकसर दौरे करने पड़ते थे। कभी काश्मीर, कभी मद्रास, कभी रंगून। जेनी इन यात्राओं में बराबर उसके साथ रहती। नित्य नए दृष्य थे, नए विनोद, नए उल्लास। उसकी नवीनता-प्रिय प्रकृति के लिए आनन्द का इससे अच्छा और क्या सामन हो सकता था?

मनहर का रहन-सहन तो अंग्रेज़ी था ही, घरवालों से भी सम्बन्ध-विच्छेद हो गया था। वागेश्वरी के पत्रों का उत्तर देना तो दूर रहा, उन्हें खोलकर पढ़ता भी न था। भारत में उसे हमेशा यह शंका बनी रहती थी कि कहीं घरवालों को उसका पता न चल जाए। जेनी से वह अपनी यथार्थ स्थिति को छिपाए रखना चाहता था। उसने घरवालों को अपने आने की सूचना तक न दी। यहाँ तक कि वह हिन्दुस्तानियों से बहुत कम मिलता था। उसके मित्र अधिकांश पुलिस और फौज के अफ़सर थे। वही उसके मेहमान होते। वाक्‌चतुर जेनी सम्मोहन-कला में सिद्धहस्त थी। पुरुषों के प्रेम से खेलना उसकी सबसे आमोदमय क्रीड़ा थी। जलाती भी थी, रिझाती भी थी, और मनहर भी उसकी कपट-लीला का शिकार बनता रहता था। उसे वह हमेशा भूल-भूलैया में रख़ती। कभी इतना निकट कि छाती पर सवार, कभी इतनी दूर की योजनों का अन्तर। कभी निष्ठुर और कभी कठोर, कभी प्रेम-विह्वल और व्यग्र। एक रहस्य था, जिसे वह कभी समझता था और कभी हैरान रह जाता था!

इस तरह दो वर्ष बीत गए और मनहर तथा जेनी कोण की दो भुजाओं की भाँति एक-दूसरे से दूर होते गए। मनहर इस भावना को हृदय से न निकाल सकता था कि जेनी का मेरे प्रति एक विशेष कर्तव्य है। यह चाहे उसकी संकीर्णता हो, या कुल-मर्यादा का असर कि वह जेनी को पाबन्द देखना चाहता था। उसकी स्वच्छन्द वृत्ति उसे लज्जास्पद मालूम होती थी। वह भूल जाता था। कि जेनी से उसके सम्पर्क का आरम्भ ही स्वार्थ पर अवलम्बित था शायद उसने समझा था कि समय के साथ जेनी को अपने कर्तव्य का ज्ञान हो जाएगा, हालाँकि उसे मालूम होना चाहिए था कि टेढ़ी बुनियाद पर बना हुआ भवन जल्द या देर में अवश्य भूमिस्थ होकर रहेगा। और ऊँचाई के साथ इसकी शंका और भी बढ़ती जाती थी। इसके विपरीत जेनी का व्यवहार बिलकुल परिस्थिति के अनुकूल था। उसने मनहर को विनोदमय तथा विलासमय जीवन का एक साधन समझा था और उसी विचार पर वह अब तक स्थिर थी। इस व्यक्ति को वह मन में पति का स्थान न दे सकती थी, पाषाण-प्रतिमा को अपना देवता न बना सकती थी। पत्नी बनना उसके जीवन का स्वप्न न था, इसलिए वह मनहर के प्रति अपने किसी कर्तव्य को स्वीकार न करती थी। अगर मनहर अपनी गाढ़ी कमाई उसके चरणों पर अर्पित करता

था, तो इस पर कोई एहसान न करता था। उसकी छाया और फल का भोग करना वह अपना अधिकार समझती थी।

5

मनोमालिन्य बढ़ता गया। आख़िर मनहर ने उसके साथ दावतों और जलसों में जाना छोड़ दिया; पर जेनी पूर्ववत् सैर करने जाती, मित्रों से मिलती, दावतें करती और दावतों में शरीक होती। मनहर के साथ न जाने से लेशमात्र भी दुःख या निराशा न होती थी; बल्कि वह शायद उसकी उदासीनता पर और भी प्रसन्न होती। मनहर इस मानसिक व्यथा को शराब के नशे में डुबाने का उद्योग करता। पीना तो उसने इंगलैंड ही में शुरू कर दिया था; पर अब उसकी मात्रा बहुत बढ़ गई थी। वहाँ स्फूर्ति और आन्नद के लिए पीता था, यहाँ स्फूर्ति और आनन्द को मिटाने के लिए। वह दिन-दिन दुर्बल होता जाता था। वह जानता था, शराब मुझे पिए जा रही है; पर उसके जीवन का यही एक अवलम्ब रह गया था।

गर्मियों के दिन थे। मनहर एक मुआमले की जाँच करने के लिए लखनऊ में डेरा डाले हुए था। मुआमला बहुत संगीन था। उसे सिर उठाने की फ़ुरसत न मिलती थी। स्वास्थ्य भी कुछ ख़राब हो चला था; मगर जेनी अपने सैर-सपाटे में मग्न थी। आख़िर एक दिन उसने कहा—मैं नैनीताल जा रही हूँ। यहाँ की गर्मी मुझसे सही नहीं जाती।

मनहर ने लाल-लाल आँखें निकालकर कहा नैनीताल में क्या काम है?

वह आज अपना अधिकार दिखाने पर तुल गया। जेनी भी उसके अधिक की उपेक्षा करने पर तुली हुई थी। बोली—यहाँ कोई सोसाइटी नहीं। सारा लखनऊ पहाड़ों पर चला गया है।

मनहर ने जैसे म्यान से तलवार निकालकर कहा—जब तक मैं यहाँ हूँ, तुम्हें कहीं जाने का अधिकार नहीं है। तुम्हारी शादी मेरे साथ हुई है, सोसाइटी के साथ नहीं हुई। फिर तुम साफ़ देख रही हो कि मैं बीमार हूँ तिस पर भी तुम अपनी विलास-प्रवृत्ति को रोक नहीं सकतीं। मुझे तुमसे ऐसी आशा न थी, जेनी! मैं तुमको शरीफ़ समझता था। मुझे स्वप्न में भी यह गुमान न था कि तुम मेरे साथ ऐसी बेवफ़ाई करोगी।

जेनी ने अविचलित भाव से कहा—तो क्या तुम समझते थे, मैं भी तुम्हारी हिन्दुस्तानी स्त्री की तरह तुम्हारी लौंडी बनकर रहूँगी और तुम्हारे तलवे सहलाऊँगी? मैं तुम्हें इतना नादान नहीं समझती। अगर तुम्हें हमारी अंग्रेज़ी सभ्यता की इतनी मोटी-सी बात मालूम नहीं, तो अब मालूम कर लो कि अंग्रेज़ स्त्री अपनी रुचि के सिवा और किसी की पाबन्द नहीं। तुमने मुझसे इसलिए विवाह किया था कि मेरी सहायता से तुम्हें सम्मान और पद प्राप्त हो। सभी पुरुष ऐसा करते हैं, तुमने भी वही किया। मैं इसके लिए तुम्हें बुरा नहीं कहती, लेकिन जब तुम्हारा वह उद्देश्य पूरा हो गया, जिसके लिए तुमने मुझसे विवाह किया था, तो तुम मुझसे अधिक आशा क्यों रखते हो? तुम हिन्दुस्तानी हो, अंग्रेज़ नहीं हो सकते। मैं अंग्रेज़ हूँ और हिन्दुस्तानी नहीं हो सकती, इसलिए हममें से किसी को यह अधिकार नहीं है कि वह दूसरे को अपनी मरज़ी का गुलाम बनाने की चेष्टा करे।

मनहर हतबुद्धि-सा बैठा सुनता रहा। एक-एक शब्द विष के घूँट की भाँति

उसके कण्ठ के नीचे उतर रहा था। कितना कठोर सत्य था। पद-लालसा के उस प्रचण्ड आवेग में, विलास-तृष्णा के उस अदम्य प्रवाह में वह भूल गया था कि जीवन में कोई ऐसा तत्त्व भी है, जिसके सामने पद और विलास काँच के खिलौनों से अधिक मूल्य नहीं रखते। वह विस्मृत सत्य इस समय अपने करुण-विलाप से उसकी मदमग्न चेतना को तड़पाने लगा।

शाम को जेनी नैनीताल चली गयी। मनहर ने उसकी ओर आँखें उठाकर भी न देखा।

6

तीन दिन तक मनहर घर से न निकला। जीवन के पाँच-छः वर्षों में उसने जितने रत्न संचित किए थे, जिन पर वह गर्व करता था, जिन्हें पाकर वह अपने को धन्य मानता था, अब परीक्षा की कसौटी पर आकर नक़ली पत्थर सिद्ध हो रहे थे। उसकी अपमानित, ग्लानित, पराजित आत्मा एकान्त रोदन के सिवा और कोई त्राण न पाती थी। अपनी टूटी झोंपड़ी को छोड़कर वह जिस सुनहरे कलशवाले भवन की ओर लपका था, वह मरीचिका मात्र थी, और अब उसे फिर उसी टूटी झोंपड़ी की याद आई, जहाँ उसने शान्ति, और आर्शीवाद की सुधा पी थी। यह सारा आडम्बर उसे काट खाने लगा। उस सरल शीतल स्नेह के सामने ये सारी विभूतियाँ तुच्छ-सी जँचने लगीं।

तीसरे दिन वह भीषण संकल्प करके उठा और दो पत्र लिखे। एक तो अपने पद से इस्तीफ़ा था, दूसरा जेनी से अन्तिम विदा की सूचना। इस्तीफ़े में उसने लिखा—मेरा स्वास्थ्य नष्ट हो गया है, और मैं इस भार को नहीं सँभाल सकता। जेनी के पत्र में उसने लिखा, हम और तुम, दोनों ने भूल की और हमें जल्द-से-जल्द उस भूल को सुधार लेना चाहिए। मैं तुम्हें सारे बन्धनों से मुक्त करता हूँ। तुम भी मुझे मुक्त कर दो। मेरा तुमसे कोई सम्बन्ध नहीं है। अपराध न तुम्हारा है, न मेरा। समझ का फेर तुम्हें भी था और मुझे भी। मैंने अपने पद से इस्तीफ़ा दे दिया है, और अब तुम्हारा मुझ पर कोई एहसान नहीं रहा। मेरे पास जो कुछ है, सब तुम्हारा है, वह सब मैं छोड़े जाता हूँ। मैं तो निमित्त-मात्र था, स्वामिनी तुम थीं। उस सभ्यता को दूर से ही सलाम है, जो विनोद और विलास के सामने किसी बन्धन को स्वीकार नहीं करती।

उसने ख़ुद जाकर दोनों पत्रों की रजिस्ट्री कराई और उत्तर का इन्तज़ार किए बिना ही वहाँ से चलने को तैयार हो गया।

7

जेनी ने जब मनहर का पत्र पाकर पढ़ा तो मुस्कुरायी। उसे मनहर की इच्छा पर शासन करने का ऐसा अभ्यास पड़ गया था कि इस पत्र से उसे ज़रा भी घबराहट न हुई। उसे विश्वास था कि दो-चार दिन चिकनी-चुपड़ी बातें करके वह उसे फिर वशीभूत कर लेगी। अगर मनहर की इच्छा केवल धमकी देना न होती, उसके दिल पर चोट लगी होती, तो वह अब तक यहाँ न होता। कब का वह स्थान छोड़ चुका होता। उसका यहाँ रहना ही बता रहा था कि वह केवल बंदर-घुड़की दे रहा है।

जेनी ने स्थिरचित्त होकर कपड़े बदले और अब इस तरह मनहर के कमरे में आई, मानो अभिनय करने स्टेज़ पर आई हो।

मनहर उसे देखते ही ज़ोर से ठट्ठा मारकर हँसा। जेनी सहमकर पीछे हट गयी। इस हँसी में क्रोध या प्रतिकार न था। इसमें उन्माद भरा हुआ था। मनहर के सामने मेज़ पर बोतल और गिलास रखा हुआ था। एक दिन में उसने न जाने कितनी शराब पी ली थी। उसकी आँखों में जैसे रक्त उबला पड़ता था।

जेनी ने समीप जाकर उसके कन्धे पर हाथ रखा और बोली : क्या रात-भर पीते ही रहोगे? चलो आराम से लेटो, रात ज्यादा हो गई है। घंटों से बैठी तुम्हारा इन्तज़ार कर रही हूँ। तुम इतने निष्ठुर तो कभी न थे।

मनहर खोया हुआ-सा बोला—तुम कब आ गईं, वागी? देखो, मैं कब से पुकार रहा हूँ। चलो, आज सैर कर आएं। उसी नदी के किनारे ··· तुम अपना वही प्यारा गीत सुनाना, जिसे सुनकर मैं पागल हो जाता था ··· क्या कहती हो? मैं बेमुरव्वत हूँ? ··· यह तुम्हारा अन्याय है, वागी! मैं कसम खाकर कहता हूँ, ऐसा एक दिन भी नहीं गुज़रा, जब तुम्हारी याद ने मुझे न रुलाया हो।

जेनी ने उसका कन्धा हिलाकर कहा—तुम यह क्या ऊल-जलूल बक रहे हो? वागी यहाँ कहाँ है?

मनहर ने उसकी ओर अपरिचित भाव से देखकर कुछ कहा, फिर ज़ोर से हँसकर बोला—मैं यह न मानूँगा, वागी। तुम्हें मेरे साथ चलना होगा। वहाँ मैं तुम्हारे लिए फूलों की एक माला बनाऊँगा ···।

जेनी ने समझा, यह शराब बहुत पी गए हैं। बक-बक कर रहे हैं, इनसे इस वक़्त कुछ बातें करना व्यर्थ है। चुपके से कमरे के बाहर चली गयी। उसे ज़रा-सी शंका हुई थी। यहाँ उसका मूलोच्छेद हो गया। जिस आदमी का अपनी वाणी पर अधिकार नहीं, वह इच्छा पर क्या अधिकार रख सकता है?

उसी घड़ी से मनहर को घरवालों की रट-सी लग गई। कभी वागेश्वरी को पुकारता, कभी अम्मा को, कभी दादा को। उसकी आत्मा अतीत में विचरती रहती ··· उस अतीत में, जब जेनी ने काली छाया की भाँति प्रवेश न किया था और वागेश्वरी अपने सरल व्रत से उसके जीवन में प्रकाश फैलाती रहती थी।

दूसरे दिन जेनी ने जाकर उससे कहा—तुम इतनी शराब क्यों पीते हो? देखते नहीं, तुम्हारी क्या दशा हो रही है?

मनहर ने उसकी ओर आश्चर्य से देखकर कहा—तुम कौन हो?

जेनी—क्या मुझे नहीं पहचानते हो? इतनी जल्द भूल गए?

मनहर—मैंने तुम्हें कभी नहीं देखा, मैं तुम्हें नहीं पहचानता।

जेनी ने और अधिक बातचीत न की। उसने मनहर के कमरे से शराब की बोतलें लीं और नौकरों को ताक़ीद कर दी कि उसे एक घूँट भी शराब न दी जाए। उसे अब कुछ-कुछ सन्देह होने लगा था; क्योंकि मनहर की दशा उससे कहीं शंकाजनक थी, जितना वह समझती थी। मनहर का जीवित और स्वस्थ रहना उसके लिए आवश्यक था। इसी घोड़े पर बैठकर वह शिकार खेलती थी। घोड़े के बग़ैर शिकार का आनन्द कहाँ?

मगर एक सप्ताह हो जाने पर भी मनहर की मानसिक दशा में कोई अन्तर न हुआ। न मित्रों को पहचानता, न नौकरों को। पिछले तीन वर्षों का उसका जीवन एक स्वप्न की भाँति मिट गया था।

सातवें दिन जेनी सिविल सर्जन को लेकर आई, तो मनहर का कहीं पता न था।

8

पाँच साल बाद वागेश्वरी का लुटा हुआ सुहाग फिर चेता। माँ-बाप पुत्र के वियोग में रो-रोकर अन्धे हो चुके थे। वागेश्वरी निराशा में भी आस बाँधे बैठी हुई थी। उसका मायका सम्पन्न था। बार-बार बुलावे आते, बाप आया, भाई आया, पर वह धैर्य और व्रत की देवी घर से न टली।

जब मनहर भारत आया, तो वागेश्वरी ने सुना कि वह विलायत से एक मेम लाया है। फिर भी उसे आशा थी कि वह आएगा; लेकिन उसकी आशा पूरी न हुई। फिर उसने सुना, वह ईसाई हो गया है और आचार-विचार त्याग दिया है, तब उसने माथा ठोक लिया।

घर की अवस्था दिन-दिन बिगड़ने लगी। वर्षा बन्द हो गई और सागर सूखने लगा। घर बिका, फिर गहनों की बारी आई, यहाँ तक कि अब केवल आकाशी वृत्ति थी। कभी चूल्हा जल गया, कभी ठंडा पड़ रहा।

एक दिन सन्ध्या समय वह कुएँ पर पानी भरने गयी थी कि एक थका हुआ, जीर्ण, विपत्ति का मारा जैसा आदमी आकर कुएँ की जगत पर बैठ गया। वागेश्वरी ने देखा, तो मनहर! उसने तुरन्त घूँघट बढ़ा लिया। आँखों पर विश्वास न हुआ, फिर भी आनन्द और विस्मय से हृदय में फुरेरियाँ उड़ने लगीं। रस्सी और कलसा कुएँ पर छोड़कर लपकी हुई घर आई और सास से बोली—अम्माजी, ज़रा कुएँ पर जाकर देखो, कोई आया है।

सास ने कहा—तू पानी लाने गयी थी या तमाशा देखने? घर में एक बूँद पानी नहीं है। कौन आया है कुएँ पर?

''चलकर, देख लो न।''

''कोई सिपाही-प्यादा होगा। अब उसके सिवा और कौन आनेवाला है। कोई महाजन तो नहीं है?''

''नहीं अम्मा, तुम चली क्यों नहीं चलतीं?''

बूढ़ी माता भाँति-भाँति की शंकाएँ करती हुई कुएँ पर पहुँची, तो मनहर दौड़कर उनके पैरों से चिपट गया। माता ने उसे छाती से लगाकर कहा—तुम्हारी यह क्या दशा है, मानू? बीमार हो? असबाब कहाँ है?

मनहर ने कहा—पहले कुछ खाने को दो अम्मा, बहुत भूखा हूँ। मैं बड़ी दूर से पैदल चला आ रहा हूँ।

गाँव में ख़बर फैल गई कि मनहर आया है। लोग उसे देखने दौड़े। किस ठाट से आया है? बड़े ऊँचे पद पर है, हज़ारों रुपए पाता है, अब उसके ठाट का क्या पूछना? मेम भी साथ आई है या नहीं?

मगर जब जाकर देखा, तो आफ़त का मारा आदमी, फटे हालों, कपड़े तार-तार, बाल बढ़े हुए, जैसे जेल से आया हो।

प्रश्नों की बौछार होने लगी—हमने तो सुना था, तुम किसी बड़े ऊँचे पद पर हो।

मनहर ने जैसे किसी भूली बात को याद करने का विफल प्रयास करके कहा, मैं! मैं तो किसी ओहदे पर नहीं।

''वाह! तुम विलायत से मेम नहीं लाये थे?''

मनहर ने चकित होकर कहा—विलायत कौन गया था?

''अरे! भंग तो नहीं खा गए हो? तुम विलायत नहीं गए थे?''

मनहर बूढ़ों की भाँति हँसा—मैं विलायत क्या करने जाता?

''अजी, तुमको वजीफ़ा नहीं मिला था? यहाँ से तुम विलायत गए थे। तुम्हारे पत्र बराबर आते थे। अब तुम कहते हो, मैं विलायत गया ही नहीं। होश में हो या हम लोगों को उल्लू बना रहे हो?''

मनहर ने उन लोगों की ओर आँखें फाड़कर देखा और बोला—मैं तो कहीं नहीं गया था। आप लोग जाने क्या कह रहे हैं।

अब इसमें सन्देह की गुँजाइश न रही कि वह अपने होश-हवाश में नहीं है। विलायत जाने के पहले की सारी बातें याद थीं। गाँव और घर के हरेक आदमी को पहचानता था, सबसे नम्रता और प्रेम से बातें करता था; लेकिन जब इंगलैंड, अंग्रेज़ बीवी और ऊँचे पद का ज़िक्र आता तो भौंचक्का होकर ताकने लगता। वागेश्वरी को अब उसके प्रेम में एक अस्वाभाविक अनुराग दिखता था, जो बनावटी मालूम होता था। वह चाहती थी कि उसके व्यवहार और आचरण में पहले की-सी बेतकल्लुफ़ी हो। वह प्रेम का स्वांग नहीं, प्रेम चाहती थी। दस-ही पाँच दिनों में उसे ज्ञात हो गया कि इस विशेष अनुराग का कारण बनावट या दिखावा नहीं, कोई मानसिक विकार है। मनहर ने माँ-बाप का इतना अदब पहले कभी न किया था। उसे अब मोटे-से-मोटा काम करने में भी संकोच न था। वह, जो बाज़ार से साग-भाजी लाने में अपना अनादर समझता था, अब कुएँ से पानी खींचता, लकड़ियाँ फाड़ता और घर में झाड़ू लगाता था और अपने ही घर में नहीं, सारे मुहल्ले में उसकी सेवा और नम्रता की चर्चा होती थी।

एक बार मुहल्ले में चोरी हुई। पुलिस ने बहुत दौड़-धूप की; पर चोरों का पता न चला। मनहर ने चोरों का पता ही नहीं लगा दिया; बल्कि माल भी बरामद करा लिया। इससे आसपास के गाँवों और मुहल्लों में उसका यश फैल गया। कोई चोरी हो जाती, तो लोग उसके पास दौड़े आते और अधिकाँश उसके उद्योग सफल होते थे। इस तरह उसकी जीविका की एक व्यवस्था हो गई। अब वह वागेश्वरी के इशारों का गुलाम था। उसी की दिलजोई और सेवा में उसके दिन कटते थे। अगर उसमें विकार या बीमारी का कोई लक्षण था, तो इतना ही। यही सनक उसे सवार हो गई थी।

वागेश्वरी को उसकी दशा पर दुःख होता था; पर उसकी यह बीमारी उस स्वास्थ्य से उसे कहीं प्रिय थी, जब वह उसकी बात भी न पूछता था। छः महीनों के बाद एक दिन जेनी मनहर का पता लगाती हुई आ पहुँची। हाथ में जो कुछ था, वह सब उड़ा चुकने के बाद अब उसे किसी आश्रय की खोज थी। उसके चाहनेवालों में कोई ऐसा न था, जो उसकी आर्थिक सहायता करता। शायद अब जेनी को कुछ ग्लानि भी होती थी। वह अपने किए पर लज्जित थी।

द्वार पर हॉर्न की आवाज़ सुनकर मनहर बाहर निकला और इस प्रकार जेनी को देखने लगा, मानो उसे कभी देखा ही नहीं।

जेनी ने मोटर से उतरकर उससे हाथ मिलाया और अपनी बीती सुनाने लगी—तुम इस तरह मुझसे छिपकर क्यों चले आए? और फिर आकर एक पत्र भी नहीं लिखा। आख़िर, मैंने तुम्हारे साथ क्या बुराई की थी? फिर मुझमें कोई

बुराई देखी थी, तो तुम्हें चाहिए था कि मुझे सावधान कर देते। छिपकर चले आने से क्या फ़ायदा हुआ? ऐसी अच्छी जगह मिल गई थी, वह हाथ से निकल गयी।

मनहर काठ के उल्लू की भाँति खड़ा रहा।

जेनी ने फिर कहा—तुम्हारे चले आने के बाद मेरे ऊपर जो संकट आए, वह सुनाऊँ, तो तुम घबरा जाओगे। मैं इसी चिन्ता और दुःख से बीमार हो गई। तुम्हारे बग़ैर मेरा जीवन निरर्थक हो गया है। तुम्हारा चित्र देखकर मन को ढाढ़स देती थी। तुम्हारे पत्रों को आदि से अन्त तक पढ़ना मेरे लिए सबसे मनोरंजक विषय था। तुम मेरे साथ चलो, मैंने एक डॉक्टर से बातचीत की है, वह मस्तिष्क के विकारों का डॉक्टर है। मुझे आशा है, उसके उपचार से तुम्हें लाभ होगा।

मनहर चुपचाप विरक्त भाव से खड़ा रहा, मानो वह न कुछ देख रहा है, न सुन रहा है।

सहसा वागेश्वरी निकल आई। जेनी को देखते ही वह ताड़ गई कि यही मेरी यूरोपियन सौत है। वह उसे बड़े आदर-सत्कार के साथ भीतर ले गयी। मनहर भी उनके पीछे-पीछे चला गया।

जेनी ने टूटी खाट पर बैठते हुए कहा—इन्होंने मेरा ज़िक्र तो तुमसे किया ही होगा। मेरी इनसे लन्दन में शादी हुई है।

वागेश्वरी बोली—वह तो मैं आपको देखते ही समझ गई थी।

जेनी—इन्होंने कभी मेरा ज़िक्र नहीं किया?

वागेश्वरी—कभी नहीं। इन्हें तो कुछ याद ही नहीं। आपको तो यहाँ आने में बड़ा कष्ट हुआ होगा?

जेनी—महीनों के बाद इनके घर का पता चला। वहाँ से बिना कुछ कहे-सुने चल दिये।

''आपको कुछ मालूम है, इन्हे क्या शिकायत है?''

''शराब बहुत पीने लगे थे। आपने किसी डॉक्टर को नहीं दिखाया?''

''हमने तो किसी को नहीं दिखाया।''

''जेनी ने तिरस्कार करके कहा—क्यों? क्या आप इन्हें बीमार रखना चाहती हैं?

वागेश्वरी ने बेपरवाही से जवाब दिया—मेरे लिए इनका बीमार रहना, इनके स्वस्थ रहने से कहीं अच्छा है। तब वह अपनी आत्मा को भूल गए थे, अब उसे पा गए।

फिर उसने निर्दय कटाक्ष करके कहा—मेरे विचार में तो वह तब बीमार थे, अब स्वस्थ हैं।

जेनी ने चिढ़कर कहा—नानसेन्स! इनकी किसी विशेषज्ञ से चिकित्सा करानी होगी। यह जासूसी में बड़े कुशल हैं। इनके सभी अफ़सर इनसे प्रसन्न थे। वह चाहें तो अब भी इन्हें वह जगह मिल सकती है। अपने विभाग में ऊँचे-से-ऊँचे पद तक पहुँच सकते हैं। मुझे विश्वास है कि इनका रोग असाध्य नहीं है; हाँ विचित्र अवश्य है। आप क्या इनकी बहन हैं?

वागेश्वरी ने मुस्कुराकर कहा—आप तो गाली दे रही हैं। वह मेरे स्वामी हैं।

जेनी पर मानो वज्रपात-सा हुआ। उसके मुख पर से नम्रता का आवरण हट गया और मन में छिपा क्रोध जैसे दाँत पीसने लगा। उसकी गर्दन की नसें तन गईं, दोनों मुट्ठियाँ बँध गईं। उन्मत्त होकर बोली—बड़ा दग़ाबाज़ आदमी है।

इसने मुझे बड़ा धोखा दिया। मुझसे इसने कहा था, मेरी स्त्री मर गई है। कितना बड़ा धूर्त है। यह पागल नहीं है। इसने पागलपन का स्वाँग भरा है। मैं अदालत से जाँच कराऊँगी।

क्रोधावेश के कारण वह काँप उठी। फिर रोती हुई बोली–इस दग़ाबाज़ी का मैं इसे मज़ा चखाऊँगी। इसने मेरा कितना घोर अपमान किया है! ऐसा विश्वासघात करनेवाले को जो दण्ड दिया जाए, वह थोड़ा है। इसने कैसी मीठी-मीठी बातें करके मुझे फाँसा। मैंने ही इसे जगह दिलाई, मेरे ही प्रयत्नों से यह बड़ा आदमी बना। इसके लिए मैंने अपना घर छोड़ा, अपना देश छोड़ा और इसने मेरे साथ ऐसा कपट किया।

जेनी सिर पर हाथ रखकर बैठ गई। फिर तैश में उठी और मनहर के पास जाकर उसको अपनी ओर खींचती हुई बोली–मैं तुझे ख़राब करके छोड़ूँगी। तूने मुझे समझा क्या है · · ?

मनहर इस तरह शान्त भाव से खड़ा रहा, मानो उससे कोई प्रयोजन नहीं है।

फिर वह सिंहनी की भाँति मनहर पर टूट पड़ी और उसे ज़मीन पर गिराकर उसकी छाती पर चढ़ बैठी। वागेश्वरी ने उसका हाथ पकड़कर अलग कर दिया और बोली–तुम ऐसी डायन न होतीं, तो उनकी यह दशा ही क्यों होती?

जेनी ने तैश में आकर जेब से पिस्तौल निकाला और वागेश्वरी की तरफ़ बढ़ी। सहसा मनहर तड़पकर उठा, उसके हाथ से भरा हुआ पिस्तौल छीनकर फेंक दिया और वागेश्वरी के सामने खड़ा हो गया। फिर ऐसा मुँह बना लिया, मानो कुछ हुआ ही नहीं।

उसी वक़्त मनहर की माता दोपहरी की नींद सोकर उठीं और जेनी को देखकर वागेश्वरी की ओर प्रश्न की आँखों से ताका।

वागेश्वरी ने उपहास के भाव से कहा–यह आपकी बहू है।

बुढ़िया निकलकर बोली–कैसी मेरी बहू? यह मेरी बहू बनने योग्य है बंदरिया? लड़के पर न जाने क्या कर-करा दिया, अब छाती पर मूँग दलने आई है?

जेनी एक क्षण तक ख़ून भरी आँखों से मनहर की ओर देखती रही। फिर बिजली की भाँति-कौंदकर उसने आँगन में पड़ा पिस्तौल उठा लिया और वागेश्वरी पर छोड़ना चाहती थी कि मनहर सामने आ गया। वह बेधड़क जेनी के सामने चला गया, उसके हाथ से पिस्तौल छीन लिया और अपनी छाती में गोली मार ली।

❑❑❑

न्याय

हज़रत मुहम्मद को इलहाम हुए थोड़े ही दिन हुए थे। दस-पाँच पड़ोसियों तथा निकट सम्बन्धियों के सिवा और कोई उनके दीन पर ईमान न लाया था, यहाँ तक कि उनकी लड़की जैनब और दामाद अबुलआस भी, जिनका विवाह इलहाम से पहले ही हो चुका था, अभी तक दीक्षित न हुए थे। जैनब कई बार अपने मैके गयी थी और अपने पूज्य पिता की ज्ञानमय वाणी सुन चुकी थी। वह दिल से इस्लाम पर ईमान ला चुकी थी; लेकिन अबुलआस धार्मिक मनोवृति का आदमी न था। वह कुशल व्यापारी था। मक़्क़े के ख़जूर, मेवे आदि जिसे लेकर बन्दरगाहों को चालान किया करता था। बहुत ही ईमानदार, लेन-देन का खरा, मेहनती आदमी था, जिसे इहलोक से फ़ुरसत न थी कि परलोक की फ़िक्र करे।

जैनब के सामने कठिन समस्या थी। आत्मा धर्म की ओर थी, हृदय पति की ओर। न धर्म को छोड़ सकती थी, न पति को। उसके घर के सभी आदमी मूर्तिपूजक थे। इस नये सम्प्रदाय से सारे नगर में हलचल मची हुई थी। जैनब सबसे अपनी लगन को छिपाती, यहाँ तक कि पति से भी न कह सकती थी। वे धार्मिक सहिष्णुता के दिन न थे, बात-बात पर ख़ून की नदी बह जाती थी, ख़ानदान-के ख़ानदान मिट जाते थे। उन दिनों अरब की वीरता पारस्परिक कलहों में प्रकट होती थी। राजनीतिक संगठन का ज़माना न था। ख़ून का बदला ख़ून, धन-हानि का बदला ख़ून, अपमान का बदला ख़ून—मानव-रक्त ही से सभी झगड़ों का निबटारा होता था। ऐसी अवस्था में अपने धर्मानुराग को प्रकट करना अबुलआस के शक्तिशाली परिवार और मुहम्मद तथा उनके इने-गिने अनुयायियों में देवासुरों का संग्राम छेड़ना था। उधर प्रेम का बन्धन पैरों को जकड़े हुए था। नये धर्म में दीक्षित होना अपने प्राणप्रिय पति से सदा के लिए बिछुड़ जाना था। क़ुरैश-जाति के लोग ऐसे मिश्रित विवाहों को परिवार के लिए कलंक समझते थे। माया और धर्म की दुविधा में पड़ी हुई जैनब कुढ़ती रहती थी।

2

धर्म का अनुराग एक दुर्बल वस्तु है; किन्तु जब उसका वेग होता है, तो हृदय के रोके नहीं रुकता। दोपहर का समय था, धूप इतनी तेज़ थी कि उसकी ओर ताकते आँखों से चिन्गारियाँ निकलती थीं। हज़रत मुहम्मद चिन्ता में डूबे हुए बैठे थे। निराशा चारों ओर अन्धकार के रूप में दिखाई देती थी। ख़ुदैजा भी सिर झुकाए पास ही बैठी हुई एक फटा कुरता सी रही थी। धन-सम्पत्ति- सब कुछ इस लगन की भेंट हो चुकी थी। शत्रुओं का दुराग्रह दिनोंदिन बढ़ता जाता था। उनके मतानुयायियों को भाँति-भाँति की यन्त्रणाएँ दी जा रही थीं। स्वयं हज़रत को घर से निकलना मुश्क़िल था। यह ख़ौफ़ होता था कि कहीं लोग उन पर ईंट-पत्थर न फेंकने लगें। ख़बर आती थी, आज फ्लाँ मुस्लिम का घर लुट गया, आज फ्लाँ को लोगों ने

आहत किया। हज़रत ये ख़बरें सुन-सुनकर विकल हो जाते थे और बार-बार ख़ुदा से धैर्य और क्षमा की याचना करते थे।

हज़रत ने फ़रमाया—मुझे ये लोग अब यहाँ न रहने देंगे। मैं ख़ुद सब कुछ झेल सकता हूँ; लेकिन अपने दोस्तों की तकलीफ़ें नहीं देखी जातीं।

ख़ुदैजा—हमारे चले जाने से इन बेचारों की और भी कोई शरण न रहेगी। अभी कम-से-कम तुम्हारे पास आकर रो तो लेते हैं। मुसीबत में रोने का सहारा ही बहुत होता है।

हज़रत—तो मैं अकेले थोड़े ही जाना चाहता हूँ। मैं सब दोस्तों को साथ लेकर जाने का इरादा रख़ता हूँ। अभी हम यहाँ बिखरे हुए हैं, कोई किसी की मदद को नहीं पहुँच सकता। हम सब एक ही जगह, एक कुटुम्ब की तरह रहेंगे, तो किसी को हमारे ऊपर हमला करने का साहस न होगा। हम अपनी मिली हुई शक्ति से बालू का ढेर तो हो ही सकते हैं, जिस पर चढ़ने की किसी को हिम्मत न होगी।

सहसा जैनब घर में दाख़िल हुई। उसके साथ न कोई आदमी था, न आदमजात। मालूम होता था, कहीं से भागी चली आ रही है। ख़ुदैजा ने उसे गले लगाकर पूछा—क्या हुआ जैनब, ख़ैरियत तो है?

जैनब ने अपने अन्तर-संग्राम की कथा कह सुनाई और पिता से दीक्षा की याचना की।

हज़रत मुहममद आँखों में आँसू भरकर बोले—बेटी, मेरे लिए इससे ज़्यादा ख़ुशी की कोई बात नहीं हो सकती; लेकिन जानता हूँ, तुम्हारा क्या हाल होगा।

जैनब—या हज़रत! ख़ुदा की राह में सब कुछ त्याग देने का निश्चय कर लिया है। दुनिया के लिए अपनी नजात को नहीं खोना चाहती।

हज़रत—जैनब, ख़ुदा की राह में काँटे हैं।

जैनब—अब्बाजान, लगन को काँटों की परवा नहीं होती!

हज़रत—ससुराल से नाता टूट जाएगा।

जैनब—ख़ुदा से तो नाता जुड़ जाएगा।

हज़रत—और अबुलआस?

जैनब की आँखों में आँसू डबडबा आए। क्षीण स्वर में बोली—अब्बाजान, उन्होंने इतने दिनों मुझे बाँध रखा था, नहीं तो मैं कब की आपकी शरण आ चुकी होती। मैं जानती हूँ, उनसे जुदा होकर मैं ज़िन्दा न रहूँगी, और शायद उनसे भी मेरा वियोग न सहा जाए; पर मुझे विश्वास है कि वह किसी-न-किसी दिन ज़रूर ख़ुदा पर ईमान लाएँगे और फिर मुझे उनकी सेवा का अवसर मिलेगा।

हज़रत—बेटी, अबुलआस ईमानदार है, दयाशील है, सद्भक्ता है; किन्तु उसका अहंकार शायद अन्त तक उसे ईश्वर से विमुख रखे। वह तक़दीर को नहीं मानता, रूह को नहीं मानता, स्वर्ग और नरक को नहीं मानता। कहता है, ख़ुदा की ज़रूरत ही क्या है? हम उससे क्यों डरें। विवेक और बुद्धि की हिदायत हमारे लिए काफ़ी है। ऐसा आदमी ख़ुदा पर ईमान नहीं ला सकता। कुफ्र को तोड़ना आसान है; लेकिन जब वह दर्शन की सूरत पकड़ लेता है, तो उस पर किसी का ज़ोर नहीं चलता।

जैनब ने दृढ़ होकर कहा—या हज़रत, आत्मा का उपकार जिसमें हो, मुझे वही चाहिए। मैं किसी इनसान को अपने और ख़ुदा के बीच में न आने दूँगी।

हज़रत ने कहा—ख़ुदा तुझ पर दया करे बेटी! नेरी बातों ने दिल ख़ुश कर दिया।

यह कहकर उन्होंने जैनब को गले लगा लिया।

3

दूसरे दिन जैनब को यथाविधि आम मस्जिद में क़लमा पढ़ाया गया।

क़ुरैशियों ने जब यह ख़बर पायी, तो जल उठे। गज़ब ख़ुदा का! इस्लाम ने तो बड़े-बड़े घरों पर भी हाथ साफ़ करना शुरू कर दिया! अगर यही हाल रहा, तो धीरे-धीरे उसकी शक्ति इतनी बढ़ जाएगी कि हमारे लिए उसका सामना करना कठिन हो जाएगा। अबुलआस के घर पर एक बड़ी मज़लिस हुई।

अबूसिफ़ियान ने, जो इस्लाम के दुश्मनों में सबसे प्रतिष्ठित मनुष्य था, अबुलआस से कहा—तुम्हें अपनी बीवी को तलाक़ देना पड़ेगा।

अबुलआस ने कहा—हरगिज़ नहीं।

अबूसिफ़ियान—तो क्या तुम भी मुसलमान हो जाओगे?

अ. आ.—हरगिज़ नहीं!

अ. सि.—तो उसे मुहम्मद ही के घर रहना पड़ेगा।

अ. आ.—हरगिज़ नहीं! आप लोग मुझे आज्ञा दीजिए कि उसे अपने घर लाऊँ।

अ. सि.—हरगिज़ नहीं!

अ. आ.—क्या यह नहीं हो सकता कि वह मेरे घर में रहकर इच्छानुसार ख़ुदा की बन्दग़ी करे?

अ. सि.—हरगिज़ नहीं!

अ. आ.—मेरी क़ौम मेरे साथ इतनी सहानुभूति भी न करेगी?

अ. सि.—हरगिज़ नहीं!

अ. आ.—तो फिर आप लोग मुझे समाज से पतित कर दीजिए। मुझे पतित होना मंजूर है। आप लोग और जो सज़ा चाहें दे, वह सब मंजूर है। मगर मैं अपनी बीवी को नहीं छोड़ सकता। मैं किसी की धार्मिक स्वाधीनता का अपहरण नहीं करना चाहता, और वह भी अपनी बीवी की।

अ. सि.—क़ुरैश में क्या और लड़कियाँ नहीं हैं?

अ. आ.—जैनब की-सी कोई नहीं है।

अ. सि.—हम ऐसी लड़कियाँ बता सकते हैं, जो चाँद को लज्जित कर दें।

अ. आ.—मैं सौन्दर्य का उपासक नहीं।

अ. सि.—ऐसी लड़कियाँ दे सकता हूँ, जो गृह-प्रबन्ध में निपुण हों, बातें ऐसी करें कि मुँह से फूल झड़े, खाना ऐसा पकाएँ कि बीमार को भी रुचिकर हो, सीने-पिरोने में इतनी कुशल कि पुराने कपड़े को नया कर दें।

अ. आ.—मैं इन गुणों में से किसी का भी उपासक नहीं। मैं प्रेम, और केवल प्रेम का उपासक हूँ। और मुझे विश्वास है कि जैनब का-सा प्रेम मुझे सारी दुनिया में कहीं नहीं मिल सकता।

अ. सि.—प्रेम होता, तो तुम्हें छोड़कर यह बेवफ़ाई करती?

अ. आ.—मैं नहीं चाहता कि मेरे लिए वह अपने आत्म-स्वातंत्र्य का त्याग करे।

अ. सि.–इसका आशय यह है कि तुम समाज में समाज के विरोधी बनकर रहना चाहते हो। आँखों की कसम! समाज तुम्हें अपने ऊपर यह अत्याचार न करने देगा। मैं कहे देता हूँ, इसके लिए तुम रोओगे।

4

अबूसिफ़ियान और उनकी टोली के लोग तो धमकियाँ देकर उधर गए, इधर अबुलआस ने लकड़ी सँभाली और हज़रत मुहम्मद के घर पहुँचे। शाम हो गई थी। हज़रत दरवाज़े पर अपने मुरीदों के साथ मग़रिब की नमाज़ पढ़ रहे थे। अबुलआस ने उन्हें सलाम किया और जब तक नमाज़ होती रही, गौर से देखते रहे। ज़माअत का एक साथ उठना-बैठना और झुकना देखकर उनके मन में श्रद्धा की तरंगें उठने लगीं। उन्हें मालूम न होता था कि मैं क्या कर रहा हूँ; पर अज्ञात भाव से वह जमाअत के साथ बैठते, झुकते और खड़े हो जाते थे। वहाँ का एक-एक परमाणु इस समय ईश्वरमय हो रहा था। एक क्षण के लिए अबुलआस भी उसी अन्तर-प्रवाह में बह गए।

जब नमाज़ ख़तम हुई और लोग सिधारे, तो अबुलआस ने हज़रत के पास जाकर सलाम किया और कहा–मैं जैनब को विदा कराने आया हूँ।

हज़रत ने विस्मित होकर पूछा–तुम्हें मालूम नहीं कि वह ख़ुदा और उसके रसूल पर ईमान ला चुकी है?

अ. आ.–जी हाँ, मालूम है।

हज़रत–इस्लाम ऐसे सम्बन्धों का निषेध करता है, यह भी तुम्हें मालूम है?

अ. आ.–क्या इसका मतलब यह है कि जैनब ने मुझे तलाक़ दे दिया?

हज़रत–अगर यही मतलब हो, तो?

अ. आ.–तो कुछ नहीं। जैनब को अपने ख़ुदा और रसूल की बन्दग़ी मुबारक हो। मैं एक बार उससे मिलकर घर चला जाऊँगा, और फिर कभी आपको अपनी सूरत न दिखाऊँगा; लेकिन उस दशा में अगर क़ुरैश जाति आपसे लड़ने को तैयार हो जाए, तो इसका इलज़ाम मुझ पर न होगा।

हज़रत–मैं क़ुरैश से इस वक़्त नहीं लड़ना चाहता।

अ. आ.–तो जैनब को मेरे साथ जाने दीजिए। उस हालत में क़ुरैश के क्रोध का भाजन मैं होऊँगा। आप और आपके मुरीदों पर कोई आफ़त न होगी।

हज़रत–तुम दबाव में आकर जैनब को ख़ुदा की तरफ़ से फेरने का यत्न तो न करोगे?

अ. आ.–मैं किसी के धर्म में बाधा डालना सर्वथा अमानुषी समझता हूँ।

हज़रत–तुम्हें लोग जैनब को तलाक़ देने पर तो मज़बूर न करेंगे?

अ. आ.–मैं जैनब को तलाक़ देने के पहले ज़िन्दगी को तलाक़ दे दूँगा।

हज़रत को अबुलआस की बातों से इतमीनान हो गया। वह अबुलआस की इज़्ज़त करते थे। अबुलआस को हरम में जैनब से मिलने का मौक़ा दिया।

अबलुआस ने पूछा–जैनब, मैं तुम्हें अपने साथ ले चलने आया हूँ। धर्म के बदलने से कहीं मन तो नहीं बदल गया?

जैनब रोती हुई उनके पैरों पर गिर पड़ी और बोली–धर्म बार-बार मिलता

है, हृदय केवल एक बार। मैं आपकी हूँ, चाहे जहाँ रहूँ; लेकिन समाज मुझे आपकी सेवा में रहने देगा?

आस–यदि समाज न रहने देगा, तो मैं समाज से ही निकल जाऊँगा। दुनिया में आराम से जीवन व्यतीत करने के लिए बहुत ही स्थान हैं। रहा मैं, तुम जानती हो, मैं धार्मिक स्वाधीनता का पक्षपाती हूँ। मैं तुम्हारे धार्मिक विषयों में कभी हस्तक्षेप न करूँगा।

जैनब चली, तो ख़ुदैजा ने रोते हुए उसे यमन के लालों का एक बहुमूल्य हार विदाई में दिया।

5

इस्लाम पर विधर्मियों के अत्याचार दिनोंदिन बढ़ने लगे। अवहेलना की दशा से निकलकर उसने भय के क्षेत्र में प्रवेश किया। शत्रुओं ने उसे समूल नाश करने की आयोजना करनी शुरू की। दूर-दूर के कबीलों से मदद माँगी जाने लगी। इस्लाम में इतनी शक्ति न थी कि शस्त्र-बल से विरोधियों को दबा सके। हज़रत मुहम्मद ने मक़्क़ा छोड़कर कहीं और चले जाने का निश्चय किया। मक़्क़े में मुस्लिमों के घर सारे शहर में बिखरे हुए थे। एक की मदद को दूसरे मुसलमान न पहुँच सकते थे। हज़रत मुहम्मद किसी ऐसी जगह आबाद होना चाहते थे, जहाँ सब मिले हुए रहें, और शत्रुओं की संगठित शक्ति का प्रतिकार कर सकें। अन्त में उन्होंने मदीने को पसन्द किया और अपने समस्त अनुयायियों को सूचना दे दी। भक्तजन उनके साथ हुए और एक दिन मुस्लिमों ने मक़्क़े से मदीने को प्रस्थान कर दिया। यही हिज़रत था।

मदीने पहुँचकर मुसलमानों में एक नई शक्ति, नई स्फूर्ति का उदय हुआ। वे निःशंक होकर अपने धर्म का पालन करने लगे। अब पड़ोसियों से दबने और छिपने की ज़रूरत न थी।

आत्मविश्वास बढ़ा। इधर भी विधर्मियों का स्वागत करने की तैयारियाँ होने लगीं। दोनों पक्ष सेना इकट्ठी करने लगे। विधर्मियों ने संकल्प किया कि संसार से इस्लाम का नाम ही मिटा देंगे। इस्लाम ने भी उनके दाँत खट्टे करने का निश्चय किया।

एक दिन अबुलआस ने आकर पत्नी से कहा–जैनब, हमारे नेताओं ने इस्लाम पर ज़िहाद करने की घोषणा कर दी है।

जैनब ने घबराकर कहा–अब तो वे लोग यहाँ से चले गए। फिर इस ज़िहाद की ज़रूरत?

अबुलआस–मक़्क़े से चले गए, अरब से तो नहीं चले गए! उन लोगों की ज़्यादतियाँ बढ़ती जा रही हैं। ज़िहाद के सिवा और कोई उपाय नहीं है। ज़िहाद में मेरा शरीक़ होना ज़रूरी है।

जैनब–अगर तुम्हारा दिल तुम्हें मज़बूर करता है, तो शौक़ से जाओ। मैं भी तुम्हारे साथ चलूँगी।

आस–मेरे साथ?

जैनब–हाँ, वहाँ आहत मुसलमानों की सेवा-शुश्रूषा करूँगी।

आस–शौक़ से चलो।

6

घोर संग्राम हुआ। दोनों दलवालों ने ख़ूब दिल के अरमान निकाले। भाई भाई से, बाप बेटे से लड़ा। सिद्ध हो गया कि मज़हब का बन्धन रक्त और वीर्य के बन्धन से सुदृढ़ है!

दोनों दलवाले वीर थे। अन्तर यह था कि मुसलमानों में नया धर्मानुराग था, मृत्यु के पश्चात् स्वर्ग की आशा थी। दिलों में वह अटल विश्वास था, जो नवजात सम्प्रदायों का लक्षण है। विधर्मियों में बलिदान का यह भाव लुप्त था।

कई दिन तक लड़ाई होती रही। मुसलमानों की संख्या बहुत कम थी; पर अन्त में उनके धर्मोत्साह ने मैदान मार लिया। विधर्मियों में कितने ही मारे गए, कितने ही घायल हुए और कितने ही क़ैद कर लिए गए। अबुलआस भी इन्हीं क़ैदियों में थे।

जैनब ने ज्यों ही सुना कि अबुलआस पकड़ लिये गए, उसने तुरन्त हज़रत मुहम्मद की सेवा में मुक्ति-धन भेजा। यह वही बहुमूल्य हार था, जो ख़ुदैजा ने उसे दिया था। जैनब अपने पूज्य पिता को उस धर्म-संकट में एक क्षण के लिए भी न डालना चाहती थी, जो मुक्ति-धन के अभाव की दशा में उन पर पड़ता, किन्तु अबुलआस को इच्छा होते हुए भी पक्षपात भय से न छोड़ सके।

सब क़ैदी हज़रत के सामने पेश किए गए। कितने ही तो ईमान लाये, कितनों के घरों से मुक्ति-धन आ चुका था, वे मुक्त कर दिए गए। हज़रत ने अबुलआस को देखा, सबसे अलग सिर झुकाए खड़े हैं। मुख पर लज्ज़ा का भाव झलक रहा है।

हज़रत ने कहा–अबुलआस, ख़ुदा इस्लाम की हिमायत की, वरना उसे यह विजय न प्राप्त होती।

अबुलआस–अगर आपके कथनानुसार संसार में एक ख़ुदा है, तो वह अपने एक बन्दे को दूसरे का गला काटने में मदद नहीं दे सकता। मुसलमानों की विजय उनके रणोत्साह से हुई।

एक साहब ने पूछा–तुम्हारा फ़िदिया (मुक्ति-धन) कहाँ है?

हज़रत ने फ़रमाया–अबुलआस का हार निहायत बेशक़ीमती है, इनके बारे में आप क्या फ़ैसला करते हैं? आपको मालूम है, यह मेरे दामाद हैं?

अबूबकर–आज तुम्हारे घर में जैनब है, जिन पर ऐसे सैकड़ों हार कुर्बान किए जा सकते हैं।

अबुलआस–तो आपका मतलब क्या है कि जैनब मेरा फ़िदिया हो?

ज़ैद–बेशक़, हमारा यही मतलब है।

अबुलआस–उससे तो कहीं बेहतर था कि आप मुझे क़त्ल कर देते।

अबूबकर–हम रसूल के दामाद को क़त्ल नहीं करेंगे, चाहे वह विधर्मी ही क्यों न हो। तुम्हारी यहाँ उतनी ख़ातिर होगी, जितनी हम कर सकते हैं।

अबुलआस के सामने विषम समस्या थी। इधर यहाँ की मेहमानी में अपमान था, उधर जैनब के वियोग की दारुण वेदना थी। उन्होंने निश्चय किया कि यह वेदना सहूँगा, किन्तु अपमान न सहूँगा। प्रेम को आत्मा के गौरव पर बलिदान कर दूँगा। बोले–मुझे आपका फ़ैसला मंजूर है। जैनब मेरी फ़िदिया होगी।

मदीने में रसूल की बेटी की जितनी इज़्ज़त होनी चाहिए, उतनी होती थी। सुख था, ऐश्वर्य था, धर्म था; पर प्रेम न था। अबुलआस के वियोग में रोया करती।

तीन वर्ष तीन युगों की भाँति बीते। अबुलआस के दर्शन न हुए।

उधर अबुलआस पर उसकी बिरादरी का दबाव पड़ रहा था कि विवाह कर लो; पर जैनब की मधुर स्मृतियाँ ही उसके प्रणय-वंचित हृदय को तसक़ीन देने को काफ़ी थीं। वह उत्तरोत्तर उत्साह के साथ अपने व्यवसाय में तल्लीन हो गया। महीनों घर न आता। धनोपार्जन ही अब उसके जीवन का मुख्य आधार था। लोगों को आश्चर्य होता था कि अब यह धन के पीछे क्यों प्राण दे रहा है। निराशा और चिन्ता बहुधा शराब के नशे से शान्त होती है; प्रेम उन्माद से। अबुलआस को धनोन्माद हो गया था! धन के आवरण में ढँका हुआ यह प्रेम-नैराश्य था; माया के परदे में छिपा हुआ प्रेम बैराग्य।

एक बार वह मक़्क़े से माल लादकर ईराक़ की तरफ़ चला। काफ़िले में और भी कितने ही सौदागर थे। रक्षकों का एक दल भी साथ था। मुसलमानों के कई काफ़िले विधर्मियों के हाथों लुट चुके थे। उन्हें ज्यों ही इस काफ़िले की ख़बर मिली, ज़ैद ने कुछ चुने हुए आदमियों के साथ उन पर धावा कर दिया। काफ़िले के रक्षक लड़े और मारे गए। काफ़िलेवाले भाग निकले। अतुल धन मुसलमानों के हाथ लगा। अबुलआस फिर क़ैद हो गए।

दूसरे दिन हज़रत मुहम्मद के सामने अबुलआस की पेशी हुई। हज़रत ने एक बार उसकी तरफ़ करुण दृष्टि डाली और सिर झुका लिया। सहाबियों ने कहा–या हज़रत, अबुलआस के बारे में आप क्या फ़ैसला करते हैं?

मुहम्मद–इसके बारे में फ़ैसला करना तुम्हारा काम है। यह मेरा दामाद है। सम्भव है, मैं पक्षपात का दोषी हो जाऊँ।

यह कहकर वह मकान में चले गए। जैनब रोकर पैरों पर गिर पड़ी और बोली–अब्बाजान आपने औरों को तो आज़ाद कर दिया। अबुलआस क्या उन सबसे गया, बीता है?

हज़रत–नहीं जैनब, न्याय के पद पर बैठनेवाले आदमी को पक्षपात और द्वेष से मुक्त होना चाहिए। यद्यपि यह नीति मैंने ही बनाई है, तो भी अब उसका स्वामी नहीं, दास हूँ। मुझे अबुलआस से प्रेम है। मैं न्याय को प्रेम-कलंकित नहीं कर सकता।

सहाबी हज़रत की इस नीत-भक्ति पर मुग्ध हो गए। अबुलआस को सब माल-आसबाब के साथ मुक्त कर दिया गया।

अबुलआस पर हज़रत की न्यायपरायणता का गहरा असर पड़ा। मक़्क़े आकर उन्होंने अपना हिसाब-किताब साफ़ किया, लोगों का माल लौटाया, कर्ज़ अदा किया और घर-बार त्यागकर हज़रत मुहम्मद की सेवा में पहुँच गए। जैनब की मुराद पूरी हुई।

❑❑❑

कुत्सा

अपने घर में आदमी बादशाह को भी गाली देता है। एक दिन मैं अपने दो-तीन मित्रों के साथ बैठा हुआ एक राष्ट्रीय संस्था के व्यक्तियों की आलोचना कर रहा था। हमारे विचार में राष्ट्रीय कार्य-कर्ताओं को स्वार्थ और लोभ से ऊपर रहना चाहिए। ऊँचा और पवित्र आदर्श सामने रखकर ही राष्ट्र की सच्ची सेवा की जा सकती है। कई व्यक्तियों के आचरण ने हमें क्षुब्ध कर दिया था और हम इस समय बैठे अपने दिल का गुबार निकाल रहे थे। सम्भव था, उस परिस्थिति में पड़कर हम और भी गिर जाते; लेकिन उस वक़्त तो हम विचारक के स्थान पर बैठे हुए थे और विचारक उदार बनने लगे, तो न्याय कौन करे? विचारक को यह भूल जाने में विलम्ब नहीं होता कि उसमें भी कमज़ोरियाँ हैं। उसमें और अभियुक्त में केवल इतना ही अन्तर है कि या तो विचारक महाशय उस परिस्थिति में पड़े नहीं, या पड़कर भी अपनी चतुराई से बेदाग निकल गए।

पद्मादेवी ने कहा—महाशय 'क' काम तो बड़े उत्साह से करते हैं; लेकिन अगर हिसाब देखा जाए, तो उनके जिम्में एक हज़ार से कम न निकलेगा।

उर्मिलादेवी बोली—ख़ैर, 'क' को तो क्षमा किया जा सकता है। उनके बाल-बच्चे हैं, आख़िर उनका पालन-पोषण कैसे करें? जब वह चौबीसों घण्टे सेना-कार्य ही में लगा रहता है, तो उसे कुछ-न-कुछ तो मिलना ही चाहिए। उस योग्यता का आदमी 500 रु. वेतन पर भी न मिलता। अगर इस साल-भर में उसने एक हज़ार ख़र्च कर डाला, तो बहुत नहीं है। महाशय 'ख' तो बिलकुल निहंग हैं। 'जोरू न जाँता, अल्लाह मियाँ से नाता', पर उसके जिम्मे भी एक हजार से कम न होंगे। किसी को क्या अधिकार है कि वह ग़रीबों का धन मोटर की सवारी और यार-दोस्तों की दावत में उड़ा दे?

श्यामादेवी उद्दण्ड होकर बोलीं—महाशय 'ग' को इसका जवाब देना पड़ेगा, भाई साहब! यों बचकर नहीं निकल सकते। हम लोग भिक्षा माँग-माँगकर पैसे लाते हैं; इसीलिए कि यार-दोस्तों की दावतें हों, शराबें उड़ायी जाएँ! और मुज़रे सुने जाएँ! रोज़ सिनेमा की सैर होती है। ग़रीबों का धन यों उड़ाने के लिए नहीं है। यहाँ पाई-पाई का लेखा समझाना पड़ेगा। मैं भरी सभा में कह दूँगी। उन्हें जहाँ पाँच सौ वेतन मिलता हो, वहाँ चले जाएँ। राष्ट्र के सेवक बहुतेरे निकल आएँगे।

मैं भी एक बार इसी संस्था का मन्त्री रह चुका हूँ। मुझे गर्व है कि मेरे ऊपर कभी किसी ने इस तरह का आक्षेप नहीं किया; पर न जाने क्यों लोग मेरे मन्त्रित्व से सन्तुष्ट नहीं थे। लोगों का ख़याल था कि मैं बहुत कम समय देता हूँ और मेरे समय में संस्था ने कोई गौरव बढ़ानेवाला कार्य नहीं किया; इसलिए मैंने रूठकर इस्तीफ़ा दे दिया। मैं उसी पद से बेलौस रहकर भी निकाला गया। महाशय 'ग' हजारों हड़प करके भी उसी पद पर जमे हुए हैं। क्या यह मेरे उनसे कुनह रखने की काफ़ी वज़ह न थी? मैं चतुर खिलाड़ी की भाँति ख़ुद तो कुछ न करना चाहता था, किन्तु परदे की आड़ से रस्सी खींचता रहता था।

मैंने रद्दा जमाया—देवीजी, आप अन्याय कर रही हैं। महाशय 'ग' से ज़्यादा दिलेर और

उर्मिला ने मेरी बात काटकर कहा—मैं ऐसे आदमी को दिलेर नहीं कहती, जो छिपकर जनता के रुपए से शराब पिए। जिन शराब की दूकानों पर हम धरना देने जाते थे, उन्हीं दूकानों से उनके लिए शराब आती थी। इससे बढ़कर बेवफ़ाई और क्या हो सकती है? मैं ऐसे आदमी को देशद्रोही कहती हूँ।

मैंने डोरी और खींची—लेकिन यह तो तुम भी मानती हो कि महाशय 'ग' केवल अपने प्रभाव से हज़ारों रुपये चन्दा वसूल कर लाते हैं। विलायती कपड़े को रोकने का उन्हें जितना श्रेय दिया जाए, थोड़ा है।

उर्मिलादेवी कब माननेवाली थीं? बोलीं—उन्हें चन्दा इस संस्था के नाम पर मिलता है, व्यक्तिगत रूप से एक धेला भी लाएँ तो कहूँ। रहा विलायती कपड़ा। जनता नामों को पूजती है और महाशय की तारीफ़ें हो रही हैं, पर सच पूछिए तो यह श्रेय हमें मिलना चाहिए। वह तो कभी किसी दूकान पर गए भी नहीं। आज सारे शहर में इस बात की चर्चा हो रही है। जहाँ चन्दा माँगने जाओ, वहीं लोग यही आक्षेप करने लगते हैं। किस-किसका मुँह बन्द कीजिएगा? आप बनते तो हैं जाति के सेवक; मगर आचरण ऐसा कि शोहदों का भी न होगा। देश का उद्धार ऐसे विलासियों के हाथों नहीं हो सकता। उसके लिए सच्चा त्याग होना चाहिए।

2

यही आलोचनाएँ हो रही थीं कि एक दूसरी देवी आईं भगवती। बेचारी चन्दा माँगने आई थीं। थकी-माँदी चली आ रही थीं। यहाँ जो पंचायत देखी, तो रम गईं। उनके साथ उनकी बालिका भी थी। कोई दस साल उम्र होगी। इन कामों में बराबर माँ के साथ रहती थी। उसे ज़ोर की भूख लगी हुई थी। घर की कुंजी भी भगवती देवी के पास थी। पतिदेव दफ़्तर से आ गए होंगे। घर का खुलना भी ज़रूरी था, इसलिए मैंने बालिका को उसके घर पहुँचाने की सेवा स्वीकार की।

कुछ दूर चलकर, बालिका ने कहा—आपको मालूम है, महाशय 'ग' शराब पीते हैं?

मैं इस आक्षेप का समर्थन न कर सका। भोली-भाली बालिका के हृदय में कटुता, द्वेष, और प्रपंच का विष बोना मेरी ईर्ष्यालु प्रकृति को भी रुचिकर न जान पड़ा। जहाँ कोमलता और सारल्य, विश्वास और माधुर्य का राज्य होना चाहिए, वहाँ कुत्सा और क्षुद्रता का मर्यादित होना कौन पसन्द करेगा? देवता के गले में काँटों की माला कौन पहनाएगा?

मैंने पूछा—तुमसे किसने कहा कि महाशय 'ग' शराब पीते हैं?

'वाह, पीते ही हैं, आप क्या जानें?'

"तुम्हें कैसे मालूम हुआ?"

"सारे शहर के लोग कह रहे हैं।"

"शहरवाले झूठ बोल रहे हैं।"

"शहरवाले झूठ बोल रहे हैं?"

बालिका ने मेरी ओर अविश्वास की आँखों से देखा। शायद वह समझी, मैं भी महाशय 'ग' के ही भाई-बन्दों में हूँ।

"आप कह सकते हैं, महाशय 'ग' शराब नहीं पीते?"

"हाँ, वह कभी शराब नहीं पीते।"

''और महाशय 'क' ने जनता के रुपए भी नहीं उड़ाए?''

''यह भी असत्य है।''

''और महाशय 'ख' मोटर पर हवा खाने नहीं जाते?''

''मोटर पर हवा खाना कोई अपराध नहीं है।''

''अपराध नहीं है राजाओं के लिए, रईसों के लिए, अफ़सरों के लिए, जो जनता का ख़ून चूसते हैं, देश-भक्ति का दम भरनेवालों के लिए वह बहुत बड़ा अपराध है।''

''लेकिन यह तो सोचो, इन लोगों को कितना दौड़ना पड़ता है। पैदल कहाँ तक दौड़ें?''

'पैरगाड़ी पर तो चल सकते हैं। यह कुछ बात नहीं है। ये लोग शान दिखाना चाहते हैं, जिसमें लोग समझें कि यह भी बहुत बड़े आदमी हैं। हमारी संस्था ग़रीबों की संस्था है। यहाँ मोटर पर उसी वक़्त बैठना चाहिए, जब और किसी तरह काम ही न चल सके और शराबियों के लिए तो यहाँ स्थान ही न होना चाहिए। आप तो चन्दे माँगने जाते नहीं। हमें कितना लज्जित होना पड़ता है, आपको क्या मालूम!''

मैंने गम्भीर होकर कहा—तुम्हें लोगों से कह देना चाहिए, यह सरासर ग़लत है। हम और तुम इस संस्था के शुभचिन्तक हैं। अपने कार्यकर्ताओं का अपमान करना उचित नहीं। हमें तो इतना ही देखना चाहिए कि वे हमारी कितनी सेवा करते हैं। मैं यह नहीं कहता कि क, ख, ग, में बुराइयाँ नहीं हैं। संसार में ऐसा कौन है, जिसमें बुराइयाँ न हो; लेकिन बुराइयों के मुक़ाबले में उनमें गुण कितने हैं, यह तो देखो। हम सभी स्वार्थ पर जान देते हैं—मकान बनाते हैं, जायदाद ख़रीदते हैं। और कुछ नहीं, तो आराम से घर में सोते हैं। ये बेचारे चौबीसों घंटे देश-हित की फ़िक्र में डूबे रहते हैं। तीनों ही साल-साल भर की सज़ा काटकर, कई महीने हुए, लौटे हैं। तीनों ही के उद्योग से अस्पताल और पुस्तकालय खुले। इन्हीं वीरों ने आन्दोलन करके किसानों का लगान कम कराया। अगर इन्हें शराब पीना और धन कमाना होता, तो इस क्षेत्र में आते ही क्यों?

बालिका ने विचारपूर्ण दृष्टि से मुझे देखा। फिर बोली—यह बतलाइए, महाशय 'ग' शराब पीते हैं या नहीं?

मैंने निश्चयपूर्वक कहा—नहीं। जो यह कहता है, वह झूठ बोलता है।

भगवतीदेवी का मकान आ गया। बालिका चली गई। मैं आज झूठ बोलकर जितना प्रसन्न था, उतना कभी सच बोलकर भी न था। मैंने एक बालिका के निर्मल हृदय को कुत्सा के पंक में गिरने से बचा लिया था।

❑❑❑

दो बैलों की कथा

जानवरों में गधा सबसे ज़्यादा बुद्धिहीन समझा जाता है। हम जब किसी आदमी को परले दरज़े का बेवकूफ़ कहना चाहते हैं, तो उसे गधा कहते हैं। गधा सचमुच बेवकूफ़ है, या उसके सीधेपन, उसकी निरापद सहिष्णुता ने उसे यह पदवी दे दी है, इसका निश्चय नहीं किया जा सकता। गायें सींग मारती हैं, ब्यायी हुई गाय तो अनायास ही सिंहनी का रूप धारण कर लेती है। कुत्ता भी बहुत ग़रीब जानवर है, लेकिन कभी-कभी उसे भी क्रोध आ ही जाता है; किन्तु गधे को कभी क्रोध करते नहीं सुना, न देखा। जितना चाहो ग़रीब को मारो, चाहे जैसी ख़राब, सड़ी हुई घास सामने डाल दो, उसके चेहरे पर असन्तोष की छाया भी न दिखाई देगी, वैशाख में चाहे एकाध बार कुलेल कर लेता हो; पर हमने तो उसे कभी ख़ुश होते नहीं देखा। उसके चेहरे पर एक स्थायी विषाद स्थायी रूप से छाया रहता है। सुख-दुःख, हानि-लाभ, किसी भी दशा में उसे बदलते नहीं देखा। ऋषियों-मुनियों के जितने गुण हैं, वे सभी उसमें पराकाष्ठा को पहुँच गए हैं, पर आदमी उसे बेवकूफ़ कहता है। सद्‌गुणों का इतना अनादर कहीं नहीं देखा। कदाचित् सीधापन संसार के लिए उपयुक्त नहीं है। देखिए न, भारतवासियों की अफ़्रीका में क्यों दुर्दशा हो रही है? क्यों अमेरिका में उन्हें घुसने नहीं दिया जाता? बेचारे शराब नहीं पीते, चार पैसे कुसमय के लिए बचाकर रखते हैं, जी तोड़कर काम करते हैं, किसी से लड़ाई-झगड़ा नहीं करते, चार बातें सुनकर गम खा जाते हैं, फिर भी बदनाम हैं। कहा जाता है, वे जीवन के आदर्श को नीचा करते हैं। अगर वे भी ईंट का जवाब पत्थर से देना सीख जाते, तो शायद सभ्य कहलाने लगते। जापान की मिसाल सामने है। एक ही विजय ने उसे संसार की सभ्य जातियों में गण्य बना दिया।

लेकिन गधे का एक छोटा भाई और भी है, जो उससे कुछ ही कम गधा है और वह है 'बैल'। जिस अर्थ में हम गधा का प्रयोग करते हैं; कुछ उसी से मिलते-जुलते अर्थ में 'बछिया के ताऊ' का भी प्रयोग करते हैं। कुछ लोग बैल को शायद बेवकूफ़ों में सर्वश्रेष्ठ कहेंगे; मगर हमारा विचार ऐसा नहीं है। बैल कभी-कभी मारता भी है, कभी अड़ियल बैल भी देखने में आ जाता है। और भी कई रीतियों से वह अपना असन्तोष प्रकट कर देता है, अतएव उसका स्थान गधे से नीचा है।

झूरी काछी के दोनों बैलों के नाम थे—हीरा और मोती। दोनों पछाईं जाति के थे—देखने में सुन्दर, काम में चौकस, डील ऊँचे। बहुत दिनों साथ रहते-रहते दोनों में भाईचारा हो गया था। दोनों आमने-सामने या आस-पास बैठे हुए एक दूसरे से मूक भाषा में विचार-विनिमय करते थे। एक दूसरे के मन की बात कैसे समझ जाता था, हम नहीं कह सकते। अवश्य ही उनमें कोई ऐसी गुप्त शक्ति थी, जिससे जीवों में श्रेष्ठता का दावा करनेवाला मनुष्य वंचित है। दोनों एक दूसरे को चाटकर और सूँघकर अपना प्रेम प्रकट करते, कभी-कभी दोनों सींगें भी मिला लिया करते—विग्रह के भाव से नहीं, केवल विनोद के भाव से, आत्मीयता के भाव से, जैसे दोस्तों में घनिष्ठता होते ही धौल-धप्पा होने लगता है। इसके बिना दोस्ती

कुछ फुसफुसी, कुछ हलकी-सी रहती है, जिस पर ज़्यादा विश्वास नहीं किया जा सकता। जिस वक़्त ये दोनों बैल हल या गाड़ी में जोत दिए जाते और गर्दन हिला-हिलाकर चलते, उस वक़्त हर एक की यही चेष्टा होती थी कि ज़्यादा-से-ज़्यादा बोझ मेरी ही गर्दन पर रहे। दिन-भर के बाद दोपहर या सन्ध्या को दोनों खुलते, तो एक-दूसरे को चाट-चूटकर अपनी थकान मिटा लिया करते। नाँद में खली-भूसा पड़ जाने के बाद दोनों साथ उठते, साथ नाँद में मुँह डालते और साथ ही बैठते थे। एक मुँह हटा लेता, तो दूसरा भी हटा लेता था।

संयोग की बात, झुरी ने एक बार गोईं को ससुराल भेज दिया। बैलों को क्या मालूम, वे क्यों भेजे जा रहें है। समझे, मालिक ने हमें बेच दिया। अपना यों बेचा जाना उन्हें अच्छा लगा या बुरा, कौन जाने; पर झूरी के साले गया को घर तक गोईं ले जाने में दाँतों पसीना आ गया। पीछे से हाँकता तो दोनों दाएँ-बाएँ भागते; पगहिया पकड़कर आगे से खींचता, तो दोनों पीछे को ज़ोर लगाते। मारता, तो दोनों सींग नीचे करके हूँकारते। अगर ईश्वर ने उन्हें वाणी दी होती, तो झूरी से पूछते—तुम हम ग़रीबों को क्यों निकाल रहे हो? हमने तो तुम्हारी सेवा करने में कोई कसर नहीं उठा रखी। अगर इतनी मेहनत से काम न चलता था, और काम ले लेते। हमें तो तुम्हारी चाकरी में मर जाना क़ुबूल था। हमने कभी दाने-चारे की शिकायत नहीं की। तुमने जो कुछ खिलाया वह सिर झुकाकर खा लिया, फिर तुमने हमें इस ज़ालिम के हाथ क्यों बेच दिया?

संध्या समय दोनों बैल अपने नए स्थान पर पहुँचे। दिन-भर के भूखे थे, लेकिन जब नाँद में लगाये गए, तो एक ने भी उसमें मुँह न डाला। दिल भारी हो रहा था। जिसे उन्होंने अपना घर समझ रखा था, वह आज उनसे छूट गया था। यह नया घर, नया गाँव, नए आदमी, सब उन्हें बेगानों से लगते थे।

दोनों ने अपनी मूक-भाषा में सलाह की, एक-दूसरे को कनखियों से देखा और लेट गए। जब गाँव में सोता पड़ा, तो दोनों ने ज़ोर मारकर पगहे तुड़ा डाले और घर की तरफ़ चले। पगहे बहुत मज़बूत थे। अनुमान न हो सकता था कि कोई बैल उन्हें तोड़ सकेगा; पर इन दोनों में इस समय दूनी शक्ति आ गई थी। एक-एक झटके में रस्सियाँ टूट गईं।

झूरी प्रातःकाल सोकर उठा, तो देखा कि दोनों बैल चरनी पर खड़े हैं। दोनों की गर्दनों में आधा-आधा गराँव लटक रहा है। घुटनों तक पाँव कीचड़ से भरे हैं और दोनों की आँखों में विद्रोहमय स्नेह झलक रहा है।

झूरी बैलों को देखकर स्नेह से गद्गद हो गया। दौड़कर उन्हें गले लगा लिया। प्रेमालिंगन और चुम्बन का वह दृश्य बड़ा ही मनोहर था।

घर और गाँव के लड़के जमा हो गए और तालियाँ बजा-बजाकर उनका स्वागत करने लगे। गाँव के इतिहास में वह घटना अभूतपूर्व न होने पर भी महत्त्वपूर्ण थी। बाल-सभा ने निश्चय किया, दोनों पशु-वीरों को अभिनन्दन-पत्र देना चाहिए। कोई अपने घर से रोटियाँ लाया, कोई गुड़, कोई चोकर, कोई भूसी।

एक बालक ने कहा—ऐसे बैल किसी के पास न होंगे।

दूसरे ने समर्थन किया—इतनी दूर से दोनों अकेले चले आए।

तीसरा बोला—बैल नहीं हैं वे, उस जनम के आदमी हैं।

इसका प्रतिवाद करने का किसी को साहस न हुआ।

झूरी की स्त्री ने बैलों को द्वार पर देखा, तो जल उठी। बोली—कैसे नमक हराम बैल हैं कि एक दिन वहाँ काम न किया; भाग खड़े हुए।

झूरी अपने बैलों पर यह आक्षेप न सुन सका—नमक हराम क्यों हैं? चारा-दाना न दिया होगा, तो क्या करते?

स्त्री ने रोब के साथ कहा—बस, तुम्हीं तो बैलों को खिलाना जानते हो, और तो सभी पानी पिला-पिलाकर रखते हैं।

झूरी ने चिढ़ाया—चारा मिलता तो क्यों भागते?

स्त्री चिढ़ी—भागे इसलिए कि वे लोग तुम-जैसे बुद्धूओं की तरह बैलों को सहलाते नहीं। खिलाते हैं, तो रगड़कर जोतते भी हैं। ये दोनों ठहरे कामचोर, भाग निकले। अब देखूँ, कहाँ से खली और चोंकर मिलता है! सूखे भूसे के सिवा कुछ न दूँगी, खाएँ चाहे मरें।

वही हुआ। मजूर को कड़ी ताक़ीद कर दी गई कि बैलों को खाली सूखा भूसा दिया जाए।

बैलों ने नाँद में मुँह डाला, तो फीका-फीका। न कोई चिकनाहट, न कोई रस! क्या खाएँ? आशा-भरी आँखों से द्वार की ओर ताकने लगे।

झूरी ने मजूर से कहा—थोड़ी-सी खली क्यों नहीं डाल देता बे?

''मालकिन मुझे मार ही डालेंगी।''

''चुराकर डाल आ।''

''ना दादा, पीछे से तुम भी उन्हीं की-सी कहोगे।''

2

दूसरे दिन झूरी का साला फिर आया और बैलों को ले चला। अबकी उसने दोनों को गाड़ी में जोता।

दो-चार बार मोती ने गाड़ी को सड़क की खाई में गिराना चाहा; पर हीरा ने सँभाल लिया। वह ज़्यादा सहनशील था।

सन्ध्या समय घर पहुँचकर उसने दोनों को मोटी रस्सियों से बाँधा, और कल की शरारत का मजा चखाया। फिर वही सूखा भूसा दिया। अपने दोनों बैलों को खली, चूनी सब कुछ दी?

दोनों बैलों का अपमान ऐसा कभी न हुआ था। झूरी इन्हें फूल की छड़ी से भी न छूता था। उसकी टिटकार पर दोनों उड़ने लगते थे। यहाँ मार पड़ी। आहत-सम्मान की व्यथा तो थी ही, उस पर मिला सूखा भूसा! नाँद की तरफ़ आँखें तक न उठाईं।

दूसरे दिन गया ने बैलों को हल में जोता; पर इन दोनों ने जैसे पाँव उठाने की क़सम खा ली थी। वह मारते-मारते थक गया; पर दोनों ने पाँव न उठाया। एक बार जब उस निर्दयी ने हीरा की नाक पर ख़ूब डण्डे जमाए, तो मोती का गुस्सा काबू के बाहर हो गया। हल लेकर भागा। हल, रस्सी, जुआ, जोत, सब टूट-टाटकर बराबर हो गया। गले में बड़ी-बड़ी रस्सियाँ न होतीं, तो दोनों पकड़ में न आते।

हीरा ने मूक भाषा में कहा—भागना व्यर्थ है।

मोती ने उत्तर दिया—तुम्हारी तो इसने जान ही ले ली थी।

''अबकी बड़ी मार पड़ेगी।''

''पड़ने दो, बैल का जन्म लिया है, तो मार से कहाँ तक बचेंगे!''

''गया दो आदमियों के साथ दौड़ा आ रहा है। दोनों के हाथों में लाठियाँ हैं।''

मोती बोला–कहो तो दिखा दूँ कुछ मज़ा मैं भी? लाठी लेकर आ रहा है।

हीरा ने समझाया–नहीं भाई! खड़े हो जाओ।

''मुझे मारेगा, तो मैं भी एक-दो को गिरा दूँगा?''

''नहीं! हमारी जाति का यह धर्म नहीं है।''

मोती दिल में ऐंठकर रह गया। गया आ पहुँचा और दोनों को पकड़कर ले चला। कुशल हुई कि उसने इस वक़्त मार-पीट न की, नहीं तो मोती भी पलट पड़ता। उसके तेवर देखकर गया और उसके सहायक समझ गए कि इस वक़्त टाल जाना ही मसलहत है।

आज दोनों के सामने फिर वही सूखा भूसा लाया गया। दोनों चुपचाप खड़े रहे। घर के लोग भोजन करने लगे। उस वक़्त एक छोटी-सी लड़की दो रोटियाँ लिए निकली, और दोनों के मुँह में देकर चली गयी। उस एक रोटी से इनकी भूख तो क्या शान्त होती; पर दोनों के हृदय को मानो भोजन मिल गया। यहाँ भी किसी सज्जन का वास है। लड़की भैरो की थी। उसकी माँ मर चुकी थी। सौतेली माँ उसे मारती रहती थी, इसलिए इन बैलों से उसे एक प्रकार की आत्मीयता हो गई थी।

दोनों दिन-भर जोते जाते, डण्डे खाते, अड़ते। शाम को थान पर बाँध दिए जाते, और रात को वही बालिका उन्हें दो रोटियाँ खिला जाती। प्रेम के इस प्रसाद की वह बरक़त थी कि दो-दो गाल सूखा भूसा खाकर भी दोनों दुर्बल न होते थे; मगर दोनों की आँखों में, रोम-रोम में विद्रोह भरा हुआ था।

एक दिन मोती ने मूक-भाषा में कहा–अब तो नहीं सहा जाता, हीरा!

''क्या करना चाहते हो?''

''एकाध को सीगों पर उठाकर फेंक दूँगा।

लेकिन जानते हो, वह प्यारी लड़की, जो हमें रोटियाँ खिलाती है, उसी की लड़की है, जो इस घर का मालिक है, वह बेचारी अनाथ न हो जाएगी?''

''तो मालकिन को न फेंक दूँ? वही तो उस लड़की को मारती है।''

''लेकिन औरत जात पर सींग चलाना मना है, यह भूले जाते हो।''

''तुम तो किसी तरह निकलने ही नहीं देते। तो बताओ, आज रस्सी तुड़ाकर भाग चलें?''

''हाँ, यह मैं स्वीकार करता हूँ; लेकिन इतनी मोटी रस्सी टूटेगी कैसे?''

इसका एक उपाय है। पहले रस्सी को थोड़ा-सा चबा लो। फिर एक झटके में जाती है।''

रात को जब बालिका रोटियाँ खिलाकर चली गयी, तो दोनों रस्सियाँ चबाने लगे; पर मोटी रस्सी मुँह में न आती थी। बेचारे बार-बार ज़ोर लगाकर रह जाते थे।

सहसा घर का द्वार खुला और वही लड़की निकली। दोनों सिर झुकाकर उसका हाथ चाटने लगे। दोनों की पूँछें खड़ी हो गईं। उसने उनके माथे सहलाए और बोली–खोले देती हूँ। चुपके से भाग जाओ, नहीं तो यहाँ लोग मार डालेंगे। आज घर में सलाह हो रही है कि इनकी नाकों में नाथ डाल दी जाए।

उसने गराँव खोल दिया; पर दोनों चुपचाप खड़े रहे।

मोती ने अपनी भाषा में पूछा–अब चलते क्यों नहीं?

हीरा ने कहा—चलें तो; लेकिन कल इस अनाथ पर आफ़त आएगी। सब इसी पर सन्देह करेंगे। सहसा बालिका चिल्लायी—दोनों फूफावाले बैल भागे जा रहे हैं। ओ दादा! दादा! दोनों बैल भाग जा रहे हैं; जल्दी दौड़ो!

गया हड़बड़या भीतर से निकला और बैलों को पकड़ने चला। वे दोनों भागे। गया ने पीछा किया। वे और भी तेज़ हुए। गया ने शोर मचाया। फिर गाँव के कुछ आदमियों को भी लेने के लिए लौटा। दोनों मित्रों को भागने का मौक़ा मिल गया। सीधे दौड़ते चले गए। यहाँ तक कि मार्ग का ज्ञान न रहा। जिस परिचित मार्ग से आए थे, उसका यहाँ पता न था। नए-नए गाँव मिलने लगे। तब दोनों एक खेत के किनारे खड़े होकर सोचने लगे, अब क्या करना चाहिए।

हीरा ने कहा—मालूम होता है, राह भूल गए।

''तुम भी बेतहाशा भागे। वहीं उसे मार गिराना था।''

''उसे मार गिराते, तो दुनिया क्या कहती? वह अपना धर्म छोड़ दे, लेकिन हम अपना धर्म क्यों छोड़ें?''

दोनों भूख से व्याकुल हो रहे थे। खेत में मटर खड़ी थी। चरने लगे। रह-रहकर आहट ले लेते थे, कोई आता तो नहीं है।

जब पेट भर गया; दोनों ने आजादी का अनुभव किया, मस्त होकर उछलने-कूदने लगे। पहले दोनों ने डकार ली। फिर सींग मिलाए और एक दूसरे को ठेलने लगे। मोती ने हीरा को कई कदम पीछे हटा दिया, यहाँ तक कि वह खाई में गिर गया। तब उसे भी क्रोध आया। सँभलकर उठा और फिर मोती से भिड़ गया। मोती ने देखा—खेल में झगड़ा हुआ चाहता है, तो किनारे हट गया।

3

अरे! यह क्या? कोई साँड़ डौंकता चला आ रहा है। हाँ, साँड़ ही है। वह सामने आ पहुँचा। दोनों मित्र बगलें झाँक रहे हैं। साँड़ पूरा हाथी है। उससे भिड़ना जान से हाथ धोना है; लेकिन न भिड़ने पर भी तो जान बचती नहीं नज़र आती। इन्हीं की तरफ़ आ भी रहा है। कितनी भयंकर सूरत है!

मोती ने मूक-भाषा में कहा—बुरे फँसे। जान कैसे बचेगी? कोई उपाय सोचो।

हीरा ने चिन्तित स्वर में कहा—अपने घमंड में भूला हुआ है; आरजू-विनती न सुनेगा।

''भाग क्यों न चलें?''

''भागना कायरता है।''

''तो फिर यहीं मरो। बन्दा तो नौ-दो ग्यारह होता है।''

''और जो दौड़ाए?''

''तो फिर कोई उपाय सोचो, जल्द!''

''उपाय यही है कि उस पर दोनों जने एक साथ चोट करें। मैं आगे से रगेदता हूँ, तुम पीछे से रगेदो, दोहरी मार पड़ेगी, तो भाग खड़ा होगा। ज्योंही मेरी ओर झपटे, तुम बगल से उसके पेट में सींग घुसेड़ देना। जान- जोखिम है; पर दूसरा उपाय नहीं है।

दोनों मित्र जान हथेलियों पर लेकर लपके। साँड़ को भी संगठित शत्रुओं से लड़ने का तजुरबा न था। वह तो एक शत्रु से मल्ल-युद्ध करने का आदी था।

ज्योंही हीरा पर झपटा, मोती ने पीछे से दौड़ाया। साँड़ उसकी तरफ़ मुड़ा, तो हीरा ने रगेदा। साँड़ चाहता था कि एक-एक करके दोनों को गिरा ले; पर ये दोनों भी उस्ताद थे। उसे यह अवसर न देते थे। एक बार साँड़ झल्लाकर हीरा का अन्त कर देने के लिए चला कि मोती ने बगल से आकर उसके पेट में सींग भोंक दी। साँड़ क्रोध में आकर पीछे फिरा, तो हीरा ने दूसरे पहलू में सींग चुभा दिया। आख़िर बेचारा ज़ख्मी होकर भागा, और दोनों मित्रों ने दूर तक उसका पीछा किया। यहाँ तक कि साँड़ बेदम होकर गिर पड़ा। तब दोनों ने उसे छोड़ दिया।

दोनों मित्र विजय के नशे में झूमते चले जाते थे।

मोती ने अपनी सांकेतिक भाषा में कहा—मेरा जी तो चाहता था कि बच्चू को मार ही डालूँ।

हीरा ने तिरस्कार किया—गिरे हुए बैरी पर सींग न चलाना चाहिए।

"यह सब ढोंग है। बैरी को ऐसा मारना चाहिए कि फिर न उठे।"

"पहले घर कैसे पहुँचेंगे, यह सोचो।"

सामने मटर का खेत था ही। मोती उसमें घुस गया। हीरा मना करता रहा; पर उसने एक न सुनी। अभी दो-ही-चार ग्रास खाए थे कि दो आदमी लाठियाँ लिए दौड़ पड़े, और दोनों मित्रों को घेर लिया। हीरा तो मेड़ पर था, निकल गया। मोती सींचे हुए खेत में था। उसके खुर कीचड़ में धँसने लगे। न भाग सका। पकड़ लिया गया। हीरा ने देखा, संगी संकट में है, तो लौट पड़ा। फँसेंगे तो दोनों साथ फँसेंगे। रखवालों ने उसे भी पकड़ लिया।

प्रातःकाल दोनों मित्र काज़ीहौज़ में बन्द कर दिए गए।

4

दोनों मित्रों को जीवन में पहली बार ऐसा साबिका पड़ा कि सारा दिन बीत गया और खाने को एक तिनका भी न मिला। समझ ही में न आता था, यह कैसा स्वामी है। इससे तो गया फिर भी अच्छा था। यहाँ कई भैंसें थीं, कई बकरियाँ, कई घोड़े, कई गधे; पर किसी के सामने चारा न था; सब ज़मीन पर मुर्दों की तरह पड़े थे। कई तो इतने कमज़ोर हो गए थे कि खड़े भी न हो सकते थे। सारा दिन दोनों मित्र फाटक की ओर टकटकी लगाए ताकते रहे; पर कोई चारा लेकर आता न दिखाई दिया। तब दोनों ने दीवार की नमकीन मिट्टी चाटनी शुरू की, पर इससे क्या तृप्ति होती?

रात को जब कुछ भोजन न मिला, तो हीरा के दिल में विद्रोह की ज्वाला दहक उठी। मोती से बोला—अब तो रहा नहीं जाता मोती!

मोती ने सिर लटकाए हुए जवाब दिया—मुझे तो मालूम होता है, प्राण निकल रहे हैं।

"इतनी जल्दी हिम्मत न हारो भाई! यहाँ से भागने का कोई उपाय निकालना चाहिए।"

"आओ, दीवार तोड़ डालें।"

"मुझसे तो अब कुछ न होगा।"

"बस, इसी बूते पर अकड़ते थे?"

"सारी अकड़ निकल गई।"

बाड़े की दीवार कच्ची थी। हीरा मज़बूत तो था ही, अपने नुकीले सींग दीवार में गड़ा दिये और ज़ोर मारा, तो मिट्‌टी का एक चिप्पड़ निकल आया। फिर तो उसका साहस बढ़ा। उसने दौड़-दौड़कर दीवार पर चोटें कीं और हर चोट में थोड़ी-थोड़ी मिट्‌टी गिराने लगा।

उसी समय काज़ीहौज़ का चौकीदार लालटेन लेकर जानवरों की हाज़िरी लेने आ निकला। हीरा का यह उजड्डपन देखकर उसने उसे कई डंडे रसीद किए और मोटी-सी रस्सी में बाँध दिया।

मोती ने पड़े-पड़े कहा—आख़िर मार खायी, क्या मिला?

''अपने बूते भर ज़ोर तो मार लिया।''

''ऐसा ज़ोर मारना किस काम का कि और बन्धन में पड़ गए।''

''जोर तो मारता ही जाऊँगा, चाहे कितने ही बन्धन पड़ते जाएँ।''

''जान से हाथ धोना पड़ेगा।''

''कुछ परवाह नहीं। यों भी तो मरना ही है। सोचो, दीवार ख़ुद जाती, तो कितनी जानें बच जातीं। इतने भाई यहाँ बन्द हैं। किसी की देह में जान नहीं है। दो-चार दिन और यही हाल रहा तो सब मर जाएँगे।''

''हाँ, यह बात तो है। अच्छा, तो फिर मैं भी ज़ोर लगाता हूँ।''

मोती ने भी दीवार में उसी जगह सींग मारा। थोड़ी-सी मिट्‌टी गिरी और हिम्मत बढ़ी। फिर तो वह दीवार में सींग लगाकर इस तरह ज़ोर करने लगा, मानो किसी प्रतिद्वन्दी से लड़ रहा है। आख़िर कोई दो घण्टे की ज़ोर आजमाई के बाद दीवार ऊपर से लगभग एक हाथ गिर गई। उसने पूरी शक्ति से दूसरा धक्का मारा, तो आधी दीवार गिर पड़ी।

दीवार का गिरना था कि अधमरे-से पड़े हुए सभी जानवर चेत उठे। तीनों घोड़ियाँ सरपट भाग निकलीं। फिर बकरियाँ निकलीं। इसके बाद भैंसें भी खिसक गईं, पर गधे अभी तक ज्यों-के-त्यों खड़े थे।

हीरा ने पूछा—तुम दोनों क्यों नहीं भाग जाते?

एक गधे ने कहा—जो कहीं पकड़ लिए जाएँ?

''तो क्या हरज़ है! अभी तो भागने का अवसर है।''

''हमें तो डर लगता है। हम यहीं पड़े रहेंगे।''

आधी रात से ऊपर जा चुकी थी। दोनों गधे अभी तक खड़े सोच रहे थे कि भागें या न भागें, और मोती अपने मित्र की रस्सी तोड़ने में लगा हुआ था। जब वह हार गया, तो हीरा ने कहा—तुम जाओ, मुझे यहीं पड़ा रहने दो। शायद कहीं भेंट हो जाए।

मोती ने आँखों में आँसू लाकर कहा—तुम मुझे इतना स्वार्थी समझते हो, हीरा? हम और तुम इतने दिनों तक एक साथ रहे हैं। आज तुम विपत्ति में पड़ गए, तो मैं तुम्हें छोड़कर अलग हो जाऊँ।

हीरा ने कहा—बहुत मार पड़ेगी। लोग समझ जाएँगे, यह तुम्हारी शरारत है।

मोती गर्व से बोला—जिस अपराध के लिए तुम्हारे गले में बन्धन पड़ा, उसके लिए अगर मुझ पर मार पड़े तो क्या चिन्ता? इतना तो हो ही गया कि नौ-दस प्राणियों की जान बच गई। वे सब तो आशीर्वाद देंगे।

यह कहते-कहते मोती ने दोनों गधों को सींगों से मार-मारकर बाड़े से बाहर निकाला और तब अपने बन्धु के पास आकर सो रहा।

भोर होते ही मुंशी और चौकीदार तथा अन्य कर्मचारियों में कैसी खलबली मची, इसके लिखने की ज़रूरत नहीं। बस, इतना ही काफ़ी है कि मोती की ख़ूब मरम्मत हुई और उसे भी मोटी रस्सी से बाँध दिया गया।

5

एक सप्ताह तक दोनों मित्र वहाँ बँधे पड़े रहे। किसी ने चारे का एक तृण भी न डाला। हाँ, एक बार पानी दिखा दिया जाता था। वही उनका आधार था। दोनों इतने दुर्बल हो गए थे कि उठा तक न जाता था; ठठरियाँ निकल आईं थीं।

एक दिन बाड़े के सामने डुग्गी बजने लगी और दोपहर होते-होते वहाँ पचास-साठ आदमी जमा हो गए। तब दोनों मित्र निकाले गए और उनकी देखभाल होने लगी। लोग आ-आकर उनकी सूरत देखते और मन फ़ीका करके चले जाते। ऐसे मृतक बैलों का कौन ख़रीददार होता?

सहसा एक दढ़ियल आदमी, जिसकी आँखें लाल थीं और मुद्रा अत्यन्त कठोर, आया और दोनों मित्रों के कूल्हों में ऊँगली गोदकर मुंशीजी से बातें करने लगा। उसका चेहरा देखकर अन्तर्ज्ञान से दोनों मित्रों के दिल काँप उठे। वह कौन है और क्यों टटोल रहा है, इस विषय में उन्हें कोई सन्देह न हुआ। दोनों ने एक-दूसरे को भीत नेत्रों से देखा और सिर झुका लिया।

हीरा ने कहा—गया के घर से नाहक भागे। अब जान न बचेगी।

मोती ने अश्रद्धा के भाव से उत्तर दिया—कहते हैं, भगवान् सबके ऊपर दया करते हैं। उन्हें हमारे ऊपर क्या दया नहीं आती?

''भगवान् के लिए हमारा मरना-जीना, दोनों बराबर है। चलो, अच्छा ही है, कुछ दिन उसके पास तो रहेंगे। एक बार भगवान् ने उस लड़की के रूप में हमें बचाया था। क्या अब न बचाएँगे?''

''यह आदमी छुरी चलाएगा। देख लेना।''

''तो क्या चिन्ता है? मांस, खाल, सींग, हड्डी, सब किसी-न-किसी काम आ जाएँगी।''

नीलाम हो जाने के बाद दोनों मित्र उस दढ़ियल के साथ चले। दोनों की बोटी-बोटी काँप रही थी। बेचारे पाँव तक न उठा सकते थे; पर भय के मारे, गिरते-पड़ते भागे जाते थे, क्योंकि वह ज़रा भी चाल धीमी हो जाने पर ज़ोर से डंडा जमा देता था।

राह में गाय-बैलों का एक रेवड़ हरे-हरे हार में चरता नज़र आया। सभी जानवर प्रसन्न थे, चिकने, चपल। कोई उछलता था, कोई आनन्द से बैठा पागुर करता था। कितना सुखी जीवन था इनका; पर कितने स्वार्थी हैं सब। किसी को चिन्ता नहीं कि उनके दो भाई बधिक के हाथ पड़े कैसे दुःखी हैं?

सहसा दोनों को ऐसा मालूम हुआ कि यह परिचित राह है। हाँ, इसी रास्ते से गया उन्हें ले गया था। वही खेत, वही बाग़, वही गाँव मिलने लगे। प्रतिक्षण उनकी चाल तेज़ होने लगी। सारी थकान, सारी दुर्बलता ग़ायब हो गई। आह! यह लो! अपना ही हार आ गया। इसी कुएँ पर हम पुर चलाने आया करते थे; हाँ, यही कुआँ है।

मोती ने कहा—हमारा घर नज़दीक आ गया।

हीरा बोला—भगवान् की दया है।

"मैं तो अब घर भागता हूँ।"

"यह जाने देगा?"

"इसे मैं मार गिराता हूँ।"

"नहीं-नहीं, दौड़कर थान पर चलो। वहाँ से हम आगे न जाएँगे।"

दोनों उन्मत्त होकर बछड़ों की भाँति कुलेलें करते हुए घर की ओर दौड़े। वह हमारा थान है। दोनों दौड़कर अपने थान पर आए और खड़े हो गए। दढ़ियल भी पीछे-पीछे दौड़ा चला आता था।

झूरी द्वार पर बैठा धूप खा रहा था। बैलों को देखते ही दौड़ा और उन्हें बारी-बारी से गले लगाने लगा। मित्रों की आँखों से आनन्द के आँसू बहने लगे; एक झूरी का हाथ चाट रहा था।

दढ़ियल ने आकर बैलों की रस्सियाँ पकड़ लीं।

झूरी ने कहा—मेरे बैल हैं।

"तुम्हारे बैल कैसे—मैं मवेशीख़ाने से नीलाम लिए आता हूँ।"

"मैं तो समझता हूँ चुराए लिए आते हो। चुपके से चले जाओ। मेरे बैल हैं। मैं बेचूँगा, तो बिकेंगे। किसी को मेरे बैल नीलाम करने का क्या अख़्तियार है!"

"जाकर थाने में रपट कर दूँगा।"

"मेरे बैल हैं। इसका सबूत यह है कि मेरे द्वार पर खड़े हैं।"

दढ़ियल झल्लाकर बैलों को ज़बरदस्ती पकड़ ले जाने के लिए बढ़ा। उसी वक़्त मोती ने सींग चलाया। दढ़ियल पीछे हटा। मोती ने पीछा किया। दढ़ियल भागा। मोती पीछे दौड़ा। गाँव के बाहर निकल जाने पर वह रुका; पर खड़ा दढ़ियल का रास्ता देख रहा था। दढ़ियल दूर खड़ा धमकियाँ दे रहा था, गालियाँ निकाल रहा था, पत्थर फेंक रहा था और मोती विजयी शूर की भाँति उसका रास्ता रोके खड़ा था। गाँव के लोग यह तमाशा देखते थे और हँसते थे।

जब दढ़ियल हारकर चला गया, तो मोती अकड़ता हुआ लौटा।

हीरा ने कहा—मैं डर रहा था कि कहीं तुम गुस्से में आकर मार न बैठो।

"अगर वह मुझे पकड़ता, तो मैं बे-मारे न छोड़ता।"

"अब न आएगा।"

"आएगा तो दूर ही से ख़बर लूँगा। देखूँ, कैसे ले जाता है।"

"जो गोली मरवा दे?"

"मर जाऊँगा; पर उसके काम तो न आऊँगा।"

"हमारी जान को कोई जान ही नहीं समझता।"

"इसलिए कि हम इतने सीधे होते हैं।"

ज़रा देर में नाँदों में खली-भूसा, चोकर और दाना भर दिया गया और दोनों मित्र खाने लगे। झूरी खड़ा दोनों को सहला रहा था और बीसों लड़के तमाशा देख रहे थे। सारे गाँव में उछाह-सा मालूम होता था।

उसी समय मालकिन ने आकर दोनों के माथे चूम लिए।

❑❑❑

रियासत का दीवान

महाशय मेहता उन अभागों में थे, जो अपने स्वामी को प्रसन्न नहीं रख सकते थे। वह दिल से अपना काम करते थे और चाहते थे कि उनकी प्रशंसा हो। वह यह भूल जाते थे कि वह काम के नौकर तो हैं ही, अपने स्वामी के सेवक भी हैं। जब उनके अन्य सहकारी स्वामी के दरबार में हाज़िरी देते थे, तो वह बेचारे दफ़्तर में बैठे काग़ज़ों से सिर मारा करते थे। इसका फल यह था कि स्वामी के सेवक तो तरक्कियाँ पाते थे, पुरस्कार और पारितोषिक उड़ाते थे और काम के सेवक मेहता किसी-न-किसी अपराध में निकाल दिए जाते थे। ऐसे कटु अनुभव उन्हें अपने जीवन में कई बार हो चुके थे, इसलिए अबकी जब राजा साहब, सतिया ने उन्हें एक अच्छा पद प्रदान किया, तो उन्होंने प्रतिज्ञा की कि अब वह भी स्वामी का रुख़ देखकर काम करेंगे और उनके स्तुतिगान में ही भाग्य की परीक्षा करेंगे। और इस प्रतिज्ञा को उन्होंने कुछ इस तरह निभाया कि दो साल भी न गुज़रे थे कि राजा साहब ने उन्हें अपना दीवान बना लिया।

एक स्वाधीन राज्य की दीवानी का क्या कहना! वेतन तो 500 रु. मासिक ही था; मगर अख़्तियार बड़े लम्बे। राई का पर्वत करो या पर्वत से राई, कोई पूछनेवाला नहीं था। राजा साहब भोग-विलास में पड़े रहते थे, राज्य-संचालन का सारा भार मि. मेहता पर था। रियासत के सभी अमले और कर्मचारी दण्डवत् करते, बड़े-बड़े रईस नज़राने देते, यहाँ तक की रानियाँ भी उनकी ख़ुशामद करतीं।

राजा साहब उग्र प्रकृति के मनुष्य थे, जैसे प्रायः राजे होते हैं। दुर्बलों के सामने कभी बिल्ली, कभी शेर; सबलों के सामने हमेशा भीगी बिल्ली। मि. मेहता को डाँट-फटकार भी बताते; पर मेहता ने अपनी सफ़ाई में एक शब्द भी मुँह से निकालने की कसम खा ली थी। सिर झुकाकर सुन लेते। राजा साहब की क्रोधाग्नि ईंधन न पाकर शान्त हो जाती।

गर्मियों के दिन थे। पोलिटिकल एजेण्ट का दौरा था। राज्य में उनके स्वागत की तैयारियाँ हो रही थीं। राजा साहब ने मेहता को बुलाकर कहा—मैं चाहता हूँ, साहब बहादुर यहाँ से मेरा क़लमा पढ़ते हुए जायें।

मेहता ने सिर झुकाकर विनीत भाव से कहा—चेष्टा तो ऐसी ही कर रहा हूँ, अन्नदाता।

"चेष्टा तो सभी करते हैं; मगर वह चेष्टा कभी सफल नहीं होती। मैं चाहता हूँ, तुम दृढ़ता के साथ कहो—ऐसा ही होगा।"

"ऐसा ही होगा।"

"रुपये की परवाह मत करो।"

"जो हुक्म।"

"कोई शिकायत न आए, वरना तुम जानोगे।"

"वह हुज़ूर को धन्यवाद देते जाएं तो सही।"

"हाँ, मैं यही चाहता हूँ।"

"जान लड़ा दूँगा, दीनबन्धु।"

"अब मुझे सन्तोष है।"

इधर तो पोलिटिकल एजेण्ट का आगमन था, उधर मेहता का लड़का जयकृष्ण गर्मियों की छुट्टियाँ मनाने माता-पिता के पास आया। किसी विश्वविद्यालय में पढ़ता था। एक बार 1932 में कोई उग्र भाषण करने के जुर्म में 6 महीने की सजा काट चुका था। मि. मेहता की नियुक्ति के बाद जब वह पहली बार आया था, तो राजा साहब ने उसे ख़ास तौर पर बुलाया था, उससे जी खोलकर बातें की थीं, उसे अपने साथ शिकार खेलने ले गए और नित्य उसके साथ टेनिस खेला करते थे।

जयकृष्ण पर राजा साहब के साम्यवादी विचारों का बड़ा प्रभाव पड़ा था। उसे ज्ञात हुआ कि राजा साहब केवल देशभक्त ही नहीं, क्रान्ति के समर्थक भी हैं। रूस और फ्रांस की क्रान्ति पर दोनों में ख़ूब बहस हुई थी; लेकिन अबकी यहाँ उसने कुछ और ही रंग देखा। रियासत के हर एक किसान और ज़मींदार से जबरन चन्दा वसूल किया जा रहा था। पुलिस गाँव-गाँव चन्दा उगाहती फिरती थी। रकम दीवान साहब नियत करते थे। वसूल करना पुलिस का काम था। फ़रियाद की कहीं सुनवाई न थी। चारों ओर त्राहि-त्राहि मची हुई थी। हज़ारों मज़दूर सरकारी इमारतों, सजावट और सड़कों की मरम्मत में बेगार भर रहे थे। बनियों से डण्डों के ज़ोर से रसद ज़मा की जा रही थी।

जयकृष्ण को आश्चर्य हो रहा था कि यह क्या हो रहा है! राजा साहब के विचार और व्यवहार में इतना अन्तर कैसे हो गया! कहीं ऐसा तो नहीं है कि महाराज को इन अत्याचारों की ख़बर ही न हो, या उन्होंने जिन तैयारियों का हुक्म दिया हो, उनकी तामील में कर्मचारियों ने अपनी कारगुजारी की धुन में यह अनर्थ कर डाला है। रात भर तो उसने किसी तरह ज़ब्त किया। प्रातः काल उसने मेहताजी से पूछा–आपने राजा साहब को इन अत्याचारों की सूचना नहीं दी?

मेहताजी को स्वयं इस अनीति से ग्लानि हो रही थी। वह स्वभावतः दयालु मनुष्य थे; लेकिन परिस्थितियों ने उन्हें अशक्त कर रखा था। दुख़ित स्वर में बोले–राजा साहब का यही हुक्म है, तो क्या किया जाए?

''तो आपको ऐसी दशा में अलग हो जाना चाहिए था। आप जानते हैं, यह जो कुछ हो रहा है, प्रजा आप ही को अपराधी समझती है।''

''मैं मजबूर हूँ। मैंने कर्मचारियों से बार-बार संकेत किया है कि यथासाध्य किसी पर सख़्ती न की जाए लेकिन हरेक स्थान पर मैं मौजूद तो नहीं रह सकता। अगर प्रत्यक्ष रूप से हस्तक्षेप करूँ, तो शायद कर्मचारी लोग महाराज से मेरी शिकायत कर दें। ये लोग ऐसे ही अवसरों की ताक में रहते हैं। इन्हें तो जनता को लूटने का कोई बहाना चाहिए। जितना सरकारी कोष में ज़मा करते, उससे ज़्यादा अपने घर में रख लेते हैं। मैं कुछ कर ही नहीं सकता।''

जयकृष्ण ने उत्तेजित होकर कहा–आप इस्तीफ़ा क्यों नहीं दे देते?

मेहता लज्जित होकर बोले–बेशक़, मेरे लिए मुनासिब तो यही था; लेकिन जीवन में इतने धक्के खा चुका हूँ कि अब और सहने की शक्ति नहीं रही। यह निश्चय है कि नौकरी कर के मैं अपने को बेदाग़ नहीं रख सकता। धर्म और अधर्म, सेवा और परमार्थ के झमेलों में पड़कर मैंने बहुत ठोकरें खायीं। मैंने देख लिया कि दुनिया दुनियादारों के लिए है, जो अवसर और काल देखकर काम करते हैं। सिद्धान्तवादियों के लिए अनुकूल स्थान नहीं है।

जयकृष्ण ने तिरस्कार-भरे स्वर में पूछा–मैं राजा साहब के पास जाऊँ?

''क्या तुम समझते हो, राजा साहब से यह बातें छिपी हैं?''

''सम्भव है, प्रजा की दुःख़-कथा सुनकर उन्हें कुछ दया आ जाए।''

मि. मेहता को इसमें क्या आपत्ति हो सकती थी? वह तो ख़ुद चाहते थे कि किसी तरह अन्याय का बोझ उनके सिर से उतर जाए। हाँ, यह भय अवश्य था कि कहीं जयकृष्ण की सत्यप्रेरणा उनके लिए हानिकारक न हो, और कहीं उन्हें इस सम्मान और अधिकार से हाथ न धोना पड़े। बोले—यह ख़याल रखना कि तुम्हारे मुँह से कोई ऐसी बात न निकल जाए, जो महाराजा को अप्रसन्न कर दे।

जयकृष्ण ने उन्हें आश्वासन दिया—वह ऐसी कोई बात न करेगा। क्या वह इतना नादान है? मगर उसे ख़बर थी कि आज के महाराजा साहब वह नहीं हैं, जो एक साल पहले थे या सम्भव है पोलिटिकल एजेंट के चले जाने के बाद वह फिर वही हो जाएं। वह न जानता था कि उनके लिए क्रांति और आतंक की चर्चा भी उसी तरह विनोद की वस्तु थी जैसे हत्या या बलात्कार या जाल की वारदातें, या रूप के बाज़ार के आकर्षक समाचार। जब उसने ड्योढ़ी पर पहुँचकर अपनी इत्तला कराई, तो मालूम हुआ कि महाराज इस समय अस्वस्थ हैं, लेकिन वह लौट ही रहा था कि महाराज ने उसे बुला भेजा। शायद उससे सिनेमा-संसार के ताज़े समाचार पूछना चाहते थे। उसके सलाम पर मुस्कुराकर बोले—तुम ख़ूब आए भाई, कहो एम.सी.सी. का मैच देखा या नहीं? मैं तो इन बखेड़ों में ऐसा फँसा कि जाने की नौबत नहीं आई। अब तो यही दुआ कर रहा हूँ कि किसी तरह एजेंट साहब ख़ुश-ख़ुश रुख़सत हो जाएँ। मैंने जो भाषण लिखवाया है, वह ज़रा तुम भी देख लो। मैंने इन राष्ट्रीय आन्दोलनों की ख़ूब ख़बर ली है और हरिजनोद्धार पर भी छींटे उड़ा दिए है।

जयकृष्ण ने अपने आवेश को दबाकर कहा—राष्ट्रीय आन्दोलनों की आपने ख़बर ली, यह अच्छा किया; लेकिन हरिजनोद्धार को तो सरकार भी पसन्द करती है, इसीलिए उसने महात्मा गांधी को रिहा कर दिया, और जेल में भी उन्हें इस आन्दोलन के सम्बन्ध में लिखने-पढ़ने और मिलने-जुलने की पूरी स्वाधीनता दे रखी थी।

राजा साहब ने सात्त्विक मुस्कान के साथ कहा—तुम जानते नहीं हो, यह सब प्रदर्शन-मात्र है। दिल में सरकार समझती है कि यह भी राजनीतिक आन्दोलन है। वह इस रहस्य को बड़े ध्यान से देख रही है। लॉयल्टी में जितना प्रदर्शन करो, चाहे वह औचित्य की सीमा के पार ही क्यों न हो जाए, उसका रंग चोखा ही होता है—उसी तरह, जैसे कवियों की विरुदावली से हम फूल उठते हैं, चाहे वह हास्यास्पद ही क्यों न हो। हम ऐसे कवि को ख़ुशामदी समझें, अहमक भी समझ सकते हैं; पर उससे अप्रसन्न नहीं हो सकते। वह हमें जितना ही ऊँचा उठाता है, उतना ही वह हमारी दृष्टि में ऊँचा उठता जाता है।

राजा साहब ने अपने भाषण की एक प्रति मेज़ के दराज से निकालकर जयकृष्ण के सामने रख दी, पर जयकृष्ण के लिए इस भाषण में अब कोई आकर्षण न था। अगर वह सभा-चतुर होता, तो ज़ाहिरदारी के लिए ही इस भाषण को बड़े ध्यान से पढ़ता, उसके शब्द-विन्यास और भावोत्कर्ष कर प्रशंसा करता, और उसकी तुलना महाराजा बीकानेर या पटियाला के भाषणों से करता। पर अभी दरबारी दुनिया की रीति-नीति से अनभिज्ञ था। जिस चीज़ को बुरा समझता था, उसे बुरा कहता था और जिस चीज़ को अच्छा समझता था, उसे अच्छा कहता था। बुरे को अच्छा, अच्छे को बुरा करना अभी उसे न आया था। उसने भाषण पर सरसरी नज़र डालकर उसे मेज़ पर रख दिया और अपनी स्पष्टवादिता का बिगुल फूँकता हुआ बोला—मै राजनीति के रहस्यों को भला क्या समझ सकता हूँ; लेकिन मेरा

ख़याल है कि चाणक्य के ये वंशज इन चालों को ख़ूब समझते है और कृत्रिम भावों का उन पर कोई असर नहीं होता; बल्कि इससे आदमी उनकी नज़रों में और भी गिर जाता है। अगर एजेंट को मालूम हो जाए कि उसके स्वागत के लिए प्रजा पर कितने जुल्म ढाए जा रहे हैं, तो शायद वह यहाँ से प्रसन्न होकर न जाए। फिर, मैं तो प्रजा की दृष्टि से देखता हूँ। एजेंट की प्रसन्नता अपने लिए लाभप्रद हो सकती है, प्रजा को तो उससे हानि ही होगी।

राजा साहब अपने किसी काम की आलोचना नहीं सह सकते थे। उनका क्रोध पहले ज़िरहों के रूप में निकलता, फिर तर्क का आकार धारण कर लेता और अन्त में भूकम्प के आवेश में उबल पड़ता था, जिससे उनका स्थूल शरीर, कुर्सी, मेज़, दीवारें और छत सभी में भीषण कम्पन होने लगता था। तिरछी आँखों से देखकर बोले–क्या हानि होगी, ज़रा सुनूँ?

जयकृष्ण समझ गया कि क्रोध की मशीनगन चक्कर में है और घातक विस्फोट होने ही वाला है। सँभलकर बोला–इसे आप मुझसे ज़्यादा समझ सकते हैं।

"नहीं, मेरी बुद्धि इतनी प्रखर नहीं है।"

"आप बुरा मान जाएंगे।"

"क्या तुम समझते हो, मैं बारूद का ढेर हूँ?"

"बेहतर है, आप इसे न पूछें।"

"तुम्हें बतलाना पड़ेगा।"

और आप-ही-आप उनकी मुट्ठियाँ बँध गई।

"तुम्हें बतलाना पड़ेगा, इसी वक़्त?"

जयकृष्ण यह धौंस क्यों सहने लगा? क्रिकेट के मैदान में राजकुमारों पर रोब जमाया करता था, बड़े-बड़े हुक्काम की चुटकियाँ लेता था। बोला–अभी आपके दिल में पोलिटिकल एजेंट का कुछ भय है, आप प्रजा पर जुल्म करते डरते हैं। जब वह आपके एहसानों से दब जाएगा, आप स्वच्छन्द हो जाएंगे। और प्रजा की फ़रियाद सुननेवाला कोई न रहेगा।

राजा साहब प्रज्वलित नेत्रों से ताकते हुए बोले–मैं एजेंट का गुलाम नहीं हूँ कि उससे डरूँ, कोई कारण नहीं है कि मैं उससे डरूँ, बिल्कुल कारण नहीं है। मैं पोलिटिकल एजेंट की इसलिए ख़ातिर करता हूँ कि वह हिज़ मैजेस्टी का प्रतिनिधि है। मेरे और हिज़ मैजेस्टी के बीच में भाईचारा है; एजेंट केवल उसका दूत है। मैं केवल नीति का पालन कर रहा हूँ। मैं विलायत जाऊँ, तो हिज़ मैजेस्टी भी इसी तरह मेरा सत्कार करेंगे। मैं डरूँ क्यों? मैं अपने राज्य का स्वतन्त्र राजा हूँ। जिसे चाहूँ, फाँसी दे सकता हूँ। मैं किसी से क्यों डरने लगा? डरना नामर्दों का काम है, मैं ईश्वर से भी नहीं डरता। डर क्या वस्तु है, यह मैंने आज तक नहीं जाना। मैं तुम्हारी तरह कॉलेज का मुँहफट छात्र नहीं हूँ कि क्रान्ति और आज़ादी की हाँक लगाता फिरूँ। तुम क्या जानो, क्रान्ति क्या चीज़ है? तुमने केवल उसका नाम सुन लिया है। उसके लाल दृश्य आँखों से नहीं देखे। बन्दूक़ की आवाज़ सुनकर तुम्हारा दिल काँप उठेगा। क्या तुम चाहते हो, मैं एजेंट से कहूँ–प्रजा तबाह है, आपके आने की ज़रूरत नहीं। मैं इतना आतिथ्य-शून्य नहीं हूँ। मैं अन्धा नहीं हूँ, अहमक नहीं हूँ; प्रजा की दशा का मुझे तुमसे कहीं अधिक ज्ञान है, तुमने उसे बाहर से देखा है, मैं उसे नित्य भीतर से देखता हूँ। तुम मेरी प्रजा को क्रान्ति का स्वप्न दिखाकर उसे गुमराह नहीं कर सकते। तुम मेरे राज्य में विद्रोह और

असंतोष के बीज नहीं बो सकते। तुम्हें अपने मुँह पर ताला लगाना होगा, तुम मेरे विरुद्ध एक शब्द भी मुँह से नहीं निकाल सकते, चूँ भी नहीं कर सकते।

डूबते हुए सूरज की किरणें महराबी दीवानख़ाने के रंगीन शीशों से होकर राजा साहब के क्रोधोन्मत्त मुख़-मण्डल को और भी रंजित कर रही थीं। उनके बाल नीले हो गए थे, आँखें पीली, चेहरा लाल और देह हरी। मालूम होता था, प्रेतलोक का कोई पिशाच है। जयकृष्ण की सारी उदण्डता हवा हो गई। राजा साहब को इस उन्माद की दशा में उसने कभी न देखा था, लेकिन इसके साथ ही उसका आत्मगौरव इस ललकार का जवाब देने के लिए व्याकुल हो रहा था। जैसे विनय का जवाब विनय है, वैसे ही क्रोध का जवाब क्रोध है, जब वह आतंक और भय, अदब और लिहाज़ के बन्धनों को तोड़कर निकल पड़ता है।

उसने भी राजा साहब को आग्नेय नेत्रों से देखकर कहा—मैं अपनी आँखों से वह अत्याचार देखकर मौन नहीं रह सकता।

राजा साहब ने आवेश से खड़े होकर, मानो उसकी गर्दन पर सवार होते हुए कहा—तुम्हें यहाँ जुबान खोलने का कोई हक़ नहीं है।

''प्रत्येक विचारशील मनुष्य को अन्याय के विरुद्ध आवाज़ उठाने का हक़ है। आप वह हक़ मुझसे नहीं छीन सकते!''

''मैं सब कुछ कर सकता हूँ।''

''आप कुछ नहीं कर सकते।''

''मैं तुम्हें अभी जेल में बन्द कर सकता हूँ।''

''आप मेरा बाल भी नहीं बाँका कर सकते।''

इसी वक़्त मि. मेहता बदहवास से कमरे में आए ओर जयकृष्ण की ओर कोप-भरी आँखें उठाकर बोले—कृष्ण, निकल जा यहाँ से, अभी मेरी आँखों से दूर हो जा, और ख़बरदार! फिर मुझे अपनी सूरत न दिखाना। मैं तुझ जैसे कपूत का मुँह नहीं देखना चाहता। जिस थाल में खाता है उसी में छेद करता है, बेअदब कहीं का! अब अगर जुबान खोली, तो मैं तेरा ख़ून पी जाऊँगा।

जयकृष्ण ने हिंसा-विक्षिप्त पिता को घृणा की आँखों से देखा और अकड़ता हुआ, गर्व से सिर उठाए, दीवानख़ाने के बाहर निकल गया।

राजा साहब ने कोच पर लेटकर कहा—बदमाश आदमी है, पल्ले सिरे का बदमाश! मैं नहीं चाहता कि ऐसा ख़तरनाक आदमी एक क्षण भी रियासत में रहे। तुम उससे जाकर कहो, इसी वक़्त यहाँ से चला जाए; वरना उसके हक़ में अच्छा न होगा। मैं केवल आपकी मुरव्वत से गम खा गया, नहीं तो इसी वक़्त इसका मज़ा चखा सकता था। केवल आपकी मुरव्वत ने हाथ पकड़ लिया। आपको तुरन्त निर्णय करना पड़ेगा, इस रियासत की दीवानी या लड़का। अगर दीवानी चाहते हो, तो तुरन्त उसे रियासत से निकाल दो और कह दो कि फिर कभी मेरी रियासत में पाँव न रखे। लड़के से प्रेम है, तो आज ही रियासत से निकल जाइए। आप यहाँ से कोई चीज़ नहीं ले जा सकते, एक पाई की भी चीज़ नहीं। जो कुछ है, वह रियासत का है। बोलिए, क्या मंजूर है?

मि. मेहता ने क्रोध के आवेश में जयकृष्ण को डाँट तो बतलाई थी, पर यह न समझे थे कि मामला इतना तूल खींचेगा। एक क्षण के लिए वह सन्नाटे में आ गए। सिर झुकाकर परिस्थिति पर विचार करने लगे—राजा उन्हें मिट्टी में मिला सकता है। वह यहाँ बिलकुल बेबस है, कोई उनका साथी नहीं, कोई उनकी फ़रियाद सुननेवाला नहीं। राजा उन्हें भिखारी बनाकर छोड़ देगा! इस अपमान के साथ निकाले

जाने की कल्पना करके वह काँप उठे। रियासत में उनके बैरियों की कमी न थी। सब-के-सब मूसलों ढोल बजाएँगे। जो आज उनके सामने भीगी बिल्ली बने हुए हैं, कल शेरों की तरह गुर्राएगे। फिर इस उमर में अब उन्हें नौकर ही कौन रखेगा! निर्दयी संसार के सामने क्या फिर उन्हें हाथ फैलाना पड़ेगा? नहीं, इससे तो यह कहीं अच्छा है कि वह यहीं पड़े रहें। कम्पित स्वर में बोले—मैं आज ही उसे घर से निकाल देता हूँ। अन्नदाता।

''आज नहीं, इसी वक़्त!''

''इसी वक़्त निकाल दूँगा।''

''हमेशा के लिए?''

''हमेशा के लिए।''

''अच्छी बात है, जाइए और आधा घंटे के अन्दर मुझे सूचना दीजिए।''

मि. मेहता घर चले, तो मारे क्रोध के उनके पाँव काँप रहे थे। देह में आग-सी लगी हुई थी। इस लौंडे के कारण आज उन्हें कितना अपमान सहना पड़ा। गधा चला है अपने साम्यवाद का राग अलापने। अब बच्चा को मालूम होगा, जबान पर लगाम न रखने का क्या नतीजा होता है। मैं क्यों उसके पीछे गली-गली ठोकरें खाऊँ? हाँ, मुझे यह पद और सम्मान प्यारा है। क्यों न प्यारा हो? इसके लिए बरसों एड़ियाँ रगड़ी हैं, अपना ख़ून और पसीना एक किया है। यह अन्याय बुरा ज़रूर लगता है; लेकिन बुरी लगने की यही एक बात तो नहीं है। और हज़ारों बातें भी तो बुरी लगती हैं। जब किसी बात का उपाय मेरे पास नहीं तो इस मुआमले के पीछे क्यों अपनी ज़िन्दगी ख़राब करूँ? उन्होंने घर आते ही आते पुकारा—जयकृष्ण!

सुनीता ने कहा—जयकृष्ण तो तुमसे पहले ही राजा साहब के पास गया था। तब से यहाँ कब आया?

''अब तक यहाँ नहीं आया! वह तो मुझसे पहले ही चल चुका था।''

वह फिर बाहर आए और नौकरों से पूछना शुरू किया। अब भी उसका पता न था। मारे डर के कहीं छिप रहा होगा और राजा ने आधा घंटे में इत्तला देने का हुक्म दिया है। यह लौंडा न जाने क्या करने पर लगा हुआ है। आप तो जाएगा ही, मुझे भी अपने साथ ले डूबेगा।

सहसा एक सिपाही ने एक पुरजा लाकर उनके हाथ में रख दिया। अच्छा, यह तो जयकृष्ण की लिखावट है। क्या कहा है—इस दुर्दशा के बाद मैं इस रियासत में एक क्षण भी नहीं रह सकता। मैं जाता हूँ। आपको अपना पद और मान अपनी आत्मा से ज़्यादा प्रिय है, आप ख़ुशी से उसका उपभोग कीजिए। फिर आपको तकलीफ़ देने न आऊँगा। अम्मा से मेरा प्रणाम कहिएगा।

मेहता ने पुरजा लाकर सुनीता को दिखाया और खिन्न होकर बोले—इसे न जाने कब समझ आएगी; लेकिन बहुत अच्छा हुआ। अब लाला को मालूम होगा, दुनिया में किस तरह रहना चाहिए। बिना ठोकरें खाए, आदमी की आँखें नहीं खुलतीं। मैं ऐसे तमाशे बहुत खेल चुका, अब इस ख़ुराफ़ात के पीछे अपना शेष जीवन नहीं बरबाद करना चाहता—और तुरन्त राजा साहब को सूचना देने चले।

2

दम-के-दम में सारी रियासत में यह समाचार फैल गया। जयकृष्ण अपने शील-स्वभाव के कारण जनता में बड़ा प्रिय था। लोग बाज़ारों और चौरास्तों पर खड़े

हो-होकर इस काण्ड पर आलोचना करने लगे—अजी, वह आदमी नहीं था भाई, उसे किसी देवता का अवतार समझो। महाराज के पास जाकर बेधड़क बोला—अभी बेगार बन्द कीजिए, वरना शहर में हंगामा हो जाएगा। राजा साहब की तो जुबान बन्द हो गई। बगलें झाँकने लगे। शेर है, शेर! उम्र तो कुछ नहीं पर आफ़्त का परकाला है। और वह यह बेगार बन्द करा के रहता; हमेशा के लिए। राजा साहब को भागने की राह न मिलती। सुना, घिघियाने लगे। मुदा इसी बीच में दीवान साहब पहुँच गए और उसे देश निकाले का हुक्म दे दिया। यह हुक्म सुनकर उसकी आँखों में ख़ून उतर आया था, लेकिन बाप का अपमान न किया।

"ऐसे बाप को तो गोली मार देनी चाहिए, बाप है या दुश्मन।"

"वह कुछ भी हो, है तो बाप ही।"

सुनीता सारे दिन बैठी रोती रही। जैसे कोई उसके कलेजे में बर्छियाँ चुभो रहा था। बेचारा न जाने कहाँ चला गया। अभी जलपान तक न किया था। चूल्हे में जाए ऐसा भोग-विलास, जिसके पीछे उसे बेटे को त्यागना पड़े। हृदय में ऐसा उद्वेग उठा कि इसी दम पति और घर को छोड़कर रियासत से निकल जाए, जहाँ ऐसे नर-पिशाचों का राज्य है। इन्हें अपनी दीवानी प्यारी है, उसे लेकर रहें। वह अपने पुत्र के साथ उपवास करेगी; पर उसे आँखों से देखती तो रहेगी।

एकाएक वह उठकर महारानी के पास चली। वह उनसे फ़रियाद करेगी। उन्हें भी ईश्वर ने बालक दिये हैं। उन्हें क्या एक अभागिनी माता पर दया न आएगी? इसके पहले भी वह कई बार महारानी के दर्शन कर चुकी थी। उसका मुरझाया हुआ मन आशा से लहलहा उठा।

लेकिन रनिवास में पहुँची तो देखा कि महारानी के तेवर भी बदले हुए हैं। उसे देखते ही बोलीं—तुम्हारा लड़का उजड्ड है। ज़रा भी अदब नहीं। किससे किस तरह बात करनी चाहिए, इसका ज़रा भी सलीका नहीं। न जाने विश्वविद्यालय में क्या पढ़ा करता है? आज महाराज से उलझ बैठा। कहता था कि बेगार बन्द कर दीजिए और एजेंट साहब के स्वागत-सत्कार की कोई तैयारी न कीजिए। इतनी समझ भी उसे नहीं है कि इस तरह कोई राजा कितने घंटे गद्दी पर रह सकता है? एजेंट बहुत बड़ा अफ़सर न सही, लेकिन है तो बादशाह का प्रतिनिधि। उसका आदर-सत्कार करना तो हमारा धर्म है; फिर ये बेगार किस दिन काम आएँगे? उन्हें रियासत से जागीरें मिली हुई हैं। किस दिन के लिए? प्रजा में विद्रोह की आग भड़काना कोई भले आदमी का काम है? जिस पत्तल में खाओ, उसी में छेद करो! महाराज ने दीवान साहब का मुलाहज़ा किया, नहीं तो उसे हिरासत में डलवा देते। अब बच्चा नहीं है। खासा पाँच हाथ का जवान है। सब कुछ देखता और समझता है। हम हाकिमों से बैर करें, तो कितने दिन निर्वाह हो? उसका क्या बिगड़ता है। कहीं सौ- पचास की चाकरी पा जाएगा। यहाँ तो करोड़ों की रियासत बरबाद हो जाएगी।

सुनीता ने आँचल फैलाकर कहा—महारानी बहुत सत्य कहती हैं, पर अब तो उसका अपराध क्षमा कीजिए। बेचारा लज्जा और भय के मारे घर नहीं गया। न जाने किधर चला गया। हमारे जीवन का यही एक अवलम्ब है, महारानी! हम दोनों रो-रोकर मर जाएँगे। आँचल फैलाकर आपसे भीख माँगती हूँ, उसको क्षमादान दीजिए। माता के हृदय को आपसे ज़्यादा और कौन समझेगा, आप महाराज से सिफ़ारिश कर दें।

महारानी ने अपनी बड़ी-बड़ी आँखों से उसकी ओर देखा, मानो वह कोई बड़ी अनोखी बात कह रही हो और अपने रँगे हुए होंठों पर अंगूठियों से जगमगाती हुई उँगली रखकर बोलीं—क्या कहती हो सुनीता देवी! उस युवक की महाराज से सिफ़ारिश करूँ, जो हमारी जड़ खोदने पर तुला हुआ है? आस्तीन में साँप पालूँ? तुम किस मुँह से ऐसी बात कहती हो? और महाराज मुझे क्या कहेंगे? ना, मैं इसके बीच में न पड़ूँगी। उसने जो बीज बोए हैं, उनका वह फल खाए। मेरा लड़का ऐसा नालायक होता, तो उसका मुँह न देखती। और तुम ऐसे बेटे की सिफ़ारिश करती हो?

सुनीता ने आँखों से आँसू भरकर कहा—महारानी, ऐसी बात आपके मुँह से शोभा नहीं देती।

महारानी मसनद टेककर उठ बैठीं और तिरस्कार के स्वर में बोलीं—अगर तुमने सोचा था कि मैं तुम्हारे आँसू पोछूँगी, तो तुमने भूल की। हमारे द्रोही की सिफारिश लेकर हमारे ही पास आना, इसके सिवा और क्या है कि तुम उसके अपराध को बाल-क्रीड़ा समझ रही हो। अगर तुमने उसके अपराध की भीषणता का ठीक अनुमान किया होता, तो मेरे पास कभी न आतीं। जिसने रियासत का नमक खाया है, वह रियासत के द्रोहों की पीठ सहलाए! वह स्वयं राजद्रोही है। इसके सिवा और क्या कहूँ?

सुनीता भी गर्म हो गई। पुत्र-स्नेह म्यान के बाहर निकल आया; बोली—राजा का कर्तव्य केवल अपने अफ़सरों को प्रसन्न करना नहीं है। प्रजा को पालने की ज़िम्मेदारी इससे कहीं बढ़कर है।

उसी समय महाराज ने कमरे में कदम रखा। रानी ने उठकर स्वागत किया और सुनीता सिर झुकाए निस्पंद खड़ी रह गई।

राजा ने व्यंग्यपूर्ण मुस्कान के साथ पूछा—वह कौन महिला तुम्हें राजा के कर्तव्य का उपदेश दे रही थी?

रानी ने सुनीता की ओर आँख मारकर कहा—यह दीवान साहब की धर्मपत्नी हैं।

राजा साहब की त्यौरियाँ चढ़ गईं। होंठ चबाकर बोले—जब माँ ऐसी पैनी छुरी है, तो लड़का क्यों न ज़हर का बुझाया हुआ हो? देवीजी, मैं तुमसे यह शिक्षा नहीं लेना चाहता कि राजा का अपनी प्रजा के साथ क्या धर्म है। यह शिक्षा मुझे कई पीढ़ियों से मिलती चली आई है। बेहतर हो कि तुम किसी से यह शिक्षा प्राप्त कर लो कि स्वामी के प्रति उसके सेवक का क्या धर्म है, और जो नमकहराम है, उसके साथ स्वामी को कैसा व्यवहार करना चाहिए।

यह कहते हुए राजा साहब उसी उन्माद की दशा में बाहर चले गए। मि. मेहता घर जा रहे थे कि राजा साहब ने कठोर स्वर में पुकारा—सुनिए मि. मेहता! आपके सपूत तो विदा हो गए, लेकिन मुझे अभी मालूम हुआ कि आपकी देवीजी राज-द्रोह के मैदान में उनसे भी दो कदम आगे हैं; बल्कि मैं तो कहूँगा, वह केवल रिकार्ड है, जिसमें देवीजी की आवाज़ ही बोल रही है। मैं नहीं चाहता कि जो व्यक्ति रियासत का संचालक हो, उसके साए में रियासत के विद्राहियों को आश्रय मिले। आप ख़ुद इस दोष से मुक्त नहीं हो सकते। वह हरगिज़ मेरा अन्याय न होगा, यदि मैं यह अनुमान कर लूँ क़ि आप ही ने यह मन्त्र फूँका है।

मि. मेहता अपनी स्वामिभक्ति पर यह आक्षेप न सह सके। व्यथित कंठ

से बोले—यह तो मैं किस जुबान से कहूँ कि दीनबन्धु इस विषय में मेरे साथ अन्याय कर रहे हैं; लेकिन मैं सर्वथा निर्दोष हूँ और मुझे यह देखकर दुःख होता है कि मेरी वफ़ादारी पर यों सन्देह किया जा रहा है।

"वफादारी केवल शब्दों से नहीं होती।"

"मेरा ख़याल है कि मैं उसका प्रमाण दे चुका।"

"नई-नई दलीलों के लिए नए-नए प्रमाणों की ज़रूरत है। आपके पुत्र के लिए जो दण्ड-विधान था, वही आपकी स्त्री के लिए भी है। मैं इसमें किसी भी तरह का उज्र नहीं चाहता। और इसी वक़्त इस हुक्म की तामील होनी चाहिए।"

"लेकिन दीनानाथ···!"

"मैं एक शब्द भी नहीं सुनना चाहता।"

"मुझे कुछ निवेदन करने की आज्ञा न मिलेगी?"

"बिलकुल नहीं, यह मेरा आख़िरी हुक्म है।"

मि. मेहता यहाँ से चले, तो उन्हें सुनीता पर बेहद ग़ुस्सा आ रहा था। इन सभी को न जाने क्या सनक सवार हो गई है। जयकृष्ण तो ख़ैर बालक है, बेसमझ है, इस बुढ़िया को क्या सूझी। न जाने रानी साहब से जाकर क्या कह आई। किसी को मुझसे हमदर्दी नहीं, सब अपनी धुन में मस्त हैं। किस मुसीबत से मैं अपनी ज़िन्दगी के दिन काट रहा हूँ, यह कोई नहीं समझता। कितनी निराशा और विपत्तियों के बाद यहाँ ज़रा निश्चिन्त हुआ था कि इन सभी ने यह नया तूफ़ान खड़ा कर दिया। न्याय और सत्य का ठेका क्या हमीं ने लिया है? यहाँ भी वही हो रहा है, जो सारी दुनिया में हो रहा है। कोई नई बात नहीं है।

संसार में दुर्बल और दरिद्र होना पाप है। इसकी सज़ा से कोई बच ही नहीं सकता। बाज़ कबूतर पर कभी दया नहीं करता। सत्य और न्याय का समर्थन मनुष्य की सज्ज्नता और सभ्यता का एक अंग है। बेशक़ इससे कोई इनकार नहीं कर सकता; लेकिन जिस तरह और सभी प्राणी केवल मुख से इसका समर्थन करते हैं, क्या उसी तरह हम भी नहीं कर सकते? और जिन लोगों का पक्ष लिया जाए, वे भी तो कुछ इसका महत्त्व समझें। आज राजा साहब इन्हीं बेगारों से ज़रा हँसकर बातें करें, तो वे अपने सारे दुखड़े भूल जाएँगे और उलटे हमारे ही शत्रु बन जाएँगे।

शायद सुनीता महारानी के पास जाकर अपने दिल का बुख़ार निकाल आई है। गधी यह नहीं समझती कि दुनिया में किसी तरह मान-मर्यादा का निर्वाह करते हुए ज़िन्दगी काट लेना ही हमारा धर्म है। अगर भाग्य में यश और कीर्ति बदी होती, तो इस तरह दूसरों की ग़ुलामी क्यों करता? लेकिन समस्या यह है कि इसे भेजूँ कहाँ? मैके में कोई है नहीं, मेरे घर में कोई है नहीं। उँह! अब मैं इस चिन्ता में कहाँ तक मरूँ? जहाँ जी चाहे जाए, जैसा किया है, वैसा भोगे।

वह इसी क्षोभ और ग्लानि की दशा में घर में गए और सुनीता से बोले—आख़िर तुम्हें भी वही पागलपन सूझा, जो लौंडे को सूझा था। मैं कहता हूँ, आख़िर तुम्हें कभी समझ आएगी या नहीं? क्या सारे संसार के सुधार का बीड़ा हमीं ने उठाया है? कौन राजा ऐसा है, जो अपनी प्रजा पर जुल्म नहीं करता? उनके स्वत्त्वों का अपहरण न करता हो। राजा ही क्यों, हम-तुम-सभी तो दूसरों पर अन्याय कर रहे हैं। तुम्हें क्या हक़ है कि तुम दर्जनों ख़िदमतगार रखो और उन्हें ज़रा-ज़रा सी बात पर सज़ा दो? न्याय और सत्य निरर्थक शब्द हैं, जिनकी उपयोगिता इसके सिवा और कुछ नहीं कि बुद्धुओं की गर्दन मारी जाए और समझदारों की वाह-वाह हो। तुम और तुम्हारा लड़का उन्हीं बुद्धओं में हैं। और इसका दण्ड तुम्हें

भोगना पड़ेगा। महाराज का हुक्म है कि तुम तीन घंटे के अन्दर रियासत से निकल जाओ, नहीं तो पुलिस आकर तुम्हें निकाल देगी। मैंने तो तय कर लिया है कि राजा साहब की इच्छा के विरुद्ध एक शब्द भी मुँह से न निकालूँगा। न्याय का पक्ष लेकर देख लिया है। हैरानी और अपमान के सिवा और कुछ हाथ न आया। जिनकी हिमाक़त की थी, वे आज भी उसी दशा में हैं; बल्कि उससे भी और बद्‌तर। मैं साफ़ कहता हूँ कि तुम्हारी उद्दण्डताओं का तावान देने के लिए तैयार नहीं। मैं गुप्त रूप से तुम्हारी सहायता करता रहूँगा। इसके सिवा मैं और कुछ नहीं कर सकता।

सुनीता ने गर्व के साथ कहा–मुझे तुम्हारी सहायता की ज़रूरत नहीं। कहीं भेद खुल जाए, तो दीनबन्धु तुम्हारे ऊपर कोप का वज्र गिरा दें। तुम्हें अपना पद और सम्मान प्यारा है, उसका आनन्द से उपभोग करो। मेरा लड़का और कुछ न कर सकेगा, तो पाव-भर आटा तो कमा ही लाएगा। मैं भी देखूँगी कि तुम्हारी स्वामि-भक्ति कब तक निभती है और कब तक तुम अपनी आत्मा की हत्या करते हो।

मेहता ने तिलमिलाकर कहा–क्या तुम चाहती हो कि फिर उसी तरह चारों तरफ़ ठोकर खाता फिरूँ?

सुनीता ने घाव पर नमक छिड़का–नहीं, कदापि नहीं। अब तक तो मैं समझती थी, तुम्हें ठोकरें खाने में मज़ा आता है तथा पद और अधिकार से भी मूल्यवान कोई वस्तु तुम्हारे पास है, जिसकी रक्षा के लिए तुम ठोकरें खाना अच्छा समझते हो। अब मालूम हुआ, तुम्हें अपना पद अपनी आत्मा से भी प्रिय है। फिर क्यों ठोकरें खाओ, मगर कभी-कभी अपना कुशल-समाचार तो भेजते रहोगे, या राजा साहब की आज्ञा लेनी पड़ेगी?

''राजा साहब इतने न्याय-शून्य हैं कि मेरे पत्र-व्यवहार में रोक-टोक करें?''

''अच्छा! राजा साहब में इतनी आदमीयत है? मुझे तो विश्वास नहीं होता''

''तुम अब भी अपनी ग़लती पर लज्जित नहीं हो?''

''मैंने कोई ग़लती नहीं की। मैं तो ईश्वर से चाहती हूँ कि जो मैंने आज किया, वह बार-बार करने का मुझे अवसर मिले।''

''मेहता ने अरुचि के साथ पूछा–तुमने कहाँ जाने का इरादा किया है?''

''जहन्नुम में।''

''ग़लती ख़ुद करती हो, गुस्सा मुझ पर उतारती हो?''

''मैं तुम्हें इतना निर्लज्ज न समझती थी!''

''मैं भी इसी शब्द का तुम्हारे लिए प्रयोग कर सकता हूँ।''

''केवल मुख से, मन से नहीं।''

मि. मेहता लज्जित हो गए।

3

जब सुनीता की विदाई का समय आया, तो स्त्री-पुरुष, दोनों ख़ूब रोए और एक तरह से सुनीता ने अपनी भूल स्वीकार कर ली। वास्तव में इस बेकारी के दिनों में मेहता ने जो कुछ किया, वही उचित था, बेचारे कहाँ मारे-मारे फिरते।

पोलिटिकल एजेंट साहब पधारे और कई दिनों तक ख़ूब दावतें खायीं और

ख़ूब शिकार खेला। राजा साहब ने उनकी तारीफ़ की। उन्होंने राजा साहब की तारीफ़ की। राजा साहब ने उन्हें अपनी लॉयल्टी का विश्वास दिलाया, उन्होंने सतिया राज्य को आदर्श कहा और राजा साहब को न्याय और सेवा का अवतार स्वीकार किया; और तीन दिन में रियासत को ढ़ाई लाख की चपत देकर विदा हो गए।

मि. मेहता का दिमाग़ आसमान पर था। सभी उनकी कारगुज़ारी की प्रशंसा कर रहे थे। एजेंट साहब तो उनकी दक्षता पर मुग्ध हो गए। उन्हें राय साहब की उपाधि मिली और उनके अधिकारों में भी वृद्धि हुई। उन्होंने अपनी आत्मा को उठाकर ताक पर रख दिया था। उनकी यह साधना कि महाराज और एजेंट, दोनों उनसे प्रसन्न रहें, सम्पूर्ण रीति से पूरी हो गई। उनके जैसा स्वामिभक्त सेवक दूसरा न था।

राजा साहब अब कम-से-कम तीन साल के लिए निश्चिन्त थे। एजेंट ख़ुश है तो फिर किसका भय! कामुकता, लम्पटता और भाँति-भँति के दुर्व्यसनों की लहर प्रचण्ड हो उठी। सुन्दरियों की टोह लगाने के लिए सुराग-रसानी का एक विभाग खुल गया, जिसका सम्बन्ध सीधे राजा साहब से था। एक बूढ़ा खुर्राट, जिसका पेशा हिमालय की परियों को फँसाकर राजाओं को लूटना था, और जो इसी पेशे की बदौलत राज-दरबारों में पूजा जाता था, इस विभाग का अध्यक्ष बना दिया गया। नई-नई चिड़ियाँ आने लगीं। भय, लोभ और सम्मान-सभी अस्त्रों से शिकार खेला जाने लगा; लेकिन एक ऐसा अवसर भी पड़ा, जहाँ इस तिकड़म की सारी सामूहिक और वैयक्तिक चेष्टाएँ निष्फल हो गईं और गुप्त विभाग ने निश्चय किया कि इस बालिका को किसी तरह उड़ा लाया जाए। और इस महत्त्वपूर्ण कार्य के सम्पादन का भार मि. मेहता पर रखा गया, जिनसे ज़्यादा स्वामिभक्त सेवक रियासत में दूसरा न था। उनके ऊपर महाराजा साहब को पूरा विश्वास था। दूसरे के विषय में सन्देह था कि कहीं रिश्वत लेकर शिकार बहका दें, या भण्डाफोड़ कर दें, या अमानत में ख़यानत कर बैठें। मेहता की ओर से किसी तरह उन बातों की शंका न थी। रात को नौ बजे उनकी तलबी हुई—अन्नदाता ने हजूर को याद किया है।

मेहता साहब ड्योढ़ी पर पहुँचे, तो राजा साहब पाईबाग़ में टहल रहे थे। मेहता को देखते ही बोले—आइए मि. मेहता, आपसे एक खास बात में सलाह लेनी है। यहाँ कुछ लोगों की राय है कि सिंहद्वार के सामने आपकी एक प्रतिमा स्थापित की जाए, जिससे चिरकाल तक आपकी यादगार क़ायम रहे। आपको तो शायद इसमें कोई आपत्ति नहीं होगी? और यदि हो भी, तो लोग इस विषय में आपकी अवज्ञा करने पर भी तैयार हैं। सतिया की आपने जो अमूल्य सेवा की है, उसका पुरस्कार तो कोई क्या दे सकता है, लेकिन जनता के हृदय में आप पर जो श्रद्धा है, उसे तो वह किसी-न-किसी रूप में प्रकट ही करेगी।

मेहता ने बड़ी नम्रता से कहा—यह अन्नदाता की गुण-ग्राहकता है, मैं तो एक तुच्छ सेवक हूँ। मैंने जो कुछ किया, वह इतना ही है कि नमक का हक़ अदा करने का सदैव प्रयत्न किया, मगर मैं इस सम्मान के योग्य नहीं हूँ।

राजा ने कृपालु भाव से हँसकर कहा—आप योग्य हैं या नहीं, इसका निर्णय आपके हाथ में नहीं है मि. मेहता, आपकी दीवानी यहाँ न चलेगी। हम आपका सम्मान नहीं कर रहे हैं, अपनी भक्ति का परिचय दे रहे हैं। थोड़े दिनों में न हम रहेंगे, न आप रहेंगे, उस वक़्त भी यह प्रतिमा अपनी मूक वाणी से कहती रहेगी कि पिछले लोग अपने उद्धारकों का आदर करना जानते थे। मैंने लोगों से कह दिया है कि चन्दा ज़मा करें। एजेंट ने अबकी जो पत्र लिखा है, उसमें आपको ख़ास-तौर से सलाम लिखा है।

मेहता ने ज़मीन में गड़कर कहा—यह उनकी उदारता है, मैं तो जैसा आपका सेवक हूँ, वैसा ही उनका भी सेवक हूँ।

राजा साहब कई मिनट तक फूलों की बहार देखते रहे। फिर इस तरह बोले माने कोई भूली हुई बात याद आ गई हो—तहसील ख़ास में एक गाँव लगनपुर है, आप कभी वहाँ गए हैं?

''हाँ अन्नदाता! एक बार गया हूँ, वहाँ एक धनी साहूकार है। उसी के दीवानखाने में ठहरा था। अच्छा आदमी है।''

''हाँ, ऊपर से बहुत अच्छा आदमी है, लेकिन अन्दर से पक्का पिशाच। आपको शायद मालूम न हो, इधर कुछ दिनों से महारानी का स्वास्थ्य बहुत बिगड़ रहा है और में सोच रहा हूँ कि उन्हें किसी सैनेटोरियम में भेज दूँ। वहाँ सब तरह की चिन्ताओं एवं झंझटों से मुक्त होकर वह आराम से रह सकेंगी; लेकिन रनिवास में नारी का रहना लाज़िम है। अफ़सरों के साथ उनकी लेडियाँ भी आती हैं, और भी कितने अंग्रेज़ मित्र अपनी लेडियों के साथ मेरे मेहमान होते रहते हैं। कभी राजे-महाराजे भी रानियों के साथ आ जाते हैं। रानी के बग़ैर लेडियों का आदर-सत्कार कौन करेगा? मेरे लिए यह वैयक्तिक प्रश्न नहीं, राजनीतिक समस्या है, और शायद आप भी मुझसे सहमत होंगे, इसलिए मैंने दूसरी शादी करने का इरादा कर लिया है। इस साहूकार की एक लड़की है, जो कुछ दिनों अजमेर में शिक्षा पा चुकी है। मैं एक बार उस गाँव से होकर निकला, तो मैंने उसे अपने घर की छत पर खड़े देखा; मेरे मन में तुरन्त भावना उठी कि अगर वह रमणी रनिवास में आ जाए, तो रनिवास की शोभा बढ़ जाए। मैंने महारानी की अनुमति लेकर साहूकार के पास सन्देश भेजा; किन्तु मेरे द्रोहियों ने कुछ ऐसी पट्टी पढ़ा दी कि उसने मेरा सन्देश स्वीकार न किया। कहता है, कन्या का विवाह हो चुका है। मैंने कहला भेजा, इसमें कोई हानि नहीं, मैं तावान देने को तैयार हूँ, लेकिन वह दुष्ट बराबर इन्कार किए जाता है। आप जानते हैं, प्रेम असाध्य रोग है। आपको भी शायद इसका कुछ-न-कुछ अनुभव हो। बस, यह समझ लीजिए कि जीवन निरानन्द हो रहा है। नींद और आराम हराम है। भोजन से अरुचि हो गई है। अगर कुछ दिन यही हाल रहा, तो समझ लीजिए कि मेरी जान पर बन आएगी। सोते-जागते वही मूर्ति आँखों के सामने नाचती रहती है। मन को समझाकर हार गया और अब विवश होकर मैंने कूटनीति से काम लेने का निश्चय किया है। प्रेम और समर में सब कुछ क्षम्य है। मैं चाहता हूँ, आप थोड़े से मातबर आदमियों को लेकर जाएं और उस रमणी को किसी तरह ले आएँ। ख़ुशी से आए ख़ुशी से, बल से आए, बल से, इसकी चिन्ता नहीं। मैं अपने राज्य का मालिक हूँ। इसमें जिस वस्तु पर मेरी इच्छा हो, उस पर किसी दूसरे व्यक्ति का नैतिक या सामाजिक स्वत्व नहीं हो सकता। यह समझ लीजिए कि आप ही मेरे प्राणों की रक्षा कर सकते हैं। कोई दूसरा ऐसा आदमी नहीं है, जो इस काम को इतने सुचारु रूप से पूरा कर दिखाए। आपने राज्य की बड़ी-बड़ी सेवाएँ की हैं। यह उस यश की पूर्णाहूति होगी और आप जन्म-जन्मान्तर तक राजवंश के इष्टदेव समझे जाएँगे।''

मि. मेहता का मरा हुआ आत्म-गौरव एकाएक सचेत हो गया। जो रक्त चिरकाल से प्रवाह-शून्य हो गया था, उसमें सहसा उद्रेक हो उठा। त्यौरियाँ चढ़ाकर बोले—तो आप चाहते हैं, मैं उसे किडनेप करूँ?

राजा साहब ने उनके तेवर देखकर आग पर पानी डालते हुए कहा—कदापि नहीं मि. मेहता, आप मेरे साथ घोर अन्याय कर रहे हैं। मैं आपको अपना प्रतिनिधि

बनाकर भेज रहा हूँ। कार्य-सिद्धि के लिए आप जिस नीति से चाहें काम ले सकते हैं। आपको पूरा अधिकार है।

मि. मेहता ने और भी उत्तेजित होकर कहा—मुझसे ऐसा पाजीपन नहीं हो सकता।

राजा साहब की आँखों से चिनगारियाँ निकलने लगीं।

"अपने स्वामी की आज्ञा-पालन करना पाजीपन है?"

"जो आज्ञा नीति और धर्म के विरुद्ध हो, उसका पालन करना बेशक़ पाजीपन है।"

"किसी स्त्री से विवाह का प्रस्ताव करना नीति और धर्म के विरुद्ध है?"

"आप इसे विवाह कहकर 'विवाह' शब्द को कलंकित करते हैं। यह बलात्कार है!"

"आप अपने होश में हैं?"

"ख़ूब अच्छी तरह!"

"मैं आपको धूल में मिला सकता हूँ।"

"तो आपकी गद्दी भी सलामत न रहेगी!"

"मेरी नेकियों का यही बदला है, नमकहराम?"

"आप अब शिष्टता की सीमा से आगे बढ़े जा रहे हैं, राजा साहब! मैंने अब तक अपनी आत्मा की हत्या की है और आपके हर एक जा और बेजा हुक्म की तामील की है; लेकिन आत्म-सेवा की भी एक हद होती है, जिसके आगे कोई भला आदमी नहीं जा सकता। आपका कृत्य जघन्य है और इसमें जो व्यक्ति आपका सहायक हो, वह इसी योग्य है कि उसकी गर्दन काट दी जाए। मैं ऐसी नौकरी पर लानत भेजता हूँ।"

यह कहकर वह घर आए और रातोंरात बोरिया-बिस्तर समेटकर रियासत से निकल गए; मगर इसके पहले सारा वृतांत लिखकर उन्होंने पोलिटिकल एजेंट के पास भेज दिया।

❑❑❑

मुफ़्त का यश

उन दिनों संयोग से हाकिम-ज़िला एक रसिक सज्जन थे। इतिहास और पुराने सिक्कों की खोज में उन्होंने अच्छी ख्याति प्राप्त कर ली थी। ईश्वर जाने, दफ़्तर के सूखे कामों से उन्हें ऐतिहासिक छान-बीन के लिए कैसे समय मिल जाता था। यहाँ तो जब किसी अफ़सर से पूछिए, तो वह यही कहता है–'मारे काम के मरा जाता हूँ, सिर उठाने की फुरसत नहीं मिलती।' शायद शिकार और सैर भी उनके काम में शामिल है। उन सज्जन की कृतियाँ मैंने देखी थी और मन में उनका आदर करता था; लेकिन उनकी अफ़सरी किसी प्रकार की घनिष्ठता में बाधक थी। मुझे यह संकोच था कि अगर मेरी ओर से पहल हुई, तो लोग यही कहेंगे कि इसमें मेरा कोई स्वार्थ है, और मैं किसी दशा में भी यह इलज़ाम अपने सिर नहीं लेना चाहता। मैं तो हुक्काम को दावतों और सार्वजनिक उत्सवों में नेवता देने का भी विरोधी हूँ और जब कभी सुनता हूँ कि किसी अफ़सर को किसी आम जलसे का सभापति बनाया गया या कोई स्कूल, औषधालय या विधवाश्रम किसी गवर्नर के नाम से खोला गया, तो अपने देश-बन्धुओं की दास-मनोवृत्ति पर घण्टों अफ़सोस करता हूँ; मगर जब एक दिन हाकिम-ज़िला ने ख़ुद मेरे नाम एक रुक्का भेजा कि मैं आपसे मिलना चाहता हूँ; क्या आप मेरे बँगले पर आने का कष्ट स्वीकार करेंगे! तो मैं बड़ी दुविधा में पड़ गया। क्या जवाब दूँ? अपने दो-एक मित्रों से सलाह ली। उन्होंने कहा–साफ़ लिख दीजिए, मुझे फुरसत नहीं। वह हाकिम- ज़िला होंगे, तो अपने घर के होंगे। कोई सरकारी या ज़ाब्ते का काम होता तो आपका जाना अनिवार्य था; लेकिन निजी मुलाक़ात के लिए जाना आप की शान के ख़िलाफ है। आख़िर वह ख़ुद आपके मकान पर क्यों नहीं आए? इससे क्या उनकी शान में बट्टा लगा जाता था? इसीलिए तो ख़ुद नहीं आए कि वह हाकिम-ज़िला हैं। इन अहमक़ हिन्दुस्तानियों को कब यह समझ आएगी कि दफ़्तर के बाहर वे भी वैसे ही साधारण मनुष्य हैं, जैसे हम या आप। शायद ये लोग अपनी घरवालियों से भी अफ़सरी जताते होंगे। अपना पद उन्हें कभी नहीं भूलता।

एक मित्र ने, जो लतीफ़ों के चलते-फिरते तिज़ोरी हैं, हिन्दुस्तानी अफ़सरों के विषय में कई बड़ी मनोरंजक घटनाएँ सुनाईं। एक अफ़सर साहब ससुराल गए। शायद स्त्री को विदा कराना था। जैसा आम रिवाज़ है, ससुरजी ने पहले ही वादे पर लड़की को विदा करना उचित न समझा। कहने लगे–बेटा, इतने दिनों के बाद आई है, अभी कैसे विदा कर दूँ? भला, छः महीने तो रहने दो। उधर धर्मपत्नीजी ने भी नाइन से सन्देश कहला भेजा–अभी मैं नहीं जाना चाहती। आख़िर माता-पिता से भी तो मेरा कोई नाता है। मैं तुम्हारे हाथ बिक थोड़े ही गई हूँ? दामाद साहब अफ़सर थे, जामे से बाहर हो गए। तुरन्त घोड़े पर बैठे और सदर की राह ली। दूसरे ही दिन ससुरजी पर सम्मन जारी कर दिया। बेचारा बूढ़ा आदमी, तुरन्त लड़की को साथ लेकर दामाद की सेवा में जा पहुँचा। तब जाके उसकी जान बची। ये लोग ऐसे मिथ्याभिमानी होते हैं, और फिर तुम्हें हाकिम-ज़िला से लेना ही क्या है? अगर तुम कोई विद्रोहात्मक गल्प या लेख लिखोगे, तो फ़ौरन गिरफ़्तार कर लिए जाओगे। हाकिम-ज़िला ज़रा भी मुरव्वत न करेंगे। कह देंगे–यह गवर्नमेंट

का हुक्म है, मैं क्या करूँ? अपने लड़के के लिए क़ानूनगोई या नायब तहसीलदारी की लालसा तुम्हें है नहीं। व्यर्थ क्यों दौड़े जाओ।

लेकिन मुझे मित्रों की यह सलाह पसन्द न आई। एक भला आदमी जब निमन्त्रण देता है, तो केवल इसलिए अस्वीकार कर देना कि हाकिम-ज़िला ने भेजा है, मुटमर्दी है। बेशक हाकिम साहब मेरे घर आ जाते, तो उनकी शान कम न होती। उदार हृदयवाला आदमी बेतकल्लुफ़ चला आता; लेकिन भाई जिले, की अफ़सरी बड़ी चीज़ है। और एक उपन्यासकार की हस्ती ही क्या है! इंगलैण्ड या अमेरिका में गल्प लेखकों और उपन्यासकारों की मेज़ पर निमंत्रित होने में प्रधानमंत्री भी अपना गौरव समझेगा, हाकिम-जिला की तो गिनती ही क्या है? लेकिन यह भारतवर्ष है, जहाँ हर एक रईस के दरबार में कवि-सम्राटों का जत्था रईस के कीर्तिगान के लिए ज़मा रहता था और आज भी ताज़पोशी में हमारे लेखकवृन्द बिना बुलाए राजाओं की ख़िदमत में हाज़िर होते हैं, क़सीदे पेश करते हैं और ईनाम के लिए हाथ पसारते हैं। तुम ऐसे कहाँ के बड़े वह हो, कि हाकिम-ज़िला तुम्हारे घर चला आए। जब तुममें इतनी अकड़ और तुनकमिज़ाज़ी है, तो वह तो ज़िले का बादशाह है। अगर उसे कुछ अभिमान भी हो, तो उचित है। इसे उसकी कमज़ोरी कहो, बेहूदगी कहो, मूर्खता कहो, उजड्डता कहो, फिर भी उचित है। देवता होना गर्व की बात है; लेकिन मनुष्य होना भी अपराध नहीं।

और मैं तो कहता हूँ—ईश्वर को धन्यवाद दो कि हाकिम-ज़िला तुम्हारे घर नहीं आए, वरना तुम्हारी कितनी भद होती। उनके आदर-सत्कार का सामान तुम्हारे पास कहाँ था? गत की एक कुर्सी तो नहीं है। उन्हें क्या तीन टाँगोंवाले सिंहासन पर बिठाते या मटमैले ज़ाज़िम पर? तीन पैसे की चौबीस बीड़ियाँ पीकर दिल ख़ुश कर लेते हो। है सामर्थ्य रुपये के दो सिगार ख़रीदने की? तुम तो इतना भी नहीं जानते कि वह सिगार मिलता कहाँ है; उसका नाम क्या है? अपना भाग्य सराहो कि अफ़सर साहब तुम्हारे घर नहीं आए और तुम्हें बुला लिया। चार-पाँच रुपये बिगड़ भी जाते और लज्जित भी होना पड़ता। और कहीं तुम्हारे परम दुर्भाग्य और पापों के दण्डस्वरूप उनकी धर्मपत्नी भी उनके साथ होतीं, तब तो तुम्हें धरती में समा जाने के सिवा और कोई ठिकाना न था। तुम या तुम्हारी धर्मपत्नी उस महिला का सत्कार कर सकती थी? तुम्हारी तो घिग्घी बँध जाती साहब, बदहवास हो जाते! वह तुम्हारे दीवानख़ाने तक ही न रहती, जिसे तुमसे ग़रीबऊ ढंग से सज़ा रखा है। वहाँ तुम्हारी ग़रीबी अवश्य है; पर फूहड़पन नहीं। अन्दर तो पग-पग पर फूहड़पन के दृश्य नज़र आते। तुम अपने घर फटे-पुराने पहनकर और अपनी विपन्नता में मग्न रहकर ज़िन्दगी बसर कर सकते हो; लेकिन कोई भी आत्माभिमानी आदमी यह पसन्द नहीं कर सकता कि उसकी दुरावस्था दूसरों के लिए विनोद की वस्तु बने। इन लेडी साहबा के सामने तो तुम्हारी ज़ुबान बन्द हो जाती।

चुनाँचे मैंने हाकिम-ज़िला का निमंत्रण स्वीकार कर लिया और यद्यपि उनके स्वभाव में कुछ अनावश्यक अफ़सरी की शान थी; लेकिन उनके स्नेह और उदारता ने उसे यथासाध्य प्रकट न होने दिया। कम-से-कम उन्होंने मुझे शिकायत का कोई मौक़ा न दिया। अफ़सराना प्रकृति को तब्दील करना उनकी शक्ति के बाहर था।

मुझे इस प्रसंग को कोई महत्त्व देने की कोई बात भी न थी, महत्त्व न दिया। उन्होंने मुझे बुलाया, मैं चला गया। कुछ गप-शप किया और लौट आया। किसी से इसका ज़िक्र करने की ज़रूरत ही क्या? मानो भाजी ख़रीदने बाज़ार गया था।

लेकिन टोहियों ने जाने कैसे टोह लगा लिया। विशेष समुदायों में यह चर्चा होने लगी कि हाकिम-ज़िला से मेरी बड़ी गहरी मैत्री है, और वह मेरा बड़ा सम्मान करते हैं। अतिशयोक्ति ने मेरा सम्मान और भी बढ़ा दिया, यहाँ तक मशहूर हुआ कि वह मुझसे सलाह लिए बग़ैर कोई फ़ैसला या रिपोर्ट नहीं लिखते।

कोई भी समझदार आदमी इस ख्याति से लाभ उठा सकता था। स्वार्थ में आदमी बावला हो जाता है। तिनके का सहारा ढूँढ़ता फिरता है। ऐसों को विश्वास दिलाना कुछ मुश्क़िल न था कि मेरे द्वारा उनका काम निकल सकता है, लेकिन मैं ऐसी बातों से घृणा करता हूँ। सैकड़ों व्यक्ति अपनी कथाएँ लेकर मेरे पास आए। किसी के साथ पुलिस ने बेज़ा ज्यादती की थी, कोई इनकमटैक्स वालों की सख़्तियों से दुःखी था, किसी की यह शिकायत थी कि दफ़्तर में उनकी हक़तलफ़ी हो रही है और उसके पीछे के आदमियों को दनादन तरक़्क़ियाँ मिल रही हैं। उनका नम्बर आता है, तो कोई परवाह नहीं करता। इस तरह का कोई-न-कोई प्रसंग नित्य ही मेरे पास आने लगा; लेकिन मेरे पास उन सबके लिए एक ही जवाब था–मुझसे कोई मतलब नहीं।

एक दिन मैं अपने कमरे में बैठा था, कि मेरे बचपन के एक सहपाठी मित्र आ टपके। हम दोनों एक ही मक़तब में पढ़ने जाया करते थे। कोई 45 साल की पुरानी बात है। मेरी उम्र 49 साल से अधिक न थी। वह भी लगभग इसी उम्र के रहे होंगे; लेकिन मुझसे कहीं बलवान और हृष्ट-पुष्ट। मैं ज़हीन था, वह निरे कौदन। मौलवी साहब उनसे हार गए थे, और उन्हें सबक पढ़ाने का भार मुझ पर डाल दिया था। अपने से दुगुने व्यक्ति को पढ़ाना मैं अपने लिए गौरव की बात समझता था और ख़ूब मन लगाकर पढ़ाता था। फल यह हुआ कि मौलवी साहब की छड़ी जहाँ असफल रही, वहाँ मेरा प्रेम सफल हो गया। बलदेव चल निकला, ख़ालिक बारी तक जा पहुँचा, मगर इस बीच में मौलवी साहब का स्वर्गवास हो गया और वह शाला टूट गई। उनके छात्र भी इधर-उधर हो गए। तब से बलदेव को मैंने दो-तीन बार रास्ते में देखा, (मैं अब भी वही सींकिया पहलवान हूँ और वह अब भी वही भीमकाय) राम-राम हुई, क्षेम-कुशल पूछा और अपनी राह चले गए।

मैंने उनसे हाथ मिलाते हुआ कहा–आओ भाई बलदेव, मज़े में तो हो? कैसे याद किया, क्या करते हो आजकल?

बलदेव ने व्यथित कंठ से कहा–ज़िन्दगी के दिन पूरे कर रहे हैं भाई, और क्या। तुमसे मिलने की बहुत दिनों से इच्छा थी। याद करो वह मक़मतबवाली बात, जब तुम मुझे पढ़ाया करते थे। तुम्हारी बदौलत चार अक्षर पढ़ गया और अपनी ज़मींदारी का काम सँभाल लेता हूँ, नहीं तो मूर्ख ही बना रहता। तुम मेरे गुरु हो भाई, सच कहता हूँ; मुझ जैसे गधे को पढ़ाना तुम्हारा ही काम था। न जाने क्या बात थी कि मौलवी साहब से सबक पढ़कर अपनी जगह पर आया नहीं कि बिलकुल साफ़। तुम जो पढ़ाते थे, वह बिना याद किए ही याद हो जाता था। तुम तब भी बड़े ह्व9हीन थे।

यह कहकर उन्होंने मुझे सगर्व-नेत्रों से देखा।

मैं बचपन के साथियों को देखकर फूल उठता हूँ। सजल नेत्र होकर बोला–मैं तो जब तुम्हें देखता हूँ, तो यही जी में आता है कि दौड़कर तुम्हारे गले लिपट जाऊँ। 45 वर्ष का युग, मानो बिलकुल ग़ायब हो जाता है। वह मक़तब आँखों के सामने फिरने लगता है, और बचपन सारी मनोहरताओं के साथ ताज़ा हो जाता है।

बलदेव ने भी द्रवित कंठ से उत्तर दिया—मैंने तो भाई, तुम्हें सदैव अपना इष्टदेव समझा है। जब तुम्हें देखता हूँ, तो छाती गज-भर की हो जाती है कि वह मेरा बचपन का संगी जा रहा है, जो समय आ पड़ने पर कभी दग़ा न देगा। तुम्हारी बड़ाई सुन-सुनकर मन-ही-मन प्रसन्न हो जाता हूँ; लेकिन यह बताओ, क्या तुम्हें खाना नहीं मिलता? कुछ खाते-पीते क्यों नहीं? सूख़ते क्यों जाते हो? घी न मिलता हो, तो दो-चार कनस्तर भिजवा दूँ। अब तुम बूढ़े हुए, ख़ूब डटकर खाया करो। अब भी सेर-भर दूध, पाव-भर घी उड़ाए जाता हूँ। इधर थोड़ा मक्खन भी खाने लगा हूँ। ज़िन्दगी भर बाल-बच्चों के लिए मर मिटे। अब कोई यह नहीं पूछता कि तुम्हारी तबियत कैसी है। अगर आज कन्धा डाल दूँ, तो कोई एक लोटे पानी को न पूछे। इसलिए ख़ूब खाता हूँ, और सबसे ज़्यादा काम करता हूँ। घर पर अपना रौब बना हुआ है। वही जो तुम्हारा जेठ लड़का है, उस पर पुलिस ने एक झूठा मुकद्दमा चला दिया है। जवानी के मद में किसी को कुछ समझता नहीं है। है भी अच्छा-ख़ासा पहलवान। दारोग़ाजी से एक बार कुछ कहा-सुनी हो गई। तब से घात में लगे हुए थे। इधर गाँव में एक डाका पड़ गया। दारोग़ाजी ने तहक़ीक़ात में उसे भी फाँस लिया। आज एक सप्ताह से हिरासत में है। मुकद्दमा मुहम्मद खलील, डिप्टी के इजलास में है और मुहम्मद खलील और दारोग़ाजी की दाँत-काटी रोटी है। अवश्य सज़ा हो जाएगी। अब तुम्हीं बचाओ। तो उसकी जान बच सकती है। और कोई आशा नहीं। सज़ा तो जो होगी, वह होगी ही, इज़्ज़त भी ख़ाक में मिल जाएगी।

तुम जाकर हाकिम-ज़िला से इतना कह दो कि मुकद्दमा झूठा है, आप ख़ुद चलकर तहक़ीक़ात कर लें। बस, देखो भाई, बचपन के साथी हो, नहीं न करना। जानता हूँ, तुम इन मामलों में नहीं पड़ते और तुम्हारे जैसे आदमी को पड़ना भी न चाहिए। तुम प्रजा की लड़ाई लड़नेवाले जीव हो, तुम्हें सरकार के आदमियों से मेल-जोल बढ़ाना उचित नहीं, नहीं तो जनता की नज़रों से गिर जाओगे। लेकिन यह घर का मामला है। इतना समझ लो कि मामला बिलकुल झूठ न होता, तो मैं कभी तुम्हारे पास न आता। लड़के की माँ रो-रोकर जान दिए डालती है। बहू ने दाना-पानी छोड़ रखा है। सात दिन से घर में चूल्हा नहीं जला। मैं तो थोड़ा-सा दूध पी लेता हूँ; लेकिन दोनों सास-बहू तो निराहार पड़ी हुई हैं। अगर बच्चा को सज़ा हो गई, तो दोनों मर जाएँगी। मैंने यही कहकर उन्हें ढाढ़स दिया है कि जब तक हमारा छोटा भाई सलामत है, कोई हमारा बाल बाँका नहीं कर सकता। तुम्हारी भाभी ने तुम्हारी एक पुस्तक पढ़ी है। वह तो तुम्हें देवतुल्य समझती है, और जब कोई बात होती है, तुम्हारी नज़ीर देकर मुझे लज्जित करती रहती है। मैं भी साफ़ कह देता हूँ—मैं उस छोकरे की-सी बुद्धि कहाँ से लाऊँ। तुम्हें उसकी नज़रों से गिराने के लिए तुम्हें छोकरा, मरियल सभी कुछ कहता हूँ; पर तुम्हारे सामने मेरा रंग नहीं ज़मता।

मैं बड़े संकट में पड़ गया। मेरी ओर से जितनी आपत्तियाँ हो सकती थीं, उन सबका जवाब बलदेवसिंह ने पहले ही से दे दिया था। उनको फिर दुहराना व्यर्थ था। इसके सिवा कोई जवाब न सूझा कि मैं जाकर साहब से कहूँगा। हाँ, इतना मैंने अपनी तरफ़ से और बढ़ा दिया कि मुझे आशा नहीं कि मेरे कहने का विशेष ख़याल किया जाए; क्योंकि सरकारी मामलों में हुक्काम हमेशा अपने मातहतों का पक्ष लिया करते हैं।

बलदेवसिंह ने प्रसन्न होकर कहा—इसकी चिन्ता नहीं, तक़दीर में जो लिखा है, वह तो होगा ही। बस, तुम जाकर कह भर दो।

"अच्छी बात है।"

"तो कल जाओगे?"

"हाँ, अवश्य जाऊँगा।"

"यह ज़रूर कहना कि आप चलकर तहक़ीक़ात कर लें।"

"हाँ, यह ज़रूर कहूँगा।"

"और यह भी कह देना कि बलदेवसिंह मेरा भाई है।"

"झूठ बोलने के लिए मुझे मजबूर न करो।"

"तुम मेरे भाई नहीं हो? मैंने तो हमेशा तुम्हें अपना भाई समझा है"

"अच्छा, यह भी कह दूँगा।"

बलदेवसिंह को विदा करके मैंने अपना लेख समाप्त किया और आराम से भोजन करके लेटा। मैंने उससे गला छुड़ाने के लिए झूठा वादा कर दिया था। मेरा इरादा हाकिम-ज़िला से कुछ कहने का नहीं था। मैंने पेशबन्दी के तौर पर पहले ही जता दिया था कि हुक्काम आम तौर पर पुलिस के मामलों में दख़ल नहीं देते, इसलिए सज़ा हो भी गई, तो मुझे यह कहने की काफ़ी गुंजाइश थी कि साहब ने मेरी बात स्वीकार नहीं की।

कई दिन गुज़र गए थे। मैं इस वाकिए को बिलकुल भूल गया था। सहसा एक दिन बलदेवसिंह अपने पहलवान बेटे के साथ मेरे कमरे में दाखिल हुए। बेटे ने मेरे चरणों पर सिर रख दिया और अदब से एक किनारे खड़ा हो गया। बलदेवसिंह बोले—बिलकुल बरी हो गया भैया! साहब ने दारोगा को बुलाकर ख़ूब डाँटे कि तुम भले आदमियों को सताते और बदनाम करते हो। अगर फिर ऐसा झूठा मुकद्दमा लाए, तो बर्ख़ास्त कर दिए जाओगे। दारोग़ाजी बहुत झेंपे। मैंने उन्हें झुककर सलाम किया। बच्चा पर घड़ों पानी पड़ गया। यह तुम्हारी सिफ़ारिश का चमत्कार है, भाईजान! अगर तुमने मदद न की होती, तो हम तबाह हो गए थे। यह समझ लो कि तुमने चार प्राणियों की जान बचा ली। मैं तुम्हारे पास बहुत डरते-डरते आया था। लोगों ने कहा था—उसके पास नाहक जाते हो, वह बड़ा बेमुरौवत आदमी है, उसकी जात से किसी का उपकार नहीं हो सकता। आदमी वह है, जो दूसरों का हित करे। वह क्या आदमी है, जो किसी की कुछ सुने ही नहीं! लेकिन भाईजान, मैंने किसी की बात न मानी। मेरे दिल में मेरा राम बैठा कह रहा था—तुम चाहे कितने ही रूखे और बेलाग हो, लेकिन मुझ पर अवश्य दया करोगे।

यह कहकर बलदेवसिंह ने अपने बेटे को इशारा किया। वह बाहर गया और एक बड़ा-सा गट्ठर उठा लाया, जिसमें भाँति-भाँति की देहाती सौगातें बँधी हुई थीं। हालाँकि मैं बराबर कहे जाता था—तुम ये चीज़ें नाहक लाए, इनकी क्या ज़रूरत थी, कितने गँवार हो, आख़िर तो ठहरे देहाती, मैंने कुछ नहीं कहा, मैं तो साहब के पास गया भी नहीं, लेकिन कौन सुनता है? खोया, दही, मटर की फलियाँ, अमावट, ताजा गुड़ और जाने क्या-क्या आ गया।

मैंने कहने को तो एक तरह से कह दिया—मैं साहब के पास गया ही नहीं, जो कुछ हुआ, ख़ुद हुआ; मेरा कोई एहसान नहीं है; लेकिन उसका मतलब यह निकाला गया कि मैं केवल नम्रता से और सौगातों को लौटा देने का कोई बहाना ढूँढ़ने के लिए ऐसा कह रहा हूँ। मुझे इतनी हिम्मत न हुई कि मैं इस बात का विश्वास दिलाता। इसका जो अर्थ निकाला गया, वही मैं चाहता था। मुफ़्त का एहसान छोड़ने को जी न चाहता था। अन्त में जब मैंने ज़ोर देकर कहा कि किसी से इस बात का ज़िक्र न करना, नहीं तो मेरे पास फ़रियादों का मेला लग जाएगा, तो मानो मैंने स्वीकार कर लिया कि मैंने सिफ़ारिश की—और ज़ोरों से की।

❑❑❑

बासी भात में ख़ुदा का साझा

शाम को जब दीनानाथ ने घर आकर गौरी से कहा कि मुझे एक कार्यालय में पचास रुपये की नौक़री मिल गई है, तो गौरी खिल उठी। देवताओं में उसकी आस्था और भी दृढ़ हो गई। इधर एक साल से बुरा हाल था। न कोई रोज़ी, न रोज़गार। घर में जो थोड़े-बहुत गहने थे, वह बिक चुके थे। मकान का किराया सिर पर चढ़ा हुआ था। जिन मित्रों से कर्ज़ मिल सकता था, सबसे ले चुके थे। साल-भर का बच्चा दूध के लिए बिलख रहा था। एक वक़्त का भोजन मिलता, तो दूसरे जून की चिन्ता होती। तकाज़ों के मारे बेचारे दीनानाथ को घर से निकलना मुश्क़िल था।

घर से निकला नहीं कि चारों ओर से चिथाड़ मच जाती—वाह बाबूजी, वाह! दो दिन वादा करके ले गए और आज दो महीने सूरत नहीं दिखाई। भाई साहब, यह तो अच्छी बात नहीं, आपको अपनी ज़रूरत का खयाल है; मगर दूसरों की ज़रूरत का ज़रा भी ख़याल नहीं? इसी से कहा है, दुश्मन को चाहे कर्ज़ दे दो, दोस्त को कभी न दो। दीनानाथ को ये वाक्य तीर से लगते थे और उसका जी चाहता था कि जीवन का अन्त कर डाले; मगर बेज़ुबान स्त्री और अबोध बच्चे का मुँह देखकर कलेजा थाम के रह जाता। बारे, आज भगवान् ने उस पर दया की और संकट के दिन कट गए।

गौरी ने प्रसन्न मुख होकर कहा—मैं कहती थी कि नहीं, कि ईश्वर सबकी सुध लेते हैं और कभी-न-कभी हमारी भी सुध लेंगे; मगर तुमको विश्वास ही न आता था। बोली, अब तो ईश्वर की दया के कायल हुए?

दीनानाथ ने हठधर्मी करते हुए कहा—यह मेरी दौड़-धूप का नतीज़ा है, ईश्वर की क्या दया? ईश्वर को तो तब जानता, जब कहीं से छप्पर फाड़कर भेज देते।

लेकिन मुँह से चाहे कुछ कहे, ईश्वर के प्रति उसके मन में श्रद्धा उदय हो गई थी।

2

दीनानाथ का स्वामी बड़ा ही रूखा आदमी था और काम में बड़ा चुस्त। उसकी उम्र पचास के लगभग थी और स्वास्थ्य अच्छा न था, फिर भी वह कार्यालय में सबसे ज़्यादा काम करता था। मज़ाल न थी कि कोई आदमी एक मिनट की भी देर करे, या एक मिनट भी समय से पहले चला जाए। बीच में 15 मिनट की छुट्टी मिलती थी, उसमें जिसका जी चाहे, पान खा ले, या सिगरेट पी ले या जलपान कर ले। इसके अलावा एक मिनट का अवकाश न मिलता था। वेतन पहली तारीख़ को मिल जाता था। उत्सवों में भी दफ़्तर बन्द रहता और नियत समय के बाद कभी काम न लिया जाता था। सभी कर्मचारियों को बोनस मिलता था और प्रोविडेण्ट फंड की भी सुविधा थी। फिर भी कोई आदमी ख़ुश न था। काम या समय की पाबन्दी की किसी को शिकायत न थी। शिकायत थी केवल स्वामी के शुष्क व्यवहार

की। कितना ही जी लगाकर काम करो, कितना ही प्राण दे दो, उसके बदले धन्यवाद का एक शब्द भी न मिलता था।

कर्मचारियों में और कोई सन्तुष्ट हो या न हो, दीनानाथ को स्वामी से कोई शिकायत न थी। वह घुड़कियाँ और फटकार पाकर भी शायद उतने ही परिश्रम से काम करता। साल-भर में उसने कर्ज़ चुका दिए और कुछ संचय भी कर लिया। वह उन लोगों में था, जो थोड़े में सन्तुष्ट रह सकते हैं–अगर नियमित रूप से मिलता जाए। एक रुपया भी किसी ख़ास काम में ख़र्च करना पड़ता, तो दम्पति में घंटों सलाह होती और बड़े झाँव-झाँव के बाद कहीं मंजूरी मिलती थी। बिल गौरी की तरफ़ से पेश होता, तो दीनानाथ विरोध में खड़ा होता। दीनानाथ की तरफ़ से पेश होता, तो गौरी उसकी आलोचना करती। बिल को पास करा लेना प्रस्ताव की ज़ोरदार वकालत पर मुनहसर था। सर्टिफाई करनेवाली कोई तीसरी शक्ति वहाँ न थी।

और दीनानाथ अब पक्का आस्तिक हो गया था। ईश्वर की दया या न्याय में अब उसे कोई शंका न थी। नित्य सन्ध्या करता और नियमित रूप से गीता का पाठ करता। एक दिन उसके नास्तिक मित्र ने जब ईश्वर की निन्दा की तो उसने कहा–भाई, इसका तो आज तक निश्चय नहीं हो सका कि ईश्वर है या नहीं। दोनों पक्षों के पास इस्पात की-सी दलीलें मौजूद हैं; लेकिन मेरे विचार में नास्तिक रहने से आस्तिक रहना कहीं अच्छा है। अगर ईश्वर की सत्ता है, तब तो नास्तिकों को नरक के सिवा कहीं ठिकाना नहीं। आस्तिक के दोनों हाथों में लड्डू हैं। ईश्वर है तो पूछना ही क्या, नहीं हैं, तब भी क्या बिगड़ता है। दो-चार मिनट का समय ही तो जाता है?

नास्तिक मित्र इस दोरुखी बात पर मुँह बिचकाकर चल दिए।

3

एक दिन जब दीनानाथ शाम को दफ़्तर से चलने लगा, तो स्वामी ने उसे अपने कमरे में बुला भेजा और बड़ी ख़ातिर से उसे कुर्सी पर बिठाकर बोला–तुम्हें यहाँ काम करते कितने दिन हुए? साल-भर तो हुआ ही होगा?

दीनानाथ ने नम्रता से कहा–जी हाँ, तेरहवाँ महीना चल रहा है।

''आराम से बैठो, इस वक़्त घर जाकर जलपान करते हो?''

''जी नहीं, मैं जलपान का आदी नहीं।''

''पान-वान तो खाते ही होगे? जवान आदमी होकर अभी से इतना संयम!''

यह कहकर उसने घण्टी बजायी और अर्दली से पान और कुछ मिठाइयाँ लाने को कहा।

दीनानाथ को शंका हो रही थी–आज इतनी ख़ातिरदारी क्यों हो रही है। कहाँ तो सलाम भी नहीं लेते थे, कहाँ आज मिठाई और पान सभी कुछ मँगवाया जा रहा है। मालूम होता है, मेरे काम से ख़ुश हो गए हैं। इस ख़याल से उसे कुछ आत्मविश्वास हुआ और ईश्वर की याद आ गई। अवश्य परमात्मा सर्वदर्शी और न्यायकारी है, नहीं तो मुझे कौन पूछता?

अर्दली मिठाई और पान लाया। दीनानाथ आग्रह से विवश होकर मिठाई खाने लगा।

स्वामी ने मुस्कराते हुए कहा—तुमने मुझे बहुत रूखा पाया होगा। बात यह है कि हमारे यहाँ अभी तक लोगों को अपनी ज़िम्मेदारी का इतना कम ज्ञान है कि अफ़सर ज़रा भी नर्म पड़ जाए, तो लोग उसकी शराफ़त का अनुचित लाभ उठाने लगते हैं, और काम ख़राब होने लगता है। कुछ ऐसे भाग्यशाली हैं, जो नौकरों से हेल-मेल भी रखते हैं, उनसे हँसते-बोलते भी हैं, फिर भी नौकर नहीं बिगड़ते, बल्कि और भी दिल लगाकर काम करते हैं। मुझमें वह कला नहीं है, इसलिए मैं अपने आदमियों से कुछ अलग-अलग रहना ही अच्छा समझता हूँ, और अब तक मुझे इस नीति से कोई हानि भी नहीं हुई; लेकिन मैं आदमियों का रंग-ढंग देखता रहता हूँ और सबको परखता रहता हूँ। मैंने तुम्हारे विषय में जो मत स्थिर किया है, वह यह है कि तुम वफ़ादार हो और मैं तुम्हारे ऊपर विश्वास कर सकता हूँ, इसलिए मैं तुम्हें ज़्यादा ज़िम्मेदारी का काम देना चाहता हूँ, जहाँ तुम्हें ख़ुद बहुत कम काम करना पड़ेगा, केवल निग़रानी करनी पड़ेगी। तुम्हारे वेतन में पचास रुपये की और तरक़्क़ी हो जाएगी। मुझे विश्वास है, तुमने अब तक जितनी तनदेही से काम किया है, उससे भी ज़्यादा तनदेही से आगे करोगे।

दीनानाथ की आँखों में आँसू भर आए और कण्ठ की मिठाई कुछ नमकीन हो गई। जी में आया, स्वामी के चरणों पर सिर रख दे और कहे—आपकी सेवा के लिए मेरी जान हाज़िर है। आपने मेरा सम्मान बढ़ाया है, उसे निभाने में कोई कसर न उठा रखूँगा; लेकिन स्वर काँप रहा था और वह केवल कृतज्ञताभरी आँखों से देखकर रह गया।

सेठ ने एक मोटा-सा लेज़र निकालते हुए कहा—मैं एक ऐसे काम में तुम्हारी मदद चाहता हूँ, जिस पर इस कार्यालय का सारा भविष्य टिका हुआ है। इतने आदमियों में मैंने केवल तुम्हीं को विश्वास-योग्य समझा है। और मुझे आशा है कि तुम मुझे निराश न करोगे। यह पिछले-साल का लेज़र है। इसमें कुछ ऐसी रक़म दर्ज़ हो गई हैं, जिसके अनुसार कम्पनी को कई हज़ार लाभ होता है; लेकिन तुम जानते हो, हम कई महीनों से घाटे पर काम कर रहे हैं। जिस क्लर्क ने यह लेज़र लिखा, उसकी लिखावट तुम्हारी लिखावट से बिलकुल मिलती है। अगर दोनों लिखावटें आमने-सामने रख दी जाएँ, तो किसी विशेषज्ञ को भी उनमें भेद करना कठिन हो जाएगा। मैं चाहता हूँ, तुम लेज़र में एक पृष्ठ फिर से लिखकर जोड़ दो और उसी नम्बर का पृष्ठ उसमें से निकाल लो। मैंने पृष्ठ का नम्बर छपवा लिया है, एक दफ़्तरी भी ठीक कर लिया है। जो रात-भर में लेज़र की जिल्दबन्दी कर देगा। किसी को पता तक न चलेगा। जरूरत सिर्फ़ यह है कि तुम अपनी कलम से उस पृष्ठ की नक़ल कर दो।

दीनानाथ ने शंका की—जब उस पृष्ठ की नक़ल ही करनी है, तो उसे निकालने की क्या ज़रूरत है!

सेठजी हँसे—तो क्या तुम समझते हो, उस पृष्ठ की हू-ब-हू नक़ल करनी होगी! मैं कुछ रक़मों में परिवर्तन कर दूँगा। मैं तुम्हें विश्वास दिलाता हूँ कि मैं केवल कार्यालय की भलाई के ख़याल से यह कार्रवाई कर रहा हूँ। अगर यह रद्दोबदल न किया गया, तो कार्यालय के एक सौ आदमियों की जीविका में बाधा पड़ जाएगी। इसमें कुछ सोच-विचार करने की ज़रूरत ही नहीं। केवल आध घण्टे का काम है। तुम बहुत तेज़ लिखते हो।

कठिन समस्या थी। स्पष्ट था कि उससे जाल बनाने को कहा जा रहा है। उसके पास इस रहस्य का पता लगाने का कोई साधन न था कि सेठजी जो कुछ

कह रहे हैं, वह स्वार्थ वश होकर या कार्यालय की रक्षा के लिए; लेकिन किसी दशा में भी यह जाल, घोर जाल! क्या वह अपनी आत्मा की हत्या करेगा! नहीं; किसी तरह नहीं।

उसने डरते-डरते कहा—मुझे आप क्षमा करें, मैं यह काम न कर सकूँगा।

सेठजी ने उसी अविचलित मुस्कान के साथ पूछा—क्यों?

"इसलिए कि यह सरासर जाल है।"

"जाल किसे कहते हैं?"

"किसी हिसाब में उलट-फेर करना जाल है!"

"लेकिन उस उलट-फेर से एक सौ आदमियों की जीविका बनी रहे, तो इस दशा में भी वह जाल है? कम्पनी की असली हालत कुछ और है, काग़ज़ी हालत कुछ और; अगर यह तब्दीली न की गई, तो तुरन्त कई हज़ार रुपये नफ़े के देने पड़ जाएगे और नतीज़ा यह होगा कि कम्पनी का दिवाला हो जाएगा और सारे आदमियों को घर बैठना पड़ेगा। मैं नहीं चाहता कि थोड़े से मालदार हिस्सेदारों के लिए इतने ग़रीबों का ख़ून किया जाए। परोपकार के लिए कुछ जाल भी करना पड़े, तो आत्मा की हत्या नहीं है।"

दीनानाथ को कोई जवाब न सूझा। अगर सेठजी का कहना सच है और इस जाल से सौ आदमियों की रोज़ी बनी रहे, तो वास्तव में वह जाल नहीं कठोर कर्तव्य है; अगर आत्मा की हत्या होती भी हो, तो सौ आदमियों की रक्षा के लिए उसकी परवाह न करनी चाहिए; लेकिन नैतिक समाधान हो जाने पर अपनी रक्षा का विचार आया। बोला—लेकिन कहीं मुआमला खुल गया तो मैं मिट जाऊँगा। चौदह साल के लिए काले पानी भेज दिया जाऊँगा।

सेठ ने ज़ोर से कहकहा मारा—अगर मुआमला खुल गया, तो तुम न फँसोगे, मैं फँसूँगा। तुम साफ़ इनकार कर सकते हो।

"लिखावट तो पकड़ी जाएगी?"

"पता ही कैसे चलेगा कि कौन पृष्ठ बदला गया, लिखावट तो एक-सी है।"

"दीनानाथ परास्त हो गया। उसी वक़्त उस पृष्ठ की नक़ल करने लगा।"

4

फिर भी दीनानाथ के मन में चोर बैठा हुआ था। गौरी से इस विषय में वह एक शब्द भी न कह सका।

एक महीने के बाद उसकी तरक़्क़ी हुई। सौ रुपये मिलने लगे। दो सौ बोनस के भी मिले।

यह सब कुछ था, घर में ख़ुशहाली के चिह्न नज़र आने लगे, लेकिन दीनानाथ का अपराधी मन एक बोझ से दबा रहता था। जिन दलीलों से सेठ ने उसकी ज़बान बन्द कर दी थी, उन दलीलों से गौरी को सन्तुष्ट कर सकेगा, उसे विश्वास न था।

उसकी ईश्वर-निष्ठा उसे सदैव डराती थी। इस अपराध का भयंकर दण्ड अवश्य मिलेगा। किसी प्रायश्चित्त, किसी अनुष्ठान से उसे रखना असम्भव है। अभी न मिले, साल-दो साल न मिले, दस-पाँच साल न मिले, पर जितनी ही देर में मिलेगा, उतना ही भयंकर होगा, मूलधन ब्याज के साथ बढ़ता जाएगा।

वह अकसर पछताता, मैं क्यों सेठजी के प्रलोभन में आ गया। काम टूटता या रहता, मेरी बला से; आदमियों की रोज़ी जाती या रहती, मेरी बला से; मुझे तो यह प्राण-पीड़ा न होती; लेकिन अब तो जो कुछ होना था हो चुका, और दंड अवश्य मिलेगा। इस शंका ने उसके जीवन का उत्साह, आनन्द और माधुर्य, सब कुछ हर लिया।

मलेरिया फैला हुआ था। बच्चे को ज्वर आया। दीनानाथ के प्राण उसमें समा गए। दंड का विधान आ पहुँचा। कहाँ जाए, क्या करे, जैसे बुद्धि भ्रष्ट हो गई।

गौरी ने कहा– जाकर कोई दवा लाओ, या किसी डॉक्टर को दिखा दो; तीन दिन तो हो गए।

दीनानाथ ने चिन्तित मन से कहा–हाँ, जाता हूँ; लेकिन मुझे बड़ा भय लग रहा है।

''भय की कौन-सी बात है, बेबात-की-बात मुँह से निकालते हो। आजकल किसे ज्वर नहीं आता?''

''ईश्वर इतना निर्दयी क्यों है?''

''ईश्वर निर्दयी है पापियों के लिए। हमने किसका क्या हर लिया है?''

''ईश्वर पापियों को कभी माफ़ नहीं करता?''

''लेकिन आदमी ऐसे काम भी तो करता है, जो एक दृष्टि से पाप हो सकते हैं, दूसरी दृष्टि से पुण्य।''

''मैं नहीं समझी?''

''मान लो, मेरे झूठ बोलने से किसी की जान बचती हो, तो क्या वह पाप है!''

''मैं तो समझती हूँ, ऐसा झूठ पुण्य है।''

''तो जिस पाप से मनुष्य का कल्याण हो, वह पुण्य है?''

''और क्या।''

दीनानाथ की अमंगल शंका थोड़ी देर के लिए दूर हो गई। डॉक्टर को बुला लाया, इलाज शुरू किया, बालक एक सप्ताह में चंगा हो गया।

मगर थोड़े ही दिन बाद वह ख़ुद बीमार पड़ा। यह अवश्य ही ईश्वरीय दंड है और वह बच नहीं सकता। साधारण मलेरिया ज्वर था, पर दीनानाथ की दंड-कल्पना ने उसे सन्निपात का रूप दे दिया। ज्वर में, नशे की हालत की तरह, यों भी कल्पना-शक्ति तीव्र हो जाती है। पहले जो केवल मनोगत शंका थी, वह भीषण सत्य बन गई। कल्पना ने यमदूत रच डाले, उनके भाले और गदाएँ रच डालीं, नरक का अग्निकुण्ड दहका दिया। डॉक्टर की एक घूँट दवा हज़ार मन की गदा के आघात और आग के उबलते हुए समुद्र के दाह पर क्या असर करती? दीनानाथ मिथ्यावादी न था। पुराणों की रहस्यमय कल्पनाओं में उसे विश्वास न था। नहीं, वह बुद्धिवादी था और ईश्वर में भी तभी उसे विश्वास आया, जब उसकी तर्कबुद्धि कायल हो गई। लेकिन ईश्वर के साथ उसकी दया भी आई, उसका दंड भी आया। दया ने उसे रोज़ी दी, मान दिया। ईश्वर की दया न होती, तो शायद वह भूखों मर जाता; लेकिन भूखों मरना अग्निकुंड में ढकेल दिए जाने से कहीं सरल था, खेल था। दंड-भावना जन्म-जन्मान्तरों के संस्कार से ऐसी बद्धमूल हो गई थी, मानो उसकी बुद्धि का, उसकी आत्मा का, एक अंग हो गई हो। उसका तर्कवाद और बुद्धिवाद इस मन्वन्तरों के जमे हुए संस्कार पर समुद्र की ऊँची लहरों

की भाँति आता था; पर एक क्षण उन्हें जलमग्न करके फिर लौट जाता था और वह पर्वत ज्यों-का-त्यों अचल खड़ा रह जाता था!

ज़िन्दगी बाक़ी थी; बच गया। ताक़त आते ही दफ़्तर जाने लगा। एक दिन गौरी बोली—जिन दिनों तुम बीमार थे और एक दिन तुम्हारी हालत बहुत नाज़ुक हो गई थी, तो मैंने भगवान् से कहा था कि यह अच्छे हो जाएँगे, तो पचास ब्राह्मणों को भोजन कराऊँगी। दूसरे ही दिन से तुम्हारी हालत सुधरने लगी। ईश्वर ने मेरी विनती सुन ली। उसकी दया न हो जाती, तो मुझे कहीं माँगे भीख न मिलती। आज बाज़ार से सामान ले आओ, तो मनौती पूरी कर दूँ। पचास ब्राह्मण नेवते जाएँगे, तो सौ अवश्य आएँगे। पचास कँगले भी समझ लो, और मित्रों में बीस-पचीस निकल ही आएँगे। दो सौ आदमियों का डौल है। मैं सामग्रियों की सूची लिखे देती हूँ।

दीनानाथ ने माथा सिकोड़कर कहा—तुम समझती हो, मैं भगवान् की दया से अच्छा हुआ?

''और कैसे अच्छे हुए?''

''अच्छा हुआ इसलिए कि ज़िन्दगी बाक़ी थी।''

''ऐसी बातें न करो। मनौती पूरी करनी होगी।''

''कभी नहीं। मैं भगवान् को दयालु नहीं समझता।''

''और क्या भगवान् निर्दयी हैं?''

''उससे बड़ा निर्दयी कोई संसार में न होगा। जो अपने रचे हुए खिलौनों को उनकी भूलों और बेवकूफ़ियों की सज़ा अग्निकुण्ड में ढकेलकर दे, वह भगवान् दयालु नहीं हो सकता। भगवान् जितना दयालु है, उससे असंख्य गुना निर्दयी है। और ऐसे भगवान् की कल्पना से मुझे घृणा होती है। प्रेम सबसे बड़ी शक्ति कही गई है। विचारवानों ने प्रेम को ही जीवन की और संसार की सबसे बड़ी विभूति माना है। व्यवहार में न सही, आदर्श में ही हमारे जीवन का सत्य है; मगर तुम्हारा ईश्वर दंड-भय से सृष्टि का संचालन करता है। फिर उसमें और मनुष्य में क्या फ़र्क़ हुआ? ऐसे ईश्वर की उपासना मैं नहीं करना चाहता, न ही कर सकता। जो मोटे हैं, उनके लिए ईश्वर दयालु होगा; क्योंकि वे दुनिया को लूटते हैं। हम-जैसों को तो ईश्वर की दया कहीं नज़र नहीं आती। हाँ, भय पग-पग पर खड़ा घूरा करता है। यह मत करो, नहीं तो ईश्वर दंड देगा। वह मत करो, नहीं तो ईश्वर दंड देगा। प्रेम से शासन करना मानवता है, आतंक से शासन करना बर्बरता है। आतंकवादी ईश्वर से तो ईश्वर का न रहना अच्छा है। उसे हृदय से निकालकर मैं उसकी दया और दंड, दोनों से मुक्त हो जाना चाहता हूँ। एक कठोर दंड बरसों के प्रेम को मिट्टी में मिला देता है। मैं तुम्हारे ऊपर बराबर जान देता रहा हूँ। लेकिन किसी दिन डंडा लेकर पीछे चलूँ, तो तुम मेरी सूरत न देखोगी। ऐसे आतंकमय, दण्डमय जीवन के लिए मैं ईश्वर का एहसान नहीं लेना चाहता। बासी भात में ख़ुदा के साझे की ज़रूरत नहीं। अगर तुमने ओज-भोज पर ज़ोर दिया, तो मैं ज़हर खा लूँगा।''

गौरी उसके मुँह की ओर भयातुर नेत्रों से ताकती रह गई।

❑❑❑

दूध का दाम

अब बड़े-बड़े शहरों में दाइयाँ, नर्सें, लेडी डॉक्टर, सभी पैदा हो गई हैं; लेकिन देहातों में जच्चेख़ानों पर अभी तक भंगिनों का ही प्रभुत्व है और निकट-भविष्य में इनमें कोई तब्दीली होने की आशा नहीं। बाबू महेशनाथ अपने गाँव के ज़मींदार थे, शिक्षित थे और जच्चेख़ानों में सुधार की आवश्यकता को मानते थे; लेकिन इनमें जो बाधाएँ थीं, उन पर कैसे विजय पाते? कोई नर्स देहात में जाने पर राज़ी न हुई और बहुत कहने-सुनने से राज़ी भी हुई, तो इतनी लम्बी-चौड़ी फीस माँगी कि बाबू साहब को सिर झुकाकर चले आने के सिवा और कुछ न सूझा। लेडी डॉक्टर के पास जाने की उन्हें हिम्मत न पड़ी। उसकी फीस पूरी करने के लिए शायद बाबू साहब को अपनी आधी जायदाद बेचनी पड़ती, इसलिए जब तीन कन्याओं के बाद यह चौथा लड़का पैदा हुआ, तो फिर वही गूदड़ था वही गूदड़ की बहू। बच्चे अकसर रात को पैदा होते हैं। एक दिन आधी रात को चपरासी ने गूदड़ के द्वार पर ऐसी हाँक लगाई कि पास-पड़ोस में भी जाग पड़ गई। लड़की न थी कि मरी आवाज़ से पुकारता।

गूदड़ के घर में इस शुभ अवसर के लिए महीनों से तैयारी हो रही थी। भय था तो यही कि फिर बेबी न हो जाए, नहीं तो वही बँधा हुआ एक रुपया और एक साड़ी मिलकर रह जाएगी। इस विषय में स्त्री-पुरुष में कितनी- ही बार झगड़ा हो चुका था, शर्त लग चुकी थी। स्त्री कहती थी—अगर अबकी बेटा न हो, तो मुँह न दिखाऊँ; हाँ-हाँ, मुँह न दिखाऊँ, सारे लच्छन बेटे के हैं। और गूदड़ कहता था—देख लेना, बेटी होगी और बीच खेत बेटी होगी। बेटी न हो तो मूँछें मुंडा लूँ। शायद गूदड़ समझता था कि इस तरह अपनी स्त्री में पुत्र की कामना को बलवान् करके वह बेटे के आने के लिए रास्ता साफ़ कर रहा है।

भूँगी बोली—अब मूँछ मुड़ा ले दाढ़ीज़ार! कहती थी, बेटा होगा। सुनता ही न था अपनी ही रट लगाए जाता था। मैं आप तेरी मूँछें मूड़ूँगी, खूँटी तक तो रखूँगी ही नहीं।

गूदड़ ने कहा—अच्छा मूँड़ लेना भलीमानस! मूँछें क्या फिर निकलेंगी ही नहीं? तीसरे दिन देख लेना, फिर ज्यों-की-त्यों हैं, मगर जो कुछ मिलेगा, उसमें आधा रख लूँगा, कहे देता हूँ।

भूँगी ने अँगूठा दिखाया और अपने तीन महीने के बालक को गूदड़ के सुपुर्द कर सिपाही के साथ चल खड़ी हुई।

गूदड़ ने पुकारा—अरी! सुन तो, कहाँ भागी जाती है? मुझे भी बधाई बजाने जाना पड़ेगा। इसे कौन सँभालेगा?

भूँगी ने दूर ही से कहा—इसे वहीं धरती पर सुला देना। मैं आके दूध पिला जाऊँगी।

2

महेशनाथ के यहाँ अब की भूँगी की ख़ूब ख़ातिरदारियाँ हाने लगी। सवेरे हरीरा

मिलता, दोपहर को पूरियाँ और हलवा, तीसरे पहर को फिर और रात को फिर गूदड़ को भी भरपूर परोसा मिलता था। भूँगी अपने बच्चे को दिन-रात में एक-दो बार से ज़्यादा दूध न पिला सकती थी। उसके लिए ऊपर के दूध का प्रबन्ध था। भूँगी का दूध बाबू साहब का भाग्यवान् बालक पीता था। और यह सिलसिला बारहवें दिन भी न बन्द हुआ। मालकिन मोटी-ताजी देवी थीं; पर अबकी कुछ ऐसा संयोग हुआ कि उन्हें दूध हुआ ही नहीं। तीनों लड़कियों की बार इतने इफ़रात से दूध होता था कि लड़कियों को बदहज़मी हो जाती थी। अबकी एक बूँद नहीं। भूँगी दाई भी थी और दूध-पिलाई भी।

मालकिन कहती–भूँगी, हमारे बच्चे को पाल दे, फिर जब तक तू जिए, बैठी खाती रहना। पाँच बीघे माफी दिलवा दूँगी, नाती-पोते तक चैन करेंगे।

और भूँगी कहती–बहूजी, मूँड़न में चूड़े लूँगी, कहे देती हूँ।

बहूजी उत्तर देतीं–हाँ-हाँ, चूड़े लेना भाई, धमकाती क्यों है? चाँदी के लेगी या सोने के ?

''वाह बहूजी! चाँदी के चूड़े पहन के किसे मुँह दिखाऊँगी और किसकी हँसी होगी?''

''अच्छा, सोने के लेना भाई, कह तो दिया।''

''और ब्याह के कण्ठा लूँगी और चौधरी (गूदड़) के लिए हाथों के तोड़े।''

''वह भी लेना, भगवान वह दिन तो दिखाएँ।''

घर में मालकिन के बाद भूँगी का राज्य था। महरियाँ, महाराजिन, नौकर-चाकर सब उसका रोब मानते थे। यहाँ तक कि ख़ुद बहूजी भी उससे दब जाती थीं। एक बार तो उसने महेशनाथ को डाँटा था। हँसकर टाल गए। बात चली थी भंगियों की। महेशनाथ ने कहा था–दुनिया में और चाहे जो कुछ हो जाए, भंगी-भंगी ही रहेंगे। इन्हें आदमी बनाना कठिन है।

इस पर भूँगी ने कहा–मालिक, भंगी तो बड़ों-बड़ों को आदमी बनाते हैं;-उन्हें कोई क्या आदमी बनाए!

यह गुस्ताख़ी करके किसी दूसरे अवसर पर भला भूँगी के सिर के बाल बच सकते थे? लेकिन आज बाबू साहब ठठाकर हँसे और बोले–भूँगी बात बड़े पते की कहती है।

3

भूँगी का शासन काल साल-भर से आगे न चल सका। देवताओं ने बालक के भंगिन का दूध पीने पर आपत्ति की, मोटेराम शास्त्री तो प्रायश्चित्त का प्रस्ताव कर बैठे। दूध तो छुड़ा दिया गया; लेकिन प्रायश्चित्त की बात हँसी में उड़ गई। महेशनाथ ने फटकारकर कहा–प्रायश्चित्त की ख़ूब कही शास्त्रीजी, कल तक उसी भंगिन का ख़ून पीकर पला, अब उसमें छूत घुस गई। वाह रे आपका धर्म!

शास्त्रीजी शिखा फटकारकर बोले–यह सत्य है, वह कल तक भंगिन का रक्त पीकर पला। मांस खाकर पला, यह भी सत्य है; लेकिन कल की बात कल थी, आज की बात आज। जगन्नाथपुरी में तो छूत-अछूत सब एक पंगत में खाते हैं, पर यहाँ तो नहीं खा सकते। बीमारी में तो हम भी कपड़े पहने खा लेते हैं, खिचड़ी तक खा लेते हैं बाबूजी, लेकिन अच्छे हो जाने पर तो नेम का पालन करना ही पड़ता है। आपद्धर्म की बात न्यारी है।

"तो इसका यह अर्थ है कि धर्म बदलता रहता है—कभी कुछ, कभी कुछ?"

"और क्या! राजा का धर्म अलग, प्रजा का धर्म अलग, अमीर का धर्म अलग, ग़रीब का अलग। राजे-महाराजे जो चाहें खाएँ, जिसके साथ चाहें खाएँ, जिसके साथ चाहें शादी-ब्याह करें, उनके लिए कोई बन्धन नहीं। समर्थ पुरुष हैं।

बन्धन तो मध्यवालों के लिए है।

प्रायश्चित्त तो न हुआ; लेकिन भूँगी को गद्दी से उतरना पड़ा। हाँ, दान-दक्षिणा इतनी मिली कि वह अकेले ले न जा सकी, और सोने के चूड़े भी मिले। एक की जगह दो नई सुन्दर साड़ियाँ—मामूली नैनसुख की नहीं, जैसी लड़कियों की बार मिली थी।"

4

इसी साल प्लेग़ ने जोर बाँधा और गूदड़ पहली ही चपेट में आ गया। भूँगी अकेली रह गई; पर गृहस्थी ज्यों-की-त्यों चलती रही। लोग ताक लगाए बैठे थे कि भूँगी अब गई। फलाँ भंगी से बातचीत हुई, फलाँ चौधरी आए, लेकिन भंगी न कहीं आई, न कहीं गई, यहाँ तक कि पाँच साल बीत गए और उसका बालक मंगल, दुर्बल और सदा रोगी रहने पर भी दौड़ने लगा। सुरेश के सामने पिद्दी-सा लगता था।

एक दिन भूँगी महेशनाथ के घर का परनाला साफ़ कर रही थी। महीनों से गलीज़ ज़मा हो रहा था। आँगन में पानी भरा रहने लगा था। परनाले में एक लम्बा मोटा बाँस डालकर जोर से हिला रही थी। पूरा दाहिना हाथ परनाले के अन्दर था कि एकाएक चिल्लाकर हाथ बाहर निकाल लिया और उसी वक़्त एक काला साँप परनाले से निकलकर भागा। लोगों ने दौड़कर उसे मार तो डाला, लेकिन भूँगी को न बचा सके। समझे, पानी का साँप है, विषैला न होगा, इसलिए पहले कुछ गफ्लत की गई। जब विष देह में फैल गया और लहरें आने लगीं, तब पता चला कि वह पानी का साँप नहीं, गेहुँवन था।

मंगल अब अनाथ था। दिन-भर महेश बाबू के द्वार पर मँडराया करता। घर में जूठन इतना बचता था कि ऐसे-ऐसे, दस-पाँच बालक पल सकते थे। खाने की कोई कमी न थी। हाँ, उसे तब बुरा ज़रूर लगता था, जब उसे मिट्टी के सकोरों में ऊपर से खाना दिया जाता था। सब लोग अच्छे-अच्छे बरतनों में खाते हैं, उसके लिए मिट्टी के सकोरे!

यों तो उसे इस भेदभाव का बिलकुल ज्ञान न होता था, लेकिन गाँव के लड़के चिढ़ा-चिढ़ाकर उसका अपमान करते रहते थे। कोई उसे अपने साथ खेलाता भी न था। यहाँ तक कि जिस टाट पर वह सोता था, वह भी अछूत था। मकान के सामने एक नीम का पेड़ था। इसी के नीचे मंगल का डेरा था। एक फटा-सा टाट का टुकड़ा, दो मिट्टी के सकोरे और एक धोती, जो सुरेश बाबू की उतारन थी। जाड़ा, गरमी, बरसात, हरेक मौसम में वह जगह एक-सी आरामदेह थी, और भाग्य का बली मंगल झुलसती हुई लू, गलते हुए जाड़े और मूसलाधार वर्षा में भी ज़िन्दा और पहले से कहीं स्वस्थ था। बस, उसका कोई अपना था, तो गाँव

का एक कुत्ता, जो अपने सहवर्गियों के जुल्म से दुःखी होकर मंगल की शरण में आ पड़ा था। दोनों एक ही खाना खाते, एक ही टाट पर सोते, तबीयत भी दोनों की एक-सी थी, और दोनों एक दूसरे के स्वभाव को जान गए थे। कभी आपस में झगड़ा न होता।

गाँव के धर्मात्मा लोग बाबू साहब की इस उदारता पर आश्चर्य करते। ठीक द्वार के सामने—पचास हाथ भी न होगा—मंगल का पड़ा रहना उन्हें सोलहों आने धर्म-विरुद्ध जान पड़ता। छिः! यही हाल रहा, तो थोड़े ही दिनों में धर्म का अन्त ही समझो। भंगी को भी भगवान् ने ही रचा है, यह हम भी जानते हैं। उनके साथ हमें किसी तरह का अन्याय न करना चाहिए, यह किसे नहीं मालूम? भगवान् का तो नाम ही पतित-पावन है; लेकिन समाज की मर्यादा भी कोई वस्तु है! उस द्वार पर जाते हुए संकोच होता है। गाँव के मालिक हैं, जाना तो पड़ता ही है; लेकिन बस यही समझ लो, कि घृणा होती है।

मंगल और टामी में गहरी छनती थी। मंगल कहता—देखो भाई टामी, ज़रा और खिसककर सोओ। आख़िर मैं कहाँ लेटूँ? सारा टाट तो तुमने घेर लिया।

टामी कूँ-कूँ करता, दुम हिलाता और खिसक जाने के बदले और ऊपर चढ़ आता एवं मंगल का मुँह चाटने लगता।

शाम को वह एक बार रोज़ अपना घर देखने और थोड़ी देर रोने जाता। पहले साल फूस का छप्पर गिर पड़ा, दूसरे साल एक दीवार गिरी और अब केवल आधी-आधी दीवारें खड़ी थीं, जिनका ऊपरी भाग नोकदार हो गया था। यही उसे स्नेह की सम्पत्ति मिली थी। वही स्मृति, वही आकर्षण, वही प्यास उसे एक बार उस ऊजड़ में खींच ले जाती थी और टामी सदैव उसके साथ होता था। मंगल नोकदार दीवार पर बैठ जाता और जीवन के बीते और आनेवाले स्वप्न देखने लगता और टामी बार-बार उछलकर उसकी गोद में आ बैठने की असफल चेष्टा करता।

5

एक दिन कई लड़के खेल रहे थे। मंगल भी पहुँचकर दूर खड़ा हो गया। या तो सुरेश को उस पर दया आई, या खेलनेवालों की जोड़ी पूरी न पड़ती थी, कह नहीं सकते। जो कुछ भी हो, उसने तजवीज़ की कि अब मंगल को भी खेल में शरीक़ कर लिया जाए। यहाँ कौन देखने आता है? सुरेश ने पूछा—क्यों रे मंगल, खेलेगा?

मंगल बोला—ना भैया, कहीं मालिक देख लें, तो मेरी चमड़ी उधेड़ दी जाए। तुम्हें क्या, तुम तो अलग हो जाओगे।

सुरेश ने कहा—तो यहाँ कौन आता है देखने बे? चल, हम लोग सवार-सवार खेलेंगे। तू घोड़ा बनेगा, हम लोग तेरे ऊपर सवारी करके दौड़ाएँगे।

मंगल ने शंका की—मैं बराबर घोड़ा ही रहूँगा कि सवारी भी करूँगा? यह बता दो।

यह प्रश्न टेढ़ा था। किसी ने इस पर विचार न किया था। सुरेश ने एक क्षण विचार करके कहा—तुझे कौन अपनी पीठ पर बिठाएगा, सोच? आख़िर तू भंगी है कि नहीं?

मंगल भी कड़ा हो गया। बोला—मैं कब कहता हूँ कि मैं भंगी नहीं हूँ; लेकिन तुम्हें मेरी ही माँ ने अपना दूध पिलाकर पाला है। जब तक मुझे भी सवारी करने

को न मिलेगी, मैं घोड़ा न बनूँगा। तुम लोग बड़े चघड़ हो। आप तो मज़े से सवारी करोगे और मैं घोड़ा ही बना रहूँगा।

सुरेश ने डाँटकर कहा, तुझे घोड़ा बनना पड़ेगा और मंगल को पकड़ने दौड़ा। मंगल भागा। सुरेश ने दौड़ाया। मंगल ने कदम और तेज़ किया। सुरेश ने भी ज़ोर लगाया; मगर वह बहुत खा-खाकर थल-थल हो गया था और दौड़ने में उसकी साँस फूलने लगती थी।

आख़िर उसने रुककर कहा—आकर घोड़ा बनो मंगल, नहीं तो कभी पा जाऊँगा, तो बुरी तरह पीटूँगा।

''तुम्हें भी घोड़ा बनना पड़ेगा।''

''अच्छा, हम भी बन जाएँगे।''

''तुम पीछे से निकल जाओगे। पहले तुम घोड़ा बन जाओ। मैं सवारी कर लूँ, फिर मैं बनूँगा।''

सुरेश ने सचमुच चकमा देना चाहा था। मंगल का यह मुताबला सुनकर साथियों से बोला—देखते हो इसकी बदमाशी, भंगी है न।

तीनों ने मंगल को घेर लिया और उसे ज़बरदस्ती घोड़ा बना दिया। सुरेश ने चटपट उसकी पीठ पर आसन ज़मा लिया और टिकटिक करके बोला—चल घोड़े चल!

मंगल कुछ देर तक तो चला, लेकिन उस बोझ से उसकी कमर टूटी जाती थी। उसने धीरे से पीठ सिकोड़ी और सुरेश की रान के नीचे से सरक गया। सुरेश महोदय लद से गिर पड़े और भोंपू बजाने लगे।

माँ ने सुना, सुरेश कहीं रो रहा है। सुरेश कहीं रोए, तो उनके तेज़ कानों में ज़रूर भनक पड़ जाती थी और उसका रोना भी बिलकुल निराला होता था, जैसे छोटी लाइन के इंजन की आवाज़।

महरी से बोली—देख तो, सुरेश कहीं रो रहा है, पूछ तो किसने मारा है?

इतने में सुरेश ख़ुद आँखें मलता हुआ आया। उसे जब रोने का अवसर मिलता था, तो माँ के पास फरियाद लेकर ज़रूर आता था। माँ मिठाई या मेवे देकर आँसू पोंछ देती थी। आप थे आठ साल के; मगर थे बिलकुल गावदी। हद से ज़्यादा प्यार ने उसकी बुद्धि के साथ वही किया था, जो हद से ज़्यादा भोजन ने उसकी देह के साथ।

माँ ने पूछा—क्यों रोता है सुरेश, किसने मारा?

सुरेश ने रोकर कहा—मंगल ने छू दिया।

माँ को विश्वास न आया। मंगल इतना निरीह था कि उससे किसी तरह की शरारत की शंका न होती थी; लेकिन जब सुरेश क़समें खाने लगा, तो विश्वास करना लाज़िम हो गया। मंगल को बुलाकर डाँटा—क्यों रे मंगल, अब तुझे बदमाशी सूझने लगी। मैंने तुमसे कहा था, सुरेश को कभी मत छूना, याद है कि नहीं, बोल!

मंगल ने दबी आवाज से कहा—याद क्यों नहीं है।

''तो फिर तूने उसे क्यों छुआ?''

''मैंने नहीं छुआ।''

''तूने नहीं छुआ, तो वह रोता क्यों था?''

''गिर पड़े, इससे रोने लगे।''

चोरी और सीनाज़ोरी! देवीजी दाँत पीसकर रह गईं। मारतीं, तो उसी समय स्नान करना पड़ता। छड़ी तो हाथ में लेनी ही पड़ती और छूत का विद्युत-प्रवाह इस छड़ी के रास्ते उनकी देह में पैवस्त हो जाता, इसलिए जहाँ तक गालियाँ दे सकीं, दीं और हुक्म दिया कि अभी-अभी यहाँ से निकल जा। फिर जो इस द्वार पर तेरी सूरत नज़र आई, तो ख़ून ही पी जाऊँगी। मुफ़्त की रोटियाँ खा-खाकर शरारत सूझती है, आदि।

मंगल में गैरत तो क्या थी, हाँ, डर था। चुपके से अपने सकोरे उठाए, टाट का टुकड़ा बगल में दबाया, धोती कन्धे पर रखी और रोता हुआ वहाँ से चल पड़ा। अब वह यहाँ कभी न आएगा। यही तो होगा कि भूखों मर जाएगा। क्या हरज है! इस तरह जीने से फ़ायदा ही क्या? गाँव में उसके लिए और कहाँ ठिकाना था? भंगी को कौन पनाह देता? उसी खंडहर की ओर चला, जहाँ भले दिनों की स्मृतियाँ उसके आँसू पोंछ सकती थीं, और ख़ूब फूट-फूटकर रोया।

उस क्षण टामी भी उसे ढूँढ़ता हुआ आ पहुँचा और दोनों फिर अपनी व्यथा भूल गए।

6

लेकिन ज्यों-ज्यों दिन का प्रकाश क्षीण होता जाता था, मंगल की ग्लानि भी ग़ायब होती जाती थी। बचपन की बेचैन करनेवाली भूख देह का रक्त पी-पीकर और भी बलवान् होती जाती थी। आँखें बार-बार सकोरों की ओर उठ जातीं। वहाँ अब तक सुरेश की जूठी मिठाइयाँ मिल गई होतीं। यहाँ क्या धूल फाँके?

उसने टामी से सलाह की—खाओगे क्या टामी? मैं तो भूखा सो जाऊँगा?

टामी ने कूँ-कूँ करके शायद कहा—इस तरह का अपमान तो ज़िन्दगी-भर सहना है। यों हिम्मत हारोगे, तो कैसे काम चलेगा? मुझे देखो न, कभी किसी ने डण्डा मारा, चिल्ला उठा, फिर ज़रा देर बाद दुम हिलाता हुआ उसके पास जा पहुँचा। हम-तुम दोनों इसीलिए बने हैं भाई!

मंगल ने कहा—तो तुम जाओ, जो कुछ मिले खा लो, मेरी परवाह न करो।

टामी ने अपनी श्वान-भाषा में कहा—अकेला नहीं जाता, तुम्हें साथ लेकर चलूँगा।

''मैं नहीं जाता।''

''तो मैं भी नहीं जाता।''

''भूखों मर जाओगे।''

''तो क्या तुम जीते रहोगे?''

''मेरा कौन बैठा है, जो रोएगा?''

''यहाँ भी वही हाल है भाई, क्वार में जिस कुतिया से प्रेम किया था, उसने बेवफ़ाई की और अब कल्लू के साथ है। ख़ैरियत यही हुई कि अपने बच्चे लेती गई, नहीं तो मेरी जान गाढ़े में पड़ जाती। पाँच-पाँच बच्चों को कौन पालता? एक क्षण के बाद भूख ने दूसरी युक्ति सोच निकाली।''

''मालकिन हमें ख़ोज रही होंगी, क्यों टामी?''

''और क्या? बाबूजी और सुरेश खा चुके होंगे। कहार ने उनकी थाली से जूठन निकाल दिया होगा और हमें पुकार रहा होगा!''

"बाबूजी और सुरेश दोनों की थालियों में घी ख़ूब रहता है, और वह मीठी-मीठी चीज़–हाँ, मलाई!"

"सब-का-सब घूरे में डाल दिया जाएगा।"

"देखें, हमें खोजने कोई आता है या नहीं?"

"खोजने कौन आएगा; क्या कोई पुरोहित हो? एक बार मंगल, मंगल होगा बस, थाली परनाले में उड़ेल दी जाएगी।"

"अच्छा, तो चलो चलें। मगर छिपा रहूँगा, अगर किसी ने मेरा नाम लेकर न पुकारा, तो मैं लौट आऊँगा। यह समझ लो।"

दोनों वहाँ से निकले और आकर महेशनाथ के द्वार पर अँधेरे में दुबककर खड़े हो गए; मगर टामी को सब्र कहाँ? वह धीरे से अन्दर घुस गया। देखा महेशनाथ और सुरेश थाली पर बैठ गए हैं। बरामदे में धीरे से बैठ गया। मगर डर रहा था कि कोई डंडा न मार दे।

नौकरों में बातचीत हो रही थी। एक ने कहा–आज मंगलवा नहीं दिखाई देता। मालकिन ने डाँटा था, इसलिए भाग गया है साइट।

दूसरे ने जवाब दिया–अच्छा हुआ, निकाल दिया गया। सवेरे-सवेरे भंगी का मुँह देखना पड़ता था।

मंगल और अँधेरे में खिसक गया! आशा गहरे जल में डूब गई।

महेश थाली से उठ गए। नौकर हाथ धुला रहा है। अब हुक्का पीएँगे और सोएँगे। सुरेश अपनी माँ के पास बैठा कोई कहानी सुनता-सुनता सो जाएगा। ग़रीब मंगल की किसे चिन्ता है? इतनी देर हो गई, किसी ने भूल से भी नहीं पुकारा।

कुछ देर तक वह निराश-सा वहाँ खड़ा रहा, फिर एक लम्बी साँस खींचकर जाना ही चाहता था कि कहार पत्तल में थाली का जूठन ले जाता नज़र आया। मंगल अँधेरे से निकलकर प्रकाश में आ गया। अब मन को कैसे रोके?

कहार ने कहा–अरे, तू यहाँ था? हमने समझा कि कहीं चला गया। ले खा ले; मैं फेंकने जा रहा था।

मंगल ने दीनता से कहा–मैं तो बड़ी देर से खड़ा था।

"तो बोला क्यों नहीं?"

"मारे डर के।"

"अच्छा, ले खा ले।"

उसने पत्तल को उठाकर मंगल के फैले हुए हाथों में डाल दिया। मंगल ने उसकी ओर ऐसी आँखों से देखा, जिसमें दीन कृतज्ञता भरी हुई थी।

टामी भी अन्दर से निकल आया था। दोनों वहीं नीम के नीचे पत्तल में खाने लगे।

मंगल ने एक हाथ से टामी का सिर सहलाकर कहा–देखा, पेट की आग ऐसी होती है! यह लात की मारी हुई रोटियाँ भी न मिलतीं, तो क्या करते?

टामी ने दुम हिला दी।

सुरेश को अम्मा ने पाला था।

टामी ने फिर दुम हिलाई।

"लोग कहते है, दूध का दाम कोई नहीं चुका सकता और मुझे दूध का यह दाम मिल रहा है।"

टामी ने फिर दुम हिलाई।

❑❑❑

बालक

गंगू को लोग ब्राह्मण कहते हैं और वह अपने को समझता भी है। मेरे रईस और ख़िदमतगार मुझे दूर से सलाम करते हैं। गंगू मुझे कभी सलाम नहीं करता। वह शायद मुझसे पालागन की आशा रखता है। मेरा जूठा गिलास कभी हाथ से नहीं छूता और न मेरी कभी इतनी हिम्मत हुई कि उससे पंखा झलने को कहूँ। जब मैं पसीने से तर होता हूँ और वहाँ कोई दूसरा आदमी नहीं होता, तो गंगू आप-ही-आप पंखा उठा लेता है; लेकिन उसकी मुद्रा से यह भाव स्पष्ट प्रकट होता है कि मुझ पर कोई एहसान कर रहा है और मैं भी न जाने क्यों फ़ौरन ही उसके हाथ से पंखा छीन लेता हूँ। उग्र स्वभाव का मनुष्य है, किसी की बात नहीं सह सकता। ऐसे बहुत कम आदमी होंगे, जिनसे उसकी मित्रता हो। सईस ख़िदमतगार के साथ बैठना शायद वह अपमानजनक समझता है। मैंने उसे किसी से मिलते-जुलते नहीं देखा। आश्चर्य यह है कि उसे भंग-बूटी से प्रेम नहीं, जो इस श्रेणी के मनुष्यों में एक असाधारण गुण है। मैंने उसे कभी पूजा-पाठ करते या नदी में स्नान करते नहीं देखा। बिलकुल निरक्षर है, लेकिन फिर भी वह ब्राह्मण है और चाहता है कि दुनिया उसकी प्रतिष्ठा तथा मान करे और क्यों न चाहे? जब पुरुखाओं की पैदा की हुई सम्पत्ति पर आज लोग अधिकार ज़माए हुए हैं और उसी शान से, मानो ख़ुद पैदा किए हों, वह क्यों उस प्रतिष्ठा और सम्मान को त्याग दे, जो उसके पुरुषाओं ने संचय किया था? यह उसकी बपौती है।

मेरा स्वभाव कुछ इस तरह का है कि अपने नौकरों से बहुत कम बोलता हूँ। चाहता हूँ, जब तक मैं ख़ुद न बुलाऊँ, कोई मेरे पास न आए। मुझे यह अच्छा नहीं लगता कि ज़रा-सी बातों के लिए नौकरों को आवाज़ देता फिरूँ। मुझे अपने हाथ से सुराही से पानी उड़ेल लेना, अपना लैम्प जला लेना, अपने जूते पहन लेना या अलमारी से कोई किताब निकाल लेना, इससे कहीं ज़्यादा सरल मालूम होता है कि हींगन और मैकू को पुकारूँ। इससे मुझे अपनी स्वेच्छा और आत्मविश्वास का बोध होता है। नौकर भी मेरे स्वभाव से परिचित हो गए हैं और बिना ज़रूरत मेरे पास बहुत कम आते हैं। इसलिए एक दिन जब प्रातःकाल गंगू मेरे सामने आकर खड़ा हो गया, तो मुझे बहुत बुरा लगा। ये लोग जब आते हैं, तब पेशग़ी हिसाब में कुछ माँगने के लिए या किसी दूसरे नौकर की शिकायत करने के लिए। मुझे ये दोनों ही बातें अत्यन्त अप्रिय हैं। मैं पहली तारीख़ को हर एक का वेतन चुका देता हूँ और बीच में जब कोई कुछ माँगता है, तो क्रोध आ जाता है। कौन दो-दो, चार-चार रुपये का हिसाब रखता फिरे? फिर जब किसी को महीने-भर की पूरी मजूरी मिल गई, तो उसे क्या हक है कि पन्द्रह दिन में ख़र्च कर दे और ऋण या पेशग़ी की शरण ले? और, शिकायतों से तो मुझे घृणा है। मैं शिकायतों को दुर्बलता का प्रमाण समझता हूँ या ठकुर-सुहाती की क्षुद्र चेष्टा।

मैंने माथा सिकोड़कर कहा—क्या बात है, मैंने तो तुम्हें बुलाया नहीं?

गंगू के तीखे अभिमानी मुख पर आज कुछ ऐसी नम्रता, कुछ ऐसी याचना, कुछ ऐसा संकोच था कि मैं चकित हो गया! ऐसा जान पड़ा, वह कुछ जवाब देना चाहता है; मगर शब्द नहीं मिल रहे हैं।

मैंने ज़रा नम्र होकर कहा—आख़िर क्या बात है, कहते क्यों नहीं? तुम जानते हो, यह मेरे टहलने का समय है। मुझे देर हो रही है।

गंगू ने निराशा-भरे स्वर में कहा—तो आप हवा खाने जाए, मैं फिर आ जाऊँगा।

यह अवस्था और भी चिन्ताजनक थी। इस जल्दी में तो वह एक क्षण में अपना वृतान्त कह सुनाएगा। वह जानता है कि मुझे ज़्यादा अवकाश नहीं है। दूसरे अवसर पर तो दुष्ट घंटों रोयेगा। मेरे कुछ लिखने-पढ़ने को तो वह शायद काम समझता हो; लेकिन विचार का, जो मेरे लिए सबसे कठिन साधना है, वह मेरे विश्राम का समय समझता है। वह उसी वक़्त आकर मेरे सिर पर सवार हो जाएगा।

मैंने निर्दयता के साथ कहा—क्या कुछ पेशग़ी माँगने आए हो? मैं पेशग़ी नहीं देता।

''जी नहीं सरकार, मैंने तो कभी पेशग़ी नहीं माँगा।''

''तो क्या किसी की शिकायत करना चाहते हो? मुझे शिकायतों से घृणा है?''

''जी नहीं सरकार, मैंने तो कभी किसी की शिकायत नहीं की!''

गंगू ने अपना दिल मज़बूत किया। उसकी आकृति से स्पष्ट झलक रहा था, मानो वह कोई छलाँग मारने के लिए अपनी सारी शक्तियों को एकत्र कर रहा हो और लड़खड़ाती हुई आवाज़ में बोला—मुझे आप छुट्टी दे दें। मैं आपकी नौकरी अब न कर सकूँगा।

यह इस तरह का पहला प्रस्ताव था, जो मेरे कानों में पड़ा। मेरे आत्माभिमान को चोट लगी। मैं जब अपने को मनुष्यता का पुतला समझता हूँ, अपने नौकरों को कभी कटु-वचन नहीं कहता, अपने स्वामित्व को यथा-साध्य म्यान में रखने की चेष्टा करता हूँ, तब मैं इस प्रस्ताव पर क्यों न विस्मित हो जाता! कठोर स्वर में बोला—क्यों, क्या शिकायत है?

''आपने तो हुज़ूर, जैसा अच्छा स्वभाव पाया है, वैसा क्या कोई पाएगा; लेकिन बात ऐसी आ पड़ी है कि अब मैं आपके यहाँ नहीं रह सकता। ऐसा न हो कि पीछे से कोई बात हो जाए, तो आपकी बदनामी हो। मैं नहीं चाहता कि मेरी वज़ह से आपकी आबरू में बट्टा लगे।''

मेरे दिल में उलझन पैदा हुई। जिज्ञासा की अग्नि प्रचण्ड हो गई। आत्मसमर्पण के भाव से बरामदे में पड़ी हुई कुर्सी पर बैठकर बोला—तुम तो पहेलियाँ बुझा रहे हो। साफ़-साफ़ क्यों नहीं कहते, क्या मामला है?

गंगू ने बड़ी नम्रता से कहा—बात यह है कि वह स्त्री, जो अभी विधवाश्रम से निकाल दी गई है, वह गोमती देवी ···

वह चुप हो गया। मैंने अधीर होकर कहा—हाँ, निकाल दी गई है तो फिर? तुम्हारी नौकरी से उसका क्या सम्बन्ध?

गंगू ने जैसे अपने सिर का भारी बोझ ज़मीन पर पटक दिया—

''मैं उससे ब्याह करना चाहता हूँ बाबूजी!''

मैं विस्मय से उसका मुँह ताकने लगा। वह पुराने विचारों का पोंगा ब्राह्मण जिसे नई सभ्यता की हवा तक न लगी, उस कुलटा से विवाह करने जा रहा है, जिसे कोई भला आदमी अपने घर में कदम भी न रखने देगा। गोमती ने मुहल्ले के शान्त वातावरण में थोड़ी-सी हलचल पैदा कर दी। कई साल पहले वह विधवाश्रम में आई थी। तीन बार आश्रम के कर्मचारियों ने उसका विवाह कर दिया था; पर हर बार वह महीने-पन्द्रह दिन के बाद भाग आई थी। यहाँ तक कि आश्रम के

मन्त्री ने अबकी बार उसे आश्रम से निकाल दिया था। तब से वह इसी मुहल्ले में एक कोठरी लेकर रहती थी और मुहल्ले के शोहदों के लिए मनोरंजन का केन्द्र बनी हुई थी।

मुझे गंगू की सरलता पर क्रोध भी आया और दया भी। इस गधे को सारी दुनिया में कोई स्त्री ही न मिलती थी, जो इससे ब्याह करने जा रहा है। जब वह तीन बार पतियों के पास से भाग आई, तो इसके पास कितने दिन रहेगी? कोई गाँठ का पूरा आदमी होता, तो एक बात थी। शायद साल- छः महीने टिक जाती। यह तो निपट आँख का अन्धा है। एक सप्ताह भी तो निबाह न होगा?

मैंने चेतावनी के भाव से पूछा—तुम्हें इस स्त्री की जीवन-कथा मालूम है?

गंगू ने आँखों देखी बात की तरह कहा—सब झूठ है सरकार, लोगों ने हकनाहक उसको बदनाम कर दिया है।

''क्या कहते हो, वह तीन बार अपने पतियों के पास से नहीं भाग आई?''

''उन लोगों ने उसे निकाल दिया, तो क्या करती?''

'कैसे बुद्धू आदमी हो! कोई इतनी दूर से आकर विवाह करके ले जाता है, हज़ारों रुपये ख़र्च करता है, इसलिए कि औरत को निकाल दे?''

''गंगू ने भावुकता से कहा—जहाँ प्रेम नहीं है हुजूर, वहाँ कोई स्त्री नहीं रह सकती। स्त्री केवल रोटी-कपड़ा नहीं चाहती, कुछ प्रेम भी तो चाहती है। वे लोग समझते होंगे कि हमने एक विधवा से विवाह करके उसके ऊपर कोई बड़ा एहसान किया है। चाहते होंगे कि तन-मन से वह उनकी हो जाए लेकिन दूसरे को अपना बनाने के लिए पहले, उसका बन जाना पड़ता है हुजूर। यह बात है। फिर उसे एक बीमारी भी है। उसे कोई भूत लगा हुआ है। वह कभी-कभी बक-बक भी करने लगती है और बेहोश हो जाती है।''

''और तुम ऐसी स्त्री से विवाह करोगे? (मैंने संदिग्ध भाव से सिर हिलाते हुए कहा) समझ लो जीवन कड़वा हो जाएगा। ''

गंगू ने शहीदों के वे से आदेश से कहा—मैं समझता हूँ, मेरी ज़िन्दगी बन जाएगी बाबूजी आगे भगवान् की मरज़ी!

मैंने जोर देकर पूछा—तो तुमने तय कर लिया है?

''हाँ, हुजूर।''

''तो मैं तुम्हारा इस्तीफ़ा मंजूर करता हूँ।''

मैं निरर्थक रूढ़ियों और व्यर्थ के बन्धनों का दास नहीं हूँ; लेकिन जो आदमी एक दुष्टा से विवाह करे, उसे अपने यहाँ रखना वास्तव में जटिल समस्या थी। आए दिन टण्टे-बखेड़े होंगे, नई-नई उलझनें पैदा होंगी, कभी पुलिस आएगी कभी मुकद्दमे खड़े होंगे। सम्भव है, चोरी की वारदातें भी हों। इस दलदल से दूर रहना ही अच्छा। गंगू क्षुधा-पीड़ित प्राणी की भाँति रोटी का टुकड़ा देखकर उसकी ओर लपक रहा है। रोटी जूठी है, सूखी हुई है, खाने योग्य नहीं है, इसकी उसे परवाह नहीं, उसको विचार-बुद्धि से काम लेना कठिन था। मैंने उसे पृथक् कर देने ही में अपनी कुशल समझी।

2

पाँच महीने गुज़र गए। गंगू ने गोमती से विवाह कर लिया था और उसी मुहल्ले में एक खपरैल का मकान लेकर रहता था। वह अब चाट का खोंचा लगाकर गुज़र-

बसर करता था; मुझे जब कभी बाज़ार में मिल जाता, तो मैं उसकी कुशल-क्षेम पूछता। मुझे उसके जीवन से विशेष अनुराग हो गया था। यह एक सामाजिक प्रश्न की परीक्षा थी–सामाजिक ही नहीं, मनोवैज्ञानिक भी। मैं देखना चाहता था, इसका परिणाम क्या होता है। मैं गंगू को सदैव प्रसन्न-मुख देखता। समृद्धि और निश्चिन्तता के मुख पर जो एक तेज़ और स्वभाव में जो एक आत्म-सम्मान पैदा हो जाता है, वह मुझे यहाँ प्रत्यक्ष दिखाई देता था। रुपये-बीस आने की रोज़ बिक्री हो जाती थी। इसमें लागत निकालकर आठ-दस आने बच जाते थे। यही उसकी जीविका थी; किन्तु इसमें किसी देवता का वरदान था, क्योंकि इस वर्ग के मनुष्यों में जो निर्लज्जता और विपन्नता पायी जाती है, इसका वहाँ चिह्न तक न था। उसके मुख पर आत्मविश्वास और आनन्द की झलक थी, जो चित्त की शान्ति से ही आ सकती है।

एक दिन मैंने सुना कि गोमती गंगू के घर से भाग गई है। कह नहीं सकता, क्यों? मुझे इस ख़बर से एक विचित्र आनन्द हुआ। मुझे गंगू के सन्तुष्ट और सुखी जीवन पर एक प्रकार की ईर्ष्या होती थी। मैं उसके विषय में किसी अनिष्ट की, किसी घातक अनर्थ की, किसी लज्जास्पद घटना की प्रतीक्षा करता था। इस ख़बर से ईर्ष्या को सान्त्वना मिली। अदूरदर्शिता का दण्ड भोगना पड़ा। अब देखें, बच्चा कैसे मुँह दिखाते हैं! अब आँखें खुलेंगी, और मालूम होगा कि लोग, जो उन्हें इस विवाह से रोक रहे थे, उनके कैसे शुभचिन्तक थे। उस वक़्त तो ऐसा मालूम होता था, मानो आपको कोई दुर्लभ पदार्थ मिला जा रहा हो। मानो मुक्ति का द्वार खुल गया है। लोगों ने कितना कहा कि यह स्त्री विश्वास के योग्य नहीं है। कितनों को दग़ा दे चुकी है, तुम्हारे साथ भी दग़ा करेगी; लेकिन इन कानों पर जूँ तक न रेंगी। अब मिले तो ज़रा मिज़ाज़ पूछूँ। कहूँ–क्यों महाराज, देवीजी का यह वरदान पाकर प्रसन्न हुए या नहीं? तुम तो कहते थे, वह ऐसी है और वैसी है, लोग उस पर केवल दुर्भावना के कारण दोष आरोपित करते हैं। अब बतलाओ, किसकी भूल थी?

उसी दिन संयोगवश गंगू से बाज़ार में भेंट हो गई। घबराया हुआ था, बदहवास था, बिलकुल खोया हुआ। मुझे देखते ही उसकी आँखों में आँसू भर आए, लज्जा से नहीं, व्यथा से मेरे पास आकर बोला–बाबूजी, गोमती ने मेरे साथ भी विश्वासघात किया। मैंने कुटिल आनन्द से, लेकिन सहानुभूति कृत्रिम दिखाकर कहा–तुमसे तो मैंने पहले ही कहा था; लेकिन तुम माने ही नहीं, अब सब्र करो। इसके सिवाय और क्या उपाय है? रुपये-पैसे ले गई या कुछ छोड़ गई?

गंगू ने छाती पर हाथ रखा। ऐसा जान पड़ा, मानो मेरे इस प्रश्न ने उसके हृदय को विदीर्ण कर दिया है।

''अरे बाबूजी, ऐसा न कहिए। उसने धेले की भी चीज़ नहीं छुई। अपना जो कुछ था, वह भी छोड़ गई। न जाने मुझमें क्या बुराई देखी। मैं उसके योग्य न था और क्या कहूँ। वह पढ़ी-लिखी थी, मैं करिया अक्षर भैंस बराबर। मेरे साथ इतने दिन रही, यही बहुत था। कुछ दिन और उसके साथ रह जाता, तो आदमी बन जाता। उसका आपसे कहाँ तक बखान करूँ हुज़ूर। औरों के लिए चाहे जो कुछ हो, मेरे लिए तो किसी देवता का आशीर्वाद थी। न जाने मुझसे क्या ऐसी ख़ता हो गई। मगर क़सम ले लीजिए, जो उसके मुख पर मैल तक आया हो। मेरी औकात ही क्या है बाबूजी, दस-बारह आने का मजूर हूँ; पर इसी में उसके हाथों इतनी बरक़त थी कि कभी कमी नहीं पड़ी।''

मुझे इन शब्दों से घोर निराशा हुई। मैंने समझा था, वह उसकी बेवफ़ाई की कथा कहेगा और मैं उसकी अन्ध-भक्ति पर कुछ सहानुभूति प्रकट करूँगा; मगर उस मूर्ख की आँखें अब तक नहीं खुलीं। अब भी उसी का मन्त्र पढ़ रहा है। अवश्य ही इसका चित्त कुछ अव्यवस्थित है।

मैंने कुटिल परिहास आरम्भ किया—तो तुम्हारे घर से कुछ नहीं ले गई?

''कुछ भी नहीं बाबूजी, धेले की भी चीज़ नहीं।''

''और तुमसे प्रेम भी बहुत करती थी?''

''अब आपसे क्या कहूँ बाबूजी, वह प्रेम तो मरते दम तक याद रहेगा।''

''फिर भी तुम्हें छोड़कर चली गई?''

''यही तो आश्चर्य है बाबूजी।''

''त्रिया-चरित्र का नाम कभी सुना है?''

''अरे बाबूजी, ऐसा न कहिए। मेरी गर्दन पर कोई छुरी रख दे, तो भी मैं उसका यश ही गाऊँगा।''

''तो फिर ढूँढ़ निकालो!''

''हाँ, मालिक! जब तक उसे ढूँढ़ न लाऊँगा, मुझे चैन न आएगा। मुझे इतना मालूम हो जाए कि वह कहाँ है, फिर तो मैं उसे ले ही आऊँगा; और बाबूजी, मेरा दिल कहता है कि वह आएगी ज़रूर। देख लीजिएगा। वह मुझसे रूठकर नहीं गई; लेकिन दिल नहीं मानता। जाता हूँ, महीने-दो महीने जंगल-पहाड़ की धूल छानूँगा। जीता रहा, तो फिर आपके दर्शन करूँगा।''

और यह कहकर वह उन्माद की दशा में एक तरफ़ चल दिया।

3

इसके बाद मुझे एक ज़रूरत से नैनीताल जाना पड़ा। सैर करने के लिए नहीं। एक महीने के बाद लौटा, और अभी कपड़े भी न उतारने पाया था कि देखता हूँ, गंगू एक नवजात शिशु को गोद में लिए खड़ा है। शायद कृष्ण को पाकर नन्द भी इतने पुलकित न हुए होंगे। मालूम होता था, उसके रोम-रोम से आनन्द फूटा पड़ता है। चेहरे और आँखों से कृतज्ञता और श्रद्धा के राग-से निकल रहे थे। कुछ वही भाव था, जो किसी क्षुधा-पीड़ित भिक्षुक के चेहरे पर भर-पेट भोजन करने के बाद नज़र आता है।

मैंने पूछा—कहो महाराज, गोमतीदेवी का कुछ पता लगा, तुम तो बाहर गए थे?

गंगू ने आपे में न समाते हुए जवाब दिया—हाँ बाबूजी, आपके आशीर्वाद से ढूँढ लिया। लखनऊ के जनाना अस्पताल में मिली। यहाँ एक सहेली से कह गई थी कि अगर वह बहुत घबराएँ, तो बतला देना। मैं सुनते ही लखनऊ भागा और उसे घसीट लाया। घाटे में यह बच्चा भी मिल गया।

उसने बच्चे को उठाकर मेरी तरफ़ बढ़ाया। मानो कोई खिलाड़ी तमगा पाकर दिखा रहा हो।

मैंने उपहास के भाव से पूछा—अच्छा, यह लड़का भी मिल गया? शायद इसीलिए वह यहाँ से भागी थी। है तो तुम्हारा ही लड़का?

''मेरा काहे को है बाबूजी, आपका है, भगवान् का है।''

''तो लखनऊ में पैदा हुआ?''

"हाँ बाबूजी, अभी तो कुल एक महीने का है।"

"तुम्हारा विवाह हुए कितने दिन हुए?"

"यह सातवाँ महीना जा रहा है।"

"तो शादी के छठे महीने पैदा हुआ?"

"और क्या बाबूजी!"

"फिर भी तुम्हारा लड़का है?"

"हाँ, जी।"

"कैसी बे सिर-पैर की बातें कर रहे हो?"

"मालूम नहीं, वह मेरा आशय समझ रहा था, या बन रहा था। उसी निष्कपट भाव से बोला–मरते-मरते बची, बाबूजी, नया जनम हुआ। तीन दिन, तीन रात छटपटाती रही। कुछ न पूछिए।"

मैंने अब ज़रा व्यंग्य भाव से कहा–लेकिन छः महीने में लड़का होते आज ही सुना।

यह चोट निशाने पर जा बैठी।

मुस्कुराकर बोला–अच्छा, यह बात! मुझे तो उसका ध्यान भी नहीं आया। इसी भय से तो गोमती भागी थी। मैंने कहा, गोमती, अगर तुम्हारा मन मुझसे नहीं मिलता, तो तुम मुझे छोड़ दो। मैं अभी चला जाऊँगा और फिर कभी तुम्हारे पास न आऊँगा। तुमको जब कुछ काम पड़े, तो मुझे लिखना। मैं भरसक तुम्हारी मदद करूँगा। मुझे तुमसे कुछ मलाल नहीं है। मेरी आँखों में तुम अब भी उतनी ही भली हो। अब भी मैं तुम्हें उतना ही चाहता हूँ। नहीं, अब मैं तुम्हें और ज़्यादा चाहता हूँ; लेकिन अगर तुम्हारा मन मुझसे फिर नहीं गया है तो मेरे साथ चलो। गंगू जीते-जी तुमसे बेवफ़ाई नहीं करेगा। मैंने तुमसे इसलिए विवाह नहीं किया कि तुम देवी हो; बल्कि इसलिए कि मैं तुम्हें चाहता था और सोचता था कि तुम भी मुझे चाहती हो। यह बच्चा मेरा बच्चा है। मेरा अपना बच्चा है। मैंने एक बोया हुआ खेत लिया, तो क्या उसकी फ़सल को इसलिए छोड़ दूँगा कि उसे किसी दूसरे ने बोया था?

यह कहकर उसने ज़ोर से ठट्ठा मारा।

मैं कपड़े उतारना भूल गया। कह नहीं सकता, क्यों मेरी आँखें सजल हो गईं। न जाने वह कौन-सी शक्ति थी, जिसने मेरी मनोगत घृणा को दबाकर मेरे हाथों को बढ़ा दिया। मैंने उस निष्कलंक बालक को गोद में ले लिया और इतने प्यार से उसका चुम्बन लिया कि शायद अपने बच्चों का भी न लिया होगा।

गंगू बोला–बाबूजी, आप बड़े सज्जन हैं। मैं गोमती से बार-बार आपका बखान किया करता हूँ, कहता हूँ, चल, एक बार उनके दर्शन कर आ; मारे लाज के आती ही नहीं।

मैं और सज्जन! अपनी सज्जनता का पर्दा आज मेरी आँखों से हटा। मैंने भक्ति से डूबे हुए स्वर में कहा–नहीं जी, मेरे जैसे कलुषित मनुष्य के पास वह क्या आएँगी। चलो, मैं उनके दर्शन करने चलता हूँ। तुम मुझे सज्जन समझते हो? मैं ऊपर से सज्जन हूँ; पर दिल का कमीना हूँ। असली सज्जनता तुममें है और यह बालक वह फूल है, जिससे तुम्हारी सज्जनता की महक निकल रही है।

मैं बच्चे को छाती से लगाए हुए गंगू के साथ चला।

❑❑❑

जीवन का शाप

कावसजी ने पत्र निकाला और यश कमाने लगे। शापूरजी ने रूई की दलाली शुरू की और धन कमाने लगे। कमाई दोनों ही करते थे, पर शापूरजी प्रसन्न थे, कावसजी विरक्त। शापूरजी को धन के साथ सम्मान और यश आप-ही- आप मिलता था। कावसजी को यश के साथ धन दूरबीन से देखने पर भी न दिखाई देता था। इसलिए शापूरजी के जीवन में शान्ति थी, सहृदयता थी, आशावादिता थी, क्रीड़ा थी। कावसजी के जीवन में अशान्ति थी, कटुता थी, निराशा थी, उदासीनता थी। धन को तुच्छ समझने की वह बहुत चेष्टा करते थे; लेकिन प्रत्यक्ष को कैसे झुठला देते? शापूरजी के घर में विराजने वाले सौजन्य और शान्ति के सामने उन्हें, अपने घर के कलह और फूहड़पन से घृणा होती थी। मृदुभाषिणी मिसेज शापूर के सामने उन्हें अपनी गुलशन बानू संकीर्णता और ईर्ष्या का अवतार-सी लगती थी। शापूरजी घर में आते, तो शीरींबानूबाई मृदु हास से उनका स्वागत करतीं। वह ख़ुद दिन-भर के थके-माँदे घर आते, तो गुलशन अपना दुखड़ा सुनाने बैठ जाती और उनको ख़ूब फटकारें बतातीं–तुम भी अपने को आदमी कहते हो! मैं तो तुम्हें बैल समझती हूँ, बैल बड़ा मेहनती है, ग़रीब है, सन्तोषी है, माना, लेकिन उसे विवाह करने का क्या हक़ था?

कावसजी से एक लाख बार यह प्रश्न किया जा चुका था कि जब तुम्हें समाचार-पत्र निकालकर अपना जीवन बरबाद करना था, तो तुमने विवाह क्यों किया? क्यों मेरी ज़िंदगी तबाह कर दी? जब तुम्हारे घर में रोटियाँ न थीं, तो मुझे क्यों लाए? इस प्रश्न का जवाब देने की कावसजी में शक्ति न थी। उन्हें कुछ सूझता ही न था। वह सचमुच अपनी ग़लती पर पछताते थे। एक बार बहुत तंग आकर उन्होंने कहा था–अच्छा भाई, अब तो जो होना था, हो चुका; लेकिन मैं तुम्हें बाँधे तो नहीं हूँ, तुम्हें जो पुरुष ज़्यादा सुखी रख सके, उसके साथ जाकर रहो, अब मैं क्या कहूँ? आमदनी नहीं बढ़ती, तो मैं क्या करूँ? क्या चाहती हो, जान दे दूँ? इस पर गुलशन ने उनके दोनों कान पकड़कर ज़ोर से ऐंठे और गालों पर दो तमाचे लगाए और पैनी आँखों से काटती हुई बोली–अच्छा, अब चोंच सँभालो, नहीं तो अच्छा न होगा। ऐसी बात मुँह से निकालते, तुम्हें लाज नहीं आती। हयादार होते, तो चुल्लू-भर पानी में डूब मरते। उस दूसरे पुरुष के महल में आग लगा दूँगी, उसका मुँह झुलस दूँगी। तब से बेचारे कावसजी के पास इस प्रश्न का कोई जवाब न रहा। कहाँ तो यह असन्तोष और विद्रोह की ज्वाला, और कहाँ वह मधुरता और भद्रता की देवी शीरीं, जो कावसजी को देखते ही फूल की तरह खिल उठी, मीठी बातें करतीं, चाय, मुरब्बे और फूलों से सत्कार करतीं और अकसर उन्हें अपनी कार पर घर पहुँचा देतीं। कावसजी ने कभी मन में भी इसे स्वीकार करने का साहस नहीं किया; मगर उनके हृदय में यह लालसा छिपी हुई थी कि गुलशन की जगह शीरीं होती, तो उनका जीवन कितना गुलज़ार होता! कभी-कभी गुलशन की कटूक्तियों से वह इतने दुःखी हो जाते कि यमराज का आह्वान करते। घर उनके लिए क़ैदखाने से कम न था और उन्हें जब अवसर मिलता, सीधे शीरीं के घर जाकर अपने दिल की जलन बुझा आते।

2

एक दिन कावसजी सवेरे गुलशन से झल्लाकर शापूरजी के टैरेस में पहुँचे, तो देखा, शीरीं बानू की आँखें लाल हैं और चेहरा भमराया हुआ है, जैसे रोकर उठी हों। कावसजी ने चिन्तित होकर पूछा—आपका जी कैसा है? बुख़ार तो नहीं आ गया?

शीरीं ने दर्द-भरी आँखों से देखकर रोनी आवाज़ से कहा—नहीं, बुख़ार तो नही है, कम-से-कम देह का बुख़ार तो नहीं है।

कावसजी इस पहेली का कुछ मतलब न समझे।

शीरीं ने एक क्षण मौन रहकर फिर कहा—आपको मैं अपना मित्र समझती हूँ मि० कावसजी! आपसे क्या छिपाऊँ? मैं इस जीवन से तंग आ गई हूँ! मैंने अब तक हृदय की आग हृदय में रखी, लेकिन ऐसा मालूम होता है कि अब उसे बाहर न निकालूँ, तो मेरी हड्डियाँ तक गल जाएँगी। इस वक़्त आठ बजे हैं; लेकिन मेरे रंगीले पिया का कहीं पता नहीं। रात को खाना खाकर वह एक मित्र से मिलने का बहाना करके घर से निकले थे और अभी तक लौटकर नहीं आए। यह आज कोई नई बात नहीं है, इधर कई महीनों से यह इनकी रोज़ की आदत है। मैंने आज तक आपसे कभी अपना दर्द नहीं कहा; मगर उस समय भी, जब मैं हँस-हँसकर आपसे बातें करती थी, मेरी आत्मा रोती रहती थी।

कावसजी ने निष्कपट भाव से कहा—तुमने पूछा नहीं, कहाँ रह जाते हो?

पूछने से क्या लोग अपने दिल की बातें बता दिया करते हैं?

''तुमसे तो उन्हें कोई भेद न रखना चाहिए।''

''घर में जी न लगे, तो आदमी क्या करे?''

''मुझे यह सुनकर आश्चर्य हो रहा है। तुम जैसी देवी जिस घर में हो, वह स्वर्ग है। शापूरजी को तो अपना भाग्य सराहना चाहिए!''

''आपका यह भाव तभी तक है, जब तक आपके पास धन नहीं है। आज तुम्हें कहीं से दो-चार लाख मिल जाए, तो तुम यों न रहोगे, और तुम्हारे ये भाव बदल जाएँगे। यही धन का सबसे बड़ा अभिशाप है। ऊपरी सुख-शान्ति के नीचे कितनी आग है, यह तो उसी वक़्त खुलता है, जब ज्वालामुखी फट पड़ता है। वह समझते हैं, धन से घर भरकर उन्होंने मेरे लिए वह सब कुछ कर दिया, जो उनका कर्तव्य था, और अब मुझे असन्तुष्ट होने का कोई कारण नहीं। यह नहीं जानते कि ऐश के ये सारे सामान उन मिस्री तहख़ानों में गड़े हुए पदार्थों की तरह हैं, जो मृतात्मा के भोग के लिए रखे जाते थे।''

कावसजी आज एक नई बात सुन रहे थे। उन्हें अब तक जीवन का जो अनुभव हुआ था, वह यह था कि स्त्री अंतःकरण से विलासिनी होती है। उस पर लाख प्राण वारो, उसके लिए मर ही क्यों न मिटो; लेकिन व्यर्थ। वह केवल खरहरा नहीं चाहती, उससे कहीं ज़्यादा दाना और घास चाहती है; लेकिन एक यह देवी है, जो विलास की चीज़ों को तुच्छ समझती हैं और केवल मीठे स्नेह और सहवास से ही प्रसन्न रहना चाहती हैं। उनके मन में गुदगुदी-सी उठी।

मिसेज शापूर ने फिर कहा—उनका यह व्यापार मेरी बर्दाश्त के बाहर हो गया है, मि. कावसजी! मेरे मन में विद्रोह की ज्वाला उठ रही है, और मैं धर्म-शास्त्र और मर्यादा—इन सभी का आश्रय लेकर भी त्राण नहीं पाती। मन को समझाती

हूँ—क्या संसार में लाखों विधवाएँ नहीं पड़ी हुई हैं; लेकिन किसी तरह चित्त नहीं शान्त होता। मुझे विश्वास आता जाता है कि वह मुझे मैदान में आने के लिए चुनौती दे रहे हैं। मैंने अब तक उनकी चुनौती नहीं ली है; लेकिन अब पानी सिर के ऊपर चढ़ गया है और मैं किसी तिनके का सहारा ढूँढे बिना नहीं रह सकती। वह जो चाहते हैं, वह हो जाएगा। आप उनके मित्र हैं; आपसे बन पड़े, तो उनको समझाइए। मैं इस मर्यादा की बेड़ी को अब और न पहन सकूँगी।

मि. कावसजी मन में भावी सुख का एक स्वर्ग निर्माण कर रहे थे। बोले—हाँ-हाँ, मैं अवश्य समझाऊँगा। यह तो मेरा धर्म है; लेकिन मुझे आशा नहीं कि मेरे समझाने का उन पर कोई असर हो। मैं तो दरिद्र हूँ, मेरे समझाने का उनकी दृष्टि में मूल्य ही क्या?

यों वह मेरे ऊपर बड़ी कृपा रखते हैं। बस, उनकी यही आदत मुझे पसन्द नहीं।

तुमने इतने दिनों बर्दाश्त किया, यही आश्चर्य है! कोई दूसरी औरत तो एक दिन न सहती।

''थोड़ी-बहुत तो यह आदत सभी पुरुषों में होती है; लेकिन ऐसे पुरुषों की स्त्रियाँ भी वैसी ही होती हैं। कर्म से न सही, मन से ही सही। मैंने तो सदैव इनको अपना इष्टदेव समझा।''

''किन्तु जब पुरुष इसका अर्थ ही न समझे, तो क्या हो? मुझे भय है, वह मन में कुछ और न सोच रहे हों।''

''और क्या सोच सकते है?''

''आप अनुमान नहीं कर सकती?''

''अच्छा, वह बात! मगर मेरा कोई अपराध?''

''शेर और मेमनेवाली कथा आपने नहीं सुनी?''

मिसेज शापूर एकाएक चुप हो गईं। सामने से शापूरजी की कार आती दिखाई दी। उन्होंने कावसजी को ताक़ीद और विनय भरी आँखों से देखा और दूसरे द्वार के कमरे से निकलकर अन्दर चली गयीं। मि. शापूर लाल आँखें किए कार से उतरे और मुस्कुराकर कावसजी से हाथ मिलाया। स्त्री की आँखें भी लाल थीं, पति की आँखें भी लाल। एक रुदन से, दूसरी रात की खुमारी से।

3

शापूरजी ने हैट उतारकर खूँटी पर लटकाते हुए कहा—क्षमा कीजिएगा, मैं रात को एक मित्र के घर सो गया था। दावत थी, खाने में देर हुई, तो मैंने सोचा, अब कौन घर जाए।

कावसजी ने व्यंग्य-मुस्कान के साथ कहा—किसके यहाँ दावत थी? मेरे रिपोर्टर ने तो कोई ख़बर नहीं दी। ज़रा मुझे नोट करा दीजिएगा।

उन्होंने जेब से नोटबुक निकाली।

शापूरजी ने सतर्क होकर कहा—ऐसी कोई बड़ी दावत नहीं थी जी, दो-चार मित्रों का प्रीतिभोज था।

''फिर भी समाचार तो जानना ही चाहिए। जिस प्रीतिभोज में आप जैसे प्रतिष्ठित लोग शरीक़ हों, वह साधारण बात नहीं हो सकती। क्या नाम है मेज़बान साहब का?''

''आप चौकेंगे तो नहीं?''

''बतलाएँ तो।''

''मिस गौहर!''

''मिस गौहर!''

''जी हाँ, आप चौंके क्यों? क्या आप इसे तस्लीम नहीं करते कि दिन-भर रुपए-आने-पाई से सिर मारने के बाद मुझे कुछ मनोरंजन करने का भी अधिकार है, नहीं तो जीवन भार हो जाए।''

''मैं इसे नहीं मानता।''

''क्यों?''

'इसीलिए कि मैं इस मनोरंजन को अपनी ब्याहता स्त्री के प्रति अन्याय समझता हूँ।'

शापूरजी नक़ली हँसी हँसे—वही दकियानूसी बात। आपको मालूम होना चाहिए, आज का समय ऐसा कोई बन्धन स्वीकार नहीं करता।

''और मेरा ख़याल है कि कम-से-कम इस विषय में आज का समाज एक पीढ़ी पहले के समाज से कहीं परिष्कृत है। अब देवियों का यह अधिकार स्वीकार किया जाने लगा है।''

''यानी देवियाँ पुरुषों पर हुकूमत कर सकती हैं?''

''उसी तरह, जैसे पुरुष देवियों पर हुकूमत कर सकते हैं।''

''मैं इसे नहीं मानता। पुरुष, स्त्री का मोहताज़ नहीं है, स्त्री, पुरुष की मोहताज़ है।''

''आपका आशय यही तो है कि स्त्री अपने भरण-पोषण के लिए पुरुष पर अवलम्बित है?''

''अगर आप इन शब्दों में कहना चाहते हैं, तो मुझे कोई आपत्ति् नही; मगर अधिकार की बागडोर जैसे राजनीति में, वैसे ही समाज नीति में धन-बल के हाथ रही है और रहेगी।''

''अगर दैवयोग से धनोपार्जन का काम स्त्री कर रही हो और पुरुष कोई काम न मिलने के कारण घर बैठा हो, तो स्त्री को अधिकार है कि अपना मनोरंजन जिस तरह चाहे करे?''

''मैं स्त्री को यह अधिकार नहीं दे सकता।''

''यह आपका अन्याय है।''

''बिलकुल नहीं। स्त्री पर प्रकृति ने ऐसे बन्धन लगा दिए हैं कि वह जितना भी चाहे, पुरुष की भाँति स्वच्छन्द नहीं रह सकती और न पशु-बल में पुरुष का मुक़ाबला ही कर सकती है। हाँ, गृहणी का पद त्याग कर या अप्राकृतिक जीवन का आश्रय लेकर, वह सब कुछ कर सकती है।''

''आप लोग उसे मजबूर कर रहे हैं कि अप्राकृतिक जीवन का आश्रय ले।''

''मैं ऐसे समय की कल्पना ही नहीं कर सकता, जब पुरुषों का आधिपत्य स्वीकार करनेवाली औरतों का काल पड़ जाए। क़ानून और सभ्यता मैं नहीं जानता। पुरुषों ने स्त्रियों पर हमेशा राज किया है और करेंगे।''

सहसा कावसजी ने पहलू बदला। इतनी थोड़ी-सी देर में ही वह अच्छे-ख़ासे कूटनीति-चतुर हो गए थे। शापूरजी को प्रशंसासूचक आँखों से देखकर बोले—तो हम और आप दोनों एक विचार के हैं। मैं आपकी परीक्षा ले रहा था। मैं भी स्त्री को गृहिणी, माता और स्वामिनी, सब-कुछ मानने को तैयार हूँ; पर उसे स्वच्छन्द

नहीं देख सकता। अगर कोई स्त्री स्वच्छन्द होना चाहती है, तो उसके लिए मेरे घर में स्थान नहीं है। अभी मिसेज़ शापूर की बातें सुनकर मैं दंग रह गया। मुझे इसकी कल्पना भी न थी कि कोई नारी मन में इतने विद्रोहात्मक भावों को स्थान दे सकती है।

मि. शापूर की गर्दन की नसें तन गईं; नथुने फूल गए। कुर्सी से उठकर बोले—अच्छा, तो अब शीरीं ने यह ढंग निकाला! मैं अभी उससे पूछता हूँ, आपके सामने पूछता हूँ—अभी फैसला कर डालूँगा। मुझे उसकी परवाह नहीं है। किसी की परवाह नहीं है। बेवफ़ा औरत! जिसके हृदय में ज़रा भी संवेदना नहीं, जो मेरे जीवन में ज़रा-सा आनन्द भी नहीं सह सकती, चाहती है, मैं उसके आँचल में बँधा-बँधा घूमूँ! शापूर से यह आशा रख़ती है? अभागिनी भूल जाती है कि आज मैं आँख़ों का इशारा कर दूँ, तो एक सौ एक शीरियाँ मेरी उपासना करने लगें, जी हाँ, मेरे इशारों पर नाचें। मैंने इसके लिए जो कुछ किया, बहुत कम पुरुष किसी स्त्री के लिए करते हैं। मैंने ··· मैंने ···

उन्हें ख़याल आ गया कि वह ज़रूरत से ज़्यादा बहके जा रहे हैं। शीरीं की प्रेममय सेवाएँ याद आईं, रुककर बोले—लेकिन मेरा ख़याल है कि वह अब भी समझ से काम ले सकती है। मैं उसका दिल नहीं दुख़ाना चाहता। मैं यह भी जानता हूँ कि वह ज़्यादा-से-ज़्यादा जो कर सकती है, वह शिकायत है। इसके आगे बढ़ने की हिमाक़त वह नहीं कर सकती। औरतों को मना लेना बहुत मुश्क़िल नहीं है, कम से कम मुझे तो यही तजुरबा है।

कावसजी ने खण्डन किया—मेरा तजुरबा तो कुछ और है।

''हो सकता है, मगर आपके पास ख़ाली बातें हैं, मेरे पास लक्ष्मी का आशीर्वाद है।''

''जब मन में विद्रोह के भाव जम गए, तो लक्ष्मी के टाले भी नहीं टल सकते।''

''शापूरजी ने विचारपूर्ण भाव से कहा—शायद आपका विचार ठीक है।''

4

कई दिन के बाद कावसजी की शीरीं से पार्क में मुलाक़ात हुई। वह इसी अवसर की ख़ोज में थे। उनका स्वर्ग तैयार हो चुका था। केवल उसमें शीरीं को प्रतिष्ठित करने की कसर थी। उस शुभ-दिन की कल्पना में वह पागल से हो रहे थे। गुलशन को उन्होंने उसके मैके भेज दिया था। भेज क्या दिया था, वह रूठकर चली गई थी। जब शीरीं उनकी दरिद्रता का स्वागत कर रही है, तो गुलशन की ख़ुशामद क्यों की जाए? लपककर शीरीं से हाथ मिलाया और बोले—आप ख़ूब मिलीं! मैं आज आनेवाला था।

शीरीं ने गिला करते हुए कहा—आपकी राह देख़ते-देख़ते आँख़ें थक गईं। आप भी ज़ुबानी हमदर्दी ही करना जानते हैं। आपको क्या ख़बर, इन कई दिनों में मेरी आँख़ों से कितने आँसू बहे हैं।

कावसजी ने शीरीं बानू की उत्कण्ठापूर्ण मुद्रा देख़ी, जो बहुमूल्य रेशमी साड़ी की आब से और भी दमक उठी थी, और उनका हृदय अन्दर से बैठता हुआ जान पड़ा। उस छात्र की-सी दशा हुई, जो अन्तिम परीक्षा पास कर चुका हो और जीवन

का प्रश्न उसके सामने भयंकर रूप में खड़ा हो। काश, वह कुछ दिन और परीक्षाओं की भूल-भूलैया में जीवन के स्वप्नों का आननद ले सकता! उस स्वप्न के सामने यह सत्य कितना डरावना था। अभी तक कावसजी ने मधुमक्खी का शहद ही चखा था। इस समय वह उनके मुख पर मँड़रा रही थी और वह डर रहे थे कि कहीं डंक न मारे।

दबी हुई आवाज़ से बोले—मुझे यह सुनकर बड़ा दुःख हुआ। मैंने तो शापूर को बहुत समझाया था।

शीरीं ने उनका हाथ पकड़कर एक बेंच पर बिठा दिया और बोली—उन पर अब समझाने-बुझाने का कोई असर न होगा। और मुझे ही क्या गरज़ पड़ी है कि मैं उनके पाँव सहलाती रहूँ? आज मैंने निश्चय कर लिया है, अब उस घर में लौटकर न जाऊँगी। अगर उन्हें अदालत में ज़लील होने का शौक़ है, तो मुझ पर दावा करें, मैं तैयार हूँ। मैं जिसके साथ नहीं रहना चाहती, उसके साथ रहने के लिए ईश्वर भी मुझे मज़बूर नहीं कर सकता, अदालत क्या कर सकती है? अगर तुम मुझे आश्रय दे सकते हो, तो मैं तुम्हारी बनकर रहूँगी, जब तक तुम मेरे रहोगे। अगर तुममें इतना आत्मबल नहीं है, तो मेरे लिए दूसरे द्वार खुल जाएँगे। अब साफ़-साफ़ बतलाओ, क्या वह सारी सहानुभूति जुबानी थी?

कावसजी ने कलेजा मज़बूत करके कहा—नहीं-नहीं, शीरीं, ख़ुदा जानता है, मुझे तुमसे कितना प्रेम है। तुम्हारे लिए मेरे हृदय में स्थान है।

''मगर गुलशन को क्या करोगे?''

''उसे तलाक़ दे दूँगा।''

''हाँ, वही मैं भी चाहती हूँ। तो मैं तुम्हारे साथ चलूँगी, अभी, इस दम। शापूर से अब मेरा कोई सम्बन्ध नहीं है।''

कावसजी को अपने दिल में कम्पन का अनुभव हुआ। बोले—लेकिन अभी तो वहाँ कोई तैयारी नहीं है।

''मेरे लिए किसी तैयारी की ज़रूरत नहीं। तुम सब कुछ हो। एक टैक्सी ले लो। मैं इसी वक़्त चलूँगी।''

कावसजी टैक्सी की ख़ोज में पार्क से निकले। वह एकान्त में विचार करने के लिए थोड़ा-सा समय चाहते थे, इस बहाने से उन्हें समय मिल गया। उन पर अब जवानी का वह नशा न था, जो विवेक की आँखों पर छाकर बहुधा हमें गड्ढे में गिरा देता है। अगर कुछ नशा था, तो अब तक हिरन हो चुका था। वह किस फन्दे में गला डाल रहे हैं, यह ख़ूब समझते थे। शापूरजी उन्हें मिट्टी में मिला देने के लिए पूरा ज़ोर लगाएँगे, वह भी उन्हें मालूम था। गुलशन उन्हें सारी दुनिया में बदनाम कर देगी, यह भी वह जानते थे। ये सब विपत्तियाँ झेलने को वह तैयार थे। शापूर की जुबान बन्द करने के लिए उनके पास काफ़ी दलीलें थीं। गुलशन को भी स्त्री समाज में अपमानित करने का उनके पास काफ़ी मसाला था। डर था तो यह कि शीरीं का यह प्रेम टिक सकेगा या नहीं। अभी तक शीरीं ने केवल उनके सौजन्य का परिचय पाया है, केवल उनकी न्याय, सत्य और उदारता से भरी बातें सुनी हैं। इस क्षेत्र में शापूरजी से उन्होंने बाज़ी मारी है; लेकिन उनके सौजन्य और उनकी प्रतिभा का जादू उनके बेसरोसामान घर में कुछ दिन रहेगा, इसमें उन्हें सन्देह था। हलवे की जगह चुपड़ी रोटियाँ भी मिलें, तो आदमी सब्र कर सकता है। रूखी भी मिल जाएँ, तो वह सन्तोष कर लेगा; लेकिन सूखी घास सामने देखकर तो ऋषि-मुनि भी जामे से बाहर हो जाएँगे। शीरीं उनसे प्रेम करती

है; लेकिन प्रेम के त्याग की भी तो सीमा है। दो-चार दिन भावुकता के उन्माद में वह सब्र कर ले; लेकिन भावुकता कोई टिकाऊ तो चीज़ नहीं है। वास्तविकता के आघातों के सामने यह भावुकता कै दिन टिकेगी। उस परिस्थिति की कल्पना करके कावसजी काँप उठे। अब तक वह रनिवास में रही है। अब उसे एक खपरैल का कॉटेज मिलेगा, जिसकी फ़र्श पर कालीन की जगह टाट भी नहीं; कहाँ वरदीपोश नौकरों की पलटन, कहाँ एक बुढ़िया मामी की संदिग्ध सेवाएँ, जो बात-बात पर भुनभुनाती है, धमकाती है, कोसती है। उसका आधा वेतन तो संगीत सिखानेवाला मास्टर ही खा जाएगा और शापूरजी ने कहीं ज़्यादा कमीनेपन से काम लिया, तो उसको बदमाशों से पिटवा भी सकते हैं। पिटने से वह नहीं डरते। वह तो उनकी फ़तह होगी, लेकिन शीरीं की भोग-लालसा पर कैसे विजय पाएँ। बुढ़िया मामी जब मुँह लटकाए आकर उसके सामने रोटियाँ और सालन परोस देगी, तब शीरीं के मुख पर कैसी विदग्ध विरक्ति छा जाएगी! कहीं वह खड़ी होकर उनको और अपनी क़िस्मत को कोसने न लगे। नहीं, अभाव की पूर्ति सौजन्य से नहीं हो सकती। शीरीं का वह रूप कितना विकराल होगा!

सहसा एक कार सामने से आती दिखाई दी। कावसजी ने देखा—शापूरजी बैठे हुए थे। उन्होंने हाथ उठाकर कार को रुकवा लिया और पीछे दौड़ते हुए जाकर शापूरजी से बोले—आप कहाँ जा रहे हैं?

"यों ही ज़रा घूमने निकला था।"

"शीरीं बानू पार्क में हैं, उन्हें भी लेते जाइए।"

"वह तो मुझसे लड़कर आई हैं कि अब इस घर में कभी कदम न रखूँगी।"

"और आप सैर करने जा रहे हैं?"

"तो क्या आप चाहते हैं, बैठकर रोऊँ?"

"वह बहुत रो रही हैं।"

"सच!"

"हाँ, बहुत रो रही हैं।"

"तो शायद उसकी बुद्धि जाग रही है।"

"तुम इस समय उन्हें मना लो, तो वह हर्ष से तुम्हारे साथ चली जाएँ।"

"मैं परीक्षा करना चाहता हूँ कि वह बिना मनाए मानती है या नहीं।"

"मैं बड़े असमंजस में पड़ा हुआ हूँ। मुझ पर दया करो, तुम्हारे पैरों पड़ता हूँ।"

"जीवन में जो थोड़ा-सा आनन्द है, उसे मनावन के नाट्य में नहीं छोड़ना चाहता।"

कार चल पड़ी और कावसजी कर्तव्य-भ्रष्ट से वहीं खड़े रह गए। देर हो रही थी। सोचा—कहीं शीरीं यह न समझ ले कि मैंने भी उसके साथ दग़ा की; लेकिन जाऊँ भी तो क्योंकर? अपने सम्पादकीय कुटीर में उस देवी को प्रतिष्ठित करने की कल्पना ही उन्हें हास्यास्पद लगी। वहाँ के लिए तो गुलशन ही उपयुक्त है। कुढ़ती है, कठोर बातें कहती है, रोती है; लेकिन वक़्त से भोजन तो देती है। फटे हुए कपड़ों को रफ़ू तो कर देती है, कोई मेहमान आ जाता है, तो कितने प्रसन्न मुख से उसका आदर-सत्कार करती है, मानो उसके मन में आनन्द-ही-आनन्द है। कोई छोटी-सी चीज़ भी दे दो, तो कितना फूल उठती है। थोड़ी-सी तारीफ़ करके चाहे उससे गुलामी करवा लो। अब उन्हें अपनी ज़रा-ज़रा-सी बात पर झुँझला पड़ना, उसकी सीधी-सी बातों का टेढ़ा जवाब देना, विकल करने लगा। उस दिन उसने

यही तो कहा था कि उसकी छोटी बहन की साल-गिरह पर कोई उपहार भेजना चाहिए। इसमें बरस पड़ने की कौन-सी बात थी? माना वह अपना सम्पादकीय नोट लिख रहे थे, लेकिन उनके लिए सम्पादकीय नोट जितना महत्त्व रखता है, क्या गुलशन के लिए उपहार भेजना उतना ही या उससे ज़्यादा महत्त्व नहीं रखता है! बेशक, उनके पास उस समय रुपये न थे, तो क्या वह मीठे शब्दों में यह नहीं कह सकते थे कि डार्लिंग! मुझे खेद है, अभी हाथ खाली हैं, दो-चार रोज़ में मैं कोई प्रबन्ध कर दूँगा। यह जवाब सुनकर वह चुप हो जाती। और अगर कुछ भुनभुना ही लेती, तो उसका क्या बिगड़ जाता था? अपनी टिप्पणियों से वह कितनी शिष्टता का व्यवहार करते हैं। कलम ज़रा भी गर्म पड़ जाए, तो गर्दन नापी जाए। गुलशन पर वह क्यों बिगड़ जाते हैं। इसलिए कि वह उसके अधीन है और उन्हें रूठ जाने के सिवा कोई दण्ड नहीं दे सकती। कितनी नीच कायरता है कि हम सबलों के सामने दुम हिलाएँ और जो हमारे लिए अपने जीवन का बलिदान कर रही है, उसे काटने दौड़ें।

सहसा एक ताँगा आता दिखाई दिया और सामने आते ही उस पर से एक स्त्री उतरकर उनकी ओर चली। अरे! यह तो गुलशन है। उन्होंने आतुरता से आगे बढ़कर उसे गले लगा लिया और बोले—तुम इस वक़्त यहाँ कैसे आईं? मैं अभी-अभी तुम्हारा ही खयाल कर रहा था।

गुलशन ने गद्गद कण्ठ से कहा—तुम्हारे ही पास जा रही थी। शाम को बरामदे में बैठकर तुम्हारा लेख पढ़ रही थी। न-जाने कब झपकी आ गई और मैंने एक बुरा सपना देखा। मारे डर के मेरी नींद खुल गई और तुमसे मिलने चल पड़ी। इस वक़्त यहाँ कैसे खड़े हो? कोई दुर्घटना तो नहीं हो गई? रास्ते-भर मेरा कलेजा धड़क रहा था।

कावसजी ने आश्वासन देते हुए कहा—मैं तो बहुत अच्छी तरह हूँ। तुमने क्या स्वप्न देखा?

''मैंने देखा—जैसे तुमने एक रमणी को कुछ कहा है और वह तुम्हें बाँधकर घसीटे लिए जा रही है।''

''कितना बेहूदा स्वप्न है; और तुम्हें इस पर विश्वास भी आ गया? मैं तुमसे कितनी बार कह चुका कि स्वप्न केवल चिन्तित मन की क्रीड़ा हैं।''

''तुम मुझसे छिपा रहे हो। कोई-न-कोई बात हुई है जरूर। तुम्हारा चेहरा बोल रहा है। अच्छा, तुम इस वक़्त यहाँ क्यों खड़े हो? यह तो तुम्हारे पढ़ने का समय है।''

''यों ही, ज़रा घूमने चला आया था।''

''झूठ बोलते हो। खा जाओ मेरे सिर की कसम।''

''अब तुम्हें एतबार ही न आए तो क्या करूँ?''

''कसम क्यों नहीं खाते?''

''कसम को मैं झूठ का अनुमोदन समझता हूँ।''

गुलशन ने फिर उनके मुख पर तीव्र दृष्टि डाली। फिर एक क्षण के बाद बोली—अच्छी बात है। चलो, घर चलें।

कावसजी ने मुस्कराकर कहा—तुम फिर मुझसे लड़ाई करोगी?

''सरकार से लड़कर भी तुम सरकार की अमलदारी में रहते हो कि नहीं? मैं भी तुमसे लड़ूँगी; मगर तुम्हारे साथ रहूँगी।''

''हम इसे कब मानते हैं कि यह सरकार की अमलदारी है?''

''यह तो मुँह से कहते हो। तुम्हारा रोआँ-रोआँ इसे स्वीकार करता है, नहीं तो तुम इस वक़्त जेल में होते।''

''अच्छा, चलो, मैं थोड़ी देर में आता हूँ।''

''मैं अकेली नहीं जाने की। आख़िर सुनूँ, तुम यहाँ क्या कर रहे हो?''

कावसजी ने बहुत कोशिश की गुलशन यहाँ से किसी तरह चली जाए; लेकिन वह जितना ही इस पर ज़ोर देते थे, उतना ही गुलशन का आग्रह भी बढ़ता जाता था। आख़िर मज़बूर होकर कावसजी को शीरीं और शापूर के झगड़े का वृत्तांत कहना ही पड़ा; यद्यपि इस नाटक में उनका अपना जो भाग था, उसे उन्होंने बड़ी होशियारी से छिपा देने की चेष्टा की।

गुलशन ने विचार करके कहा—तो तुम्हें भी यही सनक सवार हुई।

कावसजी ने तुरन्त प्रतिवाद किया, कैसी सनक! मैंने क्या किया? अब यह तो इनसानियत नहीं है कि एक मित्र की स्त्री मेरी सहायता माँगे और मैं बगलें झाँकने लगूँ।

''झूठ बोलने के लिए बड़ी अकल की ज़रूरत होती है प्यारे, और वह तुममें नहीं है; समझे? चुपके से जाकर शीरीं बानू को सलाम करो और कहो कि आराम से अपने घर में बैठे। सुख कभी सम्पूर्ण नहीं मिलता। विधि इतना घोर पक्षपात नहीं कर सकता। गुलाब में काँटे होते हैं। अगर सुख भोगना है; तो उसे उसके दोषों के साथ भोगना पड़ेगा। अभी विज्ञान ने कोई ऐसा उपाय नहीं निकाला कि हम सुख के काँटों को अलग कर सकें। मुफ़्त का माल उड़ानेवालों को ऐयाशी के सिवा और सूझेगी क्या? धन अगर सारी दुनिया का विलास न मोल लेना चाहे, तो वह धन ही कैसा। शीरीं के लिए भी क्या वे द्वार नहीं खुले हैं, जो शापूरजी के लिए खुले हैं? उससे कहो—शापूर के घर में रहे, उनके धन को भोगे और भूल जाए कि वह शापूर की स्त्री है, उसी तरह जैसे शापूर भूल गया है कि वह शीरीं का पति है। जलना और कुढ़ना छोड़कर, विलास का आनंद लूटे। उसका धन एक-से-एक रूपवान, विद्वान् नवयुवकों को खींच लाएगा। तुमने ही एक बार मुझसे कहा था कि एक ज़माने में फ्रांस में धनवान विलासिनी महिलाओं का समाज पर आधिपत्य था। उनके पति सब कुछ देखते थे और मुँह खोलने का साहस न करते थे। और मुँह क्यों खोलते। वे ख़ुद इसी धुन में मस्त थे। यही धन का प्रसाद है। तुमसे न बने, तो चलो, मैं शीरीं को समझा दूँ। ऐयाश मर्द की स्त्री ऐयाश न हो, तो यह उसकी कायरता है—लतख़ोरपन है।''

कावसजी ने चकित होकर कहा—लेकिन तुम भी तो धन की उपासक हो? गुलशन ने शर्मिन्दा होकर कहा—यही तो जीवन का शाप है। हम उसी चीज़ पर लपकते हैं, जिससे हमारा अमंगल है, सत्यानाश है। मैं बहुत दिनों पापा के इलाके में रही हूँ। चारों तरफ़ किसान, मज़दूर रहते थे। बेचारे दिन-भर पसीना बहाते थे, शाम को घर जाते थे। ऐयाशी और बदमाशी का कहीं नाम न था। और यहाँ शहर में देखती हूँ कि सभी बड़े घरों में यही रोना है। सब-के-सब हथकंड़ों से पैसे कमाते हैं और अस्वाभाविक जीवन बिताते हैं। आज तुम्हें कहीं से धन मिल जाए, तो तुम भी शापूर बन जाओगे, निश्चय।

''तब शायद तुम भी अपने बताए हुए मार्ग पर चलोगी, क्यों?''

''शायद नहीं, अवश्य।''

□□□

डामुल का क़ैदी

दस बजे रात का समय, एक विशाल भवन में एक सज़ा हुआ कमरा, बिजली की अँगीठी, बिजली का प्रकाश। बड़ा दिन आ गया है।

सेठ ख़ूबचन्दजी अफ़सरों की डालियाँ भेजने का सामान लगा रहे हैं। फलों, मिठाइयों, मेवों, खिलौनों की छोटी-छोटी पहाड़ियाँ सामने खड़ी हैं। मुनीमजी अफ़सरों के नाम बोलते जाते थे और सेठजी अपने हाथों यथासम्मान डालियाँ लगाते जाते हैं।

ख़ूबचन्दजी एक मिल के मालिक हैं, बम्बई के बड़े ठेकेदार। एक बार नगर के मेयर भी रह चुके हैं। इस वक़्त भी कई व्यापारी सभाओं के मंत्री और व्यापार-मंडल के सभापति हैं। इस धन, यश, मान की प्राप्ति में डालियों का कितना भाग है, यह कौन कह सकता है; पर इस अवसर पर सेठजी के दस-पाँच हज़ार बिगड़ जाते थे। अगर कुछ लोग उन्हें ख़ुशामदी, टोड़ी, जी हजूर कहते हैं, तो कहा करें। इससे सेठजी का क्या बिगड़ता है? सेठजी उन लोगों में नहीं हैं, जो नेकी करके दरिया में डाल दें।

पुजारीजी ने आकर कहा—सरकार, बड़ा विलम्ब हो गया। ठाकुरजी का भोग तैयार है।

अन्य धनियों की भाँति सेठजी ने एक मन्दिर बनवाया था। ठाकुरजी की पूजा करने के लिए एक पुजारी नौकर रख लिया था।

पुजारी को रोष-भरी आँखों से देखकर कहा—देखते नहीं हो, क्या कर रहा हूँ? यह भी एक काम है, खेल नहीं, तुम्हारे ठाकुरजी ही सब कुछ न दे देंगे। पेट भरने पर ही पूजा सूझती है। घंटे-आध घंटे की देर हो जाने से ठाकुरजी भूखों न मर जाएँगे।

पुजारीजी अपना-सा मुँह लेकर चले गए और सेठजी फिर डालियाँ सज़ाने में मसरूफ हो गए।

सेठजी के जीवन का मुख्य काम धन कमाना था, और उसके साधनों की रक्षा करना उनका मुख्य कर्तव्य। उनके व्यवहार इसी सिद्धान्त के अधीन थे। मित्रों से इसलिए मिलते थे कि उनसे धनोपार्जन में मदद मिलेगी। मनोरंजन भी करते थे, तो व्यापार की दृष्टि से; दान बहुत देते थे, पर उसमें भी यही लक्ष्य सामने रहता था। सन्ध्या और वन्दना उनके लिए पुरानी लकीर थी, जिसे पीटते रहने में स्वार्थ सिद्ध होता था, मानो कोई बेगार हो। सब कामों से छुट्टी मिली, तो जाकर ठाकुर-द्वारे में खड़े हो गए, चरणामृत लिया और चले आए।

एक घंटे के बाद पुजारीजी फिर सिर पर सवार हो गए। ख़ूबचन्द उनका मुँह देखते ही झुँझला उठे। जिस पूजा में तत्काल फ़ायदा होता था, उसमें कोई बार-बार विघ्न डाले, तो क्यों न बुरा लगे? बोले—कह दिया, अभी मुझे फ़ुरसत नहीं है। खोपड़ी पर सवार हो गए। मैं पूजा का ग़ुलाम नहीं हूँ। जब घर में पैसे होते हैं, तभी ठाकुरजी की भी पूजा होती है। घर में पैसे न होंगे, तो ठाकुरजी भी पूछने न आएँगे।

पुजारी हताश होकर चला गया और सेठजी फिर अपने काम में लगे।

सहसा उनके मित्र केशवरामजी पधारे। सेठजी उठकर उनके गले से लिपट गए और बोले–किधर से? मैं तो अभी तुम्हें बुलानेवाला था।

केशवरामजी ने मुस्कराकर कहा–इतनी रात गए तक डालियाँ ही लग रही हैं। अब तो समेटो। कल का सारा दिन पड़ा है, लगा लेना। तुम कैसे इतना काम करते हो, मुझे तो यही आश्चर्य होता है। आज क्या प्रोग्राम था, याद है?

सेठजी ने गर्दन उठाकर स्मरण करने की चेष्टा करके कहा–क्या कोई विशेष प्रोग्राम था? मुझे तो याद नहीं आता। (एकाएक स्मृति जाग उठती है) अच्छा, यह बात! हाँ, याद आ गया। अभी देर तो नहीं हुई। इस झमेले में ऐसा भूला कि ज़रा भी याद न रही।

''तो चलो फिर। मैंने तो समझा था, तुम वहाँ पहुँच गए होगे।''

''मेरे न जाने से लैला नाराज़ तो नही हुई?''

''यह तो वहाँ चलने पर मालूम होगा।''

''तुम मेरी ओर से क्षमा माँग लेना।''

''मुझे क्या गरज़ पड़ी है, जो आपकी ओर से क्षमा माँगू। वह तो त्यौरियाँ चढ़ाए बैठी थी। कहने लगी–उन्हें मेरी परवाह नहीं, तो मुझे भी उनकी परवाह नहीं। मुझे आने ही न देती थी। मैंने शान्त तो कर दिया है; लेकिन कुछ बहाना करना पड़ेगा।''

ख़ूबचन्द ने आँख मारकर कहा–मैं कह दूँगा, गवर्नर साहब ने ज़रूरी काम से बुला भेजा था।

''जी नहीं, यह बहाना वहाँ न चलेगा। कहेंगी, तुम मुझसे पूछकर क्यों नहीं गए। वह अपने सामने गवर्नर को समझती ही क्या है? रूप और यौवन बड़ी चीज़ है भाई साहब! आप नहीं जानते।''

''तो फिर तुम्हीं बताओ, कौन-सा बहाना करूँ?''

''अजी, बीस बहाने हैं। कहना, दोपहर से 106 डिग्री ज्वर था। अभी-अभी उठा हूँ।''

दोनों मित्र हँसे और लैला का मुजरा सुनने चले।

2

सेठ ख़ूबचन्द का स्वदेशी मिल देश के बहुत बड़े मिलों में है। जब से स्वदेशी आन्दोलन चला है, मिल के माल की खपत दूनी हो गई है। सेठजी ने कपड़े की दर में दो आने रुपए बढ़ा दिए हैं। फिर भी बिक्री में कोई कमी नहीं है, लेकिन इधर अनाज कुछ सस्ता हो गया है, इसलिए सेठजी ने मज़दूरी घटाने की सूचना दे दी है। कई दिन से मज़दूरों के प्रतिनिधियों और सेठजी में बहस होती रही। सेठजी जौ-भर भी न दबना चाहते थे। जब उन्हें आधी मज़दूरी पर नए आदमी मिल सकते हैं, तब वह क्यों पुराने आदमियों को रखें। वास्तव में यह चाल पुराने आदमियों को भगाने ही के लिए चली गई थी।

अन्त में मज़दूरों ने यही निश्चय किया कि हड़ताल कर दी जाए।

प्रातःकाल का समय है। मिल के हाते में मज़दूरों की भीड़ लगी हुई है। कुछ लोग चारदीवारी पर बैठे हैं, कुछ ज़मीन पर; कुछ इधर-उधर मटरगश्ती कर रहे हैं। मिल के द्वार पर कान्स्टेबिलों का पहरा है। मिल में पूरी हड़ताल है।

एक युवक को बाहर से आते देखकर सैकड़ों मज़दूर इधर-उधर से दौड़कर उसके चारों ओर जमा हो गए। हरेक पूछ रहा था—सेठजी ने क्या कहा?

यह लम्बा-दुबला, साँवला युवक मज़दूरों का प्रतिनिधि था। उसकी आकृति में कुछ ऐसी दृढ़ता, कुछ ऐसी निष्ठा, कुछ ऐसी गंभीरता थी कि सभी मज़दूरों ने उसे नेता मान लिया था।

युवक के स्वर में निराशा थी, क्रोध था, आहत सम्मान का रुदन था। "कुछ नहीं हुआ। सेठजी कुछ नहीं सुनते।"

चारों और से आवाज़ें आईं—तो हम भी उनकी ख़ुशामद नहीं करते।

युवक ने फिर कहा—वह मज़दूरी घटाने पर तुले हुए हैं, चाहे कोई काम करे या न करे। इस मिल में इस साल दस लाख का फ़ायदा हुआ है। वह हम लोगों ही की मेहनत का फल है; लेकिन फिर भी हमारी मज़दूरी काटी जा रही है। धनवानों का पेट कभी नहीं भरता। हम निर्बल हैं, निस्सहाय हैं, हमारी कौन सुनेगा? व्यापार-मण्डल उनकी ओर है, सरकार उनकी ओर है, मिल के हिस्सेदार उनकी ओर हैं, हमारा कौन है? हमारा उद्धार तो भगवान् ही करेंगे।

एक मज़दूर बोला—सेठजी तो भगवान् के बड़े भगत हैं।

युवक ने मुस्कराकर कहा—हाँ, बहुत बड़े भक्त हैं। यहाँ किसी ठाकुरद्वारे में उनके ठाकुरद्वारे की-सी सजावट नहीं है, कहीं ऐसी झाँकी नहीं बनती। उसी भक्ति का प्रताप है कि आज नगर में इनका इतना सम्मान है। औरों का माल पड़ा सड़ता है, इनका माल गोदाम में नहीं जाने पाता। वही भक्तराज हमारी मज़दूरी घटा रहे हैं। मिल में अगर घाटा हो, तो हम आधी मज़दूरी पर काम करेंगे; लेकिन जब लाखों का लाभ हो रहा है, तो किस नीति से हमारी मज़दूरी घटाई जा रही है? हम अन्याय नहीं सह सकते। प्रण कर लो कि किसी बाहरी आदमी को मिल में घुसने न देंगे; चाहे वह अपने साथ फौज़ लेकर ही क्यों न आए। कुछ परवाह नहीं, हमारे ऊपर लाठियाँ बरसे, गोलियाँ चलें · · ·

एक तरफ़ से आवाज़ आई—सेठजी!

सभी पीछे फिर-फिरकर सेठजी की तरफ़ देखने लगे। सभी के चेहरों पर हवाइयाँ उड़ने लगीं। कितने ही तो डरकर कान्स्टेबिलों से मिल के अन्दर जाने के लिए चिरौरी करने लगे, कुछ लोग रुई की गाँठों की आड़ में जा छिपे। थोड़े से आदमी कुछ सहमे हुए—पर जैसे जान हथेली पर लिए—युवक के साथ खड़े रहे।

सेठजी ने मोटर से उतरते हुए कान्स्टेबिलों को बुलाकर कहा—इन आदमियों को मारकर बाहर निकाल दो, इसी दम।

मज़दूरों पर डण्डे पड़ने लगे। दस-पाँच तो गिर पड़े, बाक़ी अपनी-अपनी जान लेकर भागे। वह युवक दो आदमियों के साथ अभी तक डटा खड़ा रहा।

प्रभुता असहिष्णु होती है। सेठजी ख़ुद आ जाएँ, फिर भी ये लोग सामने खड़े रहें, यह तो खुला हुआ विद्रोह है। यह बेअदबी कौन सह सकता है? जरा इस लौंडे को देखो। देह पर साबित कपड़े भी नहीं हैं; मगर जमा खड़ा है, मानो मैं कुछ हूँ ही नहीं। समझता होगा, यह मेरा कर ही क्या सकते हैं।

सेठजी ने रिवाल्वर निकाल लिया और समूह के निकट आकर उसे निकल जाने का हुक्म दिया; पर वह समूह अचल खड़ा था। सेठजी उन्मत्त हो गए। यह हेकड़ी! तुरन्त हेड कान्स्टेबिल को बुलाकर हुक्म दिया—इन आदमियों को गिरफ़्तार कर लो।

कान्स्टेबिलों ने इन तीनों आदमियों को रस्सियों से जकड़ दिया और उन्हें फाटक की ओर ले चले। इनका गिरफ्तार होना था कि एक हज़ार आदमियों का दल रेला मारकर मिल से निकल आया और कैदियों की तरफ़ लपका। कान्स्टेबिलों ने देखा, बन्दूक़ चलाने पर भी जान न बचेगी, तो मुलज़िमों को छोड़ दिया और भाग खड़े हुए। सेठजी को ऐसा क्रोध आ रहा था कि इन सारे आदमियों को तोप से उड़वा दें। क्रोध में आत्मरक्षा की भी उन्हें परवाह न थी। क़ैदियों को सिपाही से छुड़ाकर वह जनसमूह सेठजी की ओर आ रहा था। सेठजी ने समझा–सब-के-सब मेरी जान लेने आ रहे हैं। अच्छा! वह लौंडा गोपी सभी के आगे है। यही यहाँ भी उनका नेता बना हुआ है। मेरे सामने कैसा भीगी बिल्ली बना हुआ था; पर यहाँ सबके आगे-आगे आ रहा है।

सेठजी अब भी समझौता कर सकते थे; पर यों दबकर विद्रोहियों से दान माँगना उन्हें असह्य था।

इतने में देखते हैं कि वह बढ़ता हुआ समूह बीच ही में रुक गया। युवक ने उन आदमियों से कुछ सलाह की और तब अकेला सेठजी की तरफ़ चला। सेठजी ने मन में कहा–शायद मुझसे प्राणदान की शर्त तय करने आ रहा है। सभी ने आपस में यही सलाह की है। ज़रा देखो, कितने निश्शंक भाव से चला आता है, जैसे कोई विजयी सेनापति हो। ये कान्स्टेबिल कैसे दुम दबाकर भाग खड़े हुए; लेकिन तुम्हें तो नहीं छोड़ता बचा, जो कुछ हो, देखा जाएगा, जब तक मेरे पास यह रिवाल्वर है, तुम मेरा क्या कर सकते हो। तुम्हारे सामने तो घुटना न टेकूँगा।

युवक समीप आ गया और कुछ बोलना ही चाहता था कि सेठजी ने रिवाल्वर निकालकर फायर कर दिया। युवक भूमि पर गिर पड़ा और हाथ-पाँव फेंकने लगा।

उसके गिरते ही मज़दूरों में उत्तेजना फैल गई। अभी तक उनमें हिंसा-भाव न था। वे केवल सेठजी को यह दिखा देना चाहते थे कि तुम हमारी मज़दूरी काटकर शान्त नहीं बैठ सकते; किन्तु हिंसा ने हिंसा को उद्दीप्त कर दिया। सेठजी ने देखा, प्राण संकट में है और समतल भूमि पर वह रिवाल्वर से भी देर तक प्राण-रक्षा नहीं कर सकते; पर भागने का कहीं स्थान न था। जब कुछ न सूझा, तो वह रुई की गाँठ पर चढ़ गए और रिवाल्वर दिखा-दिखाकर नीचेवालों को ऊपर चढ़ने से रोकने लगे। नीचे पाँच-छः सौ आदमियों का घेरा था। ऊपर सेठजी अकेले रिवाल्वर लिए खड़े थे। कहीं से कोई मदद नहीं आ रही है और प्रतिक्षण प्राणों की आशा क्षीण होती जा रही है। कान्स्टेबिलों ने भी अफ़सरों को यहाँ की परिस्थिति नहीं बतलाई; नहीं तो क्या अब तक कोई न आता? केवल पाँच गोलियों से कब तक जान बचेगी? एक क्षण में ये सब समाप्त हो जाएँगी। भूल हुई, मुझे बन्दूक़ और कारतूस लेकर आना चाहिए था। फिर देखता इनकी बहादुरी। एक-एक को भूनकर रख देता; मगर क्या जानता था कि यहाँ इतनी भयंकर परिस्थिति आ खड़ी होगी।

नीचे के एक आदमी ने कहा–लगा दो गाँठों में आग। निकालो तो एक माचिस। रुई से धन कमाया है, रुई की चिता पर जले।

तुरन्त एक आदमी ने जेब से दियासलाई निकाली और आग लगाना ही चाहता था कि सहसा वही जख़्मी युवक पीछे से आकर सामने खड़ा हो गया। उसके पाँव में पट्टी बँधी हुई थी, फिर भी रक्त बह रहा था। उसका मुख पीला पड़ गया था और उसके तनाव से मालूम होता था कि युवक को असह्य वेदना हो रही है। उसे देखते ही लोगों ने चारों तरफ़ से आकर घेर लिया। हिंसा के उन्माद में भी

अपने नेता को जीता-जागता देखकर उनके हर्ष की सीमा न रही। जयघोष से आकाश गूँज उठा—'गोपीनाथ की जय'।

जख़्मी गोपीनाथ ने हाथ उठाकर समूह को शान्त हो जाने का संकेत करके कहा—भाइयों, मैं तुमसे एक शब्द कहने आया हूँ। कह नहीं सकता, बचूँगा या नहीं। सम्भव है, तुमसे यह मेरा अन्तिम निवेदन हो। तुम क्या करने जा रहे हो? दरिद्र में नारायण का निवास है, क्या इसे मिथ्या करना चाहते हो। धनी को अपने धन का मद् हो सकता है। तुम्हें किस बात का अभिमान है? तुम्हारे झोपड़ों में क्रोध और अहंकार के लिए कहाँ स्थान है? मैं तुमसे हाथ जोड़कर कहता हूँ, सब लोग यहाँ से हट जाओ। अगर तुम्हें मुझसे कुछ स्नेह है, अगर मैंने तुम्हारी कुछ सेवा की है, तो अपने घर जाओ और सेठजी को घर जाने दो।

चारों तरफ़ से आपत्तिजनक आवाज़ें आने लगीं; लेकिन गोपीनाथ का विरोध करने का साहस किसी में न हुआ। धीरे-धीरे लोग वहाँ से हट गए। मैदान साफ़ हो गया, तो गोपीनाथ ने विनम्र भाव से सेठजी से कहा—सरकार, अब आप चले जाएँ। मैं जानता हूँ, आपने धोखे से मारा। मैं केवल यही कहने आपके पास जा रहा था, जो अब कह रहा हूँ। मेरा दुर्भाग्य था कि आपको भ्रम हुआ। ईश्वर की यही इच्छा थी।

सेठजी को गोपीनाथ पर कुछ श्रद्धा होने लगी। नीचे उतरने में कुछ शंका अवश्य है पर ऊपर भी तो प्राण बचने की कोई आशा नहीं है। वह इधर-उधर सशंक नेत्रों से ताकते हुए उतरते हैं। जन-समूह कुल दस गज के अन्तर पर खड़ा है। प्रत्येक मनुष्य की आँखों में विद्रोह और हिंसा भरी हुई है। कुछ लोग दबी जबान से—पर सेठजी को सुनाकर—अशिष्ट आलोचनाएँ कर रहे हैं, पर किसी में इतना साहस नहीं है कि उनके सामने आ सके। उस मरते हुए युवक के आदेश में इतनी शक्ति है।

सेठजी मोटर पर बैठकर चले ही थे कि गोपी ज़मीन पर गिर पड़ा।

3

सेठजी की मोटर जितनी तेज़ी से जा रही थी, उतनी ही तेज़ी से उनकी आँखों के सामने आहत गोपी का छायाचित्र भी दौड़ रहा था। भाँति-भाँति की कल्पनाएँ मन में आने लगीं। अपराधी भावनाएँ चित्त को आन्दोलित करने लगीं। अगर गोपी उसका शत्रु था, तो उसने क्यों उनकी जान बचाई—ऐसी दशा में, जब वह स्वयं मृत्यु के पँजे में था? इसका उनके पास कोई जवाब न था। निरपराध गोपी, जैसे हाथ बाँधे उनके सामने खड़ा कह रहा था—आपने मुझ बेगुनाह को क्यों मारा?

भोग-लिप्सा आदमी को स्वार्थान्ध बना देती है। फिर भी सेठजी की आत्मा अभी इतनी अभ्यस्त और कठोर न हुई थी कि एक निरपराध की हत्या करके उन्हें ग्लानि न होती। वह सौ-सौ युक्तियों से मन को समझाते थे; लेकिन न्याय-बुद्धि किसी युक्ति को स्वीकार न करती थी। जैसे यह धारणा उनके न्याय-द्वार पर बैठी सत्याग्रह कर रही थी और वरदान लेकर ही टलेगी। वह घर पहुँचे तो इतने दुःखी और हताश थे, मानो हाथों में हथकड़ियाँ पड़ी हों।

प्रमीला ने घबराई हुई आवाज़ में पूछा—हड़ताल का क्या हुआ? अभी हो रही है या बन्द हो गई? मज़दूरों ने दंगा-फ़साद तो नहीं किया? मैं तो बहुत डर रही थी।

ख़ूबचन्द ने आरामकुर्सी पर लेटकर एक लम्बी साँस ली और बोले–कुछ न पूछो, किसी तरह जान बच गई, बस यही समझ लो। पुलिस के आदमी तो भाग खड़े हुए, मुझे लोगों ने घेर लिया। किसी तरह जान बचाकर भागा। जब मैं चारों तरफ़ से घिर गया, तो क्या करता, मैंने भी रिवाल्वर छोड़ दिया।

प्रमीला भयभीत होकर बोली–कोई जख़्मी तो नहीं हुआ?

''वही गोपीनाथ जख़्मी हुआ, जो मज़दूरों की तरफ़ से मेरे पास आया करता था। उसका गिरना था कि एक हज़ार आदमियों ने मुझे घेर लिया। मैं दौड़कर रुई की गाठों पर चढ़ गया। जान बचने की कोई आशा न थी। मज़दूर गाँठों में आग लगाने जा रहे थे।''

प्रमीला काँप उठी।

''सहसा वही जख़्मी आदमी उठकर मज़दूरों के सामने आया और उन्हें समझाकर मेरी प्राण रक्षा की। वह न आ जाता, तो मैं किसी तरह जीता न बचता।''

''ईश्वर ने बड़ी कुशल की! इसलिए मैं मना कर रही थी कि अकेले न जाओ। उस आदमी को लोग अस्पताल ले गए होंगे?''

सेठजी ने शोक-भरे स्वर में कहा, मुझे भय है कि वह मर गया होगा। जब मैं मोटर पर बैठा, तो मैंने देखा, वह गिर पड़ा और बहुत से आदमी उसे घेरकर खड़े हो गए। न जाने उसकी क्या दशा हुई।

प्रमीला उन देवियों में थी, जिनकी नसों में रक्त की जगह श्रद्धा बहती है। स्नान-पूजा, तप और व्रत, यही उसके जीवन के आधार थे। सुख में, दुःख में, बीमारी में, आराम में, उपासना ही उसका कवच थी। इस समय भी उस पर संकट आ पड़ा। ईश्वर के सिवा कौन उसका उद्धार करेगा! वह वहीं खड़ी द्वार की ओर ताक रही थी और उसका धर्मनिष्ठ मन ईश्वर के चरणों में गिरकर क्षमा की भिक्षा माँग रहा था।

सेठजी बोले–यह मज़दूर उस जन्म का कोई महान् पुरुष था; नहीं तो जिस आदमी ने उसे मारा, उसी की प्राण रक्षा के लिए क्या इतनी तपस्या करता!

प्रमीला श्रद्धा-भाव से बोली–भगवान् की प्रेरणा, और क्या? भगवान् की दया होती है, तभी हमारे मन में सद्विचार भी आते हैं।

सेठजी ने जिज्ञासा की–तो फिर बुरे विचार भी ईश्वर की प्रेरणा ही से आते होंगे?

प्रमीला तत्परता के साथ बोली–ईश्वर आनन्दस्वरूप हैं। दीपक से कभी अन्धकार नहीं निकल सकता।

सेठजी कोई जवाब सोच ही रहे थे कि बाहर शोर सुनकर चौंक पड़े। दोनों ने सड़क की तरफ़ की खिड़की खोलकर देखा, तो हज़ारों आदमी काली झण्डियाँ लिए दाहिनी तरफ़ से आते दिखाई दिए। झण्डियों के बाद एक अर्थी थी, जिस पर फूलों की वर्षा हो रही थी। अर्थी के पीछे जहाँ तक निग़ाह जाती थी, सिर-ही-सिर दिखाई देते थे। यह गोपीनाथ के ज़नाजे का जुलूस था। सेठजी तो मोटर पर बैठकर मिल से घर की ओर चले, उधर मज़दूरों ने दूसरी मिलों में इस हत्याकाण्ड की सूचना भेज दी। दम-के-दम में सारे शहर में यह ख़बर बिजली की तरह दौड़ गई और कई मिलों में हड़ताल हो गई। नगर में सनसनी फैल गई। किसी भीषण उपद्रव के भय से लोगों ने दूकानें बन्द कर दी। यह जुलूस नगर के मुख्य स्थानों का चक्कर लगाता हुआ सेठ ख़ूबचन्द के द्वार पर आया है और गोपीनाथ के ख़ून का बदला लेने पर तुला हुआ है। उधर पुलिस-अधिकारियों ने सेठजी की रक्षा करने

का निश्चय कर लिया है, चाहे ख़ून की नदी क्यों न बह जाए। जुलूस के पीछे सशस्त्र पुलिस के दो सौ जवान डबल मार्च से उपद्रवकारियों का दमन करते चले आ रहे हैं।

सेठजी अभी अपने कर्तव्य का निश्चय न कर पाए थे कि विद्रोहियों ने कोठी के दफ़्तर में घुसकर लेन-देन के बही-खातों को जलाना और तिज़ोरियों को तोड़ना शुरू कर दिया। मुनीम और अन्य कर्मचारी तथा चौकीदार सब-के-सब अपनी जान लेकर भागे। उसी वक़्त बायीं ओर से पुलिस आ धमकी और पुलिस कमिश्नर ने विद्रोहियों को पाँच मिनट के अन्दर यहाँ से भाग जाने का हुक्म दे दिया।

समूह ने एक स्वर से पुकारा—गोपीनाथ की जय!

एक घंटा पहले अगर ऐसी परिस्थिति उत्पन्न हुई होती, तो सेठजी ने बड़ी निश्चिन्तता से उपद्रवकारियों को पुलिस की गोलियों का निशाना बनने दिया होता; लेकिन गोपीनाथ के उस देवोपम सौजन्य और आत्मसमर्पण ने जैसे उनके मन-स्थित विकारों का शमन कर दिया था और अब साधारण औषधि भी उन पर रामबाण का-सा चमत्कार दिखाती थी।

उन्होंने प्रमीला से कहा—मैं जाकर सबके सामने अपना अपराध स्वीकार किए लेता हूँ, नहीं तो मेरे पीछे न जाने कितने घर मिट जाएँगे।

प्रमीला ने काँपते हुए स्वर में कहा—वहीं खिड़की में आदमियों को क्यों नहीं समझा देते? वे जितनी मज़दूरी बढ़ाने को कहते हों, बढ़ा दो।

''इस समय तो उन्हें मेरे रक्त की प्यास है। मज़दूरी बढ़ाने का उन पर कोई असर न होगा।''

सजल नेत्रों से देखकर प्रमीला बोली—तब तो तुम्हारे ऊपर हत्या का अभियोग चल जाएगा।

सेठजी ने धीरता से कहा—भगवान् की यही इच्छा है, तो हम क्या कर सकते हैं? एक आदमी का जीवन इतना मूल्यवान नहीं है कि उसके लिए असंख्य जानें ली जाएं।

प्रमीला को मालूम हुआ, साक्षात भगवान् सामने खड़े हैं। वह पति के गले से लिपटकर बोली—मुझे क्या कहे जाते हो?

सेठजी ने उसे गले लगाते हुए कहा—भगवान तुम्हारी रक्षा करेंगे। उनके मुख से और कोई शब्द न निकला। प्रमीला की हिचकियाँ बँधी हुई थीं। उसे रोता छोड़कर सेठजी नीचे उतरे।

वह सारी सम्पति, जिसके लिए उन्होंने, जो कुछ न करना चाहिए, वह भी किया; जिसके लिए ख़ुशामद की, छल किया, अन्याय किए, जिसे वह अपने जीवन-तप का वरदान समझते थे, आज कदाचित् सदा के लिए उनके हाथ से निकली जाती थी; पर उन्हें ज़रा भी मोह न था, ज़रा भी खेद न था। वह जानते थे, उन्हें डामुल की सज़ा होगी, यह सारा कारोबार चौपट हो जाएगा, यह सम्पति धूल में मिल जाएगी, कौन जाने प्रमीला से फिर भेंट होगी या नहीं, कौन मरेगा, कौन जिएगा, कौन जानता है? मानो वह स्वेच्छा से यमूदतों का आवाहन् कर रहे हों। और वही वेदनामय विवशता, जो हमें मृत्यु के समय दबा लेती है, उन्हें भी दबाए हुए थी।

प्रमीला उनके साथ-ही-साथ नीचे तक आई। वह उनके साथ उस समय तक रहना चाहती थी, जब तक जनता उसे पृथक् न कर दे; लेकिन सेठजी उसे छोड़कर जल्दी से बाहर निकल गए और वह खड़ी रोती रह गई।

—

4

बलि पाते ही विद्रोह का पिशाच शान्त हो गया। सेठजी एक सप्ताह हवालात में रहे। फिर उन पर अभियोग चलने लगा। बम्बई के सबसे नामी बैरिस्टर गोपी की तरफ़ से पैरवी कर रहे थे। मज़दूरों ने चन्दे से अपना धन एकत्र किया था और यहाँ तक तुले हुए थे कि अगर अदालत से सेठजी बरी भी हो जाए, तो उनकी हत्या कर दी जाए। नित्य इजलास में कई हज़ार कुली ज़मा रहते। अभियोग सिद्ध ही था। मुलज़िम ने अपना अपराध स्वीकार कर लिया था। उसके वकीलों ने उसके अपराध को हलका करने की दलीलें पेश कीं। फ़ैसला यह हुआ कि चौदह साल का कालापानी हो गया।

सेठजी के जाते ही मानो लक्ष्मी रूठ गई, जैसे उस विशालकाय वैभव की आत्मा निकल गई हो। साल-भर के अन्दर उस वैभव का कंकाल मात्र रह गया। मिल तो पहले ही बन्द हो चुकी थी। लेना-देना चुकाने पर कुछ न बचा। यहाँ तक कि रहने का घर भी हाथ से निकल गया। प्रमिला के पास लाखों के आभूषण थे। वह चाहती, तो उन्हें सुरक्षित रख सकती थी; पर त्याग की धुन में उन्हें भी निकाल फेंका। सातवें महीने में जब उसके पुत्र का जन्म हुआ, तो वह छोटे से किराए के घर में थी। पुत्र-रत्न पाकर अपनी सारी विपत्ति भूल गई। कुछ दुःख था तो यही कि पतिदेव होते, तो इस समय कितने आनन्दित होते।

प्रमीला ने किन कष्टों को झेलते हुए पुत्र का पालन किया, इसकी कथा लम्बी है। सब कुछ सहा; पर किसी के सामने हाथ नहीं फैलाया। जिस तत्परता से उसने देने चुकाए थे, उससे लोगों की उस पर भक्ति हो गई थी। कई सज्जन तो उसे कुछ मासिक सहायता देने पर तैयार थे; लेकिन प्रमीला ने किसी का एहसान न लिया! भले घरों की महिलाओं से उसका परिचय था ही। वह घरों में स्वदेशी वस्तुओं का प्रचार करके गुज़र-भर को कमा लेती थी। जब तक बच्चा दूध पीता था, उसे अपने काम में बड़ी कठिनाई पड़ी लेकिन दूध छुड़ा देने के बाद वह बच्चे को दाई को सौंपकर आप काम करने चली जाती थी। दिन-भर के कठिन परिश्रम के बाद जब वह सन्ध्या समय घर आकर बालक को गोद में उठा लेती, तो उसका मन हर्ष से उन्मत्त होकर पति के पास उड़ जाता, जो न जाने किस दशा में काले कोसों पड़ा था। उसे अपनी सम्पत्ति के लुट जाने का लेश मात्र भी दुःख नहीं है। उसे केवल उतनी ही लालसा है कि स्वामी कुशल से लौट आएँ और बालक को देखकर अपनी आँखें शीतल करें। फिर तो वह इस दरिद्रता में भी सुखी और सन्तुष्ट रहेगी। वह नित्य ईश्वर के चरणों में सिर झुकाकर स्वामी के लिए प्रार्थना करती है। उसे विश्वास है, ईश्वर जो कुछ करेंगे, उससे उसका कल्याण ही होगा। ईश्वर-वन्दना में वह अलौकिक धैर्य-साहस और जीवन का आभास पाती है। प्रार्थना ही अब उसकी आशाओं का आधार है।

5

पन्द्रह साल की विपत्ति के दिन आशा की छाँह में कट गए।

सन्ध्या का समय है। किशोर कृष्णचन्द्र अपनी माता के पास मन मारे बैठा हुआ है। वह माँ-बाप, दोनों में से एक को भी नहीं पड़ा।

प्रमीला ने पूछा—क्यों बेटा, तुम्हारी परीक्षा तो समाप्त हो गई?

बालक ने गिरे हुए मन से जवाब दिया—हाँ अम्मा, हो गई, लेकिन मेरे परचे अच्छे नहीं हुए। मेरा मन पढ़ने में नही लगता।

यह कहते-कहते उसकी आँखें डबडबा आईं। प्रमीला ने स्नेह-भरे स्वर में कहा—यह तो अच्छी बात नहीं है बेटा, तुम्हें पढ़ने में मन लगाना चाहिए।

बालक सजल नेत्रों से माता को देखता हुआ बोला—मुझे बार-बार पिताजी की याद आती रहती है। वह तो अब बहुत बूढ़े हो गए होंगे। मैं सोचा करता हूँ कि वह आएँगे, तो तन-मन से उनकी सेवा करूँगा। इतना बड़ा उत्सर्ग किसने किया होगा अम्माँ? उन पर लोग उन्हें निर्दयी कहते हैं। मैंने गोपीनाथ के बाल बच्चों का पता लगा लिया अम्माँ! उनकी घरवाली है, माता हैं और एक लड़की है, जो मुझसे दो साल बड़ी है। माँ-बेटी दोनों उसी मिल में काम करती हैं। दादी बहुत बूढ़ी हो गई है।

प्रमीला ने विस्मित होकर कहा—तुझे उनका पता कैसे चला बेटा?

कृष्णचन्द्र प्रसन्नचित्त होकर बोला—मैं आज उस मिल में चला गया था। मैं उस स्थान को देखना चाहता था, जहाँ मज़दूरों ने पिताजी को घेरा था और वह स्थान भी, जहाँ गोपीनाथ गोली खाकर गिरा था; पर उन दोनों में एक स्थान भी न रहा। वहाँ इमारतें बन गईं है। मिल का काम बड़े ज़ोर से चल रहा है। मुझे देखते ही बहुत से आदमियों ने मुझे घेर लिया। सब यही कहते थे कि तुम भैया गोपीनाथ का रूप धर कर आए हो। मज़दूरों ने वहाँ गोपीनाथ की एक तस्वीर लटका रखी है। उसे देखकर चकित हो गया अम्माँ, जैसे मेरी ही तस्वीर हो; केवल मूछों का अन्तर है। जब मैंने गोपी की स्त्री के बारे में पूछा, तो एक आदमी दौड़कर उसकी स्त्री को बुला लाया। वह मुझे देखते ही रोने लगी। और न जाने क्यों मुझे भी रोना आ गया। बेचारी स्त्रियाँ बड़े कष्ट में हैं। मुझे तो उनके ऊपर ऐसी दया आती है कि उनकी कुछ मदद करूँ।

प्रमीला को शंका हुई, लड़का इन झगड़ों में पड़कर पढ़ना न छोड़ बैठे। बोलीं—अभी तुम उनकी क्या मदद कर सकते हो बेटा? धन होता तो कहती, दस-पाँच रुपए महीना दे दिया करो, लेकिन घर का हाल तो तुम जानते ही हो। अभी मन लगाकर पढ़ो। जब तुम्हारे पिताजी आ जाएँ, तो जो इच्छा हो वह करना।

कृष्णचन्द्र ने उस समय कोई जवाब न दिया, लेकिन आज से उसका नियम हो गया कि स्कूल से लौटकर एक बार गोपी के परिवार को देखने अवश्य जाता। प्रमीला उसे जेब-खर्च के लिए जो पैसे देती, उसे उन अनाथों ही पर ख़र्च करता। कभी कुछ फल ले लिये, कभी साग-भाजी ले ली।

एक दिन कृष्णचन्द्र को घर आने में देर हुई, तो प्रमीला बहुत घबरायी। पता लगाती हुई विधवा के घर पहुँची, तो देखा—एक तंग गली में, एक सीले-सड़े हुए मकान में गोपी की स्त्री एक खाट पर पड़ी है और कृष्णचन्द्र खड़ा उसे पंखा झल रहा है। माता को देखते ही बोला—मैं अभी घर न जाऊँगा अम्मा, देखो, काकी कितनी बीमार है। दादी को कुछ सूझता नहीं, बिन्नी खाना पका रही है। इनके पास कौन बैठे?

प्रमीला ने खिन्न होकर कहा—अब तो अँधेरा हो गया, तुम यहाँ कब तक बैठे रहोगे? अकेला घर मुझे भी तो अच्छा नहीं लगता। इस वक़्त चलो। सवेरे फिर आ जाना।

रोगिणी ने प्रमीला की आवाज सुनकर आँखें खोल दीं और मंद स्वर में बोली-आओ माताजी, बैठो। मैं तो भैया से कह रही थी, देर हो रही है, अब घर जाओ; पर यह गये ही नहीं। मुझ अभागिनी पर इन्हें न जाने क्यों इतनी दया आती है। अपना लड़का भी इससे अधिक मेरी सेवा नहीं कर सकता।

चारों ओर से दुर्गंध आ रही थी। उमस ऐसी थी कि दम घुट जाता था। उस बिल में हवा किधर से आती? पर कृष्णचंद्र ऐसा प्रसन्न था, मानों कोई परदेशी चारों ओर से ठोकरें खाकर अपने घर में आ गया हो।

प्रमीला ने इधर-उधर निगाह दौड़ाई तो एक दीवार पर उसे एक तस्वीर दिखायी दी। उसने समीप जाकर उसे देखातो उसकी छाती धक् से हो गयी। बेटे की ओर देखकर बोली- तूने यह चित्र कब खिंचवाया बेटा?

कृष्णचंद्र मुस्कराकर बोला- यह मेरा चित्र नहीं है अम्मां, गोपीनाथ का चित्र है।

प्रमीला ने अविश्वास से कहा-चल झूठा कहीं का।

रोगिणी ने कातर भाव से कहा-नहीं अम्माजी, वह मेरे आदमी ही का चित्र है। भगवान् की लीला कोई नहीं जानता; पर भैया की सूरत इतनी मिलती है कि मुझे अचरज होता है। जब मेरा ब्याह हुआ था, तब उनकी यही उम्र थी, और सूरत भी बिलकुल यही। यही हंसी थी, यही बातचीत और यही स्वभाव। क्या रहस्य है, मेरी समझ में नहीं आता? माताजी, जबसे यह आने लगे हैं, कह नहीं सकती, मेरा जीवन कितना सुखी हो गया। इस मुहल्ले में सब हमारे जैसे ही मजूर रहते हैं। उन सभों के साथ यह लड़कों की तरह रहते हैं। सब इन्हें देखकर निहाल हो जाते हैं।

प्रमीला ने कोई जवाब न दिया। उसके मन पर एक अव्यक्त शंका छायी थी, मानों उसने कोई बुरा सपना देखा हो। उसके मन में बार-बार एक प्रश्न उठ रहा था, जिसकी कल्पना ही से उसके रोयें खड़े हो जाते थे।

सहसा उसने कृष्णचंद्र का हाथ पकड़ लिया और बल पूर्वक खींचती हुई द्वार की ओर चली, मानों कोई उसे उसके हाथों से छीने लिए जाता हो।

रोगिणी ने केवल इतना कहा- माताजी, कभी-कभी भैया को मेरे पास आने दिया करना, नहीं तो मैं मर जाऊंगी।

6

पन्द्रह साल के बाद भूतपूर्व सेठ खूबचन्द अपने नगर के स्टेशन पर पहुंचे। हरा-भरा वृक्ष ठूंठ होकर रह गया था। चेहरे पर झुर्रियां पड़ी हुई, सिर के बाल सन, दाढ़ी जंगल की तरह बढ़ी हुई, दातों का कई नाम नहीं, कमर झुकी हुई। ठूंठ को देखकर कौन पहचान सकता है कि यह वहीं वृक्ष है, जो फल-फूल और पत्तियों से लदा रहता था, जिस पर पक्षी कलरव करते रहते थे।

स्टेशन के बाहर निकलकर वह सोचने लगे-कहां जाये? अपना नाम लेते लज्जा आती थी। किससे पूछें, प्रमीला जीती है या मर गयी? अगर है तो कहां है? उन्हें देख वह प्रसन्न होगी, या उनकी उपेक्षा करेगी?

प्रमीला का पता लगाने में ज्यादा देर न लगी। खूबचन्द की कोठी अभी तक खूबचन्द की कोठी कहलाती थी। दुनिया कानून के उलटफेर क्या जाने? अपनी कोठी के सामने पहुंचकर उन्होंने एक तम्बोली से पूछा-क्यों भैया, यही तो सेठ खूबचन्द की कोठी है?

तम्बोली ने उनकी ओर कौतूहल से देखकर कहा–ख़ूबचन्द की जब थी तब थी, अब तो लाला देशराज की है।

''अच्छा! मुझे यहाँ आए बहुत दिन हो गए। सेठजी के यहाँ नौकर था। सुना, सेठजी को कालापानी हो गया था।''

''हाँ, बेचारे भलमनसी में मारे गए। चाहते तो बेदाग़ बच जाते। सारा घर मिट्टी में मिल गया।''

''सेठानी तो होंगी?''

''हाँ, सेठानी क्यों नहीं हैं। उनका लड़का भी है।''

सेठजी के चेहरे पर जैसे जवानी की झलक आ गई। जीवन का वह आनन्द और उत्साह, जो आज पन्द्रह साल से कुम्भकरण की भाँति पड़ा सो रहा था, मानो नई स्फूर्ति पाकर उठ बैठा और अब उस दुर्बल काया में समा नहीं रहा है।

उन्होंने इस तरह तम्बोली का हाथ पकड़ लिया, जैसे घनिष्ठ परिचय हो, और बोले–अच्छा, उनके लड़का भी है! कहाँ रहती है भाई, बता दो, तो जाकर सलाम कर आऊँ। बहुत दिनों तक उनका नमक खाया है।

तम्बोली ने प्रमीला के घर का पता बता दिया। प्रमीला इसी मुहल्ले में रहती थी। सेठजी जैसे आकाश में उड़ते हुए यहाँ से आगे चले।

वह थोड़ी ही दूर गए थे कि ठाकुरजी का मन्दिर दिखाई दिया। सेठजी ने मन्दिर में जाकर प्रतिमा के चरणों पर सिर झुका दिया। उनके रोम-रोम से आस्था का स्रोत-सा बह रहा था। इस पन्द्रह वर्ष के कठिन प्रायश्चित्त में उनकी सन्तप्त आत्मा को अगर कहीं आश्रय मिला था, तो वह अशरण-शरण भगवान के चरण थे। उन पावन चरणों के ध्यान में ही उन्हें शान्ति मिलती थी। दिन-भर ऊख्र के कोल्हू में जुते रहने या फावड़े चलाने के बाद जब वह रात को पृथ्वी की गोद में लेटते, तो पूर्व स्मृतियाँ अपना अभिनय करने लगतीं। वह अपना विलासमय जीवन, जैसे रुदन करता हुआ उनकी आँखों के सामने आ जाता और उनके अन्तःकरण से वेदना में डूबी हुई ध्वनि निकलती–ईश्वर! मुझ पर दया करो। इस दया-याचना में उन्हें एक ऐसी अलौकिक शान्ति और स्थिरता प्राप्त होती थी, मानो बालक माता की गोद में लेटा हो।

जब उनके पास सम्पत्ति थी, विलास के साधन थे, यौवन था, स्वास्थ्य था, अधिकार था, उन्हें आत्म-चिन्तन का अवकाश न मिलता था। मन प्रवृत्ति ही की ओर दौड़ता है, अब इन स्मृतियों को खोकर इस दीनावस्था में उनका मन ईश्वर की ओर झुका। पानी पर जब तक कोई आवरण है, उसमें सूर्य का प्रकाश कहाँ?

वह मन्दिर से निकले ही थे कि एक स्त्री ने उसमें प्रवेश किया। ख़ूबचन्द का हृदय ऊछल पड़ा। वह कुछ कर्तव्य-भ्रम से होकर एक स्तम्भ की आड़ में हो गए। यह प्रमीला थी।

इन पन्द्रह वर्षों में एक दिन भी ऐसा नहीं गया, जब उन्हें प्रमीला की याद न आई हो। वह छाया उनकी आँखों में बसी हुई थी। आज उन्हें उस छाया और इस सत्य में कितना अन्तर दिखाई दिया। छाया पर समय का क्या असर हो सकता है! उस पर सुख-दुःख का बस नहीं चलता। सत्य तो इतना अभेद्य नहीं। उस छाया में वह सदैव प्रमोद का रूप देखा करते थे–आभूषण, मुस्कान और लज्जा से रंजित। इस सत्य में उन्होंने साधना का तेजस्वी रूप देखा, और अनुराग में डूबे हुए स्वर की भाँति उनका हृदय थरथरा उठा। मन में ऐसा उद्गार उठा कि इसके चरणों

पर गिर पड़ूँ और कहूँ—देवी! इस पतित का उद्धार करो; किन्तु तुरन्त विचार आया—कहीं यह देवी मेरी उपेक्षा न करे। इस दशा में उनके सामने जाते उन्हें लज्जा आई।

कुछ दूर चलने के बाद प्रमीला एक गली में मुड़ी। सेठजी भी उसके पीछे-पीछे चले जाते थे। आगे एक कई मंज़िल की हवेली थी। सेठजी ने प्रमीला को उस चाल में घुसते देखा; पर यह न देख सके कि वह किधर गई। द्वार पर खड़े-खड़े सोचने लगे—किससे पूछूँ?

सहसा एक किशोर को भीतर से निकलते देखकर उन्होंने उसे पुकारा। युवक ने उनकी ओर चुभती हुई आँखों से देखा और तुरन्त उनके चरणों पर गिर पड़ा। सेठजी का कलेजा धक् से हो उठा। यह तो गोपी था, केवल उम्र में उससे कम। वही रूप था, वही डौल था, मानो वह कोई नया जन्म लेकर आ गया हो। उनका सारा शरीर एक विचित्र भय से सिहर उठा।

कृष्णचन्द्र ने एक क्षण में उठकर कहा—हम तो आज आपकी प्रतीक्षा कर रहे थे। बन्दर पर जाने के लिए गाड़ी लेने जा रहा था। आपको तो यहाँ आने में बड़ा कष्ट हुआ होगा। आइए, अन्दर आइए। मैं आपको देखते ही पहचान गया। कहीं भी देखकर पहचान जाता।

ख़ूबचन्द उसके साथ भीतर चले तो, मगर उनका मन जैसे अतीत के काँटों में उलझ रहा था! गोपी की सूरत क्या वह कभी भूल सकते थे? इस चेहरे को उन्होंने कितनी ही बार स्वप्न में देखा था। वह कांड उनके जीवन की सबसे महत्त्वपूर्ण घटना थी, और आज एक युग बीत जाने पर भी, उनके पथ में उसी भाँति अटल खड़ा था।

एकाएक कृष्णचन्द्र जीने के पास रुककर बोला—जाकर अम्मा से कह आऊँ, दादा आ गए! आपके लिए नए-नए कपड़े बने रखे हैं।

ख़ूबचन्द ने पुत्र के मुख का इस तरह चुम्बन किया, जैसे वह शिशु हो और उसे गोद में उठा लिया। वह उसे लिये जीने पर चढ़े जाते थे। यह मनोल्लास की शक्ति थी।

7

तीस साल से व्याकुल पुत्र-लालसा, यह पदार्थ पाकर, जैसे उस पर न्यौछावर हो जाना चाहती है। जीवन नई-नई अभिलाषाओं को लेकर उन्हें सम्मोहित कर रहा है। इस रत्न के लिए वह ऐसी-ऐसी कितनी ही यातनाएँ सहर्ष झेल सकते थे। अपने जीवन में उन्होंने जो कुछ अनुभव के रूप में कमाया था, उसका तत्त्व वह अब कृष्णचन्द्र के मस्तिष्क में भर देना चाहते हैं। उन्हें यह अरमान नहीं है कि कृष्णचन्द्र धन का स्वामी हो, चतुर हो, यशस्वी हो; बल्कि दयावान हो, नम्र हो, श्रद्धालु हो। ईश्वर की दया में अब उन्हें असीम विश्वास है, नहीं तो उन जैसा अधम व्यक्ति क्या इस योग्य था कि इस कृपा का पात्र बनता? और प्रमीला तो साक्षात् लक्ष्मी है।

कृष्णचन्द्र भी पिता को पाकर निहाल हो गया। अपनी सेवाओं से मानो उनके अतीत को भुला देना चाहता है। मानो पिता की सेवा ही के लिए उसका जन्म हुआ है। मानो वह पूर्वजन्म का कोई ऋण चुकाने के लिए ही संसार में आया है।

आज सेठजी को आए सातवाँ दिन है। सन्ध्या का समय है। सेठजी संध्या

करने जा रहे हैं कि गोपीनाथ की लड़की बिन्नी ने आकर प्रमीला से कहा–माताजी, अम्मा का जी अच्छा नहीं है। भैया को बुला रही हैं।

प्रमीला ने कहा–आज तो वह न जा सकेगा। उसके पिता आ गए हैं, उनसे बातें कर रहा है।

कृष्णचन्द्र ने दूसरे कमरे में उसकी बातें सुन लीं। तुरन्त आकर बोला–नहीं अम्मा, मैं दादा से पूछकर ज़रा देर के लिए चला जाऊँगा।

प्रमीला ने बिगड़कर कहा–तू कहीं जाता है तो तुझे घर की सुध ही नहीं रहती। न जाने उन सभी ने तुझे क्या बूटी सुँघा दी है।

''मैं बहुत जल्द चला आऊँगा अम्मा, तुम्हारे पैरों पड़ता हूँ!''

''तू भी कैसा लड़का है! वह बेचारे अकेले बैठे हुए हैं और तुझे वहाँ जाने की पड़ी हुई है।''

सेठजी ने भी ये बातें सुनीं। आकर बोले–क्या हरज़ है, जल्दी आने को कह रहे हैं तो जाने दो।

कृष्णचन्द्र प्रसन्नचित बिन्नी के साथ चला गया। एक क्षण के बाद प्रमीला ने कहा–जब से मैंने गोपी की तस्वीर देखी है, मुझे नित्य शंका बनी रहती है कि न जाने भगवान क्या करनेवाले हैं। बस, यही मालूम होता है।

सेठजी ने गम्भीर स्वर में कहा–मैं भी तो पहली बार इसे देखकर चकित रह गया था। जान पड़ा, गोपीनाथ ही खड़ा है।

''गोपी की घरवाली कहती है कि इसका स्वभाव भी गोपी जैसा ही है।''

सेठजी गूढ़ मुस्कान के साथ बोले–भगवान की लीला है कि जिसकी मैंने हत्या की, वही मेरा पुत्र हो। मुझे तो विश्वास है, गोपीनाथ ने ही इसमें अवतार लिया है।

प्रमीला ने माथे पर हाथ रखकर कहा–यही सोचकर तो कभी-कभी मुझे न जाने कैसी शंका होने लगी है।

सेठजी ने श्रद्धा-भरी आँखों से देखकर कहा–भगवान हमारे परम सुहृदय हैं। वह जो कुछ करते हैं, प्राणियों के कल्याण के लिए करते हैं। हम समझते हैं, हमारे साथ विधि ने अन्याय किया; पर यह हमारी मूर्खता है। विधि अबोध बालक नहीं है, जो अपने ही सिरजे हुए खिलौनों को तोड़-फोड़कर आनन्दित होता हो। न वह हमारा शत्रु है, जो हमारा अहित करने में सुख मानता है। वह परम दयालु है, मंगल-रूप है। यही अवलम्ब था, जिसने निर्वासन काल में मुझे सर्वनाश से बचाया। इस आधार के बिना कह नहीं सकता, मेरी नौका कहाँ-कहाँ भटकती और उसका क्या अन्त होता।

8

बिन्नी ने कई कदम चलने के बाद कहा–मैंने तुमसे झूठ-मूठ कहा कि अम्मा बीमार हैं। अम्मा तो अब बिलकुल अच्छी हैं। तुम कई दिन से गए नही; इसलिए उन्होंने मुझसे कहा–इस बहाने से बुला लाना। तुमसे वह एक सलाह करेंगी।

कृष्णचन्द्र ने कौतूहल भरी आँखों से देखा।

''मुझसे सलाह करेंगी! मैं भला क्या सलाह दूँगा? मेरे दादा आ गए, इसीलिए नहीं आ सका।''

"तुम्हारे दादा आ गए! तो उन्होंने पूछा होगा, यह कौन लड़की है?"

"नहीं, कुछ नहीं पूछा।"

"दिल में तो कहते होंगे, कैसी बेशरम लड़की है!"

"दादा ऐसे आदमी नहीं हैं। मालूम हो जाता कि यह कौन है, तो बड़े प्रेम से बातें करते। मैं तो कभी-कभी डरा करता था कि न जाने उनका मिज़ाज कैसा हो। सुनता था, क़ैदी बड़े कठोर-हृदय हुआ करते हैं, लेकिन दादा तो दया के देवता हैं।"

दोनों कुछ दूर फिर चुपचाप चले गए। तब कृष्णचन्द्र ने पूछा—तुम्हारी अम्मा मुझसे कैसी सलाह करेंगी?

बिन्नी का ध्यान जैसे टूट गया।

"मैं क्या जानूँ, कैसी सलाह करेंगी। मैं जानती कि तुम्हारे दादा आए हैं, तो न जाती। मन में कहते होंगे, इतनी बड़ी लड़की मारी-मारी फिरती है।"

कृष्णचन्द्र कहकहा मारकर बोला—हाँ, कहते तो होंगे। मैं जाकर और जड़ दूँगा।

बिन्नी बिगड़ गई।

"क्या तुम जड़ दोगे? बताओ, मैं कहाँ घूमती हूँ? तुम्हारे घर के सिवा मैं और कहाँ जाती हूँ?"

"मेरे जी में जो आया, सो कहूँगा, नहीं तो मुझे बता दो, कैसी सलाह है?"

"तो मैंने कब कहा था कि मैं नहीं बताऊँगी। कल हमारे मिल में फिर हड़ताल होनेवाली है। हमारा मैनेजर इतना निर्दयी है कि किसी को पाँच मिनट की भी देर हो जाए, तो आधे दिन की तलब काट लेता है और दस मिनट देर हो जाए, तो दिन-भर की मज़दूरी ग़ायब। कई बार सभी ने जाकर उससे कहा-सुना; मगर मानता ही नहीं। तुम हो तो ज़रा-से; पर अम्मा को न जाने तुम्हारे ऊपर क्यों इतना विश्वास है, और मज़दूर लोग भी तुम्हारे ऊपर बड़ा ही भरोसा करते हैं। सबकी सलाह है कि तुम एक बार मैनेजर के पास जाकर दो टूक बातें कर लो। हाँ या नहीं; अगर वह अपनी बात पर अड़ा रहे, तो फिर हम भी हड़ताल करेंगे।"

कृष्णचन्द्र विचारों में मग्न था। कुछ न बोला।

बिन्नी ने फिर उद्दण्ड-भाव से कहा—यह कड़ाई इसीलिए तो है कि मैनेजर जानता है, हम बेबस हैं और हमारे लिए और कहीं ठिकाना नहीं है। तो हमें भी दिखा देना है कि हम चाहे भूखे मरेंगे, मगर अन्याय न सहेंगे।

कृष्णचन्द्र ने कहा—उपद्रव हो गया, तो गोलियाँ चलेंगी।

"तो चलने दो। हमारे दादा मर गए, तो क्या हम लोग जिए नहीं?"

दोनों घर पहुँचे, तो वहाँ द्वार पर बहुत से मज़दूर ज़मा थे और इसी विषय पर बातें हो रही थीं।

कृष्णचन्द्र को देखते ही सभी ने चिल्लाकर कहा—लो, भैया आ गए।

वही मिल है, जहाँ सेठ ख़ूबचन्द ने गोलियाँ चलाई थीं। अब उन्हीं का पुत्र मज़दूरों का नेता बना हुआ गोलियों के सामने खड़ा है।

कृष्णचन्द्र और मैनेजर की बातें हो चुकीं। मैनेजर ने नियमों को नर्म करना स्वीकार न किया। हड़ताल की घोषणा कर दी गई। आज हड़ताल है। मज़दूर मिल के अहाते में ज़मा हैं, और मैनेजर ने मिल की रक्षा के लिए फौज़ी दस्ता बुला लिया है। मिल-मज़दूर उपद्रव नहीं करना चाहते थे। हड़ताल केवल उनके असन्तोष

का प्रदर्शन थी; लेकिन फौजी दस्ता देखकर मज़दूरों को भी जोश आ गया। दोनों तरफ़ से तैयारी हो गई है। एक ओर गोलियाँ हैं, दूसरी ओर ईंट-पत्थर के टुकड़े।

युवक कृष्णचन्द्र ने कहा—आप लोग तैयार हैं? हमें मिल के अन्दर जाना है, चाहे सब मार डाले जाएं।

बहुत-सी आवाजें आईं—सब तैयार हैं।

''जिनके बाल-बच्चे हों, वह अपने घर चले जाएं।''

बिन्नी पीछे खड़ी-खड़ी बोली—बाल-बच्चे, सबकी रक्षा भगवान करता है।

कई मज़दूर घर लौटने का विचार कर रहे थे। इस वाक्य ने उन्हें स्थिर कर दिया। जय-जयकार हुई और एक हज़ार मज़दूरों का दल मिल-द्वार की ओर चला। फौजी दस्ते ने गोलियाँ चलाईं। सबसे पहले कृष्णचन्द्र गिरा, फिर और कई आदमी गिर पड़े। लोगों के पैर उखड़ने लगे।

उसी वक़्त सेठ ख़ूबचन्द नंगे सिर, नंगे पाँव अहाते में पहुँचे और कृष्णचन्द्र को गिरते देखा। परिस्थिति उन्हें घर ही पर मालूम हो गई थी। उन्होंने उन्मत्त होकर कहा—कृष्णचन्द्र की जय! और दौड़कर आहत युवक को कंठ से लगा लिया। मज़दूरों में एक अद्‌भुत साहस और धैर्य का संचार हुआ।

''ख़ूबचन्द।'' इस नाम ने जादू का काम किया। इस 15 साल में 'ख़ूबचन्द' ने शहीद का ऊँचा पद प्राप्त कर लिया था। उन्हीं का पुत्र आज मज़दूरों का नेता है। धन्य है भगवान की लीला! सेठजी ने पुत्र की लाश ज़मीन पर लिटा दी और अविचलित भाव से बोले—भाइयो, यह लड़का मेरा पुत्र था। मैं पन्द्रह साल डामूल काटकर लौटा, तो भगवान की कृपा से मुझे इसके दर्शन हुए। आज आठवाँ दिन है। आज फिर भगवान ने उसे अपनी शरण में ले लिया। वह भी उन्हीं की कृपा थी। मैं जो मूर्ख अज्ञानी तब था, वही अब भी हूँ। इस बात का मुझे गर्व है कि भगवान ने मुझे ऐसा वीर बालक दिया। अब आप लोग मुझे बधाइयाँ दें। किसे ऐसी वीर-गति मिलती है? अन्याय के सामने जो छाती ठोककर खड़ा हो जाए, वही सच्चा वीर है, इसलिए बोलिए—कृष्णचन्द्र की जय।

एक हज़ार गलों से जय-ध्वनि निकली और उसी के साथ सब-के-सब हल्ला मारकर दफ़्तर के अन्दर घुस गए। गारद के जवानों ने एक बन्दूक़ भी न चलाई। इस विलक्षण कांड ने इन्हें स्तम्भित कर दिया था।

मैनेजर ने पिस्तौल उठा लिया और खड़ा हो गया। देखा, तो सामने सेठ ख़ूबचन्द!

लज्जित होकर बोला—मुझे बड़ा दुःख है कि आज दैवगति से ऐसी दुर्घटना हो गई; पर आप ख़ुद समझ सकते हैं, मैं क्या कर सकता था।

सेठजी ने शान्त स्वर में कहा—ईश्वर जो कुछ करता है, हमारे कल्याण के लिए ही करता है। अगर इस बलिदान से मज़दूरों का कुछ हित हो, तो मुझे इसका ज़रा भी खेद न होगा।

मैनेजर सम्मान-भरे स्वर में बोला—लेकिन इस धारणा से तो आदमी को सन्तोष नहीं होता। ज्ञानियों का भी मन चंचल हो जाता है।

सेठजी ने इस प्रसंग का अन्त कर देने के इरादे से कहा—तो अब क्या निश्चय कर रहे हैं?

मैनेजर सकुचाता हुआ बोला—मैं इस विषय में स्वतन्त्र नहीं हूँ। स्वामियों की जो आज्ञा थी, उसका मैं पालन कर रहा था।

सेठजी कठोर स्वर में बोले—अगर आप समझते हैं कि मज़दूरों के साथ अन्याय हो रहा है, तो आपका धर्म है कि उनका पक्ष लीजिए। अन्याय में सहयोग करना अन्याय करने ही के समान है।

एक तरफ़ तो मज़दूर लोग कृष्णचन्द्र के दाह-संस्कार का आयोजन कर रहे थे, दूसरी तरफ़ दफ़्तर में मिल के डायरेक्टर और मैनेजर सेठ ख़ूबचन्द के साथ बैठे कोई ऐसी व्यवस्था सोच रहे थे कि मज़दूरों के प्रति इस अन्याय का अन्त हो जाए।

दस बजे सेठजी ने बाहर निकलकर मज़दूरों को सूचना दी—मित्रों, ईश्वर को धन्यवाद दो, कि उसने तुम्हारी विनय स्वीकार कर ली। तुम्हारी हाज़िरी के लिए अब नए नियम बनाए जाएंगे और जुर्माने की वर्तमान प्रथा उठा दी जाएगी।

मज़दूरों ने सुना, पर उन्हें आनन्द न हुआ, जो एक घंटा पहले होता! कृष्णचन्द्र को बलि देकर बड़ी-से-बड़ी रियायत भी उनकी निग़ाहों में हेय थी।

अभी अर्थी न उठने पाई थी कि प्रमीला लाल आँखें किए उन्मत्त-सी दौड़ी आई और उस देह से चिपट गई, जिसे उसने अपने उदर से जन्म दिया और अपने रक्त से पाला था। चारों तरफ़ हाहाकार मच गया। मज़दूर और मालिक ऐसा कोई नहीं था, जिसकी आँखों से आँसुओं की धारा न निकल रही हो।

सेठजी ने समीप जाकर प्रमीला के कन्धे पर हाथ रखा और बोले—क्या करती हो प्रमीला, जिसकी मृत्यु पर हँसना और ईश्वर को धन्यवाद देना चाहिए, उसकी मृत्यु पर रोती हो।

प्रमीला उसी तरह शव को हृदय से लगाए पड़ी रही। जिस निधि को पाकर उसने विपत्ति को सम्पत्ति समझा था, पति-वियोग के अन्धकारमय जीवन में जिस दीपक से आशा, धैर्य और अवलम्ब पा रही थी, वह दीपक बुझ गया था। जिस विभूति को पाकर ईश्वर की निष्ठा और भक्ति उसके रोम-रोम में व्याप्त हो गई थी, वह विभूति उससे छीन ली गई थी।

सहसा उसने पति को अस्थिर नेत्रों से देखकर कहा—तुम समझते होंगे, ईश्वर जो कुछ करता है, हमारे कल्याण के लिए ही करता है। मैं ऐसा नहीं समझती। समझ ही नहीं सकती। कैसे समझूँ? हाय मेरे लाल! मेरे लाड़ले! मेरा राजा, मेरे सूर्य, मेरे जीवन के आधार! मेरे सर्वस्व! तुझे खोकर कैसे चित्त को शान्त रखूँ? जिसे गोद में देखकर मैंने अपने भाग्य को धन्य माना था, उसे आज धरती पर पड़ा देखकर हृदय को कैसे सँभालूँ! नहीं मानता! हाय नहीं मानता!

यह कहते हुए उसने ज़ोर से छाती पीट ली।

उसी रात को शोकातुर माता संसार से प्रस्थान कर गई। पक्षी अपने बच्चे की खोज़ में पिंजरे से निकल गया।

9

तीन साल बीत गए।

श्रमजीवियों के मुहल्ले में आज कृष्णाष्टमी का उत्सव है। उन्होंने आपस में चन्दा करके एक मन्दिर बनवाया है। मंदिर आकार में बहुत सुन्दर और विशाल नहीं; पर जितनी भक्ति से यहाँ सिर झुकते हैं, वह बात इससे कहीं विशाल मन्दिरों को प्राप्त नहीं। यहाँ लोग अपनी सम्पति का प्रदर्शन करते नहीं, बल्कि अपनी श्रद्धा की भेंट देने आते हैं।

मज़दूर स्त्रियाँ गा रही हैं, बालक दौड़-दौड़कर छोटे-छोटे काम कर रहे हैं, और पुरुष झाँकी के बनाव-शृंगार में लगे हुए हैं।

उसी वक्त सेठ ख़ूबचन्द आये। स्त्रियाँ और बालक उन्हें देखते ही चारों ओर से दौड़कर ज़मा हो गए। यह मन्दिर उन्हीं के सतत उद्योग का फल है। मज़दूर परिवारों की सेवा से अब उनके जीवन का उद्देश्य है। उनका छोटा-सा परिवार अब विराट् रूप हो गया है। उनके सुख को वह अपना सुख और उनके दुःख को अपना दुःख मानते हैं। मज़दूरों में शराब, जुए और दुराचरण की वह कसरत नहीं रही। सेठजी की सहायता, सत्संग और सद्व्यवहार पशुओं को मनुष्य बना रहा है।

सेठजी ने बाल-रूप भगवान् के सामने जाकर सिर झुकाया और उनके मन अलौकिक आनन्द से खिल उठाँ उस झाँकी में उन्हें कृष्णचन्द्र की झलक दिखाई दी। एक ही क्षण में उसने जैसे गोपीनाथ का रूप धारण किया। दाहिनी ओर से देखते थे, तो कृष्णचन्द्र; बायीं ओर से देखते थे, तो गोपीनाथ।

सेठजी का रोम-रोम पुलकित हो उठा। भगवान की व्यापक दया का रूप आज जीवन में पहली बार उन्हें दिखाई दिया। अब तक भगवान की दया को वह सिद्धान्त रूप से मानते थे। आज उन्होंने उनका प्रत्यक्ष रूप देखा। एक पथ-भ्रष्ट, पतनोन्मुखी आत्मा के उद्धार के लिए इतना दैवी विधान! इतनी अनवरत ईश्वरीय प्रेरणा सेठजी के मानस-पटल पर अपना सम्पूर्ण जीवन सिनेमा-चित्रों की भाँति दौड़ गया। उन्हें जान पड़ा, जैसे आज बीस वर्ष से ईश्वर की कृपा उन पर छाया किए हुए है। गोपीनाथ का बलिदान क्या था? विद्रोही मज़दूरों ने जिस समय उनका मकान घेर लिया था, उस समय उनका आत्मसमर्पण ईश्वर की दया के सिवा और क्या था? पन्द्रह साल के निर्वासित जीवन में, फिर कृष्णचन्द्र के रूप में, कौन उनकी आत्मा की रक्षा कर रहा था?

सेठजी के अन्तःकरण से भक्ति की विह्लता में डूबी हुई जय-ध्वनि निकली—कृष्ण भगवान की जय! और जैसे सम्पूर्ण ब्रह्माण्ड दया के प्रकाश से जगमगा उठा।

❑❑❑

नेउर

आकाश में चाँदी के पहाड़ भाग रहे थे, टकरा रहे थे, गले मिल रहे थे; जैसे सूर्य-मेघ संग्राम छिड़ा हुआ हो। कभी छाया हो जाती थी, कभी तेज धूप चमक उठती थी। बरसात के दिन थे, उमस हो रही थी। हवा बन्द हो गई थी।

गाँव के बाहर कई मजदूर एक खेत की मेंड़ बाँध रहे थे। नंगे बदन, पसीने मे तर, कछनी कसे हुए, सब-के-सब फावड़े से मिट्टी खोदकर मेंड़ पर रखते जाते थे। पानी में मिट्टी नरम हो गई थी।

गोबर ने अपनी कानी आँख मटकाकर कहा—अब तो हाथ नहीं चलता भाई! गोला भी छूट गया होगा, चबेना कर लें।

नेउर ने हँसकर कहा—यह मेंड़ तो पूरी कर लो, फिर चबेना कर लेना। मैं तो तुमसे पहले आया।

दोनों ने सिर पर झौवा उठाते हुए कहा—तुमने अपनी जवानी में जितना घी खाया होगा नेउर दादा, उतना तो अब हमें पानी भी नहीं मिलता।

नेउर छोटे डील-डौल का, गठीला, काला, फुर्तीला आदमी था। उम्र पचास से ऊपर थी; मगर अच्छे-अच्छे नौजवान उसके बराबर मेहनत न कर सकते थे। अभी दो-तीन साल पहले तक कुश्ती लड़ता था। जब से गाय मर गई, कुश्ती लड़ना छोड़ दिया था।

गोबर—तुमसे तम्बाकू पिए बिना कैसे रहा जाता है नेउर दादा? यहाँ तो चाहे रोटी न मिले; लेकिन तम्बाकू के बिना नहीं रहा जाता।

नेउर अपने काम में मग्न था। नवयुवकों की बातों में उसे कोई दिलचस्पी नहीं थी। दीना ने उसे बातों में लगाने की कोशिश करते हुए कहा—तो यहाँ से जाकर रोटी बनाओगे दादा? बुधिया कुछ नहीं करती? हमसे तो दादा ऐसी मेहरिया से एक दिन न पटे।

नेउर के पिचके, खिचड़ी मूँछों से ढके मुख पर हास्य की स्मित रेखा चमक उठी, जिसने उसकी कुरूपता को भी सुन्दर बना दिया। बोला—जवानी तो उसी के साथ कटी है बेटा, अब उससे कोई काम नहीं होता, तो क्या करूँ!

गोबर—तुमने उसे सिर चढ़ा रखा है, नहीं तो काम क्यों न करती! मजे से खाट पर बैठी चिलम पीती रहती है और सारे गाँव से लड़ा करती है। तुम बूढ़े हो गए; लेकिन वह तो अब भी जवान बनी है।

दीना—जवान औरत उसकी क्या बराबरी करेगी। सिंदूर, टीका, काजल मेहंदी में तो उसका मन बसता है। बिना किनारदार रंगीन धोती के उसे कभी देखा ही नहीं, उस पर गहनों से भी जी नहीं भरता। तुम गऊ हो, इससे निबाह हो जाता है, नहीं तो अब तक गली-गली ठोकरें खाती होती।

गोबर—मुझे तो उसके बनाव-शृंगार पर गुस्सा आता है। काम कुछ न करेगी; पर खाने-पहनने को अच्छा ही चाहिए।

नेउर—तुम क्या जानो बेटा, जब वह आई थी, तो मेरे घर में सात हल की खेती होती थी। रानी बनी बैठी रहती थी। ज़माना बदल गया, तो क्या हुआ, उसका

मन तो वही है। घड़ी-भर चूल्हे के सामने बैठ जाती है, तो आँखें लाल हो जाती हैं और सिर थामकर पड़ जाती है। मुझसे तो यह नहीं देखा जाता। इसी दिन के लिए तो आदमी शादी-ब्याह करता है, और नहीं तो इस गृहस्थी के जंजाल में क्या रखा है। यहाँ से जाकर रोटी बनाऊँगा, पानी लाऊँगा, तब दो कौर खाएगी, नहीं तो मुझे क्या था, तुम्हारी तरह चार फंकी मारकर एक लोटा पानी पी लेता। जब से बिटिया मर गई, तब से तो वह और भी सुस्त हो गई। यह बड़ा भारी धक्का लगा। माँ की ममता हम-तुम क्या समझेंगे बेटा! पहले तो कभी-कभी डाँट भी देता था। अब किस मुँह से डाँटूँ?

दीना—तुम कल पेड़ पर काहे को चढ़े थे, अभी गूलर कौन पकी है?

नेउर—उस बकरी के लिए थोड़ी पत्ती तोड़ रहा था। बिटिया को दूध पिलाने को बकरी ली थी। अब बुढ़िया हो गई है; लेकिन थोड़ा दूध दे देती है। उसी का दूध और रोटी तो बुधिया का आधार है।

घर पहुँचकर नेउर ने लोटा और डोर उठाया और नहाने चला, कि स्त्री ने खाट पर लेटे-लेटे कहा—इतनी देर क्यों कर दिया करते हो? आदमी काम के पीछे प्राण थोड़े ही देता है? जब मज़दूरी सबके बराबर मिलती है, तो क्यों काम के पीछे मरते हो?

नेउर का अन्तःकरण एक माधुर्य से सराबोर हो गया। उसके आत्मसमर्पण से भरे हुए प्रेम में 'मैं' की गन्ध भी तो नहीं थी। कितना स्नेह है! और किसे उसके आराम की, उसने मरने-जीने की चिन्ता है? फिर वह क्यों न अपनी बुधिया के लिए मरे? बोला—तू उस जन्म में कोई देवी रही होगी बुधिया, सच।

''अच्छा रहने दो यह चापलूसी। हमारे आगे अब कौन बैठा हुआ है, जिसके लिए इतना हाय-हाय करते हो?''

नेउर गज-भर की छाती किए स्नान करने चला गया। लौटकर उसने मोटी-मोटी रोटियाँ बनाईं। आलू चूल्हें में डाल दिए थे। उनका भुरता बनाया; फिर बुधिया और वह दोनों साथ बैठे।

बुधिया—मेरी जात से तुम्हें कोई सुख न मिला। पड़े-पड़े खाती हूँ और तुम्हें तंग करती हूँ। इससे तो कहीं अच्छा था कि भगवान मुझे उठा लेते!

''भगवान आएँगे तो मैं कहूँगा, पहले मुझे ले चलो। तब इस सूनी झोंपड़ी में कौन रहेगा?''

''तुम न रहोगे, तो मेरी क्या दशा होगी? यह सोचकर मेरी आँखों में अँधेरा आ जाता है। मैंने कोई बड़ा पुन किया था कि तुम्हें पाया। किसी और के साथ मेरा भला क्या निबाह होता?''

ऐसे मीठे सन्तोष के लिए नेउर क्या नहीं कर डालना चाहता था। आलसिन, लोभिन, स्वार्थिन बुधिया अपनी जीभ पर केवल मिठास रखकर नेउर को नचाती रहती थी, जैसे कोई शिकारी कँटिए में चारा लगाकर मछली को खिलाता है।

पहले कौन मरे, इस विषय पर आज यह पहली ही बार बातचीत न हुई थी। इसके पहले भी कितनी ही बार यह प्रश्न उठा था और यों ही छोड़ दिया गया था; लेकिन न जाने क्यों नेउर ने अपनी डिग्री कर ली थी और उसे निश्चय था कि पहले मैं जाऊँगा उसके पीछे भी बुधिया जब तक रहे, आराम से रहे, किसी के सामने हाथ न फैलाए, इसीलिए वह काम करता रहता था, जिससे हाथ में चार पैसे ज़मा हो जाएं। कठिन-से-कठिन काम, जिसे कोई न कर सके, नेउर करता। दिन-भर फावड़े-कुदाल का काम करने के बाद रात को ऊख के दिनों में किसी

की ऊख पेरता, या खेती की रखवाली करता; लेकिन दिन निकलते जाते थे और जो कुछ कमाता था, वह भी निकलता जाता था। बुधिया के बग़ैर यह जीवन नहीं, इसकी कल्पना ही न कर सकता था।

लेकिन आज की बातों ने नेउर को सशंक कर दिया। जल में एक बूँद रंग की भाँति यह शंका उनके मन में समाकर अतिरंजित होने लगी।

2

गाँव में नेउर को काम की कमी न थी; पर मज़दूरी तो वही मिलती थी, जो अब तक मिलती आई थी। इस मन्दी में वह मज़दूरी भी नहीं रह गई थी। एकाएक गाँव में एक साधु कहीं से घूमते-फिरते आ निकले और नेउर के घर के सामने ही पीपल की छाँह में उनकी धूनी जल गई। गाँव वालों ने अपना धन्य भाग्य समझा। बाबजी का सेवा-सतकर करने के लिए सभी ज़मा हो गए। कहीं से लकड़ी आ गई, कहीं से बिछाने का कम्बल, कहीं से आटा-दाल। नेउर के पास क्या था? बाबाजी के लिए भोजन बनाने की सेवा उसने ली। चरस आ गई, दम लगने लगा।

दो-तीन दिन में ही बाबाजी की कीर्ति फैलने लगी। वह आत्मदर्शी हैं। भूत-भविष्य, सब बता देते हैं। लोभ तो छू नहीं गया। पैसा हाथ से नहीं छूते, और भोजन भी क्या करते हैं! आठ पहर में एक-दो रोटियाँ खा लीं; लेकिन मुख दीपक की तरह दमक रहा है। कितनी मीठी वाणी है! सरल हृदय नेउर बाबाजी का सबसे बड़ा भक्त था। उस पर कहीं बाबाजी की दया हो गई, तो पारस ही हो जाएगा। सारा दुःख दलिद्दर मिट जाएगा।

भक्तजन एक-एक करके चले गए थे। ख़ूब कड़ाके की ठंड पड़ रही थी। केवल नेउर बैठा बाबाजी के पाँव दबा रहा था।

बाबाजी ने कहा—बच्चा! संसार माया है; इसमें क्यों फँसे हो?

नेउर ने नतमस्तक होकर कहा—अज्ञानी हूँ महाराज, क्या करूँ? स्त्री है, उसे किस पर छोड़ूँ?

''तू समझता है, तू स्त्री का पालन करता है?''

''और कौन सहारा है उसका बाबाजी?''

''ईश्वर कुछ नहीं है, तू ही सब कुछ है?''

नेउर के मन में जैसे ज्ञान उदय हो गया। तू इतना अभिमानी हो गया है! तेरा इतना दिमाग़! मज़दूरी करते-करते जान जाती है और तू समझता है, मैं ही बुधिया का सब कुछ हूँ। प्रभु, जो सारे संसार का पालन करते हैं, तू उनके काम में दख़ल देने का दावा करता है। उसके सरल, ग्रामीण हृदय में आस्था की एक ध्वनि-सी उठकर उसे धिक्कारने लगी। बोला—अज्ञानी हूँ महाराज!

इससे ज्यादा वह और कुछ नहीं कह सका। आँखों से दीन विषाद के आँसू गिरने लगे।

बाबाजी ने तेजस्विता से कहा—देखना चाहता है ईश्वर का चमत्कार! वह चाहे तो क्षण-भर में तुझे लखपति कर दे। क्षण-भर में तेरी सारी चिन्ताएँ हर ले! मैं उसका एक तुच्छ भक्त हूँ काकविष्टा; लेकिन मुझमें भी इतनी शक्ति है कि तुझे पारस बना दूँ। तू साफ़ दिल का, सच्चा, ईमानदार आदमी है। मुझे तुझ पर दया आती है। मैंने इस गाँव में सबको ध्यान से देखा। किसी में भक्ति नहीं, विश्वास नहीं। तुझमें मैंने भक्त का हृदय पाया। तेरे पास कुछ चाँदी है?

नेउर को जान पड़ रहा था कि सामने स्वर्ग का द्वार है।

"दस-पाँच रुपए होंगे महाराज!"

"कुछ चाँदी के टूटे-फूटे गहने नहीं हैं?"

"घरवाली के पास कुछ गहने हैं।"

"कल रात को जितनी चाँदी मिल सके, यहाँ ला और ईश्वर की प्रभुता देख। तेरे सामने मैं चाँदी को हाँड़ी में रखकर इसी धूनी में रख दूँगा। प्रातःकाल आकर हाँड़ी निकाल लेना; मगर इतना याद रखना कि उन अशर्फ़ियों को अगर शराब पीने में, जुआ खेलने में या किसी दूसरे बुरे काम में ख़र्च किया, तो कोढ़ी हो जाएगा। अब जा, सो जा। हाँ, इतना और सुन ले; इसकी चर्चा किसी से मत करना। घरवाली से भी नहीं।"

नेउर घर चला, तो ऐसा प्रसन्न था, मानो ईश्वर का हाथ उसके सिर पर है। रात-भर उसे नींद नहीं आई। सवेरे उसने कई आदमियों से दो-दो, चार-चार रुपए उधार लेकर पचास रुपए जोड़े। लोग उसका विश्वास करते थे। कभी किसी का एक पैसा भी न दबाता था। वादे का पक्का, नीयत का साफ़। रुपए मिलने में दिक्कत न हुई। पचास रुपए उसके पास थे। बुधिया के गहने कैसे ले? चाल चली। तेरे गहने बहुत मैले हो गए हैं। खटाई से साफ़ कर ले। रात-भर खटाई में रहने से नए हो जाएंगे। बुधिया चकमे में आ गई। हाँडी में खटाई डालकर गहने भिगो दिए। जब रात को वह सो गई, तो नेउर ने रुपए भी उसी हाँडी में डाल दिए और बाबाजी के पास पहुँचा। बाबाजी ने कुछ मन्त्र पढ़ा। हाँडी को धूनी की राख में रखा और नेउर को आशीर्वाद देकर विदा किया।

रात-भर करवटें बदलने के बाद नेउर मुँह अँधेरे बाबा के दर्शन करने गया; मगर बाबाजी का वहाँ पता न था। अधीर होकर उसने धूनी की जलती हुई रख टटोली। हाँडी ग़ायब थी। छाती धक्-धक् करने लगी। बदहवास होकर बाबा को खोजने लगा। हार की तरफ़ गया। तालाब की ओर पहुँचा। दस मिनट, बीस मिनट, आधा घंटा! बाबा का कहीं निशान नहीं। भक्त आने लगे। बाबा कहाँ गए? कम्बल भी नहीं; बरतन भी नहीं।

भक्त ने कहा–रमते साधुओं का क्या ठिकाना! आज यहाँ, कल वहाँ; एक जगह रहें, तो साधु कैसे? लोगों से हेल-मेल हो जाए, बन्धन में पड़ जाएँ।

"सिद्ध थे।"

"लोभ तो छू नहीं गया।"

"नेउर कहाँ है? उस पर बड़ी दया करते थे। उससे कह गए होंगे।"

नेउर की तलाश होने लगी, कहीं पता नहीं। इतने में बुधिया नेउर को पुकारती हुई घर में से निकली। फिर कोलाहल मच गया। बुधिया रोती थी और नेउर को गालियाँ देती थी।

नेउर खेतों की मेंडों से बेतहाशा भागता चला जाता था, मानो इस पापी संसार से निकल जाएगा।

एक आदमी ने कहा–नेउर ने कल मुझसे पाँच रुपए लिये थे। आज साँझ को देने को कहा था।

दूसरा–हमसे भी दो रुपए आज ही के वादे पर लिये थे।

बुधिया रोयी–दाढ़ीजार मेरे सारे गहने ले गया। पचीस रुपए रखे थे, वह भी उठा ले गया।

लोग समझ गए, बाबा कोई धूर्त था। नेउर को झाँसा दे गया। ऐसे-ऐसे ठग पड़े हैं संसार में! नेउर के बारे में किसी को ऐसा सन्देह नहीं था। बेचारा सीधा आदमी आ गया पट्टी में। मारे लाज के कहीं छिपा बैठा होगा।

3

तीन महीने गुज़र गए।

झाँसी ज़िले में धसान नदी के किनारे एक छोटा-सा गाँव है काशीपुर। नदी के किनारे एक पहाड़ी टीला है। उसी पर कई दिन से एक साधु ने अपना आसन ज़माया है। नाटे क़द का आदमी है, काले तवे का-सा रंग, देह गठी हुई। यह नेउर है, जो साधु-वेश में दुनिया को धोखा दे रहा है—वही सरल, निष्कपट नेउर जिसने कभी पराए माल की ओर आँखें नहीं उठाईं, जो पसीने की रोटी खाकर मग्न था। घर की, गाँव की और बुधिया की याद एक क्षण भी उसे नहीं भूलती, इस जीवन में फिर कोई दिन आएगा कि वह अपने घर पहुँचेगा और फिर उस संसार में हँसता-खेलता अपनी छोटी-छोटी चिन्ताओं और छोटी-छोटी आशाओं के बीच आनन्द से रहेगा। वह जीवन कितना सुखमय था! जितने थे, सब अपने थे, सभी याद करते थे, सहानुभूति रखते थे। दिन-भर की मज़दूरी, थोड़ा-सा अनाज या थोड़े-से पैसे लेकर घर आता था, तो बुधिया कितने मीठे स्नेह से उसका स्वागत करती थी। वह सारी मेहनत, सारी थकावट जैसे उस मिठास में सनकर और मीठी हो जाती थी। हाय! वे दिन फिर कब आएँगे? न जाने बुधिया कैसी रहती होगी? कौन उसे पान की तरह फेरेगा? कौन उसे पकाकर खिलाएगा? घर में पैसा भी तो नहीं छोड़ा, गहने तक डुबा दिए। तब उसे क्रोध आता कि उस बाबा को कहीं पा जाए, तो कच्चा ही खा जाए। हाय, लोभ! लोभ!!

उसके अनन्य भक्तों में एक सुन्दरी युवती भी थी, जिसके पति ने उसे त्याग दिया था। उसका बाप फौज़ी पेन्शनर था। एक पढ़े-लिखे आदमी से लड़की का विवाह किया; लेकिन लड़का माँ के कहने में था और युवती की अपनी सास से न पटती थी। वह चाहती थी, शौहर के साथ सास से अलग रहे; शौहर अपनी माँ से अलग होने पर राज़ी न हुआ। बहू रूठकर मैके चली आई। तब से तीन साल हो गए थे और ससुराल से एक बार भी बुलावा न आया, न पतिदेव ही आए। युवती किसी तरह पति को अपने वश में कर लेना चाहती थी। महात्माओं के लिए किसी का दिल फेर देना ऐसा क्या मुश्क़िल है! हाँ, उनकी दया चाहिए।

एक दिन उसने एकान्त में बाबाजी से अपनी विपत्ति कह सुनाई। नेउर को जिस शिकार की टोह थी, वह आज मिलता हुआ जान पड़ा। गम्भीर भाव से बोला—बेटी, मैं न सिद्ध हूँ, न महात्मा, न मैं संसार के झमेलों में पड़ता हूँ, पर तेरी श्रद्धा और प्रेम देखकर तुझ पर दया आती है। भगवान ने चाहा, तो तेरा मनोरथ पूरा हो जाएगा।

''आप समर्थ हैं और मुझे आपके ऊपर विश्वास है।''

''भगवान की जो इच्छा होगी, वही होगा।''

''इस अभागिनी का डोंगी आप ही पार लगा सकते हैं।''

''भगवान पर भरोसा रखो।''

''मेरे भगवान तो आप ही हो।''

नेउर ने मानो धर्म-संकट में पड़कर कहा–लेकिन बेटी, उसके काम में बड़ा अनुष्ठान करना पड़ेगा, और अनुष्ठान में सैंकड़ों-हज़ारों का ख़र्च है। उस पर भी तेरा काज सिद्ध होगा या नहीं, यह मैं नहीं कह सकता। हाँ, मुझसे जो कुछ हो सकेगा, मैं कर दूँगा; पर सब कुछ भगवान के हाथ में है। मैं माया को हाथ से नहीं छूता; लेकिन तेरा दुःख देखा नहीं जाता।

उसी रात को युवती ने अपने सोने के गहनों की पिटारी लाकर बाबाजी के चरणों पर रख दी। बाबाजी ने काँपते हुए हाथों से पिटारी खोली और चन्द्रमा के उज्ज्वल प्रकाश में आभूषणों को देखा। उनकी आँखें झपक गईं। यह सारी माया उनकी है। वह उनके सामने हाथ बाँधे खड़ी कह रही है–मुझे अंगीकार कीजिए। कुछ भी तो करना नहीं है; केवल पिटारी लेकर अपने सिरहाने रख लेना है और युवती को आशीर्वाद देकर विदा कर देना है। प्रातःकाल वह आएगी। उस वक़्त वह उतनी दूर होंगे, जहाँ तक उनकी टाँगें ले जाएंगी। ऐसा आशातीत सौभाग्य! जब यह रुपयों से भरी थैलियाँ लिये गाँव में पहुँचेंगे और बुधिया के सामने रख देंगे! ओह! इससे बड़े आनन्द की तो वह कल्पना भी नहीं कर सकते।

लेकिन न जाने क्यों इतना ज़रा-सा काम भी उससे नहीं हो सकता। वह पिटारी को उठाकर अपने सिरहाने, कम्बल के नीचे दबाकर नहीं रख सकता। है कुछ नहीं; पर उसके लिए असूझ है, असाध्य है। वह उस पिटारी की ओर हाथ भी नहीं बढ़ा सकता। हाथों पर उसका कोई बस नहीं। जाने दो हाथ, ज़ुबान से तो कह सकता है। इतना कहने में कौन-सी दुनिया उलटी जाती है, कि बेटी, इसे उठाकर इस कम्बल के नीचे रख दे। ज़ुबान कट तो न जाएगी; मगर अब उसे मालूम होता है कि ज़ुबान पर भी उसका काबू नहीं है। आँखों के इशारे से भी यह काम हो सकता है; लेकिन इस समय आँखें भी बग़ावत कर रही हैं। मन का राजा इतने मन्त्रियों और सामन्तों के होते हुए भी अशक्त है, निरीह है, लाख रुपए की थैली सामने रखी हो, नंगी तलवार में हाथ हो; गाय मज़बूत रस्सी से सामने बँधी हो; क्या उस गाय की गर्दन पर उसके हाथ उठेंगे? कभी नहीं। वह परित्यक्ता उसे उसी गऊ की तरह लग रही थी। जिस अवसर को वह तीन महीने से खोज रहा है, उसे पाकर आज उसकी आत्मा काँप रही है। तृष्णा किसी वन्य जन्तु की भाँति अपने संस्कारों से आखेट-प्रिय है; लेकिन जंज़ीरों से बँधे-बँधे उसके नख गिर गए हैं और दाँत कमज़ोर हो गए हैं।

उसने रोते हुए कहा–बेटी, पिटारी को उठा ले जाओ। मैं तुम्हारी परीक्षा कर रहा था। तुम्हारा मनोरथ पूरा हो जाएगा।

चाँद नदी के उस पार वृक्षों की गोद में विश्राम कर चुका था। नेउर धीरे से उठा और धसान में स्नान करके एक ओर चल दिया। भभूत और तिलक से उसे घृणा हो रही थी। उसे आश्चर्य हो रहा था कि वह घर से निकला ही कैसे? थोड़े से उपहास के भय से! उसे अपने अन्दर एक विचित्र उल्लास का अनुभव हो रहा था, मानों वह बेड़ियों से मुक्त हो गया हो, कोई बहुत बड़ी विजय की हो!

4

आठवें दिन नेउर अपने गाँव पहुँच गया। लड़कों ने दौड़कर, उछल-कूदकर उसकी लकड़ी उसके हाथ से छीनकर उसका स्वागत किया।

एक लड़के ने कहा–काकी तो मर गई दादा!

नेउर के पाँव जैसे बँध गए। मुँह के दोनों कोने नीचे झुक गए। दीन विषाद आँखों में चमक उठा। कुछ बोला नहीं, कुछ पूछा भी नहीं, पल-भर जैसे निस्संज्ञ खड़ा रह गया, फिर बड़ी तेज़ी से अपनी झोंपड़ी की ओर चला। बालकवृन्द भी उसके पीछे दौड़े; मगर उनकी शरारत और चंचलता भाग गई थी।

झोंपड़ी खुली पड़ी थी। बुधिया की चारपाई जहाँ-की-तहाँ थी। उसकी चिलम और नारियल ज्यों-के-त्यों धरे हुए थे। एक कोने में दो-चार मिट्‌टी और पीतल के बरतन पडे हुए थे। लड़के बाहर ही खड़े रह गए। झोंपड़ी के अन्दर कैसे जाएं, वहाँ बुधिया बैठी है।

गाँव में भगदड़ मच गई। नेउर दादा आ गए। झोंपड़ी के द्वार पर भीड़ लग गई, प्रश्नों का ताँता बँध गया–तुम इतने दिन कहाँ थे दादा! तुम्हारे जाने के बाद तीसरे दिन काकी चल बसीं। रात-दिन तुम्हें गालियाँ देती थीं। मरते-मरते तुम्हें कोस ही रही थीं। तीसरे दिन आए, तो मरी पड़ी थीं। तुम इतने दिन कहाँ रहे?

नेउर ने कोई जवाब न दिया। केवल शून्य, निराश, करुण, आहत नेत्रों से लोगों की ओर देखता रहा, मानो उसकी वाणी हर ली गई। उस दिन से किसी ने उसे बोलते, रोते या हँसते नहीं देखा।

गाँव से आध मील पर पक्की सड़क है। अच्छी आमद-रफ़्त है। नेउर बड़े सवेरे जाकर सड़क के किनारे एक पेड़ के नीचे बैठ जाता है। किसी से कुछ माँगता नहीं; पर राहगीर कुछ-न-कुछ दे ही देते हैं–चबेना, अनाज, पैसे! सन्ध्या समय वह अपनी झोंपड़ी में आ जाता है, चिराग़ जलाता है, भोजन बनाता है, खाता है और उसी खाट पर पड़ा रहता है। उसके जीवन में जो एक संचालक शक्ति थी, वह लुप्त हो गई है। वह अब केवल जीवधारी है। कितनी गहरी मनोव्यथा है! गाँव में प्लेग आया। लोग घर छोड़-छोड़कर भागने लगे। नेउर की अब किसी को परवाह न थी। न किसी को उससे भय था, न प्रेम। सारा गाँव भाग गया, नेउर ने अपनी झोंपड़ी न छोड़ी; तब होली आई, सबने ख़ुशियाँ मनायीं। नेउर अपनी झोंपड़ी से निकला; और आज भी वह उसी पेड़ के नीचे सड़क के किनारे, उसी तरह मौन बैठा हुआ नज़र आता है! निश्चेष्ट, निर्जीव।

❑❑❑

गृहनीति

जब माँ बेटे से बहू की शिकायतों का दफ़्तर खोल देती है और यह सिलसिला किसी तरह ख़तम होते नज़र नहीं आता, तो बेटा उकता जाता है और दिन-भर की थकन के कारण कुछ झुँझलाकर माँ से कहता है–तो आख़िर तुम मुझसे क्या करने को कहती हो अम्माँ? मेरा काम स्त्री को शिक्षा देना तो नहीं है। यह तो तुम्हारा काम है! तुम उसे डाँटो, मारो, जो सज़ा चाहे दो। मेरे लिए इससे ज़्यादा ख़ुशी की और क्या बात हो सकती है कि तुम्हारे प्रयत्न से वह आदमी बन जाए? मुझसे मत कहो कि उसे सलीका नहीं है, तमीज़ नहीं है; बे-अदब है! उसे डाँटकर सिखाओ।

माँ–वाह, मुँह से बात निकालने नहीं देती, डाँटूँ तो मुझे ही नोच खाये। उसके सामने अपनी आबरू बचाती फिरती हूँ कि किसी के मुँह पर मुझे कोई अनुचित शब्द न कह बैठे।

बेटा–तो फिर इसमें मेरी क्या ख़ता है? मैं तो उसे सिखा नहीं देता कि तुमसे बे-अदबी करे!

माँ–तो और कौन सिखाता है!

बेटा–तुम तो अंधेर करती हो अम्माँ!

माँ–अंधेर नहीं करती, सत्य कहती हूँ। तुम्हारी ही शह पाकर उसका दिमाग़ बढ़ गया है। जब वह तुम्हारे पास जाकर टसवे बहाने लगती है, तो कभी तुमने उसे डाँटा, कभी समझाया कि तुझे अम्माँ का अदब करना चाहिए? तुम तो ख़ुद उसके गुलाम हो गए हो। वह भी समझती है, मेरा पति कमाता है, फिर मैं क्यों न रानी बनूँ, क्यों किसी से दबूँ। मर्द जब तक शह न दे, औरत का इतना गुर्दा हो ही नहीं सकता।

बेटा–तो क्या मैं उससे कह दूँ कि मैं कुछ नहीं, बिलकुल निखट्टू हूँ! क्या तुम समझती हो, तब वह मुझे जलील न समझेगी? हर एक पुरुष चाहता है कि उसकी स्त्री उसे कमाऊ, योग्य, तेजस्वी समझे और सामान्यतः वह जितना है, उससे बढ़कर अपने को दिखाता है। मैंने कभी नादानी नहीं की, कभी स्त्री के सामने डींग नहीं मारी; लेकिन स्त्री की दृष्टि में अपना सम्मान खोना तो कोई भी न चाहेगा।

माँ–तुम कान लगाकर, ध्यान देकर और मीठी मुस्कुराहट के साथ उसकी बातें सुनोगे, तो वह क्यों न शेर होगी? तुम ख़ुद चाहते हो कि स्त्री के हाथों मेरा अपमान कराओ। मालूम नहीं, मेरे किन पापों का तुम मुझे यह दंड दे रहे हो। किन अरमानों से, कैसे-कैसे कष्ट झेलकर मैंने तुम्हें पाला। ख़ुद नहीं पहना, तुम्हें पहनाया; ख़ुद नहीं खाया, तुम्हें खिलाया। मेरे लिए तुम उस मरने वाले की निशानी थे और मेरी सारी अभिलाषाओं के केन्द्र। तुम्हारी शिक्षा पर मैंने अपने हज़ारों के आभूषण होम कर दिए। विधवा के पास दूसरी कौन-सी निधि थी? इसका तुम मुझे यह पुरस्कार दे रहे हो?

बेटा–मेरी समझ में नहीं आता कि आप मुझसे चाहती क्या हैं? आपके उपकारों

को मैं कब मेट सकता हूँ? आपने मुझे केवल शिक्षा ही नहीं दिलायी, मुझे जीवन-दान दिया, मेरी सृष्टि की। अपने गहने ही नहीं होम किए, अपना रक्त तक पिलाया। अगर मैं सौ बार अवतार लूँ, तो भी इसका बदला नहीं चुका सकता। मैं अपनी जान में आपकी इच्छा के विरुद्ध कोई काम नहीं करता, यथासाध्य आपकी सेवा में कोई बात उठा नहीं रखता; जो कुछ पाता हूँ, लाकर आपके हाथों पर रख देता हूँ; और आप मुझसे क्या चाहती हैं? और मैं कर ही क्या सकता हूँ? ईश्वर ने हमें तथा आपको और सारे संसार को पैदा किया। उसका हम उसे क्या बदला दे सकते हैं? उसका नाम भी तो नहीं लेते। उसका यश भी तो नहीं गाते। इससे क्या उसके उपकारों का भार कुछ कम हो जाता है? माँ के बलिदानों का प्रतिशोध कोई बेटा नहीं कर सकता, चाहे वह भूमण्डल का स्वामी ही क्यों न हो। ज़्यादा-से-ज़्यादा मैं आपकी दिलजोई ही तो कर सकता हूँ, और मुझे याद नहीं आता कि मैंने कभी आपको असन्तुष्ट किया हो।

माँ—तुम मेरी दिलजोई करते हो? तुम्हारे घर में मैं इस तरह रहती हूँ, जैसे कोई लौंडी। तुम्हारी बीवी कभी मेरी बात भी नहीं पूछती। मैं भी कभी बहू थी रात को घंटे-भर सास की देह दबाकर, उनके सिर में तेल डालकर, उन्हें दूध पिलाकर तब बिस्तर पर जाती थी। तुम्हारी स्त्री नौ बजे अपनी किताबें लेकर अपनी सहनची में जा बैठती है, दोनों खिड़कियाँ खोल लेती है और मज़े से हवा खाती है। मैं मरूँ या जीऊँ, उससे मतलब नहीं; इसीलिए मैंने तुम्हें पाला था!

बेटा—तुमने मुझे पाला था, तो यह सारी सेवा मुझसे लेनी चाहिए थी; मगर तुमने मुझसे कभी नहीं कहा। मेरे अन्य मित्र भी हैं। उसमें भी मैं किसी को माँ की देह में मुक्कियाँ लगाते नहीं देखता। आप मेरे कर्तव्य का भार मेरी स्त्री पर क्यों डालती हैं? यों अगर वह आपकी सेवा करे, तो मुझसे ज़्यादा प्रसन्न और कोई न होगा। मेरी आँखों में उसकी इज़्ज़त दूनी हो जाएगी! शायद उससे और ज़्यादा प्रेम करने लगूँ। लेकिन अगर वह आपकी सेवा नहीं करती, तो आपको उससे अप्रसन्न होने का कोई कारण नहीं है। शायद उसकी जगह मैं होता, तो मैं भी ऐसा ही करता। सास मुझे अपनी लड़की समझती, प्यार करती, तो मैं उसके तलुए सहलाता; इसीलिए नहीं कि वह मेरे पति की माँ होती; बल्कि इसलिए कि मुझसे मातृवत् स्नेह करती; मगर मुझे यह बुरा लगता है कि वह सास के पाँव दबाए। कुछ दिन पहले स्त्रियाँ पति के पाँव दबाती थीं। आज भी उस प्रथा का लोप नहीं हुआ है; लेकिन मेरी पत्नी मेरे पाँव दबाए, तो मुझे ग्लानि होगी। मैं उनसे कोई ऐसी ख़िदमत नहीं लेना चाहता, जो मैं उसकी भी न कर सकूँ। यह रस्म उस ज़माने की यादग़ार है, जब स्त्री पति की लौंडी समझी जाती थी। अब पत्नी और पति, दोनों बराबर हैं। कम-से-कम मैं ऐसा ही समझता हूँ।

माँ—तभी तो कहती हूँ कि तुम्हीं ने उसे ऐसी-ऐसी बातें पढ़ाकर शेर कर दिया है। तुम्हीं मुझसे बैर साध रहे हो। ऐसी निर्लज्ज, ऐसी बदजुबान, ऐसी टर्री, फूहड़ छोकरी संसार में नहीं होगी। घर में अकसर मुहल्ले की बहनें मिलने आती रहती हैं। यह राजा की बेटी न जाने किन गँवारों में पली है कि किसी का भी आदर-सत्कार नहीं करती। कमरे से निकलती तक नहीं। कभी-कभी जब वे ख़ुद उसके कमरे में चली जाती हैं, तो भी यह गधी चारपाई से नहीं उठती। प्रणाम तक नहीं करती, चरण छूना तो दूर की बात है।

बेटा—वह देवियाँ तुमसे मिलने आती होंगी। तुम्हारे और उनके बीच में न जाने क्या बातें होती हों; कम-से-कम मैं तो कभी पसन्द नहीं करूँगा कि जब

मैं अपने मित्रों से बातें कर रहा हूँ, तो तुम या तुम्हारी बहू वहाँ जाकर खड़ी हो जाए। स्त्री भी अपनी सहेलियों के साथ बैठी हो, तो मैं वहाँ बिना बुलाए न जाऊँगा। यह तो आजकल का शिष्टाचार है।

माँ–तुम तो हर बात में उसी का पक्ष करते हो बेटा, न जाने उसने कौन-सी जड़ी-बूटी सुँघा दी है तुम्हें। यह कौन कहता है कि वह हम लोगों के बीच में आ कूदे; लेकिन बड़ों का उसे कुछ तो आदर-सत्कार करना ही चाहिए।

बेटा–किस तरह?

माँ–जाकर आँचल से उनके चरण छुए, प्रणाम करे, पान खिलाए, पंखा झले। इन्हीं बातों से बहू का आदर होता है। लोग उसकी प्रशंसा करते हैं, नहीं तो सब-की-सब यही कहती होंगी कि बहू को घमण्ड हो गया है, किसी से सीधे मुँह बात नहीं करती!

बेटा–(विचार करके) हाँ, यह अवश्य उसका दोष है। मैं उसे समझा दूँगा।

माँ–(प्रसन्न होकर) तुमसे सच कहती हूँ बेटा, चारपाई से उठती तक नहीं। सब औरतें थू-थू करती हैं; मगर उसे तो शर्म जैसे छू ही नहीं गई और मैं हूँ कि मारे शर्म के मरी जाती हूँ।

बेटा–यही मेरी समझ में नहीं आता कि तुम हर बात में अपने को उसके कामों का ज़िम्मेदार क्यों समझ लेती हो? मुझ पर दफ़्तर में न जाने कितनी घुड़कियाँ पड़ती हैं। रोज़ ही तो जवाब-तलब होता है; लेकिन तुम्हें उलटे मेरे साथ सहानुभूति होती है। क्या तुम समझती हो, अफ़सरों को मुझसे कोई बैर है, जो अनायास ही मेरे पीछे पड़े रहते हैं, या उन्हें उन्माद हो गया है, जो अकारण ही मुझे काटने दौड़ते हैं? नहीं, इसका कारण यही है कि मैं अपने काम में चौकस नहीं हूँ। ग़लतियाँ करता हूँ, सुस्ती करता हूँ, लापरवाही करता हूँ। जहाँ अफ़सर सामने से हटा कि कि लगे समाचारपत्र पढ़ने या ताश खेलने। क्या उस वक़्त हमें यह ख़याल नहीं रहता कि काम पड़ा हुआ है और ताश खेलने का अवसर नहीं है; लेकिन कौन परवाह करता है! सोचते हैं, साहब डाँट ही तो बताएँगे, सिर झुकाकर सुन लेंगे, बाधा टल जाएगी। पर तुम मुझे दोषी समझकर भी मेरा पक्ष लेती हो और तुम्हारा बस चले, तो हमारे बड़े बाबू को मुझसे जवाब-तलब करने के अभियोग में कालेपानी भेज दो।

माँ–(खिलकर) मेरे लड़के को कोई सज़ा देगा, तो क्या मैं पान-फूल से उसकी पूजा करूँगी?

बेटा–हरेक बेटा अपनी माता से इसी तरह की कृपा की आशा रखता है, और सभी माएँ अपने लड़कों के ऐबों पर पर्दा डालती हैं। फिर बहुओं की ओर से क्यों उनका हृदय इतना कठोर हो जाता है, यह मेरी समझ में नहीं आता। तुम्हारी बहू पर जब दूसरी स्त्रियाँ चोट करें, तुम्हारे मातृ-स्नेह का यह धर्म है कि तुम उसकी तरफ़ से क्षमा माँगो, कोई बहाना कर दो, उनकी नज़रों में उसे उठाने की चेष्टा करो। इस तिरस्कार में तुम क्यों उनसे सहयोग करती हो? तुम्हें क्यों उसके अपमान में मज़ा आता है? मैं भी तो हरेक ब्राह्मण या बड़े-बूढ़े का आदर-सत्कार नहीं करता। मैं किसी ऐसे व्यक्ति के सामने सिर झुका ही नहीं सकता, जिससे मुझे हार्दिक श्रद्धा न हो। केवल सफ़ेद बाल, सिकुड़ी हुई खाल, पोपला मुँह और झुकी हुई कमर किसी को आदर का पात्र नहीं बना देती, और न जनेऊ या तिलक या पण्डित और शर्मा की उपाधि ही भक्ति की वस्तु है। मैं लकीर-पीटू सम्मान को नैतिक अपराध समझता हूँ। मैं तो उसी का सम्मान करूँगा, जो मनसा-

वाचा-कर्मणा-हर पहलू से सम्मान के योग्य है। जिसे मैं जानता हूँ कि मक़्क़ारी, स्वार्थ-साधन और निन्दा के सिवा और कुछ नहीं करता, जिसे मैं जानता हूँ कि रिश्वत और सूद तथा ख़ुशामद की कमाई खाता है, वह अगर ब्रह्मा की आयु लेकर भी मेरे सामने आए, तो भी मैं उसे सलाम नहीं करूँ। इसे तुम मेरा अहंकार कह सकती हो। लेकिन मैं मज़बूर हूँ, जब तक मेरा दिल न झुके, मेरा सिर भी न झुकेगा। मुमक़िन है, तुम्हारी बहू के मन में भी उन देवियों की ओर से अश्रद्धा के भाव हों। उनमें से दो-चार को मैं भी जानता हूँ। हैं वे सब बड़े घर की; लेकिन सबके दिल छोटे। कोई निन्दा की पुतली है, तो कोई ख़ुशामद में युक्त, कोई गाली-गलौज में अनुपम। सभी रूढ़ियों की गुलाम, ईर्ष्या-द्वेष से जलनेवाली। एक भी ऐसी नहीं, जिसने अपने घर को नरक का नमूना न बना रखा हो। अगर तुम्हारी बहू ऐसी औरतों के आगे सिर नहीं झुकाती, तो मैं उसे दोषी नहीं समझता।

माँ–अच्छा, अब चुप रहो बेटा! देख लेना, यह तुम्हारी रानी एक दिन तुमसे चूल्हा न जलवाए और झाड़ू न लगवाए, तो सही। औरतों को बहुत सिर चढ़ाना अच्छा नहीं होता। इस निर्लज्ज़ता की भी कोई हद है कि बूढ़ी सास तो खाना पकाए और जवान बहू बैठी उपन्यास पढ़ती रहे।

बेटा–बेशक यह बुरी बात है और मैं हरगिज़ नहीं चाहता कि तुम खाना पकाओ और वह उपन्यास पढ़े, चाहे वह उपन्यास प्रेमचन्दजी ही के क्यों न हों; लेकिन यह भी तो देखना होगा कि उसने अपने घर कभी खाना नहीं पकाया। वहाँ रसोइया महाराज हैं। और जब चूल्हे के सामने जाने से उसके सिर में दर्द होने लगता है, तो खाना पकाने के लिए मजबूर करना उस पर अत्याचार करना है। मैं तो समझता हूँ, ज्यों-ज्यों हमारे घर की दशा का उसे ज्ञान होगा, उसके व्यवहार में आप-ही-आप इसलाह होती जाएगी। यह उसके घरवालों की ग़लती है, कि उन्होंने उसकी शादी किसी धनी घर में नहीं की। हमने भी यह शरारत की कि अपनी असली हालत उनसे छिपायी और यह प्रकट किया कि हम पुराने रईस हैं। अब हम किस मुँह से कह सकते हैं कि तू खाना पका, या बरतन साफ़ कर अथवा झाड़ू लगा? हमने उन लोगों से छल किया है और उसका फल हमें चखना पड़ेगा। अब तो हमारी कुशल इसी में है कि अपनी दुर्दशा को नम्रता, विनय और सहानुभूति से ढाँकें, और उसे अपने दिल को यह तसल्ली देने का अवसर दें कि बला से धन नहीं मिला, घर के आदमी तो अच्छे मिले। अगर यह तसल्ली भी हमने उससे छीन ली, तो तुम्हीं सोचो, उसको कितनी विदारक वेदना होगी। शायद वह हम लोगों की सूरत से भी घृणा करने लगे।

माँ–उसके घरवालों को सौ दफ़े गरज़ थी, तब हमारे यहाँ ब्याह किया। हम कुछ उनसे भीख माँगने गए थे?

बेटा–उनको अगर लड़के की गरज़ थी, तो हमें धन और कन्या, दोनों की गरज़ थी।

माँ–यहाँ के बड़े-बड़े रईस हमसे नाता करने को मुँह फैलाए हुए थे।

बेटा–इसीलिए कि हमने रईसों का स्वाँग बना रखा है। घर की असली हालत खुल जाए, तो कोई बात भी न पूछे!

माँ–तो तुम्हारे ससुरालवाले ऐसे कहाँ के रईस हैं। इधर ज़रा वकालत चल गई, तो रईस हो गए, नहीं तो तुम्हारे ससुर के बाप मेरे सामने चपरासीगीरी करते थे। और लड़की का यह दिमाग़ कि खाना पकाने से सिर में दर्द होता है।

अच्छे-अच्छे घरों की लकड़ियाँ ग़रीबों के घर आती है और घर की हालत देखकर वैसा ही बर्ताव करती हैं। यह नहीं कि बैठी अपने भाग्य को कोसा करें। इस छोकरी ने हमारे घर को अपना समझा ही नहीं।

बेटा–जब तुम समझने भी दो। जिस घर में घुड़कियों, गालियों और कटुताओं के सिवा और कुछ न मिले, उसे अपना घर कौन समझे? घर तो वह है, जहाँ स्नेह और प्यार मिले। कोई लड़की डोली से उतरते ही सास को अपनी माँ नहीं समझ सकती। माँ तभी समझेगी, जब सास पहले उसके साथ माँ का-सा बर्ताव करे बल्कि अपनी लड़की से ज़्यादा प्रिय समझे।

माँ–अच्छा, अब चुप रहो। जी न जलाओ। यह ज़माना ही ऐसा है कि लड़कों ने स्त्री का मुँह देखा और उसके गुलाम हुए। ये सब न-जाने कौन-सा मंतर सीखकर आती हैं। यह बहू-बेटी के लच्छन हैं कि पहर दिन चढ़े सोकर उठे। ऐसी कुलच्छनी बहू का तो मुँह न देखे।

बेटा–मैं भी तो देर से सोकर उठता हूँ, अम्मा। मुझे तो तुमने कभी नहीं कोसा।

माँ–तुम हर बात में उससे अपनी बराबरी करते हो?

बेटा–यही तो उसके साथ घोर अन्याय है। क्योंकि जब तक वह इस घर को अपना नहीं समझती, तब तक उसकी हैसियत मेहमान की है, और मेहमान की हम ख़ातिर करते हैं, उसके ऐब नहीं देखते।

माँ–ईश्वर न करे कि किसी को ऐसी बहू मिले।

बेटा–तो वह तुम्हारे घर में रह चुकी।

माँ–क्या संसार में औरतों की कमी है?

बेटा–औरतों की कमी तो नहीं, मगर देवियों की कमी ज़रूर है।

माँ–नौज ऐसी औरत। सोने लगती है, तो बच्चा चाहे रोते-रोते बेदम हो जाए, मिनकती तक नहीं। फूल-सा बच्चा लेकर मैके गयी थी, तीन महीने में लौटी, तो बच्चा आधा भी नहीं है।

बेटा–तो क्या मैं यह मान लूँ कि तुम्हें उसके लड़के से जितना प्रेम है, उतना उसे नहीं है? यह तो प्रकृति के नियम के विरुद्ध है। और मान लो, वह निरमोहित ही है, तो यह उसका दोष है। तुम क्यों उसकी ज़िम्मेदारी अपने सिर लेती हो? उसे स्वतन्त्रता है, जैसे चाहे अपने बच्चे को पाले। अगर वह तुमसे कोई सलाह पूछे, तो प्रसन्न-मुख से दे दो, न पूछे तो समझ लो, उसे तुम्हारी मदद की ज़रूरत नहीं है। सभी माताएँ अपने बच्चे को प्यार करती हैं और वह अपवाद नहीं हो सकती।

माँ–तो मैं सब कुछ देखूँ पर मुँह न खोलूँ? घर में आग लगते देखूँ और चुपचाप मुँह में कालिख लगाए खड़ी रहूँ?

बेटा–तुम इस घर को जल्द छोड़नेवाली हो, उसे बहुत दिन रहना है। घर की हानि-लाभ की जितनी चिन्ता उसे हो सकती है, तुम्हें नहीं हो सकती। फिर मैं कर ही क्या सकता हूँ? ज़्यादा-से-ज़्यादा उसे डाँट बता सकता हूँ; लेकिन वह डाँट की परवाह न करे और तुर्की-बतुर्की जवाब दे, तो मेरे पास ऐसा कौन-सा साधन है, जिससे मैं उसे ताड़ना दे सकूँ?

माँ–तुम दो दिन न बोलो, तो देवता सीधे हो जाएं, सामने नाक रगड़े।

बेटा–मुझे इसका विश्वास नहीं है। मैं उससे न बोलूँगा, वह भी मुझसे न बोलेगी। ज़्यादा पीछे पड़ूँगा तो अपने घर चली जाएगी।

माँ–ईश्वर वह दिन लाए। मैं तुम्हारे लिए नई बहूँ लाऊँ।

बेटा—सम्भव है, वह इसकी भी चाची हो।

[सहसा बहू आकर खड़ी हो जाती है। माँ और बेटा, दोनों स्तम्भित हो जाते हैं, मानो कोई बम का गोला आ गिरा हो। रूपवती, नाजुक-मिज़ाज़, गर्वीली रमणी है, जो मानो शासन करने के लिए ही बनी है। कपोल तमतमाए हुए हैं; पर अधरों पर विष-भरी मुस्कान है और आँखों में व्यंग्य-मिला परिहास।]

माँ—(अपनी झेंप छिपाकर) तुम्हें कौन बुलाने गया था?

बहू—क्यों, यहाँ तो तमाशा हो रहा है, उसका आनन्द मैं न उठाऊँ?

बेटा—माँ-बेटा के बीच में तुम्हें दख़्ल देने का कोई हक़ नहीं।

[बहू की मुद्रा सहसा कठोर हो जाती है।]

बहू—अच्छा, आप जुबान बन्द रखिए। जो पति अपनी स्त्री की निन्दा सुनता रहे, वह पति बनने के योग्य नहीं। वह पति-धर्म का क-ख-ग भी नहीं जानता। मुझसे अगर कोई तुम्हारी बुराई करता, चाहे वह मेरी प्यारी माँ ही क्यों न होती, तो मैं उसकी ज़ुबान पकड़ लेती। तुम मेरे घर जाते हो, तो वहाँ तो जिसे देखती हूँ, तुम्हारी प्रशंसा ही करता है। छोटे-से-बड़े तक गुलामों की तरह दौड़ते फिरते हैं। अगर उनके बस में हो, तो तुम्हारे लिए स्वर्ग के तारे तोड़ लाएँ और उसका जवाब मुझे यहाँ यह मिलता है कि बात-बात पर ताने-मेहने, तिरस्कार-बहिष्कार। मेरे घर तो तुमसे कोई नहीं कहता कि तुम देर में क्यों उठे, तुमने अमुक महोदय को सलाम क्यों नहीं किया, अमुक के चरणों पर सिर क्यों नहीं पटका? मेरे बाबूजी कभी गंवारा न करेंगे कि तुम उनकी देह पर मुक्कियाँ लगाओ, या उनकी धोती धोओ, या उन्हें खाना पकाकर खिलाओ। मेरे साथ यहाँ यह बर्ताव क्यों? मैं यहाँ लौंडी बनकर नहीं आई हूँ। तुम्हारी जीवन-संगिनी बनकर आई हूँ। मगर जीवन-संगिनी का यह अर्थ तो नहीं कि तुम मेरे ऊपर सवार होकर मुझे चलाओ। यह मेरा काम है कि जिस तरह चाहूँ तुम्हारे साथ अपने कर्तव्य का पालन करूँ। उसकी प्रेरणा मेरी आत्मा से होनी चाहिए, ताड़ना या तिरस्कार से नहीं। अगर कोई मुझे कुछ सिखाना चाहता है, तो माँ की तरह प्रेम से सिखाए, मैं सीखूँगी; लेकिन कोई ज़बरदस्ती, मेरी छाती पर चढ़कर अमृत भी मेरे कण्ठ में ठूँसना चाहे, तो मैं होंठ बन्द कर लूँगी। मैं अब तक कब की इस घर को अपना समझ चुकी होती; अपनी सेवा और कर्तव्य का निश्चय कर चुकी होती; मगर यहाँ तो हर घड़ी, हर पल, मेरी देह में सुई चुभाकर मुझे याद दिलाया जाता है कि तू इस घर की लौंडी है, तेरा इस घर से कोई नाता नहीं, तू सिर्फ़ गुलामी करने के लिए यहाँ लायी गई है, और मेरा रक्त खौलकर रह जाता है। अगर यही हाल रहा, तो एक दिन तुम दोनों मेरी जान लेकर रहोगे।

माँ—सुन रहे हो अपनी चहेती रानी की बातें? वह यहाँ लौंडी बनकर नहीं, रानी बनकर आई है। हम दोनों उसकी टहल करने के लिए हैं, उसका काम हमारे ऊपर शासन करना है। उसे कोई कुछ काम करने को न कहे, मैं ख़ुद मरा करूँ। और तुम उसकी बातें कान लगाकर सुनते हो। तुम्हारा मुँह कभी नही खुलता कि उसे डाँटो या समझाओ। थर-थर काँपते रहते हो।

बेटा—अच्छा अम्मा, ठण्डे दिल से सोचो। मैं इसकी बातें न सुनूँ, तो कौन सुने? क्या तुम इसके साथ हमदर्दी भी नहीं देखना चाहतीं? आख़िर बाबूजी जीवित थे, तब वह तुम्हारी बातें सुनते थे या नहीं? तुम्हें प्यार करते थे या नहीं? फिर मैं अपनी बीवी की बातें सुनता हूँ तो कौन-सी नई बात करता हूँ, और इसमें तुम्हारे बुरा मानने की कौन बात है?

माँ—हाय बेटा, तुम अपनी स्त्री के सामने मेरा अपमान कर रहे हो! इसी दिन के लिए मैंने तुम्हें पाल-पोसकर बड़ा किया था? क्यों मेरी छाती नहीं फट जाती?

[वह आँसू पोंछती, आपे से बाहर, कमरे से निकल जाती है। स्त्री-पुरुष दोनों कौतुक-भरी आँखों से उसे देखते हैं, जो बहुत जल्द हमदर्दी में बदल जाती है।]

पति—माँ का हृदय ···

स्त्री—माँ का हृदय नहीं, स्त्री का हृदय ···

पति—अर्थात?

स्त्री—जो अन्त तक पुरुष का सहारा चाहता है, स्नेह चाहता है और उस पर किसी दूसरी स्त्री का असर देखकर ईर्ष्या से जल उठता है।

पति—क्या पगली की-सी बातें करती हो?

स्त्री—यथार्थ कहती हूँ।

पति—तुम्हारा दृष्टिकोण बिलकुल ग़लत है और इसका तजुरबा तुम्हें तब होगा, जब तुम ख़ुद सास होगी।

स्त्री—मुझे सास बनना ही नहीं हैं। लड़का अपने पैरों पर खड़ा हो जाए, विवाह करे और अपना घर सँभाले। मुझे बहू से क्या सरोकार?

पति—तुम्हें यह अरमान बिलकुल नहीं है कि तुम्हारा लड़का योग्य हो, तुम्हारी बहू लक्ष्मी हो, और दोनों का जीवन सुख से कटे?

स्त्री—क्या मैं माँ नहीं हूँ?

पति—माँ और सास में क्या कोई अन्तर है?

स्त्री—उतना ही, जितना ज़मीन और आसमान में है। माँ प्यार करती है, सास शासन करती है। कितनी ही दयालु, सहनशील, सतीगुणी स्त्री हो, सास बनते ही मानो ब्याही हुई गाय हो जाती है जिसे पुत्र से जितना ही ज़्यादा प्रेम है, वह बहू पर उतनी ही निर्दयता से शासन करती है। मुझे भी अपने ऊपर विश्वास नहीं है। अधिकार पाकर किसे मद नहीं हो जाता? मैंने तय कर लिया है, सास बनूँगी ही नहीं। औरत की गुलामी सासों के बल पर क़ायम है। जिस दिन सासें न रहेंगी औरत की गुलामी का अन्त हो जाएगा।

पति—मेरा ख़याल है, तुम ज़रा भी सहज बुद्धि से काम लो, तो तुम अम्मा पर भी शासन कर सकती हो। तुमने हमारी बातें कुछ सुनीं?

स्त्री—बिना सुने ही समझ लिया कि क्या बात हो रही होगी। वही बहू का रोना ···

पति—नहीं, नहीं। तुमने बिलकुल ग़लत समझा। अम्मा के मिज़ाज़ में आज मैंने विस्मयकारी अन्तर देखा, बिलकुल अभूतपूर्व। आज वह जैसे अपनी कटुताओं पर लज्जित हो रही थीं। हाँ, प्रत्यक्ष रूप से नहीं, संकेत रूप से। अब तक वह तुमसे इसलिए नाराज़ रहती थीं कि तुम देर से उठती हो। अब शायद उन्हें यह चिन्ता हो रही है कि कहीं सवेरे उठने से तुम्हें ठण्ड न लग जाए। तुम्हारे लिए पानी गर्म करने को कह रही थीं।

स्त्री—(प्रसन्न होकर) सच!

पति—हाँ, मुझे तो सुनकर आश्चर्य हुआ।

स्त्री—तो अब मैं मुँह-अँधेरे उठूँगी। ऐसी ठण्ड क्या लग जाएगी; लेकिन तुम मुझे चकमा तो नहीं दे रहे हो?

पति–अब इस बदगुमानी का क्या इलाज? आदमी को कभी-कभी अपने अन्याय पर खेद तो होता ही है।

स्त्री–तुम्हारे मुँह में घी-शक्कर। अब मैं गजरदम उठूँगी। वह बेचारी मेरे लिए क्यों पानी गरम करेंगी! मैं ख़ुद गर्म कर लूँगी। आदमी करना चाहे तो क्या नहीं कर सकता?

पति–मुझे उनकी बात सुन-सुनकर ऐसा लगता था, जैसे किसी दैवी आदेश ने उसकी आत्मा को जगा दिया हो। तुम्हारे अल्हड़पन और चपलता पर कितना भन्नाती हैं। चाहती थीं कि घर में कोई बड़ी-बूढ़ी आ जाए, तो तुम उसके चरण छुओ; लेकिन शायद अब उन्हें मालूम होने लगा है कि इस उम्र में सभी थोड़े-बहुत अल्हड़ होते हैं। शायद उन्हें अपनी जवानी याद आ रही है। कहती थीं, यही तो शौक-सिंगार, पहनने-ओढ़ने, खाने- खेलने के दिन थे। बुढ़ियों का तो दिन-भर ताँता लगा रहता है; कोई कहाँ तक उनके चरण छुए और क्यों छुए? ऐसी कहाँ की बड़ी देवियाँ हैं।

स्त्री–मुझे तो हर्षोन्माद हुआ चाहता है।

पति–मुझे तो विश्वास ही न आता था। स्वप्न देखने का संदेह हो रहा था।

स्त्री–अब आई हैं राह पर।

पति–कोई दैवी प्रेरणा समझो।

स्त्री–मैं कल से ठेठ बहू बन जाऊँगी। किसी को ख़बर भी न होगी कि कब अपना मेक-अप करती हूँ। सिनेमा के लिए भी सप्ताह में एक दिन काफ़ी है। बुढ़ियों के पाँव छू लेने में ही क्या हरज़ है? वे देवियाँ न सही, चुड़ैलें ही सही; मुझे आशीर्वाद तो देंगी; मेरा गुण तो गायेंगी।

पति–सिनेमा का तो उन्होंने नाम भी नहीं लिया।

स्त्री–तुमको तो इसका शौक़ है। अब तुम्हें भी न जाने दूँगी।

पति–लेकिन सोचो, तुमने कितनी ऊँची शिक्षा पायी है, किस कुल की हो, इन खूसट बुढ़ियों के पाँव पर सिर रखना तुम्हें बिलकुल शोभा न देगा।

स्त्री–तो क्या ऊँची शिक्षा के यह मानी हैं कि हम दूसरों को नीचा समझें? बुड्ढ़े कितने ही मूर्ख हों; लेकिन दुनिया का तजुरबा तो रखते हैं। कुल की प्रतिष्ठा भी नम्रता और सद्व्यवहार से होती है, हेकड़ी और रुखाई से नहीं।

पति–मुझे भी यही ताज़्जुब होता है कि इतनी जल्द इनकी कायापलट कैसे हो गई। अब इन्हें बहुओं का सास के पाँव दबाना या उनकी साड़ी धोना या उनकी देह में मुक्क़ियाँ लगाना बुरा लगने लगा है। कहती थीं, बहू कोई लौंडी थोड़े ही है कि बैठी सास का पाँव दबाए।

स्त्री–मेरी कसम?

पति–हाँ जी, सच कहता हूँ। और तो और, अब वह तुम्हें खाना भी न पकाने देंगी। कहती थीं, जब बहू के सिर में दर्द होता है, तो क्यों उसे सताया जाए? कोई महाराज रख लो।

स्त्री–(फूली न समाकर) मैं तो आकाश में उड़ी जा रही हूँ। ऐसी सास के तो चरण धो-धोकर पिए; मगर तुमने पूछा नहीं, अब तक तुम क्यों उसे मार-मारकर हकीम बनाने पर तुली रहती थीं।

पति–पूछा क्यों नहीं, भला मैं छोड़नेवाला था। बोलीं, मैं अच्छी हो गई थी, मैंने हमेशा खाना पकाया है, फिर वह क्यों न पकाए। लेकिन अब उनकी समझ में आया है कि वह निर्धन बाप की बेटी थीं, तुम सम्पन्न कुल की कन्या हो।

स्त्री–अम्माजी दिल की साफ़ हैं।

पति–बस, ज़रा पुरानी लकीर पर जान देती हैं।

स्त्री–इसे मैं क्षमा के योग्य समझती हूँ। जिस जलवायु में हम पलते हैं, उसे एकबारगी नहीं बदल सकते। जिन रूढ़ियों और परम्पराओं में उनका जीवन बीता है, उन्हें तुरन्त त्याग देना उनके लिए कठिन है। वह क्या, कोई भी नहीं छोड़ सकता। वह तो फिर भी बहुत उदार हैं। तुम अभी महाराज मत रखो। ख़्वामख़्वाह ज़ेरबार क्यों होगे, जब तरक़्क़ी हो जाए, तो महाराज रख लेना। अभी मैं ख़ुद पका लिया करूँगी। तीन-चार प्राणियों का खाना ही क्या? मेरी जात से कुछ तो अम्मा को आराम मिले। मैं जानती हूँ सब कुछ, लेकिन कोई रोब ज़माना चाहे, तो मुझसे बुरा कोई नहीं।

पति–मगर यह तो मुझे बुरा लगेगा कि तुम रात को अम्मा के पाँव दबाने बैठो।

स्त्री–बुरा लगने की कौन बात है? जब उन्हें मेरा इतना ख़याल है, तो मुझे भी उनका लिहाज़ करना ही चाहिए। जिस दिन उनके पाँव दबाने बैठूँगी, वह मुझ पर प्राण देने लगेंगी। आख़िर बहू-बेटे का कुछ सुख उन्हें भी तो हो। बड़ों की सेवा करने में हेठी नहीं होती। बुरा तब लगता है, जब वह शासन करते हैं, और अम्मा मुझसे पाँव दबवाएँगी थोड़े ही। सेंत का यश मिलेगा।

पति–अब तो अम्मा को तुम्हारी फ़ज़ूलख़र्ची भी बुरी नहीं लगती। कहती थीं, रुपए-पैसे बहू के हाथ में दे दिया करो।

स्त्री–चिढ़कर तो नहीं कहती थीं?

पति–नहीं-नहीं, प्रेम से कह रही थी; उन्हें अब भय हो रहा है, कि उनके हाथ में पैसे रहने से तुम्हें असुविधा होती होगी। तुम बार-बार उनसे माँगते लजाती भी होगी और डरती भी होगी, एवं तुम्हें अपनी ज़रूरतों को रोकना पड़ता होगा।

स्त्री–ना भैया, मैं यह जंजाल अभी अपने सिर न लूँगी। तुम्हारी थोड़ी-सी तो आमदनी है, कहीं जल्दी से ख़र्च हो जाए, तो महीना कटना मुश्क़िल हो जाए। थोड़े में निर्वाह करने की विद्या उन्हीं को आती है। मेरी ऐसी ज़रूरतें ही क्या हैं? मैं तो बेकार अम्माजी को चिढ़ाने के लिए उनसे बार-बार रुपए माँगती थी। मेरे पास तो ख़ुद सौ-पचास रुपए पड़े रहते हैं। बाबूजी का पत्र आता है, तो उसमें दस-बीस के नोट ज़रूर होते हैं; लेकिन अब मुझे हाथ रोकना पड़ेगा। आख़िर बाबूजी कब तक देते चले जाएंगे और यह कौन-सी अच्छी बात है कि मैं हमेशा उन पर टैक्स लगाती रहूँ?

पति–देख लेना, अम्मा अब तुम्हें कितना प्यार करती हैं।

स्त्री–तुम भी देख लेना, मैं उनकी कितनी सेवा करती हूँ।

पति–मगर शुरू तो उन्होंने किया?

स्त्री–केवल विचार में। व्यवहार में आरम्भ मेरी ही ओर से होगा। भोजन पकाने का समय आ गया, चलती हूँ। आज कोई ख़ास चीज़ तो नहीं खाओगे?

पति–तुम्हारे हाथों की रूखी रोटियाँ भी पकवान का मज़ा देंगी।

स्त्री–अब तुम नटखटी करने लगे।

❑❑❑

कानूनी कुमार

मि. कानूनी कुमार, एम.एल.ए., अपने आफ़िस में समाचार पत्रों, पत्रिकाओं और रिपोर्टों का एक ढेर लिये बैठे हैं। देश की चिन्ताओं से उनकी देह स्थूल हो गई है; सदैव देशोद्धार की फ़िक्र में पड़े रहते हैं। सामने पार्क है। उसमें कई लड़के खेल रहे हैं। कुछ परदेवाली स्त्रियाँ भी हैं। फेंसिंग के सामने बहुत से भिखमंगे बैठे हुए हैं। एक चायवाला एक वृक्ष के नीचे चाय बेच रहा है।

कानूनी कुमार–(आप-ही-आप) देश की दशा कितनी ख़राब होती चली जाती है। गवर्नमेंट कुछ नहीं करती। बस, खाना और मौज़ उड़ाना उसका काम है। (पार्क की ओर देखकर) आह! यह कोमल कुमार सिगरेट पी रहे हैं। शोक! महाशोक! कोई कुछ नहीं कहता, कोई इसके रोकने की कोशिश भी नहीं करता। तम्बाकू कितनी जहरीली चीज़ है, बालकों को इससे कितनी हानि होती है, यह कोई नहीं जानता। (तम्बाकू की रिपोर्ट देखकर) ओफ! रोंगटे खड़े हो जाते हैं। जितने बालक अपराधी होते है, उनमें 75 प्रति सैकड़े सिगरेटबाज़ होते हैं। बड़ी भयंकर दशा है। हम क्या करें? लाख स्पीचें दो, कोई सुनता ही नहीं। इसको कानून से रोकना चाहिए, नहीं तो अनर्थ हो जाएगा। (काग़ज़ पर नोट करता है) तम्बाकू-बहिष्कार बिल पेश करूँगा। कॉउन्सिल खुलते ही यह बिल पेश कर देना चाहिए।

(एक क्षण के बाद फिर पार्क की ओर ताकता है, और परदेदार महिलाओं को घास पर बैठे देखकर लम्बी साँस लेता है।)

गज़ब है, गज़ब है, कितना घोर अन्याय! कितना पाशविक व्यवहार!! यह कोमलाँगी सुन्दरियाँ चादर में लिपटी कितनी भद्दी कितनी फूहड़ होती हैं। तभी तो देश का यह हाल हो रहा है। (रिपोर्ट देखकर) स्त्रियों की मृत्यु-संख्या बढ़ रही है, तपेदिक उछलता चला आता है। प्रसूत की बीमार आँधी की तरह चढ़ी आती है, और हम हैं कि आँखें बन्द किए पड़े हैं। बहुत जल्द ऋषियों की यह भूमि, यह वीर-प्रसविनी जननी रसातल को चली जाएगी, इसका कहीं निशान भी न रहेगा! गवर्नमेंट को क्या फ़िक्र! लोग कितने पाषाण हो गए हैं। आँखों के सामने यह अत्याचार देखते हैं और ज़रा भी नहीं चौंकते। यह मृत्यु का शैथिल्य है। यहाँ भी कानून की ज़रूरत है। एक ऐसा कानून बनना चाहिए, जिससे कोई स्त्री परदे में न रह सके। अब समय आ गया है कि इस विषय में सरकार कदम बढ़ाए। कानून की मदद के बग़ैर कोई सुधार नहीं हो सकता, और यहाँ कानूनी मदद की जितनी ज़रूरत है, उतनी और कहाँ हो सकती है? माताओं पर देश का भविष्य अवलम्बित है। परदा-हटाव बिल पेश होना चाहिए। जानता हूँ, बड़ा कड़ा विरोध होगा; लेकिन गवर्नमेंट को साहस से काम लेना चाहिए। ऐसे नपुंसक विरोध के भय से उद्धार के कार्य में बाधा नहीं पड़नी चाहिए। (काग़ज़ पर नोट करता है) यह बिल भी असेंबली के खुलते ही पेश कर देना होगा। बहुत विलम्ब हो चुका, अब विलम्ब की गुंजाइश नहीं है; वरना मरीज़ का अन्त हो जाएगा।

[मसौदा बनाने लगता है–हेतु और उद्देश्य ···]

सहसा एक भिक्षुक सामने आकर पुकारता है–जय हो सरकार, लक्ष्मी फूलें फलें ···

कानूनी–हट जाओ, यू सुअर, कोई काम क्यों नहीं करता?

भिक्षुक–धर्म बड़ा होगा सरकार, मारे भूख के आँखों-तले अँधेरा···

कानूनी–चुप रहो सुअर; हट जाओ सामने से, अभी निकल जाओ, बहुत दूर निकल जाओ।

[मसौदा छोड़कर फिर आप-ही-आप]

यह ऋषियों की भूमि आज भिक्षुओं की भूमि हो रही है। जहाँ देखिए, वहाँ रेबड़-के-रेबड़ और दल-के-दल भिखारी! यह गवर्नमेंट की लापरवाही की बरकत हैं, इंग्लैंड में कोई भिक्षुक भीख नहीं माँग सकता। पुलिस पकड़कर काल-कोठरी में बन्द कर दे। किसी सभ्य देश में इतने भिखमंगे नहीं हैं। यह पराधीन गुलाम भारत है, जहाँ ऐसी बातें इस बीसवीं सदी में भी सम्भव हैं। उफ! शक्ति का कितना अपव्यय हो रहा है (रिपोर्ट निकालकर) ओह! 50 लाख! 50 लाख आदमी केवल भिक्षा माँगकर गुज़र करते हैं और क्या ठीक है कि संख्या इसकी दुगुनी न हो। यह पेशा लिखाना कौन पसन्द करता है? एक करोड़ से कम भिखारी इस देश में नहीं हैं। यह तो भिखारियों की बात हुई, जो द्वार-द्वार झोली लिये घूमते हैं। इसके उपरान्त टीकाधारी, कौपीनधारी और जटाधारी समुदाय भी तो हैं, जिनकी संख्या कम-से-कम दो करोड़ होगी। जिस देश में इतने हरामखोर, मुफ़्त का माल उड़ानेवाले, दूसरों की कमाई पर मोटे होनेवाले प्राणी हों, उसकी दशा क्यों न इतनी हीन हो। आश्चर्य यही है कि अब तक यह देश जीवित कैसे है! (नोट करता है) एक बिल की सख्त ज़रूरत है, तुरन्त पेश करना चाहिए–नाम हो 'भिखमंगा-बहिष्कार-बिल।' ख़ूब जूतियाँ चलेंगी, धर्म के सूत्रधार ख़ूब नाचेंगे, ख़ूब गालियाँ देंगे, गवर्नमेंट भी कन्नी काटेगी; मगर सुधार का मार्ग तो कंटकाकीर्ण है ही। तीनों बिल मेरे ही नाम से हों, फिर देखिए, कैसी खलबली मचती है।

(आवाज़ आती है–चाय गरम! चाय गरम!! मगर ग्राहकों की संख्या बहुत कम है। कानूनी कुमार का ध्यान चाय वाले की ओर आकर्षित हो जाता है।)

कानूनी–(आप-ही-आप) चायवाले की दूकान पर एक भी ग्राहक नहीं, कैसा मूर्ख देश है! इतनी बल-वर्द्धक वस्तु! और ग्राहक कोई नहीं! सभ्य देशों में पानी की जगह चाय पी जाती है। (रिपोर्ट देखकर) इंगलैंड में पाँच करोड़ पौंड की चाय पी जाती है। इंगलैंड वाले मूर्ख नहीं हैं। उनका आज संसार पर आधिपत्य है, इसमें चाय का कितना बड़ा भाग है, कौन इसका अनुमान कर सकता है। यहाँ बेचारा चायवाला खड़ा है, और कोई उसके पास नहीं फटकता। चीन वाले चाय पी-पीकर स्वाधीन हो गए; मगर हम चाय न पिएँगे। क्या अकल है! गवर्नमेंट का सारा दोष है। कीटों से भरे हुए दूध के लिए इतना शोर मचता है; मगर चाय को कोई नहीं पूछता, जो कीटों से खाली, उत्तेजक और पुष्टिकारक है; सारे देश की मत मारी गई है। (नोट करता है) गवर्नमेंट से प्रश्न करना चाहिए। असेंबली खुलते ही प्रश्नों का ताँता बाँध दूँगा।

प्रश्न–क्या गवर्नमेंट बताएगी की गत पाँच सालों में भारतवर्ष में चाय की खपत कितनी बढ़ी है, और उसका सर्वसाधारण में प्रचार करने के लिए गवर्नमेंट ने क्या कदम लिये हैं?

(एक रमणी का प्रवेश। कटे हुए केश, आड़ी माँग, पारसी रेशमी साड़ी, कलाई में घड़ी, आँखों में ऐनक, पाँव में ऊँची एड़ी का लेडी शू, हाथ में एक बटुआ लटकाए हुए, साड़ी में ब्रूच है, गले में मोतियों का हार।)

कानूनी–(हाथ बढ़ाकर) हैलो मिसेज़ बोस! आप ख़ूब आईं। कहिए, किधर की सैर हो रही है? अबकी तो 'आलोक' में आपकी कविता बड़ी सुन्दर थी। मैं तो पढ़कर मस्त हो गया। इस नन्हे से हृदय में इतने भाव कहाँ से आ जाते हैं, मुझे आश्चर्य होता है। शब्द-विन्यास की तो आप रानी हैं। ऐसे-ऐसे चोट करनेवाले भाव आपको कैसे सूझ जाते हैं?

मिसेज़ बोस–दिल जलता है, तो उसमें आप-से-आप धुएँ के बादल निकलते हैं। जब तक स्त्री-समाज पर पुरुषों का यह अत्याचार रहेगा, ऐसे भावों में कमी न रहेगी।

कानूनी–क्या इधर कोई नई बात हो गई?

बोस–रोज़ ही तो होती रहती है। मेरे लिए डॉक्टर बोस की आज्ञा नहीं कि किसी से मिलने जाओ, या कहीं सैर करने जाओ। अबकी कैसी गरमी पड़ी है कि सारा रक्त जल गया; पर मैं पहाड़ों पर न जा सकी। मुझसे यह अत्याचार, यह गुलामी नहीं सही जाती।

कानूनी–डॉक्टर बोस ख़ुद भी तो पहाड़ों पर नहीं गए।

बोस–वह न जाएं, उन्हें धन की हाय-हाय पड़ी है। मुझे क्यों अपने साथ लिये मरते हैं? वह क्लब में नहीं जाना चाहते, उनका समय रुपए उगलता है; मुझे क्यों रोकते हैं? वह खद्दर पहनें, मुझे क्यों अपने पसन्द के कपड़े पहनने से रोकते हैं? वह अपनी माता और भाइयों के गुलाम बने रहें, मुझे क्यों उनके साथ रो-रोकर दिन काटने पर मज़बूर करते हैं? मुझसे यह बर्दाश्त नहीं हो सकता। अमेरिका में एक कटुवचन कहने पर सम्बन्ध-विच्छेद हो जाता है। पुरुष ज़रा देर से घर आया और स्त्री ने तलाक़ दिया। वह स्वाधीनता का देश है, वहाँ लोगों के विचार स्वाधीन हैं। यह गुलामों का देश है, यहाँ हर एक बात में उसकी गुलामी की छाप है। मैं अब डॉक्टर बोस के साथ नहीं रह सकती। नाकों दम आ गया। इसका उत्तरदायित्व उन्हीं लोगों पर है, जो समाज के नेता और व्यवस्थापक बनते हैं। अगर आप चाहते हैं कि स्त्रियों को गुलाम बनाकर स्वाधीन हो जाएं, तो यह अनहोनी बात है। जब तक तलाक़ का कानून न ज़ारी होगा, आपका स्वराज्य आकाश-कुसुम ही रहेगा। डॉक्टर बोस को आप जानते हैं, धर्म में उनकी कितनी श्रद्धा है? ख़ब्त कहिए। मुझे धर्म के नाम से घृणा है। इसी धर्म ने स्त्री-जाति को पुरुष की दासी बना दिया है। मेरा बस चले, तो मैं सारे धर्म की पोथियों को उठाकर परनाले में फेंक दूँ।

[मिसेज़ ऐयर का प्रवेश। गोरा रंग, ऊँचा क़द, ऊँचा गॉऊन, गोल हाँडी की-सी टोपी, आँखों पर ऐनक, चेहरे पर पॉऊडर, गालों और होंठों पर सुर्ख़ पेंट, रेशमी जुर्राबें और ऊँची एड़ी के जूते।]

कानूनी–(हाथ बढ़ाकर) हैलो मिसेज़ ऐयर! आप ख़ूब आईं। कहिए, किधर की सैर हो रही है? 'आलोक' में अबकी आपका लेख अत्यन्त सुन्दर था, मैं तो पढ़कर दंग रह गया।

मिसेज़ ऐयर–(मिसेज़ बोस की ओर मुस्कुराकर) दंग ही तो रह गए, या कुछ किया भी? हम स्त्रियाँ अपना कलेजा निकालकर रख दें; लेकिन पुरुषों का दिल न पसीजेगा।

मिसेज़ बोस–सत्य! बिलकुल सत्य!

मिसेज़ ऐयर–मगर इस पुरुष-राज का बहुत जल्द अन्त हुआ जाता है। स्त्रियाँ अब क़ैद में नहीं रह सकतीं। मि. ऐयर की सूरत मैं नहीं देखना चाहती।

(मिसेज़ बोस मुँह फेर लेती हैं।)

कानूनी–(मुस्कुराकर) मि. ऐयर तो ख़ूबसूरत आदमी हैं।

लेडी ऐयर–उनकी सूरत उन्हें मुबारक रहे। मैं ख़ूबसूरत पराधीनता नहीं चाहती, बदसूरत स्वाधीनता चाहती हूँ। वह मुझे अबकी ज़बरदस्ती पहाड़ पर ले गए। वहाँ की शीत मुझसे नहीं सही जाती। कितना कहा कि मुझे मत ले जाओ, मगर किसी तरह न माना। मैं किसी के पीछे-पीछे कुतिया की तरह नहीं चलना चाहती।

(मिसेज़ बोस उठकर खिड़की के पास चली जाती हैं।)

कानूनी–अब मुझे मालूम हो गया कि तलाक़ का बिल असेम्बली में पेश करना पड़ेगा।

ऐयर–ख़ैर, आपको मालूम तो हुआ; मगर पेश होगा शायद क़यामत तक।

कानूनी–नहीं मिसेज़ ऐयर, अबकी छुट्टियों के बाद ही यह बिल पेश होगा; और धूमधाम के साथ पेश होगा। बेशक पुरुषों का अत्याचार बढ़ रहा है। जिस प्रथा का विरोध आप दोनों महिलाएँ कर रही हैं, वह अवश्य हिन्दू समाज के लिए घातक है। अगर हमें सभ्य बनना है, तो सभ्य देशों के पद-चिह्नों पर चलना पड़ेगा। धर्म के ठेकेदार चिल्ल-पों मचाएँगें, कोई परवाह नहीं। उनकी ख़बर लेना आप दोनों महिलाओं का काम होगा। ऐसा बनाना कि मुँह न दिखा सकें।

लेडी ऐयर–पेशगी धन्यवाद देती हूँ। (हाथ मिलाकर चली जाती हैं।)

मिसेज़ बोस–(खिड़की के पास से आकर) आज इसके घर में घी का चिराग़ जलेगा। यहाँ से सीधे बोस के पास गयी होगी। मैं भी जाती हूँ। (चली जाती है)

[कानूनी कुमार एक कानून की किताब उठाकर उसमें तलाक़-व्यवस्था देखने लगते हैं कि मि. आचार्य आते हैं। मुँह साफ़, एक आँख पर ऐनक, खाकी आधे बाँह का शर्ट, निकर, ऊनी मोजे, लम्बे बूट। पीछे एक टेरियर कुत्ता भी है।]

कानूनी–हैलो मि. आचार्य! आप ख़ूब आए, आज किधर की सैर हो रही है? होटल का क्या हाल है?

आचार्य–कुत्ते की मौत मर रहा हूँ। इतना बढ़िया भोजन, इतना साफ़ सुथरा मकान, ऐसी रोशनी, इतना आराम, फिर भी मेहमानों का दुर्भिक्ष? समझ में नहीं आता, अब कितना निर्ख़ घटाऊँ। इन दामों अलग घर में मोटा खाना भी नसीब नहीं हो सकता। उस पर सारे ज़माने की झंझट, कभी नौकर का रोना, कभी दूधवाले का रोना, कभी धोबी का रोना, कभी मेहतर का रोना; यहाँ सारे जंजाल से मुक्ति हो जाती है। फिर भी आधे कमरे ख़ाली पड़े हैं

कानूनी–यह तो आपने बुरी ख़बर सुनाई।

आचार्य–पश्चिम में क्यों इतना सुख और शान्ति है, क्यों इतना प्रकाश और धन है, क्यों इतनी स्वाधीनता और बल है? इन्हीं होटलों के प्रसाद से। होटल पश्चिमी गौरव का मुख्य अंग है, पश्चिमी सभ्यता का प्राण है। अगर आप भारत को उन्नति के शिखर पर देखना चाहते हैं, तो होटल-जीवन का प्रचार कीजिए। इसके अलावा दूसरा उपाय नहीं है। जब तक छोटी-छोटी घरेलू चिन्ताओं से मुक्त न हो जाएंगे, आप उन्नति कर ही नहीं सकते। राजों, रईसों को अलग घरों में रहने दीजिए, वह एक की जगह दस ख़र्च कर सकते हैं। मध्यम श्रेणीवालों के लिए होटल के प्रचार में ही सब कुछ है। हम अपने सारे मेहमानों की फ़िक्र अपने सिर लेने को तैयार हैं, फिर भी जनता की आँखें नहीं खुलतीं। इन मूर्ख़ों की आँखें उस वक़्त तक न खुलेंगी, जब तक कानून न बन जाएगा।

कानूनी–(गम्भीर भाव से) हाँ, मैं भी सोच रहा हूँ। ज़रूर कानून से मदद लेनी चाहिए। एक ऐसा कानून बन जाए कि जिन लोगों की आय 500 रु. से कम हो, वे होटलों में रहें। क्यों?

आचार्य–आप अगर यह कानून बनवा दें, तो आनेवाली सन्तान आपको अपना मुक्तिदाता समझेगी। आप एक कदम में देश को 500 वर्ष की मंज़िल तय करा देंगे।

कानूनी–तो लो, अब की यह कानून भी असेम्बली खुलते ही पेश कर दूँगा। बड़ा शोर मचेगा। लोग देश-द्रोही और जाने क्या-क्या कहेंगे; पर इसके लिए तैयार हूँ। कितना दुःख होता है, जब लोगों को अहीर के द्वार पर लुटिया लिए खड़ा देखता हूँ। स्त्रियों का जीवन तो नरक-तुल्य हो रहा है। सुबह से दस-बारह बजे रात तक घर के धन्धों से फुरसत नहीं। कभी बरतन माँजो, कभी भोजन बनाओ, कभी झाड़ू लगाओ। फिर स्वास्थ्य कैसे बने, जीवन कैसे सुखी हो, सैर कैसे करें, जीवन के आमोद-प्रमोद का आनन्द कैसे उठाएँ, अध्ययन कैसे करें? आपने ख़ूब कहा, एक कदम में 500 सालों की मंज़िल पूरी हुई जाती है।

आचार्य–तो अबकी बिल पेश कर दीजिएगा?

कानूनी–अवश्य!

(आचार्य हाथ मिलाकर चला जाता है।)

[कानूनी कुमार खिड़की के सामने खड़ा होकर 'होटल-प्रचार-बिल' का मसविदा सोच रहा है। सहसा पार्क में एक स्त्री सामने से गुज़रती है। उसकी गोद में एक बच्चा है, दो बच्चे पीछे-पीछे चल रहे हैं, और उदर के उभार से मालूम होता है कि गर्भवती भी है। उसका कृश शरीर, पीला मुख और मन्द गति देखकर अनुमान होता है कि उसका स्वास्थ्य बिगड़ा हुआ है, और इस भार का वहन करना उसे कष्टप्रद है।]

कानूनी कुमार–(आप-ही-आप) इस समाज का, इस देश का और इस जीवन का सत्यानाश हो, जहाँ रमणियों को केवल बच्चा जनने की मशीन समझा जाता है। इस बेचारी को जीवन का क्या सुख! कितनी ही ऐसी बहनें इसी जंजाल में फँसकर 30-35 की अवस्था में, जब कि वास्तव में जीवन को सुखी होना चाहिए, रुग्ण होकर संसार-यात्रा समाप्त कर देती हैं। हा भारत! यह विपत्ति तेरे सिर से कब टलेगी? संसार में ऐसे-ऐसे पाषाण-हृदय मनुष्य पड़े हुए हैं, जिन्हें इन दुखियारियों पर ज़रा भी दया नहीं आती। ऐसे अन्धे, ऐसे पाषाण, ऐसे पाखंडी समाज को, जो स्त्री को अपनी वासनाओं की वेदी पर बलिदान करता है, कानून के सिवा और किस विधि से सचेत किया जाए? और कोई उपाय नहीं है। नर-हत्या का जो दण्ड है, वही दण्ड ऐसे मनुष्यों को मिलना चाहिए। मुबारक होगा वह दिन, जब भारत में इस नाशिनी प्रथा का अन्त हो जाएगा–स्त्री का मरण, बच्चों का भरण, और जिस समाज का जीवन ऐसी सन्तानों पर आधारित हो, उसका मरण! ऐसे बदमाशों को क्यों न दण्ड दिया जाए? कितने अन्धे लोग हैं! बेकारी का यह हाल कि आधी जनसंख्या मक्खियाँ मार रही है, आमदनी का यह हाल कि भर पेट किसी को रोटियाँ नहीं मिलतीं, बच्चों को दूध स्वप्न में भी नहीं मिलता, और ये अन्धे हैं कि बच्चे-पर-बच्चे पैदा करते जाते हैं। 'सन्तान-निग्रह-बिल' की जितनी ज़रूरत है, इस देश को उतनी और किसी कानून की नहीं। असेम्बली खुलते ही यह बिल पेश करूँगा। प्रलय हो जाएगा, यह जानता हूँ, पर और उपाय ही क्या है? दो बच्चों से ज़्यादा जिसके हों, उसे कम-से-कम पाँच वर्ष की क़ैद, उसमें पाँच

महीने से कम कालकोठरी न हो। जिसकी आमदनी सौ रुपए से कम हो, उसे सन्तानोत्पत्ति का अधिकार ही न हो। (मन में बिल के बाद की अवस्था का आनन्द लेकर) कितना सुखमय जीवन हो जाएगा। हाँ, एक दफ़ा यह भी रहे कि एक सन्तान के बाद कम-से-कम सात वर्ष तक दूसरी सन्तान न आने पाए। तब इस देश में सुख और सन्तोष का साम्राज्य होगा, तब स्त्रियों और बच्चों के मुँह पर ख़ून की सुर्ख़ी नज़र आएगी, तब मज़बूत हाथ-पाँव और मज़बूत दिल और जिग़र के पुरुष उत्पन्न होंगे।

(मिसेज़ कानूनी कुमार का प्रवेश)

[कानूनी कुमार जल्दी से रिपोर्ट और पत्रों को समेट देता है और एक उपन्यास खोलकर बैठ जाता है।]

मिसेज़—क्या कर रहे हो? वही धुन!

कानूनी—एक उपन्यास पढ़ रहा हूँ।

मिसेज़—तुम सारी दुनिया के लिए कानून बनाते हो, एक कानून मेरे लिए भी बना दो। इससे देश का जितना बड़ा उपकार होगा, उतना और किसी कानून से न होगा। तुम्हारा नाम अमर हो जाएगा और घर-घर तुम्हारी पूजा होगी!

कानूनी—अगर तुम्हारा ख़याल है कि मैं नाम और यश के लिए देश की सेवा कर रहा हूँ, तो मुझे यही कहना पड़ेगा कि तुमने मुझे रत्ती-भर भी नहीं समझा।

मिसेज़—नाम के लिए काम कोई बुरा काम नहीं है, और तुम्हें यश की आकांक्षा हो, तो मैं उसकी निन्दा न करूँगी, भूलकर भी नहीं। मैं तुम्हें एक ही ऐसी तदबीर बता दूँगी, जिससे तुम्हें इतना यश मिलेगा कि तुम ऊब जाओगे। फूलों की इतनी वर्षा होगी कि तुम उसके नीचे दब जाओगे। गले में इतने हार पड़ेंगे कि तुम गर्दन सीधी न कर सकोगे।

कानूनी—(उत्सुकता को छिपाकर) कोई मज़ाक की बात होगी। देखो मिन्नी; काम करनेवाले आदमी के लिए इससे बड़ी दूसरी बाधा नहीं है कि उसके घरवाले उसके काम की निन्दा करते हों। मैं तुम्हारे इस व्यवहार से निराश हो जाता हूँ।

मिसेज़—तलाक़ का कानून तो बनाने जा रहे हो, अब क्या डर है?

कानूनी—फिर वही मज़ाक! मैं चाहता हूँ, तुम इन प्रश्नों पर गम्भीर विचार करो।

मिसेज़—मैं बहुत गम्भीर विचार करती हूँ। सच मानो। मुझे इसका दुःख है कि तुम मेरे भावों को नहीं समझते। मैं इस वक़्त तुमसे जो बात कहने जा रही हूँ, उसे मैं देश की उन्नति के लिए आवश्यक ही नहीं, परमावश्यक समझती हूँ। मुझे इसका पक्का विश्वास है।

कानूनी—पूछने की हिम्मत तो नहीं पड़ती (अपनी झेंप मिटाने के लिए हँसता है।)

मिसेज़—मैं तो ख़ुद ही कहने आई हूँ। हमारा वैवाहिक जीवन कितना लज्जास्पद है, तुम ख़ूब जानते हो। रात-दिन रगड़ा-झगड़ा मचा रहता है। कहीं पुरुष स्त्री पर हाथ साफ़ कर लेता है, कहीं स्त्री पुरुष की मूँछों के बाल नोचती है। हमेशा एक-न-एक गुल खिला ही रहता है। कहीं एक मुँह फुलाए बैठा है; कहीं दूसरा घर छोड़कर भाग जाने की धमकी दे रहा है। कारण जानते हो क्या है? कभी सोचा है? पुरुषों की रसिकता और कृपणता! यही दोनों ऐब मनुष्यों के जीवन को नरक-तुल्य बनाए हुए हैं। जिधर देखो, अशान्ति है, विद्रोह है, बाधा है। साल में लाखों हत्याएँ इन्हीं बुराइयों के कारण हो जाती हैं, लाखों स्त्रियाँ पतित हो जाती हैं, पुरुष मद्य-सेवन करने लगते हैं, यह बात है या नहीं?

कानूनी–बहुत-सी बुराइयाँ ऐसी हैं, जिन्हें कानून नहीं रोक सकता।

मिसेज़–(कहकहा मारकर) अच्छा, क्या आप भी कानून की अक्षमता स्वीकार करते हैं? मैं यह नहीं समझती थी। मैं तो कानून को ईश्वर से ज़्यादा सर्वव्यापी, सर्वशक्तिमान समझती हूँ।

कानूनी–फिर तुमने मज़ाक शुरू किया।

मिसेज़–अच्छा, लो कान पकड़ती हूँ अब न हँसूँगी। मैंने बुराइयों को रोकने का एक कानून सोचा है। उसका नाम होगा–'दम्पति-सुख-शान्ति-बिल'। उसकी दो मुख्य धाराएँ होंगी और कानूनी बारीक़ियाँ तुम ठीक कर लेना। एक धारा होगी कि पुरुष अपनी आमदनी का आधा बिना कान-पूँछ हिलाए स्त्री को दे दे; अगर न दे, तो पाँच साल कठिन कारावास और पाँच महीने काल-कोठरी। दूसरी धारा होगी, पन्द्रह से पचास तक के पुरुष घर से बाहर न निकलने पाएँ; अगर कोई निकले, तो दस साल कारावास और दस महीने काल-कोठरी। बोलो मंजूर है?

कानूनी–(गम्भीर होकर) असम्भव, तुम प्रकृति को पलट देना चाहती हो। कोई पुरुष घर में क़ैदी बनकर रहना स्वीकार न करेगा।

मिसेज़–वह करेगा और उसका बाप करेगा। पुलिस डंडे के ज़ोर से कराएगी। न करेगा, तो चक्की पीसनी पड़ेगी। करेगा कैसे नहीं? अपनी स्त्री को घर की मुर्ग़ी समझना, और दूसरी स्त्रियों के पीछे दौड़ना, क्या ख़ालाजी का घर है? तुम अभी इस कानून को अस्वाभाविक समझते हो। मत घबराओ। स्त्रियों का अधिकार होने दो। यह पहला कानून न बन जाए, तो कहना कि कोई कहता था। स्त्री एक-एक पैसे के लिए तरसे, और आप गुलछर्रे उड़ाएँ। दिल्लगी है! आधी आमदनी स्त्री को दे देनी पड़ेगी, जिसका उससे कोई हिसाब न पूछा जा सकेगा।

कानूनी–तुम मानव-समाज को मिट्टी का खिलौना समझती हो?

मिसेज़–कदापि नहीं। मैं यही समझती हूँ कि कानून सब कुछ कर सकता है। मनुष्य का स्वभाव भी बदल सकता है।

कानूनी–कानून यह नहीं कर सकता।

मिसेज़–कर सकता है।

कानूनी–नहीं कर सकता।

मिसेज़–कर सकता है; अगर वह ज़बरदस्ती लड़कों को स्कूल भेज सकता है, अगर वह ज़बरदस्ती विवाह की उम्र नियत कर सकता है, अगर वह ज़बरदस्ती बच्चों को टीका लगवा सकता है, तो वह ज़बरदस्ती पुरुषों को घर में बन्द भी कर सकता है, उनकी आमदनी का आधा स्त्रियों को भी दिला सकता है। तुम कहोगे, पुरुष को कष्ट होगा। ज़बरदस्ती जो काम कराया जाता है उसमें कष्ट होता है। तुम उस कष्ट का अनुभव नहीं करते, इसीलिए वह तुम्हें नहीं अखरता। मैं यह नहीं कहती की सुधार ज़रूरी नहीं हैं। मैं भी शिक्षा का प्रचार चाहती हूँ; मैं भी बाल-विवाह बन्द करना चाहती हूँ, मैं भी चाहती हूँ कि बीमारियाँ न फैलें; लेकिन कानून बनाकर ज़बरदस्ती यह सुधार नहीं करना चाहती। लोगों में शिक्षा और जागृति फैलाओ, जिसमें कानूनी भय के बग़ैर वह सुधार हो जाए। आपसे कुर्सी तो छोड़ी जाती नहीं, घर से निकला जाता नहीं, शहरों की विलासिता को एक दिन के लिए भी नहीं त्याग सकते और सुधार करने चले हैं आप देश का! इस तरह सुधार न होगा। हाँ, पराधीनता की बेड़ी और भी कठोर हो जाएगी।

[मिसेज़ कुमार चली जाती है, और कानूनी कुमार अव्यवस्थित चित्त-सा कमरे में टहलने लगता है।]

❑❑❑

लॉटरी

जल्दी से मालदार हो जाने की हवस किसे नहीं होती? उन दिनों जब लॉटरी के टिकट आए, तो मेरे दोस्त विक्रम के पिता, चाचा, अम्माँ और भाई, सभी ने एक-एक टिकट ख़रीद लिया। कौन जाने, किसकी तक़दीर ज़ोर करे? किसी के नाम आए, रुपया रहेगा तो घर ही में।

मगर विक्रम को सब्र न हुआ। औरों के नाम रुपए आएँगे, फिर उसे कौन पूछता है? बहुत होगा, दस-पाँच हज़ार उसे दे देंगे। इतने रुपयों में उसका क्या होगा? उसकी ज़िन्दगी में बड़े-बड़े मनसूबे थे। पहले तो उसे सम्पूर्ण जगत् की यात्रा करनी थी, एक-एक कोने की। पीरू और ब्राज़ील और टिम्बकटू और होनो लूलू, ये सब उनके प्रोग्राम में थे। वह आँधी की तरह महीने-दो-महीने उड़कर लौट आनेवालों में न था। वह एक-एक स्थान में कई-कई दिन ठहरकर वहाँ के रहन-सहन, रीति-रिवाज़ आदि का अध्ययन करना और संसार-यात्रा का एक वृहद् ग्रन्थ लिखना चाहता था। फिर उसे एक बहुत बड़ा पुस्तकालय बनवाना था, जिसमें दुनिया-भर की उत्तम रचनाएँ ज़मा की जाएं। पुस्तकालय के लिए वह दो लाख तक ख़र्च करने को तैयार था। बँगला, कार और फर्नीचर तो मामूली बातें थीं। पिता या चाचा के नाम आए, तो बीस हज़ार मिल जाएंगे; लेकिन भाई साहब के नाम आ गए, तो उसके हाथ धेला भी न मिलेगा। वह आत्माभिमानी था। घरवालों से ख़ैरात या पुरस्कार के रूप में कुछ लेने की बात उसे अपमान-सी लगती थी। कहा करता था—भाई, किसी के सामने हाथ फैलाने से तो किसी गड्ढे में डूब मरना अच्छा है। जब आदमी अपने लिए संसार में कोई स्थान न निकाल सके, तो यहाँ से प्रस्थान कर जाए।

वह बहुत बेकरार था। घर में लॉटरी-टिकट के लिए उसे कौन रुपए देगा और वह माँगे भी तो कैसे? उसने बहुत सोच-विचारकर कहा—क्यों न हम-तुम साझे में एक टिकट ले लें?

तजवीज़ मुझे भी पसन्द आई। मैं उन दिनों स्कूल-मास्टर था। बीस रुपए मिलते थे। उसमें बड़ी मुश्क़िल से गुज़र होती थी। दस रुपए का टिकट ख़रीदना मेरे लिए सफ़ेद हाथी ख़रीदना था। हाँ, एक महीना दूध, घी, जलपान और ऊपर के सारे ख़र्च तोड़कर पाँच रुपए की गुंजाइश निकल सकती थी। फिर भी जी डरता था। कहीं से कोई बालाई रकम मिल जाए, तो कुछ हिम्मत बढ़े।

विक्रम ने कहा—कहो तो अपनी अंगूठी बेच डालूँ? कह दूँगा, उंगली से फिसल पड़ी।

अंगूठी दस रुपए से कम की न थी। उसमें पूरा टिकट आ सकता था; अगर कुछ ख़र्च किए बिना ही टिकट में आधा साझा हुआ जाता है, तो क्या बुरा है?

सहसा विक्रम फिर बोला—लेकिन भई, तुम्हें नकद देने पड़ेंगे। मैं पाँच रुपए नकद लिये बग़ैर साझा न करूँगा।

अब मुझे औचित्य का ध्यान आ गया। बोला—नहीं दोस्त, यह बुरी बात है, चोरी खुल जाएगी, तो शर्मिन्दा होना पड़ेगा और तुम्हारे साथ मुझ पर भी डाँट पड़ेगी।

आख़िर यह तय हुआ कि पुरानी किताबें किसी सेकण्ड हैंड किताबों की दूकान पर बेच डाली जाएं और उस रुपए से टिकट लिया जाए। किताबों से ज़्यादा बेज़रूरत हमारे पास और कोई चीज़ न थी। हम दोनों साथ ही मैट्रिक पास हुए थे और यह देखकर कि जिन्होंने डिग्रियाँ लीं, अपनी आँखें फोड़ीं, और घर के रुपए बरबाद किए, वह भी जूतियाँ चटका रहे हैं, हमने वहीं हॉल्ट कर दिया। मैं स्कूल मास्टर हो गया और विक्रम मटरगश्त करने लगा। हमारी पुरानी पुस्तकें अब दीमकों के सिवा हमारे किसी काम की न थीं। हमसे जितना चाटते बना, चाटा; उनका सत्त निकाल लिया। अब चूहे चाटें या दीमक, हमें परवाह न थी। आज हम दोनों ने उन्हें कूड़ेखाने से निकाला और झाड़-पोंछकर बड़ा-सा गट्ठर बाँधा। मैं मास्टर था, किसी बुकसेलर की दूकान पर किताब बेचते हुए झेंपता था। मुझे सभी पहचानते थे, इसलिए यह ख़िदमत विक्रम के सुपुर्द हुई और वह आध घंटे में दस रुपए का एक नोट लिए उछलता-कूदता आ पहुँचा। मैंने उसे इतना प्रसन्न कभी न देखा था। किताबें चालीस रुपये से कम की न थीं; पर यह दस रुपये उस वक़्त हमें जैसे पड़े हुए मिले। अब टिकट में आधा साझा होगा। दस लाख की रकम मिलेगी। पाँच लाख मेरे हिस्से में आएँगे, पाँच विक्रम के। हम अपने इसी में मगन थे।

मैंने सन्तोष का भाव दिखाकर कहा–पाँच लाख भी कुछ कम नहीं होते जी!

विक्रम इतना सन्तोषी न था। बोला–पाँच लाख क्या, हमारे लिए तो इस वक़्त पाँच सौ भी बहुत हैं भाई; मगर ज़िन्दगी का प्रोग्राम तो बदलना पड़ गया। मेरी यात्रावाली स्कीम तो टल नहीं सकती। हाँ, पुस्तकालय ग़ायब हो गया।

मैंने आपत्ति की–आख़िर यात्रा में तुम दो लाख से ज़्यादा तो न ख़र्च करोगे?

जी नहीं, उसका बजट है साढ़े तीन लाख का। सात वर्ष का प्रोग्राम है। पचास हज़ार रुपए साल ही तो हुए।

''चार हज़ार महीना कहो। मैं समझता हूँ, दो हज़ार में तुम बड़े आराम से रह सकते हो।''

विक्रम ने गरम होकर कहा–मैं शान से रहना चाहता हूँ, भिखारियों की तरह नहीं।

''दो हज़ार में भी तुम शान से रह सकते हो।''

''जब तक आप अपने हिस्से में से दो लाख मुझे न दे देंगे, पुस्तकालय न बन सकेगा।''

''कोई ज़रूरी नहीं कि तुम्हारा पुस्तकालय शहर में बेजोड़ हो।''

''मैं तो बेजोड़ ही बनवाऊँगा।''

''इसका तुम्हें अख़्तियार है; लेकिन मेरे रुपए में से तुम्हें कुछ न मिल सकेगा। मेरी ज़रूरतें देखो। तुम्हारे घर में काफ़ी जायदाद है। तुम्हारे सिर कोई बोझ नहीं, मेरे सिर तो सारी गृहस्थी-बोझ है। दो बहनों का विवाह है, दो भाइयों की शिक्षा है, नया मकान बनवाना है। मैंने तो निश्चय कर लिया है कि सब रुपए सीधे बैंक में ज़मा कर दूँगा। उनके सूद से काम चलाऊँगा। कुछ ऐसी शर्तें लगा दूँगा कि मेरे बाद भी कोई इस रकम में हाथ न लगा सके।

विक्रम ने सहानुभूति के भाव से कहा–हाँ, ऐसी दशा में तुमसे कुछ माँगना अन्याय है। ख़ैर, मैं ही तकलीफ़ उठा लूँगा; लेकिन बैंक के सूद की दर तो बहुत गिर गई है।

हमने कई बैंकों के सूद की दर देखी, स्थायी कोष की भी, सेविंग बैंक की भी। बेशक दर बहुत कम थी। दो-ढाई रुपए सैकड़े ब्याज पर ज़मा करना व्यर्थ

है। क्यों न लेन-देन का कारोबार शुरु किया जाए? विक्रम भी अभी यात्रा पर न जाएगा। दोनो के साझे में कोठी चलेगी, जब कुछ धन ज़मा हो जाएगा, तब वह यात्रा करेगा। लेन-देन में सूद भी अच्छा मिलेगा और अपना रोब-दाब भी रहेगा। हाँ, जब तक अच्छी ज़मानत न हो, किसी को रुपया न देना चाहिए, चाहे असामी कितना ही मातबर क्यों न हो, और ज़मानत पर रुपए दें ही क्यों? जायदाद रेहन लिखकर रुपए देंगे। फिर तो कोई खटका न रहेगा।

वह मंज़िल भी तय हुई। अब यह प्रश्न उठा कि टिकट पर किसका नाम रहे। विक्रम ने अपना नाम रखने के लिए बड़ा आग्रह किया। अगर उसका नाम न रहा, तो वह टिकट ही न लेगा। मैंने कोई उपाय न देखकर मंजूर कर लिया और बिना किसी लिखा-पढ़ी के, जिससे आगे चलकर मुझे बड़ी परेशानी हुई।

2

एक-एक करके इन्तज़ार के दिन कटने लगे। भोर होते ही हमारी आँखें कैलेंडर पत जातीं। मेरा मकान विक्रम के मकान से मिला हुआ था। स्कूल जाने के पहले और स्कूल से आने के बाद हम दोनों साथ बैठकर अपने-अपने मसूबे बाँधा करते और इस तरह साँय-साँय कि कोई सुन न ले। हम अपने टिकट-ख़रीद का रहस्य छिपाए रखना चाहते थे। यह रहस्य जब सत्य का रूप धारण कर लेगा, उस वक़्त लोगों को कितना विस्मय होगा! उस दृश्य का नाटकीय आनन्द हम नहीं छोड़ना चाहते थे।

एक दिन बातों-बातों में विवाह का ज़िक्र आ गया। विक्रम ने दार्शनिक गम्भीरता से कहा—भई, शादी-वादी का जंजाल तो मैं नहीं पालना चाहता। व्यर्थ की चिन्ता और हाय-हाय। पत्नी की नाज-बरदारी में ही बहुत से रुपए उड़ जाएँगे।

मैंने इसका विरोध किया—हाँ, यह तो है, लेकिन जब तक जीवन के सुख-दुःख का कोई साथी न हो, जीवन का आनन्द ही क्या? मैं तो विवाहित जीवन से इतना विरक्त नहीं हूँ। हाँ, साथी ऐसा चाहता हूँ, जो अन्त तक साथ रहे और ऐसा साथी पत्नी के सिवा दूसरा नहीं हो सकता।

विक्रम ज़रूरत से ज़्यादा तुनुकमिज़ाज़ी से बोला—ख़ैर, अपना-अपना दृष्टिकोण है। आपको बीवी मुबारक और कुत्तों की तरह उसके पीछे-पीछे चलना तथा बच्चों को संसार की सबसे बड़ी विभूति और ईश्वर की सबसे बड़ी दया समझना मुबारक। बन्दा तो आज़ाद रहेगा, अपने मजे, जब चाहा उड़ गए, जब चाहा घर आ गए। यह नहीं कि हर वक़्त एक चौकीदार आपके सिर पर सवार हो। ज़रा-सी देर हुई घर आने में और फ़ौरन जवाब तलब हुआ—कहाँ थे अब तक? आप कहीं बाहर निकले और फ़ौरन सवाल हुआ—कहाँ जाते हो? और जो कहीं दुर्भाग्य से पत्नीजी भी साथ हो गईं, तब तो डूब मरने के सिवा आपके लिए कोई मार्ग ही नहीं रह जाता। ना भैया, मुझे आपसे ज़रा भी सहानुभूति नहीं। बच्चे को ज़रा-सा जुकाम हुआ और बेतहाशा दौड़े चले जा रहे हैं होम्योपैथिक डॉक्टर के पास। ज़रा उम्र खिसकी और लड़के मनाने लगे कि कब आप प्रस्थान करें और वह गुलछर्रे उड़ाएं। मौक़ा मिला तो आपको ज़हर खिला दिया और मशहूर किया कि आपको कॉलरा हो गया था। मैं इस जंजाल में नहीं पड़ता।

कुन्ती आ गई। वह विक्रम की छोटी बहिन थी, कोई ग्यारह साल की। छठे

में पढ़ती थी और बराबर फेल होती थी। बड़ी चिबिल्ली, बड़ी शोख़। इतने धमाके से द्वार खोला कि हम दोनों चौंककर उठ खड़े हुए।

विक्रम ने बिगड़कर कहा–तू बड़ी शैतान है कुन्ती, किसने तुझे बुलाया यहाँ?

कुन्ती ने ख़ुफिया पुलिस की तरह कमरे में नज़र दौड़ाकर कहा–तुम लोग हरदम यहाँ किवाड़ बन्द किए बैठे क्या बातें किया करते हो? जब देखो, यहीं बैठे हो। न कहीं घूमने जाते हो, न तमाशा देखने; कोई जादू-मन्तर जगाते होगे।

विक्रम ने उसकी गर्दन पकड़कर हिलाते हुए कहा–हाँ, एक मन्तर जगा रहे हैं, जिसमें तुझे ऐसा दूल्हा मिले, जो रोज़ गिनकर पाँच हंटर जमाए , सड़ासड़।

कुन्ती उसकी पीठ पर बैठकर बोली–मैं ऐसे दूल्हे से ब्याह करूँगी, जो मेरे सामने खड़ा पूँछ हिलाता रहेगा। मैं मिठाई के दोने फेंक दूँगी और वह चाटेगा। ज़रा भी चीं-चपड़ करेगा, तो कान गरम कर दूँगी। अम्माँ के लॉटरी के रुपए मिलेंगे, तो पचास हज़ार मुझे दे देंगी। बस, चैन करूँगी। मैं दोनों वक़्त ठाकुरजी से अम्माँ के लिए प्रार्थना करती हूँ। अम्माँ कहती हैं, क्वाँरी लड़कियों की दुआ कभी निष्फल नहीं होती। मेरा मन तो कहता है, अम्माँ को ज़रूर रुपए मिलेंगे।

मुझे याद आया, एक बार मैं अपने ननिहाल देहात में गया था, तो सूखा पड़ा हुआ था। भादों का महीना आ गया था मगर पानी की बूँद नहीं। सब लोगों ने चन्दा करके गाँव की सब क्वाँरी लड़कियों की दावत की थी। और उसके तीसरे दिन मूसलाधार वर्षा हुई थी। अवश्य ही क्वाँरियों की दुआ में असर होता है।

मैंने विक्रम को अर्थपूर्ण आँखों से देखा, विक्रम ने मुझे। आँखों ही में हमने सलाह कर ली और निश्चय भी कर लिया। विक्रम ने कुन्ती से कहा–अच्छा, तुझसे एक बात कहें, किसी से कहेगी तो नहीं? नहीं, तू तो बड़ी अच्छी लड़की है, किसी से न कहेगी। मैं अबकी तुझे ख़ूब पढ़ाऊँगा और पास करा दूँगा। बात यह है कि हम दोनों ने भी लॉटरी का टिकट लिया है। हम लोगों के लिए भी ईश्वर से प्रार्थना किया कर। अगर हमें रुपए मिले, तो तेरे लिए अच्छे-अच्छे गहने बनवा देंगे। सच!

कुन्ती को विश्वास न आया। हमने कसमें खाईं। वह नख़रे करने लगी जब हमने उसे सिर से पाँव तक सोने और हीरे से मढ़ने देने की प्रतिज्ञा की, तब वह हमारे लिए दुआ करने पर राज़ी हुई।

लेकिन उसके पेट में मनों मिठाई पच सकती थी, यह ज़रा-सी बात न पची। सीधे अन्दर भागी और एक क्षण में सारे घर में यह ख़बर फैल गई। अब जिसे देखिए, विक्रम को डाँट रहा है, अम्माँ भी, चाचा भी, पिता भी–केवल विक्रम की शुभकामना से या और किसी भाव से, कौन जाने–बैठे-बैठे तुम्हें हिमाक़त ही सूझती है। रुपए लेकर पानी में फेंक दिए। घर में इतने आदमियों ने तो टिकट लिया ही था, तुम्हें लेने की क्या ज़रूरत थी? क्या तुम्हें उसमें से कुछ न मिलते? और तुम भी मास्टर साहब, बिलकुल घोंघा हो। लड़के को अच्छी बातें क्या सिखलाओगे, उसे और चौपट किए डालते हो।

विक्रम तो लाडला बेटा था। उसे और क्या कहते? कहीं रूठकर एक- दो जून खाना न खाए, तो आफ़त ही आ जाए। मुझ पर सारा गुस्सा उतरा। इसकी सोहबत में लड़का बिगड़ा जाता है।

'पर उपदेश कुशल बहुतेरे' वाली कहावत मेरी आँखों के सामने थी। मुझे अपने बचपन की एक घटना याद आई। होली का दिन था। शराब की एक बोतल मँगवायी गई थी। मेरे मामू साहब उन दिनों आए हुए थे। मैंने चुपके से कोठरी में जाकर गिलास में एक घूँट शराब डाली और पी गया। अभी गला जल ही रहा

था और आँखें लाल ही थीं कि मामू साहब कोठरी में आ गए और मुझे मानो सेंध में गिरफ़्तार कर लिया और इतना बिगड़े—इतना बिगड़े कि मेरा कलेजा सूखकर छुहारा हो गया। अम्माँ ने भी डाँटा। पिताजी ने भी डाँटा, मुझे आँसुओं से उनकी क्रोधाग्नि शान्त करनी पड़ी; और दोपहर ही को मामू साहब नशे में पागल होकर गाने लगे, फिर रोए, फिर अम्माँ को गालियाँ दीं, दादा को मना करने पर भी मारने दौड़े और आख़िर में कै करके ज़मीन पर बेसुध पड़े नज़र आए।

3

विक्रम के पिता बड़े ठाकुर साहब, और ताऊ छोटे ठाकुर साहब, दोनों जड़वादी थे, पूजा-पाठ की हँसी उड़ानेवाले, पूरे नास्तिक; मगर अब दोनों बड़े निष्ठावान और ईश्वर-भक्त हो गए थे। बड़े ठाकुर साहब तो प्रातःकाल गंगा-स्नान करने जाते और मन्दिरों के चक्कर लगाते हुए दोपहर को सारी देह में चन्दन लपेटे घर लौटते। छोटे ठाकुर साहब घर पर ही गरम पानी के स्नान करते और गठिया से ग्रस्त होने पर भी राम-नाम लिखना शुरू कर देते। धूप निकल आने पर पार्क की ओर निकल जाते और चींटियों को आटा खिलाते। शाम होते ही दोनों भाई अपने ठाकुर द्वारे में जा बैठते और आधी रात को भगवत की कथा तन्मय होकर सुनते। विक्रम के बड़े भाई प्रकाश को साधु-महात्माओं पर अधिक विश्वास था। वह मठों और साधुओं के अखाड़ों तथा कुटियों की ख़ाक छानते, और माताजी को तो भोर से आधी रात तक स्नान, पूजा और व्रत के सिवा दूसरा काम ही न था। इस उम्र में भी उन्हें सिंगार का शौक़ था; आजकल पूरी तपस्विनी बनी थीं। लोग नाहक लालसा को बुरा कहते हैं। मैं तो समझता हूँ, हममें जो यह भक्ति, निष्ठा और धर्म-प्रेम है, वह केवल हमारी लालसा, हमारी हवस के कारण। हमारा धर्म हमारे स्वार्थ के बल पर टिका हुआ है। हवस मुनष्य के मन और बुद्धि का इतना संस्कार कर सकती है, यह मेरे लिए बिलकुल नया अनुभव था। हम दोनों भी ज्योतिषियों और पण्डितों से प्रश्न करके अपने को कभी दुःखी कर लिया करते थे।

ज्यों-ज्यों लॉटरी का दिन समीप आता जाता था, हमारे चित्त की शान्ति उड़ती जाती थी। हमेशा उसी ओर मन टँगा रहता। मुझे आप-ही-आप अकारण सन्देह होने लगा कि कहीं विक्रम मुझे हिस्सा देने से इनकार कर दे। तो मैं क्या करूँगा? साफ़ इनकार कर जाए कि तुमने टिकट में साझा किया ही नहीं। न कोई तहरीर है, न कोई दूसरा सबूत। सब कुछ विक्रम की नीयत पर है। उसकी नीयत ज़रा भी डावाँडोल हुई कि मेरा काम-तमाम। कहीं फ़रियाद नहीं कर सकता, मुँह तक नहीं खोल सकता। अब अगर कहूँ भी तो कुछ लाभ नहीं। अगर उसकी नीयत में फितूर आ गया है, तब तो वह अभी से इनकार कर देगा; अगर नहीं आया है, तो इस सन्देह से उसे मर्मान्तक वेदना होगी। आदमी ऐसा तो नहीं है; मगर भई, दौलत पाकर ईमान सलामत रखना कठिन है। अभी तो रुपए नहीं मिले हैं, इस वक़्त ईमानदार बनने में क्या ख़र्च होता है? परीक्षा का समय तो तब आएगा, जब दस लाख रुपए हाथ में होंगे। मैंने अपने अन्तःकरण को टटोला—अगर टिकट मेरे नाम का होता और मुझे दस लाख मिल जाते, तो क्या मैं आधे रुपए बिना कान-पूँछ हिलाए विक्रम के हवाले कर देता? कौन कह सकता है; मगर अधिक सम्भव यही था कि मैं हीले-हवाले करता, कहता—तुमने मुझे पाँच

रुपए उधार दिए थे। उसके दस ले लो, सौ ले लो और क्या करोगे; मगर नहीं, मुझसे इतनी बद-नियती न होती।

दूसरे दिन हम दोनों अख़बार देख रहे थे कि सहसा विक्रम ने कहा—कहीं हमारा टिकट निकल आए, तो मुझे अफ़सोस होगा कि नाहक तुमसे साझा किया!

वह सरल भाव से मुस्कुराया; मगर यह थी उसकी आत्मा की झलक, जिसे वह विनोद की आड़ में छिपाना चाहता था।

मैंने चौंककर कहा—सच! लेकिन इसी तरह मुझे भी तो अफ़सोस हो सकता है।

''लेकिन टिकट तो मेरे नाम का है?''

'इससे क्या।'

''अच्छा, मान लो, मैं तुम्हारे साझे में इनकार कर जाऊँ?''

मेरा ख़ून सर्द हो गया। आँखों के सामने अँधेरा छा गया।

''मैं तुम्हें इतना बदनीयत नहीं समझता था।''

''मगर है बहुत सम्भव। पाँच लाख! सोचो! दिमाग़ चकरा जाता है!''

''तो भई, अभी से कुशल है, लिखा-पढ़ी कर लो। यह संशय रहे ही क्यों?''

विक्रम ने हँसकर कहा—तुम बड़े शक्की हो यार! मैं तुम्हारी परीक्षा ले रहा था। भला, ऐसा कहीं हो सकता है? पाँच लाख क्या, पाँच करोड़ भी हो, तब भी ईश्वर चाहेगा, तो नीयत में खलल न आने दूँगा।

किन्तु मुझे उसके इन आश्वासनों पर बिलकुल विश्वास न आया। मन में एक संशय बैठ गया।

मैंने कहा—यह तो मैं जानता हूँ, तुम्हारी नीयत कभी विचलित नहीं हो सकती; लेकिन लिखा-पढ़ी कराने में क्या हरज है?

''फ़जूल है।''

''फ़जूल ही सही।''

''तो पक्के काग़ज़ पर लिखना पड़ेगा। दस लाख की कोर्ट फीस ही साढ़े सात हज़ार हो जाएगी। किस भ्रम में हैं आप?''

मैंने सोचा, बला से, सादी लिखा-पढ़ी के बल पर कोई कानूनी दार्रवाई न कर सकूँगा। पर इन्हें लज्जित करने का, इन्हें जलील करने का, इन्हें सब के सामने बेईमान सिद्ध करने का अवसर तो मेरे हाथ आएगा, और दुनिया में बदनामी का भय न हो, तो आदमी न जाने क्या करे। अपमान का भय कानून के भय से किसी तरह कम क्रियाशील नहीं होता। बोला—मुझे सादे काग़ज़ पर ही विश्वास आ जाएगा।

विक्रम ने लापरवाही से कहा—जिस काग़ज़ का कोई कानूनी महत्त्व नहीं, उसे लिखकर क्यों समय नष्ट करें?

मुझे निश्चय हो गया कि विक्रम की नीयत में अभी से फितूर आ गया, नहीं तो सादा काग़ज़ लिखने में क्या बाधा हो सकती है? बिगड़कर कहा—तुम्हारी नीयत तो अभी से ख़राब हो गई।

उसने निर्लज्जता से कहा—तो क्या तुम यह साबित करना चाहते हो कि ऐसी दशा में तुम्हारी नीयत न बदलती?

''मेरी नीयत इतनी कमज़ोर नहीं है।''

''रहने भी दो। बड़ी नीयत वाले! अच्छे-अच्छे को देखा है!''

''तुम्हें इसी वक़्त लेख-बद्ध होना पड़ेगा। मुझे तुम्हारे ऊपर विश्वास नहीं रहा।''

"अगर तुम्हें मेरे ऊपर विश्वास नहीं है, तो मैं भी नहीं लिखता।"

"तो क्या तुम समझते हो, तुम मेरे रुपए हज़म कर जाओगे?"

"किसके रुपए और कैसे रुपए?"

"मैं कह देता हूँ विक्रम, हमारी दोस्ती का ही अन्त हो जाएगा; बल्कि इससे कहीं भयंकर परिणाम होगा।"

हिंसा की एक ज्वाला-सी मेरे अन्दर दहक उठी।

सहसा दीवानखाने में झड़प की आवाज़ सुनकर मेरा ध्यान उधर चला गया। यहाँ दोनों ठाकुर बैठा करते थे। उनमें ऐसी मैत्री थी, जो आदर्श भाइयों में हो सकती है। राम और लक्ष्मण में भी इतनी ही रही होगी। झड़प की तो बात ही क्या, मैंने उनमें कभी विवाद होते भी न सुना था। बड़े ठाकुर जो कह दें, वह छोटे ठाकुर के लिए कानून था और छोटे ठाकुर की इच्छा देखकर ही बड़े ठाकुर कोई बात कहते थे। हम दोनों को आश्चर्य हुआ। दीवानखाने के द्वार पर आकर खड़े हो गए। दोनों भाई अपनी-अपनी कुर्सियों से उठकर खड़े हो गए थे, एक-एक कदम आगे भी बढ़ आए थे, आँखें लाल, मुख विकृत, त्यौरियाँ चढ़ी हुईं, मुट्ठियाँ बँधी हुईं। मालूम था, बस हाथा-पाई होने ही वाली थी।

छोटे ठाकुर ने हमें देखकर पीछे हटते हुए कहा—सम्मिलित परिवार में जो कुछ भी और कहीं से भी और किसी के नाम भी आए, वह सबका है, बराबर।

बड़े ठाकुर ने विक्रम को देखकर एक कदम और आगे बढ़ाया—हरगिज़ नहीं; अगर मैं कोई जुर्म करूँ, तो मैं पकड़ा जाऊँगा, सम्मिलित परिवार नहीं। मुझे सज़ा मिलेगी, सम्मिलित परिवार को नहीं। यह वैयक्तिक प्रश्न है।

"इसका फ़ैसला अदालत से होगा।"

"शौक़ से अदालत जाइए। अगर मेरे लड़के, मेरी बीवी या मेरे नाम लॉटरी निकली, तो आपका उससे कोई सम्बन्ध न होगा, उसी तरह जैसे आपके नाम लॉटरी निकले तो मुझसे, मेरे बीवी से या मेरी लड़के से उसका कोई सम्बन्ध न होगा।"

"अगर मैं जानता कि आपकी ऐसी नीयत है, तो मैं भी बीवी-बच्चों के नाम से टिकट ले सकता था।"

"यह आपकी ग़लती है।"

"इसीलिए कि मुझे विश्वास था, आप भाई हैं।"

"यह जुआ है, आपको समझ लेना चाहिए था। जुए की हार-जीत का खानदान पर कोई असर नहीं पड़ सकता। अगर आप कल को दस-पाँच हज़ार रेस में हार आएँ, तो खानदान उसका ज़िम्मेदार न होगा।"

"मगर भाई का हक़ दबाकर आप सुखी नहीं रह सकते?"

"आप न ब्रह्मा हैं, न ईश्वर और न कोई महात्मा।"

विक्रम की माता ने सुना कि दोनों भाइयों में ठनी हुई है और मल्ल-युद्ध होनेवाला है, तो दौड़ी हुई बाहर आईं और दोनों को समझाने लगीं।

छोटे ठाकुर ने बिगड़कर कहा—आप मुझे क्या समझती हैं, उन्हें समझाइए, जो चार-चार टिकट लिये हुए बैठे हैं। मेरे पास क्या है, एक टिकट। उसका क्या भरोसा? मेरी अपेक्षा जिन्हें रुपए मिलने का चौगुना चांस है, उनकी नीयत बिगड़ जाए, तो लज्ज़ा और दुःख की बात है।

ठकुराइन ने देवर को दिलासा देते हुए कहा—अच्छा, मेरे रुपए में से आधे तुम्हारे। अब तो ख़ुश हो।

बड़े ठाकुर ने बीवी की ज़ुबान पकड़ी—क्यों आधे ले लेंगे? मैं एक धेला भी न दूँगा। हम मुरौवत और सहृदयता से काम लें, फिर भी उन्हें पाँचवें हिस्से से ज़्यादा किसी तरह न मिलेगा। आधे का दावा किस नियम से हो सकता है? न बौद्धिक, न धार्मिक, न नैतिक।

छोटे ठाकुर ने खिसियाकर कहा—सारी दुनिया का कानून आप ही तो जानते हैं।

''जानते ही हैं। तीस साल तक वकालत नहीं की है?''

''यह वकालत निकल जाएगी, जब सामने कलकत्ते का बैरिस्टर खड़ा कर दूँगा।''

''बैरिस्टर की ऐसी-तैसी, चाहे वह कलकत्ते का हो या लन्दन का!''

''मैं आधा लूँगा, उसी तरह जैसे घर की जायदाद में मेरा आधा है।''

इतने में विक्रम के बड़े भाई साहब सिर और हाथ में पट्टी बाँधे लँगड़ाते हुए, कपड़ों पर ताज़ा ख़ून के दाग़ लगाए, प्रसन्न मुख आकर एक आराम कुर्सी पर गिर पड़े। बड़े ठाकुर ने घबराकर पूछा—यह तुम्हारी क्या हालत है जी? ये चोट कैसे लगी? किसी से मार-पीट तो नहीं हो गई?

प्रकाश ने कुर्सी पर लेटकर एक बार कराहा, फिर मुस्कुराकर बोले—जी, कोई नहीं, ऐसी बहुत चोट नहीं लगी।

'कैसे कहते हो कि चोट नहीं लगी? सारा हाथ और सिर सूज गया है। कपड़े ख़ून से तर। यह मामला क्या है? कोई मोटर-दुर्घटना तो नहीं हो गई।''

''बहुत मामूली चोट है साहब, दो-चार दिन में ठीक हो जाएगी, घबराने की कोई ज़रूरत नहीं।''

प्रकाश के मुख पर आशापूर्ण, शान्त मुस्कान थी। क्रोध, लज्जा या प्रतिशोध की भावना का नाम भी न था।

बड़े ठाकुर ने और व्यग्र होकर पूछा—लेकिन हुआ क्या, यह क्यों नहीं बतलाते? किसी से मारपीट हुई हो तो थाने में रपट करवा दूँ।

प्रकाश ने हलके मन से कहा—मारपीट किसी से नहीं हुई साहब! बात यह है कि मैं ज़रा झक्कड़ बाबा के पास चला गया था। आप तो जानते हैं, वह आदमियों की सूरत से भागते हैं और पत्थर लेकर मारने दौड़ते हैं। जो डरकर भागा, वह गया। जो पत्थर की चोटें खाकर भी उनके पीछे लगा रहा, वह पारस हो गया। वह यही परीक्षा लेते हैं। आज मैं वहाँ पहुँचा, तो कोई पचास आदमी ज़मा थे, कोई बहुमूल्य भेंट लिये, कोई कपड़ों के थान लिये। झक्कड़ बाबा ध्यानावस्था में बैठे हुए थे! एकाएक उन्होंने आँखें खोलीं और यह जन-समूह देखा, तो कई पत्थर चुनकर उनके पीछे दौड़े। फिर क्या था, भगदड़ मच गई। लोग गिरते-पड़ते भागे। दूर हो गए। एक भी न टिका। अकेला मैं घंटाघर की तरह वहीं डटा रहा। बस, उन्होंने पत्थर चला ही तो दिया। पहला निशाना सिर में लगा। उनका निशाना अचूक पड़ता है। खोपड़ी भन्ना गई, ख़ून की धारा बह चली; लेकिन मैं हिला नहीं। फिर बाबाजी ने दूसरा पत्थर फेंका। वह हाथ में लगा। मैं गिर पड़ा और बेहोश हो गया। जब होश आया, तो वहाँ सन्नाटा था। बाबाजी भी ग़ायब हो गए थे। अन्तर्ध्यान हो जाया करते हैं। किसे पुकारूँ, किसे सवारी लाने को कहूँ? मारे दर्द के हाथ फटा जाता था और सिर से अभी तक ख़ून ज़ारी था। किसी तरह उठा और सीधा डॉक्टर के पास गया। उन्होंने देखकर कहा—हड्डी टूट गई है, और पट्टी बाँध दी; गर्म पानी से सेकने को कहा है। शाम को फिर आएँगे; मगर चोट लगी, तो लगी,

अब लॉटरी मेरे नाम आई रखी है। यह निश्चय है। ऐसा कभी नहीं कि झक्कड़ बाबा की मार खाकर कोई नामुराद रह गया हो। मैं तो सबसे पहले बाबा की कुटी बनवा दूँगा।

बड़े ठाकुर साहब के मुख पर सन्तोष की झलक दिखाई दी। फ़ौरन पलंग बिछ गया। प्रकाश उस पर लेटे। ठकुराइन पंखा झलने लगीं, उनका भी मुख प्रसन्न था। इतनी चोट खाकर दस लाख पा जाना कोई बुरा सौदा न था।

छोटे ठाकुर के पेट में चूहे दौड़ रहे थे। ज्यों ही बड़े ठाकुर भोजन करने गए, और ठकुराइन भी प्रकाश के लिए भोजन का प्रबन्ध करने गयीं, त्यों ही छोटे ठाकुर ने प्रकाश से पूछा—क्या बहुत ज़ोर से पत्थर मारते हैं? ज़ोर से तो क्या मारते होंगे।

प्रकाश ने उनका आशय समझकर कहा—अरे साहब, पत्थर नहीं मारते, बमगोले मारते हैं। देव-सा तो डील-डौल है, और बलवान इतने हैं कि एक घूँसे में शेरों का काम तमाम कर देते हैं। कोई ऐसा-वैसा आदमी हो, तो एक ही पत्थर में टें हो जाए। कितने ही तो मर गए, मगर आज तक झक्कड़ बाबा पर मुकद्दमा नहीं चला। और दो-चार पत्थर मारकर ही नहीं रह जाते, जब तक आप गिर न पड़ें और बेहोश न हो जाएँ, वह मारते ही जाएँगे; मगर रहस्य यही है कि आप जितनी ज़्यादा चोटें खाएँगे, उतने ही अपने उद्देश्य के निकट पहुँचेंगे।

प्रकाश ने ऐसा रोएँ खड़े कर देनेवाला चित्र खींचा कि छोटे ठाकुर साहब थर्रा उठे। पत्थर खाने की हिम्मत न पड़ी।

4

आख़िर भाग्य के निपटारे का दिन आया—जुलाई की बीसवीं तारीख़, कत्ल की रात! हम प्रातःकाल उठे तो जैसे एक नशा चढ़ा हुआ था, आशा और भय के द्वन्द्व का। दोनों ठाकुरों ने घड़ी रात रहे गंगा-स्नान किया था और मन्दिर में बैठे पूजन कर रहे थे। आज मेरे मन में श्रद्धा जागी। मन्दिर में जाकर मन-ही-मन ठाकुरजी की स्तुति करने लगा—अनाथों के नाथ, तुम्हारी कृपा-दृष्टि क्या हमारे ऊपर न होगी? तुम्हें क्या मालूम नहीं, हमने कितनी मुश्क़िल से टिकट ख़रीदे हैं! तुम तो अन्तर्यामी हो। संसार में हमसे ज़्यादा तुम्हारी दया कौन डिज़र्व (Deserve) करता है? विक्रम सूट-बूट पहने मन्दिर के द्वार पर आया, मुझे इशारे से बुलाकर इतना कहा—मैं डाकख़ाने जाता हूँ, और हवा हो गया। ज़रा देर में प्रकाश मिठाई के थाल लिये हुए घर में से निकले और मन्दिर के द्वार पर खड़े होकर कंगालों को बाँटने लगे, जिनकी एक भीड़ ज़मा हो गई थी। और दोनों ठाकुर भगवान के चरणों में लौ लगाए बैठे हुए थे, सिर झुकाए, आँखें बन्द किए हुए, अनुराग में डूबे हुए।

बड़े ठाकुर ने सिर उठाकर पुजारी की ओर देखा और बोले—भगवान तो बड़े भक्तवत्सल हैं, क्यों पुजारीजी?

पुजारी ने समर्थन किया—हाँ सरकार, भक्तों की रक्षा के लिए भगवान क्षीरसागर से दौड़े और गज को ग्राह के मुँह से बचाया।

एक क्षण के बाद छोटे ठाकुर साहब ने सिर उठाया और पुजारीजी से बोले—क्यों पुजारीजी, भगवान तो सर्वशक्तिमान हैं, अन्तर्यामी, सबके दिल का हाल जानते हैं?

पुजारी ने समर्थन किया—हाँ सरकार, अन्तर्यामी न होते, तो सबके मन की बात कैसे जानते? शबरी का प्रेम देखकर स्वयं उसकी मनोकामना पूरी की।

पूजन समाप्त हुआ। आरती हुई। दोनों भाइयों ने आज ऊँचे स्वर से आरती गायी और बड़े ठाकुर ने दो रुपए थाल में डाले। छोटे ठाकुर ने चार रुपये डाले। बड़े ठाकुर ने एक बार कोप-दृष्टि से देखा और मुँह फेर लिया।

सहसा बड़े ठाकुर ने पुजारी से पूछा—तुम्हारा मन क्या कहता है पुजारी जी?

पुजारी बोला—सरकार की फ़तेह है।

छोटे ठाकुर ने पूछा—और मेरी?

पुजारी ने उसकी मुस्तैदी से कहा—आपकी भी फ़तेह है!

बड़े ठाकुर श्रद्धा से डूबे भजन गाते हुए मन्दिर से निकले—

"प्रभुजी, मैं तो आयो सरन तिहारे, हाँ प्रभुजी।"

एक मिनट में छोटे ठाकुर साहब भी मन्दिर से गाते हुए निकले—

"अब पत राखो मोरे दयानिधि, तोरी गति लखि न परे!"

मैं भी पीछे निकला और जाकर मिठाई बाँटने में प्रकाश बाबू की मदद करनी चाही; उन्होंने थाल हटाकर कहा—आप रहने दीजिए, मैं अभी बाँटे डालता हूँ। अब रह ही कितनी गई है?

मैं खिसियाकर डाकखाने की तरफ़ चला कि विक्रम मुस्कुराता हुआ साइकिल पर आ पहुँचा। उसे देखते ही सभी जैसे पागल हो गए। दोनों ठाकुर सामने ही खड़े थे। दोनों बाज़ की तरह झपटे। प्रकाश के थाल में थोड़ी-सी मिठाई बच रही थी। उसने थाल ज़मीन पर पटका और दौड़ा। और मैंने तो उस उन्माद में विक्रम को गोद में उठा लिया; मगर कोई उससे कुछ पूछता नहीं, सभी जय-जयकार की हाँक लगा रहे हैं।

बड़े ठाकुर ने आकाश की ओर देखा—बोलो राजा रामचन्द्र की जय!

छोटे ठाकुर ने छलाँग मारी—बोलो हनुमानजी की जय!

प्रकाश तालियाँ बजाता हुआ चीखा—दुहाई झक्कड़ बाबा की!

विक्रम ने और ज़ोर से कहकहा मारा और फिर अलग खड़ा होकर बोला—जिसका नाम आया है, उससे एक लाख लूँगा। बोलो, है मंजूर?

बड़े ठाकुर ने उसका हाथ पकड़ा—पहले बता दो!

"ना! यों नहीं बताता।"

छोटे ठाकुर बिगड़े—महज़ बताने के लिए एक लाख? शाबाश!

प्रकाश ने भी त्यौरी चढ़ाई—क्या डाकखाना हमने देखा नहीं?

"अच्छा, तो अपना-अपना नाम सुनने के लिए तैयार हो जाओ।"

सभी लोग फौजी अटेंशन की दशा में निश्चल खड़े हो गए।

"होश-हवास ठीक रखना!"

सभी पूर्ण सचेत हो गए।

"अच्छा, तो सुनिए कान खोलकर, इस शहर का सफ़ाया है। इस शहर का ही नहीं, सम्पूर्ण भारत का सफ़ाया है। अमेरिका के एक हब्शी का नाम आ गया।"

बड़े ठाकुर झल्लाए—झूठ-झूठ, बिलकुल झूठ!

छोटे ठाकुर ने पैंतरा बदला—कभी नहीं। तीन महीने की तपस्या यों ही रही? वाह!

प्रकाश ने छाती ठोककर कहा—यहाँ सिर फुड़वाए और हाथ तुड़वाए बैठे हैं, दिल्लगी है!

इतने में और पचासों आदमी उधर से रोनी सूरत लिये निकले। ये बेचारे भी डाकख़ाने से अपनी किस्मत को रोते चले आ रहे थे। मार ले गया, अमेरिका का हब्शी! अभागा! पिशाच! दुष्ट!

अब कैसे किसी को विश्वास न आता? बड़े ठाकुर झल्लाए हुए मन्दिर में गए और पुजारी को डिसमिस कर दिया—इसलिए तुम्हें इतने दिनों से पास रखा है। हराम का माल खाते हो और चैन करते हो!

छोटे ठाकुर साहब की तो जैसे कमर टूट गई। दो-तीन बार सिर पीटा और वहीं बैठ गए; मगर प्रकाश के क्रोध का पारावार न था। उसने अपना सोटा लिया और झक्कड़ बाबा की मरम्मत करने चला।

माताजी ने केवल इतना कहा—सभी ने बेईमानी की है। मैं कभी मानने की नहीं। हमारे देवता क्या करें? किसी के हाथ से थोड़े ही छीन लाएँगे?

रात को किसी ने खाना नहीं खाया। मैं भी उदास बैठा हुआ था कि विक्रम आकर बोला—चलो, होटल से कुछ खा आएँ। घर में तो चूल्हा नहीं जला।

मैंने पूछा—तुम डाकख़ाने से आए, तो बहुत प्रसन्न क्यों थे?

उसने कहा—जब मैंने डाकख़ाने के सामने हज़ारों की भीड़ देखी, तो मुझे अपने लोगों के गधेपन पर हँसी आई। एक शहर में जब इतने आदमी, तो सारे हिन्दुस्तान में इसके हज़ार गुने से कम न होंगे और दुनिया में तो लाख गुने से भी ज़्यादा हो जाएँगे। मैंने आशा का जो एक पर्वत-सा ख़ड़ा कर रखा था, वह जैसे एकबारगी इतना छोटा हुआ कि राई बन गया, और मुझे हँसी आई। जैसे कोई दानी पुरुष छटाँक-भर अन्न हाथ में लेकर एक लाख़ आदमियों को न्यौता दे बैठे—और यहाँ हमारे घर का एक-एक आदमी समझ रहा है कि—

मैं भी हँसा—हाँ, बात तो यथार्थ में यही है, और हम दोनों लिख़ा-पढ़ी के लिए लड़े मरते थे; मगर सच बताना, तुम्हारी नीयत ख़राब हुई थी कि नहीं?

विक्रम मुस्कुराकर बोला—अब क्या करोगे पूछकर? पर्दा झुका रहने दो।

❑❑❑

जादू

नीला—तुमने उसे क्यों पत्र लिखा?

''मीना—किसको?''

''उसी को!''

''मैं नहीं समझी!''

''ख़ूब समझती हो। जिस आदमी ने मेरा अपमान किया, गली-गली मेरा नाम बेचता फिरा, उसे तुम मुँह लगाती हो, क्या यह उचित है?''

'तुम ग़लत कहती हो।''

''तुमने उसे ख़त नहीं लिखा?''

''कभी नहीं।''

''तो मेरी ग़लती थी, क्षमा करो। तुम मेरी बहन न होती, तो मैं तुमसे यह सवाल भी न पूछती।''

''मैंने किसी को ख़त नहीं लिखा।''

''मुझे यह सुनकर ख़ुशी हुई।''

''तुम मुस्कुराती क्यों हो?''

''मैं?''

''जी हाँ, आप।''

''मैं तो ज़रा नहीं मुस्कुराई।''

''क्या मैं अन्धी हूँ?''

''यह तो तुम अपने मुँह से ही कहती हो।''

''तुम क्यों मुस्कुराई?''

''मैं सच कहती हूँ, मैं ज़रा भी नहीं मुस्कुराई।''

''मैंने अपनी आँखों से देखा।''

''अब मैं कैसे तुम्हें विश्वास दिलाऊँ?''

''तुम आँखों में धूल झोंकती हो।''

''अच्छा मुस्कुराई! बस, या जान लोगी?''

''तुम्हें किसी के ऊपर मुस्कुराने का क्या अधिकार है?''

''तेरे पैरों पड़ती हूँ नीला, मेरा गला छोड़ दे। मैं बिलकुल नहीं मुस्कुराई।''

''मैं ऐसी अनीली नहीं हूँ।''

''यह मैं जानती हूँ।''

''तुमने मुझे हमेशा झूठी समझा है।''

''तू आज किसका मुँह देखकर उठी है?''

''तुम्हारा।''

''तू मुझे थोड़ा संखिया क्यों नहीं दे देती?''

''हाँ, मैं तो हत्यारिन हूँ ही।''

''मैं तो नहीं कहती।''

''अब और कैसे कहोगी? क्या ढोल बजाकर? मैं हत्यारिन हूँ, मदमाती हूँ, दीदा-दिलेर हूँ; तुम सर्वगुणकारी हो, सीता हो, सावित्री हो। अब ख़ुश हुई?''

''लो कहती हूँ, मैंने उन्हें पत्र लिखा, फिर तुमसे मतलब? तुम कौन होती हो, मुझसे जवाब तलब करनेवाली?''

''अच्छा किया लिखा, सचमुच मेरी बेवक़ूफ़ी थी कि मैंने तुमसे पूछा।''

''हमारी ख़ुशी, हम जिसको चाहेंगे, ख़त लिखेंगे। जिससे चाहेंगे, बोलेंगे। तुम कौन होती हो रोकनेवाली? तुमसे तो मैं नहीं पूछने जाती; हालाँकि रोज़ तुम्हें पुलिन्दों पत्र लिखते देखती हूँ।''

''जब तुमने शर्म ही भून खायी, तो जो चाहो करो, अख़्तियार है।''

''और तुम कब से बड़ी लज्जावती बन गई? सोचती होगी, अम्माँ से कह दूँगी, यहाँ इसकी परवाह नहीं है। मैंने उन्हें पत्र भी लिखा, उनसे पार्क में मिली भी, बातचीत भी की। जाकर अम्माँ से, दादा से और सारे मुहल्ले से कह दो।''

''जो जैसा करेगा, अपने आप भोगेगा, मैं क्यों किसी से कहने जाऊँ?''

''ओ हो, बड़ी धैर्यवाली, यह क्यों नहीं कहती, अँगूर खट्टे हैं?''

''जो तुम कहो, वही ठीक है।''

''दिल में जली जाती हो।''

''मेरी बला जले।''

''रो दो ज़रा।''

''तुम ख़ुद रोओ, मेरा अँगूठा रोए।''

''मुझे उन्होंने एक रिस्टवॉच भेंट दी है, दिखाऊँ?''

''मुबारक हो, मेरी आँखों का शनीचर न दूर होगा?''

''मैं कहती हूँ, तुम इतनी जलती क्यों हो?''

''अगर मैं तुझसे जलती हूँ, तो मेरी आँखें पट्टम हो जाएँ।''

''तुम जितना ही जलोगी, मैं उतना ही जलाऊँगी।''

''मैं जलूँगी ही नहीं।''

''जल रही हो, साफ़!''

''कब सन्देशा आएगा?''

''जल मरो।''

''पहले तेरी भाँवरें देख लूँ।''

''भाँवरों की चाट तुम्हीं को रहती है।''

''अच्छा! तो क्या बिना भाँवरों का ब्याह होगा?''

''यह ढकोसले तुम्हें ही मुबारक रहें, मेरी लिए प्रेम काफ़ी है।''

''तो क्या तू सचमुच···!''

''मैं किसी से नहीं डरती।''

''यहाँ तक नौबत पहुँच गई। और तू कह रही थी, मैंने उसे पत्र नहीं लिखा और क़समें खा रही थी?''

''क्यों अपने दिल का हाल बतलाऊँ?''

''मैं तो तुमसे पूछती न थी; मगर तू अपने-आप ही बक रही है।''

''तुम मुस्कुराई क्यों?''

''इसलिए कि वह शैतान तुम्हारे साथ भी वही दग़ा करेगा, जो उसने मेरे साथ किया और फिर तुम्हारे विषय में भी वैसी ही बातें कहता फिरेगा। और फिर तुम मेरी तरह उसके नाम को रोओगी।''

''तुमसे उन्हें प्रेम नहीं था।''

''मुझसे? मेरे पैरों पर सिर रखकर रोता था, और कहता था कि मैं मर जाऊँगा और ज़हर खा लूँगा।''

''सच कहती हो?''

''बिलकुल सच।''

''यही तो मुझसे भी कहते हैं।''

''सच?''

''तुम्हारे सिर की क़सम।''

''और मैं समझ रही थी, अभी वह दाने बिखेर रहा है।''

''क्या वह सचमुच ... ?''

''पक्का शिकारी है।''

''मीना सिर पर हाथ रखकर चिन्ता में डूब जाती है।''

□□□

नया विवाह

हमारी देह पुरानी है, लेकिन इसमें सदैव नया रक्त दौड़ता रहता है। नए रक्त के प्रवाह पर ही हमारे जीवन का आधार है। पृथ्वी की इस चिरन्तन व्यवस्था में यह नयापन उसके एक-एक अणु में, एक-एक कण में, तार में बसे हुए स्वरों की भाँति गूँजता रहता है, और यह सौ साल की बुढ़िया आज भी नवेली दुल्हन बनी हुई है।

जब से लाला डंगामल ने नया विवाह किया है, उनका यौवन नए सिरे से जाग उठा है। जब पहली स्त्री जीवित थी, तब वे घर में बहुत कम रहते थे। प्रातः से दस-ग्यारह बजे तक तो पूजा-पाठ ही करते रहते थे। फिर भोजन करके दूकान चले जाते। वहाँ से एक बजे रात को लौटते और थके-माँदे सो जाते। यदि लीला कभी कहती, ज़रा और सवेरे आ जाया करो, तो बिगड़ जाते और कहते—तुम्हारे लिए क्या दूकान छोड़ दूँ या रोज़गार बन्द कर दूँ? यह वह ज़माना नहीं है कि एक लोटा जल चढ़ाकर लक्ष्मी प्रसन्न कर ली जाएँ। आज उनकी चौखट पर माथा रगड़ना पड़ता है, तब भी उनका मुँह सीधा नहीं होता। लीला बेचारी चुप हो जाती।

अभी छः महीने की बात है। लीला को ज्वर चढ़ा हुआ था। लालाजी दूकान जाने लगे, तब उसने डरते-डरते कहा था—देखो, मेरा जी अच्छा नहीं है। ज़रा सवेरे आ जाना।

डंगामल ने पगड़ी उतारकर खूँटी पर लटका दी और बोले—अगर मेरे बैठे रहने से तुम्हारा जी अच्छा हो जाए, तो मैं दूकान न जाऊँगा।

लीला हताश होकर बोली—मैं दूकान जाने को तो नहीं मना करती। केवल ज़रा सवेरे आने को कहती हूँ।

"तो क्या मैं दूकान पर बैठा मौज़ किया करता हूँ?"

लीला इसका क्या जवाब देती? पति का यह स्नेहहीन व्यवहार उसके लिए कोई नई बात न थी। इधर कई साल से उसे इसका कठोर अनुभव हो रहा था कि उसकी इस घर में क़द्र नहीं है। वह अकसर इस समस्या पर विचार भी किया करती, पर वह अपना कोई अपराध न पाती। वह पति की सेवा अब पहले से कहीं ज़्यादा करती, उनके कार्य-भार को हलका करने की बराबर चेष्टा करती रहती, बराबर प्रसन्नचित्त रहती, कभी उनकी इच्छा के विरुद्ध कोई काम नहीं करती। अगर उसकी जवानी ढल चुकी थी, तो इसमें उसका क्या अपराध था? किसकी जवानी सदैव स्थिर रहती है? अगर अब उसका स्वास्थ्य उतना अच्छा न था, तो इसमें उसका क्या दोष? उसे बेकसूर क्यों दण्ड दिया जाता है?

उचित तो यह था कि 25 साल का साहचर्य अब एक गहरी मानसिक और आत्मिक अनुरूपता का रूप धारण कर लेता, जो दोष को भी गुण बना लेता है, जो पके फल की तरह ज़्यादा रसीला, ज़्यादा मीठा, ज़्यादा सुन्दर हो जाता है। लेकिन लालाजी का वणिक-हृदय हर एक पदार्थ को वाणिज्य की तराजू से तौलता था। बूढ़ी गाय जब न दूध दे सकती है न बच्चे, तब उसके लिए गोशाला ही सबसे अच्छी जगह है। उनके विचार में लीला के लिए इतना ही काफ़ी था कि घर की मालकिन बनी रहे, आराम से खाए और पड़ी रहे। उसे अख़्तियार है चाहे जितने

जेवर बनवाए, चाहे जितना स्नान व पूजा करे, केवल उनसे दूर रहे। मानव-प्रकृति की जटिलता का एक रहस्य यह था कि डंगामल जिस आनन्द से लीला को वंचित रखना चाहते थे, जिसकी उसके लिए कोई ज़रूरत ही न समझते थे, ख़ुद उसी के लिए सदैव प्रयत्न करते रहते थे। लीला 40 वर्ष की होकर बूढ़ी समझ ली गई थी, किन्तु वे तैंतालीस के होकर अभी जवान ही थे, जवानी के उन्माद और उल्लास से भरे हुए। लीला से अब उन्हें एक तरह की अरुचि होती थी और वह दुखिया जब अपनी त्रुटियों का अनुभव करके प्रकृति के निर्दय आघातों से बचने के लिए रंग व रोगन की आड़ लेती, तब लालाजी उसके बूढ़े नख़रों से और भी घृणा करने लगते। वे कहते–वाह री तृष्णा! सात लड़कों की तो माँ हो गई, बाल खिचड़ी हो गए, चेहरा धुले हुए फलालैन की तरह सिकुड़ गया, मगर आपको अभी महावर, सिन्दूर, मेहंदी और उबटन की हवस बाक़ी ही है। औरतों का स्वभाव भी कितना विचित्र है! न जाने क्यों बनाव-सिंगार पर इतना जान देती हैं? पूछो, अब तुम्हें और क्या चाहिए? क्यों नहीं मन को समझा लेती कि जवानी विदा हो गई और इन उपादानों से वह वापस नहीं बुलाई जा सकती! लेकिन वे ख़ुद जवानी का स्वप्न देखते रहते थे। उनकी जवानी की तृष्णा अभी शान्त न हुई थी। जाड़ों में रसों और पाको का सेवन करते रहते थे। हफ़्ते में दो बार खिज़ाब लगाते और एक डॉक्टर से मंकीग्लैंड के विषय में पत्र-व्यवहार कर रहे थे।

लीला ने उन्हें असमंजस में देखकर कातर-स्वर में पूछा–कुछ बतला सकते हो, कितने बजे आओगे?

लालाजी ने शान्त भाव से पूछा–तुम्हारा जी आज कैसा है?

लीला क्या जवाब दे? अगर कहती है कि बहुत ख़राब है, तो शायद ये महाशय वहीं बैठ जाएँ और उसे जली-कटी सुनाकर अपने दिल का बुख़ार निकालें। अगर कहती है कि अच्छी हूँ, तो शायद निश्चिन्त होकर दो बजे तक कहीं ख़बर लें। इस दुविधा में डरते-डरते बोली–अब तक तो हलकी थी, लेकिन अब कुछ भारी हो रहा है। तुम जाओ, दूकान पर लोग तुम्हारी राह देखते होंगे। हाँ, ईश्वर के लिए एक-दो न बजा देना। लड़के सो जाते है, मुझे ज़रा भी अच्छा नहीं लगता, जी घबराता है।

सेठजी ने अपने स्वर में स्नेह की चाशनी देकर कहा–बारह बजे तक आ जाऊँगा ज़रूर!

लीला का मुख धूमिल हो गया। उसने कहा–दस बजे तक नहीं आ सकते?

''साढ़े ग्यारह से पहले किसी तरह नहीं।''

''नहीं साढ़े दस।''

''अच्छा, ग्यारह बजे।''

लालाजी वादा करके चले गए, लेकिन दस बजे रात को एक मित्र ने मुजरा सुनने के लिए बुला भेजा। इस निमन्त्रण को कैसे इनकार कर देते? जब एक आदमी आपको खातिर से बुलाता है, तब यह कहाँ की भलमनसाहत है कि आप उसका निमन्त्रण अस्वीकार कर दें?

लालाजी मुजरा सुनने चले गए, दो बजे लौटे। चुपके से आकर नौकर को जगाया और अपने कमरे में आकर लेट रहे। लीला उनकी राह देखती, प्रतिक्षण विकल वेदना का अनुभव करती हुई न जाने कब सो गई थी।

अन्त को इस बीमारी ने अभागिनी लीला की जान ही लेकर छोड़ी। लालाजी

को उसके मरने का बड़ा दुःख हुआ। मित्रों ने संवेदना के तार भेजे। एक दैनिक पत्र ने शोक प्रकट करते हुए लीला के मानसिक और धार्मिक सद्गुणों का ख़ूब बढ़ाकर वर्णन किया। लालाजी ने इन सभी मित्रों का हार्दिक धन्यवाद दिया और लीला के नाम से बालिका-विद्यालय में पाँच वज़ीफ़े प्रदान किए तथा मृतक-भोज तो जितने समारोह से किया गया, वह नगर के इतिहास में बहुत दिनों तक याद रहेगा।

लेकिन एक महीना भी न गुज़रने पाया था कि लालाजी के मित्रों ने चारा डालना शुरू कर दिया और उसका यह असर हुआ कि छः महीने की विधुरता के तप के बाद उन्होंने दूसरा विवाह कर लिया। आख़िर बेचारे क्या करते? जीवन में एक सहचरी की आवश्यकता तो थी ही, और इस उम्र में तो एक तरह से वह अनिवार्य हो गई थी।

2

जब से लालाजी की नई पत्नी आई, लालाजी के जीवन में आश्चर्यजनक परिवर्तन हो गया। दूकान से अब उतना प्रेम नहीं था। लगातार हफ्तों न जाने से भी उनके कारोबार में कोई हर्ज़ नहीं होता था। जीवन के उपभोग की जो शक्ति दिन-दिन क्षीण होती जाती थी, अब वह छीटे पाकर सजीव हो गई थी, सूखा पेड़ हरा हो गया था, उसमें नई-नई कोपलें फूटने लगी थीं। मोटर नई आ गई था, कमरे नए फर्नीचर से सजा दिए गए थे, नौकरों की भी संख्या बढ़ गई थी, रेडियो आ पहुँचा था और प्रतिदिन नए-नए उपहार आते रहते थे। लालाजी की बूढ़ी जवानी, जवानों की जवानी से भी प्रखर हो गई थी, उसी तरह, जैसे बिजली का प्रकाश चन्द्रमा के प्रकाश से ज़्यादा स्वच्छ और मनोरंजक होता है। लालाजी को उनके मित्र इस रूपान्तर पर बधाइयाँ देते, तब वे गर्व के साथ कहते–भई, हम तो हमेशा जवान रहे और हमेशा जवान रहेंगे। बुढ़ापा यहाँ आए तो उसके मुँह में कालिख लगाकर गधे पर उलटा सवार कराके शहर से निकाल ले। जवानी और बुढ़ापे को न जाने क्यों लोग अवस्था से सम्बद्ध कर देते हैं। जवानी का उम्र से उतना ही सम्बन्ध है, जितना धर्म का आचार से, रुपए का ईमानदारी से, रूप का शृंगार से। आजकल के जवानों को आप जवान कहते हैं? उनकी एक हज़ार जवानियों को अपने एक घंटे से भी न बदलूँगा। मालूम होता है, उनकी ज़िन्दगी में कोई उत्साह ही नहीं, कोई शौक़ नहीं। जीवन क्या है, गले में पड़ा हुआ एक ढोल है।

यही शब्द घटा-बढ़ाकर वे आशा के हृदय-पटल पर अँकित करते रहते थे। उससे बराबर सिनेमा, थियेटर और दरिया की सैर के लिए आग्रह करते रहते। लेकिन आशा को न जाने क्यों इन बातों से ज़रा भी रुचि न थी। वह जाती तो थी, मगर बहुत टाल-टूल करने के बाद। एक दिन लालाजी ने आकर कहा–चलो, आज बजरे पर दरिया की सैर करें।

वर्षा के दिन थे, दरिया चढ़ा हुआ था, मेघ-मालाएँ अन्तर्राष्ट्रीय सेनाओं की भाँति रंग-बिरंगी वर्दियाँ पहने आकाश में क़वायद कर रही थी। सड़क पर लोग मलार और बारहमासा गाते चलते थे। बाग़ों में झूले पड़ गए थे।

आशा ने बेदिली से कहा–मेरा जी तो नहीं चाहता।

लालाजी ने मृदु प्रेरणा के साथ कहा–तुम्हारा मन कैसा है, जो आमोद-

प्रमोद की ओर आकर्षित नहीं होता? चलो, ज़रा दरिया की सैर देखो। सच कहता हूँ, बजरे पर बड़ी बहार रहेगी।

''आप जाएँ, मुझे और कई काम करने हैं।''

''काम करने को आदमी हैं। तुम क्यों काम करोगी?''

''महाराज अच्छे सालन नहीं पकाता। आप खाने बैठेंगे, तो यों ही उठ जाएँगे।''

आशा अपने अवकाश का बड़ा भाग लालाजी के लिए तरह-तरह का भोजन पकाने में ही लगाती थी। उसने किसी से सुन रखा था कि एक विशेष अवस्था के बाद पुरुष के जीवन का सबसे बड़ा सुख रसना का स्वाद ही रह जाता है।

लालाजी की आत्मा खिल उठी। उन्होंने सोचा कि आशा को उनसे कितना प्रेम है कि वह दरिया की सैर को उनकी सेवा के लिए छोड़ रही है। एक लीला थी कि 'मान-न-मान' चलने को तैयार रहती थी। पीछा छुड़ाना पड़ता था, ख़्वामख़्वाह सिर पर सवार हो जाती थी और सारा मज़ा किरकिरा कर देती थी।

स्नेह-भरे उलाहने से बोले—तुम्हारा मन भी विचित्र है। अगर एक दिन सालन फ़ीका हो रहा, तो ऐसा क्या तूफ़ान आ जाएगा? तुम तो मुझे बिलकुल निकम्मा बनाए देती हो। अगर तुम न चलोगी, तो मैं भी न जाऊँगा।

आशा ने जैसे गले से फन्दा छुड़ाते हुए कहा—आप भी तो मुझे इधर-उधर घुमा-घुमाकर मेरा मिज़ाज बिगाड़े देते हैं। यह आदत पड़ जाएगी, तो घर का धन्धा कौन करेगा;

''मुझे घर के धन्धे की रत्ती-भर भी परवा नहीं—बाल की नोक बराबर भी नहीं। मैं चाहता हूँ कि तुम्हारा मिज़ाज बिगड़े और तुम इस गृहस्थी की चक्की से दूर रहो। और तुम मुझे बार-बार आप क्यों कहती हो? मैं चाहता हूँ, तुम मुझे 'तुम' कहो, तू कहो, गालियाँ दो, धौंस ज़माओ। तुम तो मुझे आप कहके जैसे देवता के सिंहासन पर बैठा देती हो। मैं अपने घर में देवता नहीं, चंचल बालक बनना चाहता हूँ।''

''आशा ने मुस्कराने की चेष्टा करके कहा—भला, मैं आपको 'तुम' कहूँगी। तुम बराबरवाले को कहा जाता है कि बड़ों को?''

मुनीम ने एक लाख के घाटे की ख़बर सुनाई होती, तो भी शायद लालाजी को इतना दुःख न होता, जितना आशा के इन कठोर शब्दों से हुआ। उनका सारा उत्साह, सारा उल्लास जैसे ठंडा पड़ गया। सिर पर बाँकी रखी हुई फूलदार टोपी, गले में पड़ी हुई जोगिए रंग की चुनी हुई रेशमी चादर, वह तंज़ेब का बेलदार कुर्ता, जिसमें सोने के बटन लगे हुए थे, यह सारा ठाट जैसे उन्हें हास्यजनक जान पड़ने लगा, जैसे वह सारा नशा किसी मन्त्र से उतर गया हो।

निराश होकर बोले—तो तुम्हें चलना है या नहीं?

''मेरा जी नहीं चाहता।''

''तो मैं भी न जाऊँ?''

''मैं आपको कब मना करती हूँ?''

''फिर 'आप' कहा?''

आशा ने जैसे भीतर से ज़ोर लगाकर कहा 'तुम' और उसका मुख-मण्डल लज़्ज़ा से आरक्त हो गया।

''हाँ, इसी तरह 'तुम' कहा करो। तुम नहीं चल रही हो? अगर मैं कहूँ, तुम्हें चलना पड़ेगा तो?''

"तब चलूँगी। आपकी आज्ञा मानना मेरा धर्म है।"

लालाजी आज्ञा न दे सके। आज्ञा और धर्म जैसे शब्द उनके कानों में चुभने से लगे। खिसियाए हुए बाहर को चल पड़े। उस वक़्त आशा को उन पर दया आ गई। बोली—तो कब तक लौटोगे?

"मैं नहीं जा रहा हूँ।"

"अच्छा, तो मैं भी चलती हूँ।"

जैसे कोई ज़िद्दी लड़का रोने के बाद अपनी इच्छित वस्तु पाकर उसे पैरों से ठुकरा देता है, उसी तरह लालाजी ने मुँह बनाकर कहा—तुम्हारा जी नहीं चाहता, तो न चलो। मैं आग्रह नहीं करता।

"आप नहीं, तुम बुरा मान जाओगे।"

आशा गई, लेकिन उमंग से नहीं। जिस मामूली वेश में थी, उसी तरह चल खड़ी हुई। न कोई सजीली साड़ी, न जड़ाऊ गहने, न कोई सिंगार, जैसे कोई विधवा हो।

ऐसी ही बातों पर लालाजी मन में झुँझला उठते थे। ब्याह किया था, जीवन का आनन्द उठाने के लिए, झिलमिलाते हुए दीपक में तेल डालकर उसे और चटक करने के लिए। अगर दीपक का प्रकाश तेज़ न हुआ, तो तेल डालने से क्या लाभ? न जाने इसका मन क्यों इतना शुष्क और नीरस है, जैसे कोई ऊसर का पेड़ हो, कितना ही पानी डालो, उसमें हरी पत्तियों के दर्शन न होंगे। जड़ाऊ गहनों से भरी पिटारियाँ खुली हुई हैं, कहाँ-कहाँ से मँगवाए—दिल्ली से, कलकत्ते से, फ्रांस से। कैसी-कैसी बहुमूल्य साड़ियाँ रखी हुई हैं। एक नहीं, सैकड़ों। पर केवल सन्दूक में कीड़ों का भोजन बनने के लिए। दरिद्र घर की लड़कियों में यही ऐब होता है। उनकी दृष्टि सदैव संकीर्ण रहती है। न खा सकें, न पहन सकें, न दे सकें। उन्हें तो ख़ज़ाना भी मिल जाए, तो यही सोचती रहेंगी कि इसे ख़र्च कैसे करें।

दरिया की सैर तो हुई, पर विशेष आनन्द न आया।

3

कई महीनों तक आशा की मनोवृत्तियों को जगाने का असफल प्रयत्न करके लालाजी ने समझ लिया कि इसकी पैदाइश ही मुहर्रमी है। लेकिन फिर भी निराश न हुए। ऐसे व्यापार में एक बड़ी रक़म लगाने के बाद वे उसमें अधिक- से-अधिक लाभ उठाने की वणिक्-प्रवृत्ति को कैसे त्याग देते? विनोद की नई-नई योजनाएँ पैदा की जातीं—ग्रामोफ़ोन अगर बिगड़ गया है, गाता नहीं, या साफ़ आवाज़ नहीं निकलती, तो उसकी मरम्मत करानी पड़ेगी। उसे उठाकर रख देना तो मूर्खता है।

इधर बूढ़ा महाराज एकाएक बीमार होकर घर चला गया था और उसकी जगह उसका सत्रह-अट्ठारह साल का जवान लड़का आ गया था। कुछ अजीब गँवार था, बिलकुल झंगड़ उजड्ड। कोई बात ही न समझता था। जितने फुलके बनाता, उतनी तरह के। हाँ, एक बात समान होती। सब बीच में मोटे होते, किनारे पतले। दाल कभी तो इतनी पतली जैसे चाय, कभी इतनी गाढ़ी, जैसे दही। नमक कभी इतना कम कि बिलकुल फ़ीका।, कभी इतना तेज़ कि नींबू का शाक़ीन। आशा मुँह-हाथ धोकर चौके में पहुँच जाती और इस ढपोरशंख को भोजन पकाना सिखाती। एक दिन उसने कहा—तुम कितने नालायक़ आदमी हो जुगल। आख़िर इतनी उम्र

तक तुम घास खोदते रहे या भाड़ झोंकते रहे कि फुलके तक नहीं बना सकते? जुगल ने आँखों में आँसू भरकाकर कहता—बहूजी, अभी मेरी उम्र ही क्या है? सत्रहवाँ ही तो पूरा हुआ है!

आशा को उसकी बात पर हँसी आ गई। उसने कहा—तो रोटियाँ पकाना क्या दस-पाँच साल में आता है?

''आप एक महीना सिखा दें बहूजी, फिर देखिए, मैं आपको कैसे फुलके खिलाता हूँ कि जी ख़ुश हो जाए। जिस दिन मुझे फुलके बनाने आ जाएँगे, मैं आपसे कोई इनाम लूँगा। सालन तो अब मैं कुछ-कुछ बनाने लगा हूँ, क्यों न?''

आशा ने हौसला बढ़ानेवाली मुस्कराहट के साथ कहा—सालन नहीं, वो बनाना आता है। अभी कल ही नमक इतना तेज़ था कि खाया न गया। मसाले में कचाँध आ रही थी।

''मैं जब सालन बना रहा था, तब आप यहाँ कब थीं?''

''अच्छा, तो मैं यहाँ बैठी रहूँ, तब तुम्हारा सालन बढ़िया पकेगा?''

''आप बैठी रहती हैं, तब मेरी अक्ल ठिकाने रहती है।''

आशा को जुगल की इन भोली बातों पर ख़ूब हँसी आ रही थी। हँसी को रोकना चाहती थी, पर इस तरह निकली पड़ती थी, जैसे भरी बोतल उड़ेल दी गई हो।

''और मैं नहीं रहती तब?''

''तब तो आपके कमरे के द्वार पर जा बैठती है। वहीं बैठकर अपनी तक़दीर को रोती है।''

आशा ने हँसी को रोककर पूछा—क्यों, रोती क्यों है?

''यह न पूछिए बहूजी, आप इन बातों को नहीं समझेंगी।''

आशा ने उसके मुँह की ओर प्रश्न की आँखों से देखा। उसका आशय कुछ तो समझ गई, पर न समझने का बहाना किया।

''तुम्हारे दादा आ जाएँगे, तब तुम चले जाओगे!''

''और क्या करूँगा बहूजी! यहाँ कोई काम दिलवा दीजिएगा, तो पड़ा रहूँगा। मुझे मोटर चलाना सिखवा दीजिए। आपको ख़ूब सैर कराया करूँगा। नहीं, नहीं बहूजी, आप हट जाइए, मैं पतीली उतार लूँगा, ऐसी अच्छी साड़ी है आपकी, कहीं कोई दाग पड़ जाए, तो क्या हो?''

आशा पतीली उतार रही थी। जुगल ने उसके हाथ से सँड़सी ले लेनी चाही। ''दूर रहो, फूहड़ तो तुम हो ही। कहीं पतीली पाँव पर गिरा ली, तो महीनों झींकोगे।''

जुगल के मुख पर उदासी छा गई।

आशा ने मुस्कराकर पूछा—क्यों, मुँह क्यों लटक गया सरकार का?

जुगल रुआँसा होकर बोला—आप मुझे डाँट देती हैं, बहूजी, तब मेरा दिल टूट जाता है। सरकार कितना ही घुड़कें, मुझे बिलकुल ही दुःख नहीं होता। आपकी नज़र कड़ी देखकर मेरा ख़ून सर्द हो जाता है।

आशा ने दिलासा दिया—मैंने तुम्हें डाँटा तो नहीं, केवल यही तो कहा कि कहीं पतीली तुम्हारे पाँव पर गिर पड़े तो क्या हो?

''हाथ ही तो आपका भी है। कहीं आपके ही हाथ से छूट पड़े तो?''

लाला डंगामल ने रसोई-घर के द्वार पर आकर कहा—आशा, ज़रा यहाँ आना। देखो, तुम्हारे लिए कितने सुन्दर गमले लाया हूँ। तुम्हारे कमरे के सामने रखे जाएँगे। तुम यहाँ धुएँ-धक्कड़ से क्यों हलकान होती हो? इस लड़के से कह दो

कि जल्दी महाराज को बुलाए, नहीं तो मैं कोई दूसरा रख लूँगा। महाराजों की कमी नहीं है। आख़िर कब तक कोई रिआयत करे! गधे को ज़रा भी तमीज़ नहीं आई। सुनता है जुगल, लिख दे आज अपने बाप को।

चूल्हे पर तवा रखा हुआ था। आशा रोटियाँ बेलने में लगी थी। जुगल तवे के लिए रोटियों का इन्तज़ार कर रहा था। ऐसी हालत में भला, आशा कैसे गमले देखने जाती?

उसने कहा—जुगल रोटियाँ टेढ़ी-मेढ़ी बेल डालेगा।

लालाजी ने कुछ चिढ़कर कहा—अगर रोटियाँ टेढ़ी-मेढ़ी बेलेगा, तो निकाल दिया जाएगा।

आशा अनसुनी करके बोली—दस-पाँच दिन में सीख जाएगा, निकालने की क्या ज़रूरत है?

''तुम आकर बतला दो, गमले कहाँ रखे जाएँ।''

''कहती तो हूँ, रोटियाँ बेलकर आई जाती हूँ।''

''नहीं, मैं कहता हूँ, तुम रोटियाँ मत बेलो।''

''आप ख़्वामख़्वाह ज़िद्द करते हैं।''

लालाजी सन्नाटे में आ गए। आशा ने कभी इतनी रुखाई से उन्हें जवाब न दिया था। और यह केवल रुखाई न थी; इसमें कटुता भी थी। लज्जित होकर चले गए। उन्हें ऐसा क्रोध आ रहा था कि इन गमलों को तोड़कर फेंक दें और सारे पौधों को चूल्हे में डाल दें।

जुगल ने सहमे हुए स्वर में कहा—आप चली जाएँ बहूजी, सरकार बिगड़ जाएँगे।

''बको मत, जल्दी-जल्दी फुलके सेंको, नहीं तो निकाल दिये जाओगे। और आज मुझसे रुपये लेकर अपने लिए कपड़े बनवा लो। भिखमंगों की- सी सूरत बनाए घूमते हो। और बाल क्यों इतने बढ़ा रखे हैं? तुम्हें नाई भी नहीं जुड़ता?''

जुगल ने दूर की बात सोची। बोला—कपड़े बनवा लूँ, तो दादा को हिसाब क्या दूँगा?

''अरे पागल! मैं हिसाब में नहीं देने को कहती। मुझसे ले जाना।''

जुगल जाहिलपन की हँसी-हँसा।

''आप बनवाएँगी, तो अच्छे कपड़े लूँगा। खद्दर के मलमल का कुर्ता, खद्दर की धोती, रेशमी चादर, अच्छा-सा चप्पल।''

''आशा ने मीठी मुस्कान से कहा—और अगर अपने दाम से बनवाने पड़े?''

''तब कपड़े ही क्या बनवाऊँगा!''

''बड़े चालाक हो तुम।''

जुगल ने अपनी बुद्धिमत्ता का प्रदर्शन किया—आदमी अपने घर में सूखी रोटियाँ खाकर सो रहता है, लेकिन दावत में तो अच्छे-अच्छे पकवान ही खाता है। वहाँ भी यदि रुखी-सूखी रोटियाँ मिलें, तो वह दावत में जाए ही नहीं।

''यह सब मैं नही जानती। एक गाढ़े का कुर्ता बनवा लो और एक टोपी ले लो, हजामत के लिए दो आने पैसे ऊपर से ले लो।''

जुगल ने मान करके कहा—रहने दीजिए। मैं नहीं लेता। अच्छे कपड़े पहनकर निकलूँगा, तब तो आपकी याद आएगी। सड़ियल कपड़े पहनकर तो और जी जलेगा।

''तुम स्वार्थी हो, मुफ़्त के कपड़े लोगे और साथ ही बढ़िया भी।''

"जब यहाँ से जाने लगूँ, तब आप मुझे अपना एक चित्र दीजिएगा।"

"मेरा चित्र लेकर क्या करोगे?"

"अपनी कोठरी में लगाऊँगा और नित्य देखा करूँगा। बस, वही साड़ी पहनकर खिंचवाना, जो कल पहनी थी, और वही मोतियों की माला भी हो। मुझे नंगी-नंगी सूरत अच्छी नहीं लगती। आपके पास तो बहुत गहने होंगे। आप पहनती क्यों नहीं!"

"तो तुम्हें गहने बहुत अच्छे लगते हैं?"

"बहुत।"

लालाजी ने फिर आकर जलते हुए मन से कहा—अभी तक तुम्हारी रोटियाँ नहीं पकीं जुगल? अगर कल से तूने अपने-आप अच्छी रोटियाँ न पकायीं, तो मैं तुझे निकाल दूँगा।

आशा ने तुरन्त हाथ-मुँह धोया और बड़े प्रसन्नमन से लालाजी के साथ गमले देखने चली। इस समय उसकी छवि में प्रफुल्लता का रोगन था, बातों में भी जैसे शक्कर घुली हुई थी। लालाजी का सारा खिसियानापन मिट गया था।

उसने गमलों को लुब्ध आँखों से देखा। उसने कहा—मैं इनमें से कोई गमला न जाने दूँगी। सब मेरे कमरे के सामने रखवाना, सब! कितने सुन्दर पौधे हैं, वाह! इनके हिन्दी नाम भी मुझे बतला देना।

लालाजी ने छेड़ा—सब गमले लेकर क्या करोगी? दस-पाँच पसन्द कर लो। शेष मैं बाहर रखवा दूँगा।

"जी नहीं। मैं एक भी न छोड़ूँगी। सब यहीं रखे जाएँगे।"

"बड़ी लालचिन हो तुम!"

"लालचिन ही सही। मैं आपको एक भी न दूँगी।"

"दो-चार तो दे दो। इतनी मेहनत से लाया हूँ।"

"जी नहीं, इनमें से एक भी न मिलेगा।"

4

दूसरे दिन आशा ने अपने को आभूषण से ख़ूब सजाया और फिरोज़ी साड़ी पहनकर निकली, तब लालाजी की आँखों में ज्योति आ गई। समझे, अवश्य ही अब उनके प्रेम का जादू 'कुछ-कुछ' चल रहा है, नहीं तो उनके बार-बार के आग्रह करने पर भी, बार-बार याचना करने पर भी, उसने कोई आभूषण न पहना था। कभी-कभी मोतियों का हार गले में डाल लेती थी, वह भी ऊपरी मन से! आज वह आभूषणों से अलंकृत होकर फूली नहीं समाती, इतरायी जाती है, मानो कहती हो, देखो मैं कितनी सुन्दर हूँ।

लालाजी पर घड़ों का नशा चढ़ा हुआ था। वे चाहते थे, उनके मित्र और बन्धु-वर्ग आकर इस सोने की रानी के दर्शनों से अपनी आँखें ठंडी करें और देखें कि वह कितनी सुखी, सन्तुष्ट और प्रसन्न है। जिन विद्रोहियों ने विवाह के समय तरह-तरह की शंकाएँ की थीं, वे आँखें खोलकर देखें कि डंगामल कितना सुखी है, विश्वास, अनुराग और अनुभव ने नया चमत्कार किया है?

उन्होंने प्रस्ताव दिया—चलो, कहीं घूम आएँ। बड़ी मजेदार हवा चल रही है।

आशा इस वक़्त कैसे जा सकती थी? अभी उसे रसोई में जाना था, वहाँ

से कहीं बारह-एक बजे फुर्सत मिलेगी। फिर घर के दूसरे धन्धे सिर पर सवार हो जाएँगे। सैर-सपाटे के पीछे क्या घर चौपट कर दे?

सेठजी ने उसका हाथ पकड़ लिया और कहा—नहीं, आज मैं तुम्हें रसोई में न जाने दूँगा।

''महाराज के किए कुछ न होगा।''

''तो आज उसकी शामत भी आ जाएगी।''

आशा के मुख पर से वह प्रफुल्लता जाती रही। मन भी उदास हो गया। एक सोफे पर लेटकर बोली—आज न जाने क्यों कलेजे में मीठा-मीठा दर्द हो रहा है। ऐसा दर्द कभी नहीं होता था।

''सेठजी घबरा उठे।''

''यह दर्द कब से हो रहा है?''

''हो तो रहा है रात से ही, लेकिन अभी कुछ कम हो गया था। अब फिर होने लगा है। रह×रहकर जैसे चुभन हो जाती है।''

सेठजी एक बात सोचकर दिल-ही-दिल में फूल उठे। अब वे गोलियाँ रंग ला रही हैं। राजवैद्यजी ने कहा भी था कि ज़रा सोच-समझकर इनका सेवन कीजिएगा। क्यों न हो! पुराने और परीक्षित नुस्ख़े हैं इनके पास! उन्होंने कहा—तो रात से ही यह दर्द हो रहा है? तुमने मुझसे कहा नहीं, नहीं तो वैद्यजी से कोई दवा मँगवाता।

''मैंने समझा था, आप-ही-आप अच्छा हो जाएगा, मगर अब बढ़ रहा है।''

''कहाँ दर्द हो रहा है? ज़रा देखूँ। कुछ सूजन तो नहीं है!''

सेठजी ने आशा के आँचल की तरफ़ हाथ बढ़ाया। आशा ने शर्माकर सिर झुका लिया। उसने कहा—यह तुम्हारी शरारत मुझे अच्छी नहीं लगती। मैं अपनी जान से मरती हूँ, तुम्हें हँसी सूझती है। जाकर कोई दवा ला दो।

सेठजी अपने पुंसत्व का यह डिप्लोमा पाकर उससे कहीं ज्यादा प्रसन्न हुए, जितना रायबहादुरी पाकर होते। इस विजय का डंका पीटे बिना उन्हें कैसे चैन आ सकता था? जो लोग उनके विवाह के विषय में द्वेषमय टिप्पणियाँ कर रहे थे, उन्हें नीचा दिखाने का कितना अच्छा अवसर हाथ आया है और इतनी जल्दी!

पहले पंडित भोलानाथ के पास गए और भाग्य ठोककर बोले—भई, मैं तो बड़ी विपत्ति में फँस गया। कल से उनके कलेजे में दर्द हो रहा है। कुछ बुद्धि काम नहीं करती। कहती है, ऐसा दर्द पहले कभी नहीं हुआ था।

भोलानाथ ने कुछ बहुत हमदर्दी-सी दिखायी।

सेठजी यहाँ से उठकर अपने दूसरे मित्र लाला फागमल के पास पहुँचे, और उनसे भी लगभग इन्हीं शब्दों में यह शोक-सम्वाद कहा।

फागमल बड़ा शोहदा था। मुस्कराकर बोला—मुझे तो आपकी शरारत मालूम होती है।

सेठजी की बाछें खिल गईं। उन्होंने कहा—मैं अपना दुःख सुना रहा हूँ और तुम्हें दिल्लग़ी सूझती है। ज़रा भी आदमियत तुममें नहीं है।

''मैं दिल्लग़ी नहीं कर रहा हूँ। इसमें दिल्लग़ी की क्या बात है? वे हैं कमसिन, कोमलांगी, आप ठहरे पुराने लठैत, दंगल के पहलवान। बस! अगर यह बात न निकले तो मूँछें मुड़ा लूँ।

सेठजी की आँखें जगमगा उठीं। मन में यौवन की भावना प्रबल हो उठी और उसके साथ ही मुख पर भी यौवन की झलक आ गई। छाती जैसे कुछ फैल

गई। चलते समय उनके पग कुछ अधिक मज़बूती से ज़मीन पर पड़ने लगे, और सिर की टोपी भी न जाने कैसे बाँकी हो गई। आकृति से बाँकपन की शान बरसने लगी।

5

जुगल ने आशा को सिर से पाँव तक जगमगाते देखकर कहा—बस बहूजी, आप इसी तरह पहने-ओढ़े रहा करें। आज मैं आपको चूल्हे के पास न आने दूँगा।

आशा ने नयन-वाण चलाकर कहा—क्यों, आज यह नया हुक्म क्यों? पहले तो तुमने कभी मना नहीं किया।

"आज की बात दूसरी है।"

"ज़रा सुनूँ, क्या बात है?"

"मैं डरता हूँ, आप कहीं नाराज़ न हो जाएँ?"

"नहीं-नहीं, कहो, मैं नाराज़ न होऊँगी।"

"आप बहुत सुन्दर लग रही हैं।"

लाला डंगामल ने असंख्य बार आशा के रूप और यौवन की प्रशंसा की थी; मगर उनकी प्रशंसा में उसे बनावट की गंध आती थी। यह शब्द उनके मुख से निकलकर कुछ ऐसे लगते थे, जैसे कोई पंगु दौड़ने की चेष्टा कर रहा हो। जुगल के इन सीधे शब्दों में एक उन्माद था, नशा था, एक चोट थी। आशा की सारी देह प्रकम्पित हो गई।

"तुम मुझे नज़र लगा दोगे जुगल, इस तरह क्यों घूरते हो?"

"जब यहाँ से चला जाऊँगा, तब आपकी बहुत याद आएगी।"

"रसोई पकाकर तुम सारे दिन क्या किया करते हो? दिखाई नहीं देते!"

"सरकार रहते हैं, इसीलिए नहीं आता। फिर अब तो मुझे जवाब मिल रहा है। देखिए भगवान कहाँ ले जाते हैं।"

आशा की मुख-मुद्रा कठोर हो गई। उसने कहा—कौन तुम्हें जवाब देता है?

"सरकार ही तो कहते हैं, तुझे निकाल दूँगा।"

"अपना काम किए जाओ, कोई नहीं निकालेगा। अब तो तुम फुलके भी अच्छे बनाने लगे।"

"सरकार हैं बड़े गुस्सेवर।"

"दो-चार दिन में उनका मिज़ाज ठीक किए देती हूँ।"

"आपके साथ चलते हैं, तो आपके बाप-से लगते हैं।"

"तुम बड़े मुँहफट हो। ख़बरदार, ज़बान सँभालकर बातें किया करो।"

किन्तु अप्रसन्नता का यह झीना आवरण उसके मनोरहस्य को न छिपा सका। वह प्रकाश की भाँति उसके अन्दर से निकल पड़ता था।

जुगल ने फिर उसी निर्भीकता से कहा—मेरा मुँह कोई बन्द कर ले, यहाँ तो सभी यही कहते हैं। मेरा ब्याह कोई 50 साल की बुढ़िया से कर दे, तो मैं घर छोड़कर भाग जाऊँ। या तो ख़ुद जहर खा लूँ या उसे जहर देकर मार डालूँ। फाँसी ही तो होगी?

आशा उस कृत्रिम क्रोध को क़ायम न रख सकी। जुगल ने उसकी हृदयवीणा के तारों पर मिज़राब की ऐसी चोट मारी थी कि उसके बहुत ज़ब्त करने पर भी मन की व्यथा बाहर निकल आई। उसने कहा—भाग्य भी तो कोई वस्तु है।

''ऐसा भाग्य जाए भाड़ में।''

''तुम्हारा ब्याह किसी बुढ़िया से ही करूँगी, देख लेना।''

''तो मैं भी ज़हर खा लूँगा, देख लीजिएगा।''

''क्यों, बुढ़िया तुम्हें जवान स्त्री से ज़्यादा प्यार करेगी, ज़्यादा सेवा करेगी। तुम्हें सीधे रास्ते पर रखेगी।''

''यह सब माँ का काम है। बीवी जिस काम के लिए है उसी काम के लिए है।''

''आख़िर बीवी किस काम के लिए है?''

''आप मालकिन हैं, नहीं तो बता देता, बीवी किस काम के लिए है।''

मोटर की आवाज़ आई। न जाने कैसे आशा के सिर का आँचल खिसककर कन्धे पर आ गया। उसने जल्दी से आँचल खींचकर सिर पर रख लिया और यह कहती हुई अपने कमरे की ओर लपकी कि लाला भोजन करके चले जाएँ, तब आना।

❑❑❑

शूद्रा

माँ और बेटी एक झोंपड़ी में गाँव के उस सिरे पर रहती थीं। बेटी बाग़ से पत्तियाँ बटोर कर लाती, माँ भाड़ झोंकती। यही उनकी जीविका थी। सेर-दो सेर अनाज मिल जाता था, खाकर पड़ी रहती थीं। माता विधवा थी। बेटी क्वाँरी, घर में और कोई आदमी न था। माँ का नाम गंगा था, बेटी का नाम गौरा।

गंगा को कई साल से यह चिन्ता लगी हुई थी कि कहीं गौरा की सगाई हो जाए, लेकिन कहीं बात पक्की न होती थी। अपने पति के मर जाने के बाद गंगा ने कोई दूसरा घर न किया था, न कोई दूसरा धन्धा ही करती थी। इससे लोगों को सन्देह हो गया कि आख़िर इसका गुज़र कैसे होता है? और लोग तो छाती फाड़-फाड़कर काम करते हैं, फिर भी पेट-भर अन्न मयस्सर नहीं होता। यह स्त्री कोई धंधा नहीं करती, फिर भी माँ-बेटी आराम से रहती हैं, किसी के सामने हाथ नहीं फैलातीं। इसमें कुछ-न-कुछ रहस्य अवश्य है। धीरे-धीरे यह सन्देह और भी दृढ़ हो गया, और यह अब तक जीवित था। बिरादरी में कोई गौरा से सगाई करने पर भी राज़ी न होता था। शूद्रों की बिरादरी बहुत छोटी होती है। दस-पाँच कोस से अधिक उसका क्षेत्र नहीं होता। इसलिए एक दूसरे के गुण-दोष किसी से छिपे नहीं रहते, न उन पर परदा ही डाला जा सकता है।

इस भ्रान्ति को शान्त करने के लिए माँ ने बेटी के साथ कई तीर्थ यात्राएँ की। उड़ीसा तक हो आयी, लेकिन सन्देह न मिटा। गौरी युवती थी, सुन्दरी थी, पर उसे किसी न कुएँ पर या खेतों में हँसते-बोलते नहीं देखा। उसकी निग़ाह कभी ऊपर उठती ही न थी। लेकिन ये बातें भी सन्देह को और पुष्ट करती थीं। अवश्य कोई न कोई रहस्य है। कोई युवती इतनी सती नहीं हो सकती। कुछ गुप-चुप की बात अवश्य है।

यों ही दिन गुजरते जाते थे। बुढ़िया दिनोंदिन चिन्ता से धुल रही थी उधर सुन्दरी की मुख-छवि दिनोंदिन निखरती थी। कली ख़िलकर फूल हो रही थी।

2

एक दिन एक परदेसी गाँव से होकर निकला। दस-बाहर कोस से आ रहा था। नौकरी की ख़ोज़ में कलकत्ते जा रहा था। रात हो गयी। किसी कहार का घर पूछता हुआ गंगा के घर आया। गंगा ने उसका ख़ूब आदर-सत्कार किया, उसके लिए गेहूँ का आटा लायी, घर से बर्तन निकालकर दिये। कहार ने पकाया, खाया, लेटा, बातें होने लगीं। सगाई की चर्चा छिड़ गयी। कहार जवान था। गौरा पर निग़ाह पड़ी, उसका रंग-ढंग देखा, उसकी सलज्ज छवि आँखों में खूब गई। सगाई करने पर राजी हो गया। लौटकर घर चला गया। दो-चार गहने अपनी बहिन के यहाँ से लाया; गाँव के बजाज ने कपड़े उधार दे दिये। दो-चार भाई-बन्दों के साथ सगाई करने आ पहुँचा। सगाई हो गई, यहीं रहने लगा। गंगा बेटी और दामाद को आँखों से दूर न कर सकती थी।

परन्तु दस ही पाँच दिनों में मँगरू के कानों में इधर-उधर की बातें पड़ने लगी। सिर्फ़ बिरादरी के नहीं, अन्य जाति वाले भी उसके कान भरने लगे। ये बातें सुन-सुनकर मँगरू पछताता था कि नाहक यहाँ फँसा। पर गौरा को छोड़ने का ख़याल करके उसका दिल काँप उठता था।

एक महीने के बाद मँगरू अपनी बहिन के गहने लौटाने गया। खाना खाने के समय उसका बहनोई उसके साथ भोजन करने बैठा। मँगरू को कुछ सन्देह हुआ, बहनोई से बोला—तुम क्यों नहीं खाते?

बहनोई ने कहा—तुम खा लो, फिर खा लूँगा।

मँगरू—बात क्या है? तुम खाने क्यों नहीं बैठते।

बहनाई—जब तक पंचायत न होगी। मैं तुम्हारे साथ कैसे खा सकता हूँ? तुम्हारे लिए बिरादरी तो न छोड़ दूँगा। किसी से पूछा न गूछा, जाकर एक हरजाई से सगाई कर ली।

मँगरू चौके पर से उठ आया, मिर्जई पहनी और ससुराल चला आया। बहिन खड़ी रोती रह गई।

उसी रात को वह किसी से कुछ कहे-सुने बग़ैर, गौरा को छोड़कर कहीं चला गया। गौरा नींद में मगन थी। उसे क्या ख़बर थी कि वह रत्न, जो मैंने इतनी तपस्या के बाद पाया है, मुझे सदा के लिये छोड़े चला जा रहा है।

3

कई साल बीत गए। मँगरू का कुछ पता न चला। कोई पत्र तक न आया, पर गौरा बहुत प्रसन्न थी। वह माँग में सिंदूर डालती, रंग-बिरंग के कपड़े पहनती और अधरों पर मिस्सी के धड़े ज़माती। मँगरू भजनों की एक पुरानी किताब छोड़ गया था। उसे कभी-कभी पढ़ती और गाती। मँगरू ने उसे हिन्दी सिखा दी थी। टटोल-टटोलकर भजन पढ़ लेती थी।

पहले वह अकेली बैठी रहती थी। गाँव की और स्त्रियों के साथ बोलते-चालते उसे शर्म आती थी। उसके पास वह वस्तु न थी, जिस पर दूसरी स्त्रियाँ गर्व करती थीं। सभी अपने-अपने पति की चर्चा करतीं। गौरा का पति कहाँ था? वह किसकी बातें करती! अब उसके भी पति था। अब वह अन्य स्त्रियों के साथ इस विषय पर बातचीत करने की अधिकारिणी थी। वह भी मँगरू की चर्चा करती, मँगरू कितना स्नेहशील है, कितना सज्ञन, कितना वीर। पति-चर्चा से उसे कभी तृप्ति ही न होती थी।

स्त्रियाँ पूछतीं—मँगरू तुम्हें छोड़कर क्यों चले गए?

गौरा कहती—क्या करते? मर्द कभी ससुराल में पड़ा रहता है? देश-परदेस में निकलकर चार पैसे कमाना ही तो मर्दों का काम है, नहीं तो मान-मर्यादा का निर्वाह कैसे हो?

जब कोई पूछता, चिट्ठी-पत्री क्यों नहीं भेजते, तो हँसकर कहती—अपना पता-ठिकाना बताने में डरते हैं। जानते हैं न कि गौरा आकर सिर पर सवार हो जाएगी। सच कहती हूँ, उनका पता-ठिकाना मालूम हो जाए, तो मुझसे एक दिन भी न रहा जाए। वह बहुत अच्छा करते हैं कि मेरे पास चिट्ठी-पत्री नहीं भेजते। बेचारे परदेस में कहाँ घर-गृहस्थी सँभालते फिरेंगे?

एक दिन किसी सहेली ने कहा—हम न मानेंगे, तुझसे ज़रूर मँगरू से झगड़ा हो गया है, नहीं तो बिना कुछ कहे-सुने क्यों चले जाते?

गौरा ने हँसकर कहा—बहिन, अपने देवता से भी कोई झगड़ा करता है? वह मेरे मालिक हैं, भला मैं उनसे झगड़ा करूँगी? जिस दिन झगड़े की नौबत आएगी, कहीं डूब मरूँगी। मुझसे कह के जाने पाते? मैं उनके पैरों से लिपट न जाती।

4

एक दिन कलकत्ते से एक आदमी आकर गंगा के घर ठहरा। पास ही के किसी गाँव में अपना घर बतलाया। कलकत्ते में वह मँगरू के पड़ोस में ही रहता था। मँगरू ने उससे गौरा को अपने साथ लाने को कहा था। दो साड़ियाँ और राह-ख़र्च के लिए रुपये भी भेजे थे। गौरा फूली न समायी। बूढ़े ब्राह्मण के साथ चलने को तैयार हो गई। चलते वक़्त वह गाँव की सब औरतों से गले मिली। गंगा उसे स्टेशन तक पहुँचाने गयी। सब कहते थे, बेचारी लड़की के भाग जाग गए, नहीं कुढ़-कुढ़कर मर जाती।

रास्ते भर गौरा सोचती जाती थी—न जाने वह कैसे हो गए होंगे। अब तो मूँछें अच्छी तरह निकल आई होंगी। परदेश में आदमी सुख से रहता है। देह भर आई होगी। बाबू साहब हो गए होंगे। मैं पहले दो-तीन दिन उनसे बोलूँगी नहीं। फिर पूछूँगी—तुम मुझे छोड़कर क्यों चले गए? अगर किसी ने मेरे बारे में कुछ बुरा-भला कहा ही था, तो तुमने उसका विश्वास क्यों कर लिया? तुम अपनी आँखों से न देखकर दूसरों के कहने पर क्यों गए? मैं भली हूँ या बुरी हूँ, हूँ तो तुम्हारी, तुमने मुझे इतने दिनों रुलाया क्यों? तुम्हारे बारे में अगर इसी तरह मुझसे कोई कहता, तो क्या मैं तुमको छोड़ देती? जब तुमने मेरी बाँह पकड़ ली, तो तुम मेरे हो गए। फिर तुममें लाख ऐब हों, मेरी बला से। चाहे तुम तुर्क ही क्यों न हो जाओ, मैं तुम्हें छोड़ नहीं सकती। तुम क्यों मुझे छोड़कर भागे? क्या समझते थे, भागना सहज है? आख़िर झख मारकर बुलाया कि नहीं? कैसे न बुलाते? मैंने तो तुम्हारे ऊपर दया की, चली आई, नहीं तो कह देती कि मैं ऐसे निर्दयी के पास नहीं जाती, तो तुम आप दौड़े आते। तप करने से तो देवता भी मिल जाते हैं, आकर सामने खड़े हो जाते हैं; तुम कैसे न आते? वह बार-बार उद्विग्न हो-होकर बूढ़े ब्राह्मण से पूछती, अब कितनी दूर है? धरती के छोर पर रहते हैं क्या? और भी कितनी ही बातें वह पूछना चाहती थी, लेकिन संकोचवश न पूछ सकती थी। मन-ही-मन अनुमान करके अपने को संतुष्ट कर लेती थी। उनका मकान बड़ा-सा होगा, शहर में लोग पक्के घरों में रहते हैं। जब उनका साहब इतना मानता है, तो नौकर भी होगा। मैं नौकर को भगा दूँगी। मैं दिन-भर पड़े-पड़े क्या किया करूँगी?

बीच-बीच में उसे घर की याद भी आ जाती थी। बेचारी अम्माँ रोती होंगी। अब उन्हें घर का सारा काम आप ही करना पड़ेगा। न जाने बकरियों को चराने ले जाती हैं या नहीं। बेचारी दिन भर में-में करती होंगी। मैं अपनी बकरियों के लिए महीने-महीने रुपये भेजूँगी। जब कलकत्ते से लौटूँगी, तब सबके लिए साड़ियाँ लाऊँगी। तब मैं इस तरह थोड़े लौटूँगी। मेरे साथ बहुत-सा असबाब होगा। सबके लिए कोई-न-कोई सौगात लाऊँगी। तब तक तो बहुत-सी बकरियाँ हो जाएँगी।

यही सुख स्वप्न देखते-देखते गौरा ने सारा रास्ता काट दिया। पगली क्या जानती थी कि मेरे मन कुछ और है, कर्ता के मन कुछ और। क्या जानती थी कि बूढ़े ब्राह्मणों के भेष में भी पिशाच होते हैं। मन की मिठाई खाने में मगन थी।

5

तीसरे दिन गाड़ी कलकत्ते पहुँची। गौरा की छाती धड़-धड़ करने लगी। वह यहीं कहीं खड़े होंगे। अब आते ही होंगे। यह सोचकर उसने घूँघट निकाल लिया और सँभलकर बैठी। मगर मँगरू वहाँ न दिखाई दिया। बूढ़ा ब्राह्मण बोला–मँगरू तो यहाँ नहीं दिखायी देता, मैं चारों ओर छान आया। शायद किसी काम में लग गया होगा, आने की छुट्टी न मिली होगी। मालूम भी तो न था कि हम लोग किस गाड़ी से आ रहे हैं। उनकी राह क्यों देखें, चलो डेरे पर चलें।

दोनों गाड़ी पर बैठकर चले। गौरा कभी ताँगे पर सवार न हुई थी। उसे गर्व हो रहा था कि कितने ही बाबू लोग पैदल जा रहे हैं, मैं ताँगे पर बैठी हूँ।

एक क्षण में गाड़ी मँगरू के डेरे के पास पहुँच गयी। एक विशाल भवन था, अहाता साफ़-सुथरा, सायबान में फूलों के गमले रखे हुए थे। ऊपर चढ़ने लगी। विस्मय, आनन्द और आशा से उसे अपनी सुधि ही न थी। सीढ़ियों पर चढ़ते-चढ़ते पैर दुखने लगे, यह सारा महल उनका है। किराया बहुत देना पड़ता होगा। रुपये को तो कुछ समझते ही नहीं। उसका हृदय धड़क रहा था कि कहीं मँगरू ऊपर से उतरते आ न रहे हों। सीढ़ी पर भेंट हो गई, तो मैं क्या करूँगी? भगवान् करे, वह पड़े सोते हों, तब मैं जगाऊँ और वह मुझे देखते ही हड़बड़ाकर उठ बैठें। आख़िर सीढ़ियों का अन्त हुआ। ऊपर एक कमरे में गौरा को ले जाकर ब्राह्मण देवता ने बिठा दिया।

यह मँगरू का डेरा था। मगर मँगरू यहाँ भी नदारद! कोठरी में केवल एक खाट पड़ी हुई थी। एक किनारे दो-चार बर्तन रखे हुए थे। यही उनकी कोठरी है। तो मकान किसी दूसरे का है, उन्होंने यह कोठरी किराए पर ली होगी। देखती हूँ, चूल्हा ठंड़ा पड़ा हुआ है। मालूम होता है, रात को बाज़ार में पूरियाँ खाकर सो रहे होंगे। यही उनके सोने की खाट है। एक किनारे घड़ा रखा हुआ था। गौरा के मारे प्यास के तालू सूख रहा था। घड़े से पानी उड़ेल कर पिया। एक किनारे एक झाड़ू रखा हुआ था। गौरा रास्ते की थकी थी, पर प्रेमोल्लास में थकन कहाँ? उसने कोठरी में झाड़ू लगाया, बर्तनों को धो-धोकर एक जगह रखा। कोठरी की एक-एक वस्तु यहाँ तक कि उसकी फ़र्श और दीवारों में उसे आत्मीयता की झलक दिखाई देती थी। उस घर में भी, जहाँ उसने अपने जीवन के 25 वर्ष काटे थे, उसे अधिकार का ऐसा गौरव-युक्त आनन्द न प्राप्त हुआ था।

मगर उस कोठरी में बैठे-बैठे उसे संध्या हो गई और मँगरू का कहीं पता नहीं। अब छुट्टी मिली होगी। साँझ को सब जगह छुट्टी होती है। अब वह आ रहे होंगे। मगर बूढ़े बाबा ने उनसे कह तो दिया ही होगा, क्या वह अपने साहब से थोड़ी देर की छुट्टी न ले सकते थे? कोई बात होगी? तभी तो नहीं आए।

अँधेरा हो गया। कोठरी में दीपक न था। गौरा द्वार पर खड़ी पति की बाट देख रही थी। जीने पर बहुत से आदमियों के चढ़ने-उतरने की आहट मिलती थी, बार-बार गौरा को मालूम होता था कि वह आ रहे हैं, पर इधर कोई न आता था।

नौ बजे बूढ़े बाबा आए। गौरा ने समझा, मँगरू है। झपटकर कोठरी के बाहर निकल आई। देखा तो ब्राह्मण! बोली—वह कहाँ रह गए?

बूढ़ा—उनकी तो यहाँ से बदली हो गई। दफ़्तर में गया था, तो मालूम हुआ कि वह कल अपने साहब के साथ यहाँ से कोई आठ दिन की राह पर चले गए। उन्होंने साहब से बहुत हाथ-पैर जोड़े कि मुझे दस दिन की मुहलत दे दीजिए, लेकिन साहब ने एक न मानी। मँगरू यहाँ लोगों से कह गए हैं कि घर से लोग आएँ, तो मेरे पास भेज देना। अपना पता दे गए हैं। कल मैं तुम्हें यहाँ से ज़हाज़ पर बैठा दूँगा। उस ज़हाज़ पर हमारे देश के और भी बहुत से आदमी होंगे, इसलिए मार्ग में कोई कष्ट न होगा।

गौरी ने पूछा—कितने दिन में ज़हाज़ पहुँचेगा?

बूढ़ा—आठ-दस दिन से कम न लगेंगे, मगर घबराने की कोई बात नहीं। तुम्हें किसी बात की तकलीफ़ न होगी।

6

अब तक गौरा को अपने गाँव लौटने की आशा थी। कभी-न-कभी वह अपने पति को वहाँ अवश्य खींच ले जाएगी। लेकिन ज़हाज़ पर बैठकर उसे ऐसा मालूम हुआ कि अब फिर नाता टूट रहा है। वह देर तक घाट पर पड़ी रोती रही, ज़हाज़ और समुद्र देखकर उसे भय हो रहा था। हृदय दहला जाता था।

शाम को ज़हाज़ खुला। उस समय गौरा का हृदय एक अक्षय भय से चंचल हो उठा। थोड़ी देर के लिए नैराश्य ने उस पर अपना आतंक ज़मा लिया। न-जाने किस देश जा रही हूँ; उनसे वहाँ भेंट भी होगी या नहीं। उन्हें कहाँ खोज़ती फिरूँगी, कोई पता-ठिकाना भी तो नहीं मालूम। बार-बार पछताती थी कि एक दिन पहले क्यों नहीं चली आई। कलकत्ते में भेंट हो जाती, तो मैं उन्हें वहाँ कभी न जाने देती।

ज़हाज़ पर और भी कितने ही मुसाफ़िर थे, कुछ स्त्रियाँ भी थीं। उनमें बराबर गाली-गलौज़ होती रहती थी, इसलिए गौरा को उनसे बातें करने की इच्छा न होती थी। केवल एक स्त्री उदास दिखाई देती थी। रंग-ढंग से वह किसी भले घर की मालूम होती थी। गौरा ने उससे पूछा—तुम कहाँ जाती हो बहिन?

उस स्त्री की बड़ी-बड़ी आँखें सजल हो गईं। बोली—क्या बताऊँ बहिन, कहाँ जा रही हूँ। जहाँ भाग्य लिये जाता है, वहीं जा रही हूँ। तुम कहाँ जाती हो?

गौरा—मैं तो अपने मालिक के पास जा रही हूँ। जहाँ यह ज़हाज़ रुकेगा, वह वहीं नौकर हैं। मैं कल आ जाती, तो उनसे कलकत्ते में ही भेंट हो जाती। आने में देर हो गई। क्या जानती थी कि वह इतनी दूर चले जाएँगे, नहीं तो क्यों देर करती!

स्त्री—अरे बहिन, कहीं तुम्हें भी तो कोई बहकाकर नहीं लाया है? तुम घर से किसके साथ आई हो?

गौरा—मेरे आदमी ने तो कलकत्ता से आदमी भेजकर मुझे बुलाया था।

स्त्री—वह आदमी तुम्हारी जान-पहचान का था?

गौरा—नहीं, उसी तरफ़ का एक बूढ़ा ब्राह्मण था।

स्त्री—वही लम्बा-सा, दुबला-पतला। लकलक बुड्ढा, जिसकी एक आँख में फूली पड़ी हुई है।

गौरा—हाँ-हाँ, वही। क्या तुम उसे जानती हो?

स्त्री—उसी दुष्ट ने तो मेरा भी सर्वनाश किया है। ईश्वर करे, उसकी सातों पुश्तें नरक भोगें, उसका निर्वंश हो जाए, कोई पानी देनेवाला भी न रहे, कोढ़ी होकर मरे। मैं अपना वृत्तान्त सुनाऊँ, तो तुम समझोगी कि झूठ है। किसी को विश्वास न आएगा। क्या कहूँ, बस यही समझ लो कि इसके कारण मैं न घर की रह गई, न घाट की। किसी को मुँह नहीं दिखा सकती। मगर जान तो बड़ी प्यारी होती है। मिरिच के देश जा रही हूँ कि वहाँ मेहनत-मजूरी करके जीवन के दिन काटूँ।

गौरा के प्राण नहीं में समा गए। मालूम हुआ, ज़हाज़ अथाह जल में डूबा जा रहा है। समझ गई कि बूढ़े ब्राह्मण ने दग़ा की। अपने गाँव में सुना करती थी कि ग़रीब लोग मिरिच में भरती होने के लिए जाया करते हैं। मगर जो वहाँ जाता है, वह फिर नहीं लौटता। हे भगवान, तुमने मुझे किस पाप का यह दण्ड दिया? बोली—यह सब क्यों लोगों को इस तरह छलकर मिरिच भेजते हैं?

स्त्री—रुपये के लोभ से, और किसलिए,? सुनती हूँ, आदमी पीछे इन सबों को कुछ रुपये मिलते हैं।

गौरा—तो बहिन, वहाँ हमें क्या करना पड़ेगा?

स्त्री—मजूरी।

गौरा सोचने लगी, अब क्या करूँ? वह आशा-नौका, जिस पर बैठी हुई वह चली जा रही थी, टूट गई थी, अब समुद्र की लहरों के सिवा उनकी रक्षा करनेवाला कोई न था। जिस आधार पर उसने अपना जीवन-भवन बनाया था, वह जलमग्न हो गया। अब उसके लिए जल के सिवा और कहाँ आश्रय है? उसको अपनी माता की, अपने घर की, अपने गाँव की सहेलियों की याद आई, और ऐसी घोर मर्म-वेदना होने लगी, मानो कोई सर्प अन्तस्तल में बैठा हुआ बार-बार डँस रहा हो। भगवान्! अगर मुझे यही यातना देनी थी, तो तुमने मुझे जन्म ही क्यों दिया था? तुम्हें दुखिया पर दया नहीं आती? जो पिसे हुए हैं, उन्हीं को पीसते हो। करुण स्वर से बोली—तो अब क्या करना होगा बहिन?

स्त्री—यह तो वहाँ पहुँचकर मालूम होगा। अब मजूरी ही करनी पड़े तो कोई बात नहीं, लेकिन अगर किसी ने कुदृष्टि से देखा, तो मैंने निश्चय कर लिया है कि या तो उसी के प्राण ले लूँगी या अपने प्राण दे दूँगी।

यह कहते-कहते उसे अपना वृत्तान्त सुनाने की वह उत्कट इच्छा हुई, जो दुखिया को हुआ करती है। बोली—मैं बड़े घर की बेटी और उससे भी बड़े घर की बहू हूँ, पर अभागिनी! विवाह के तीसरे ही साल पतिदेव का देहान्त हो गया। चित्त की कुछ ऐसी दशा हो गई कि नित्य मालूम होता कि वह मुझे बुला रहे हैं। पहले तो आँखें झपकते ही उनकी मूर्ति सामने आ जाती थी, लेकिन फिर तो यह दशा हो गई कि जागृत दशा में रह-रहकर उनके दर्शन होने लगे। बस, यही जान पड़ता था कि वह साक्षात् खड़े बुला रहे हैं। किसी से शर्म के मारे कहती न थी। पर मन में यह शंका होती थी कि जब उनका देहावसान हो गया है, तो वह मुझे दिखाई कैसे देते हैं? मैं उसे भ्रान्ति समझकर चित्त को शान्त न कर सकती थी। मन कहता था, जो वस्तु प्रत्यक्ष दिखाई देती है, वह मिल क्यों नहीं सकती? केवल यह ज्ञान चाहिए। साधु-महात्माओं के सिवा ज्ञान और कौन दे सकता है? मेरा तो अब भी विश्वास है कि अभी ऐसी क्रियाएँ हैं, जिनसे हम मरे हुए प्राणियों से बातचीत कर

सकते हैं, उनको स्थूल रूप में देख सकते हैं। महात्माओं की खोज में रहने लगी। मेरे यहाँ अक्सर साधु-सन्त आते थे, उनसे एकान्त में इस विषय में बातें किया करती थी, पर वे लोग सदुपदेश देकर मुझे टाल देते थे। मुझे सदुपदेशों की ज़रूरत न थी। मैं वैधव्य-धर्म ख़ूब जानती थी। मैं तो वह ज्ञान चाहती थी, जो जीवन और मरण के बीच का परदा उठा दे। तीन साल तक मैं इसी खेल में लगी रही। दो महीने होते हैं, वही बूढ़ा ब्राह्मण संन्यासी बना हुआ मेरे यहाँ आ पहुँचा। मैंने इससे वही भिक्षा माँगी। इस धूर्त ने कुछ ऐसा मायाजाल फैलाया कि मैं आँखें रहते हुए भी फँस गई। अब सोचती हूँ तो अपने ऊपर आश्चर्य होता है कि मुझे उसकी बातों पर इतना विश्वास क्यों हुआ? मैं पति-दर्शन के लिए सब कुछ झेलने को, सब कुछ करने को तैयार थी। इसने मुझे रात को अपने पास बुलाया। मैं घरवालों से पड़ोसिन के घर जाने का बहाना करके इसके पास गयी। एक पीपल के नीचे इसकी धूनी जल रही थी। उस विमल चाँदनी में यह धूर्त जटाधारी ज्ञान और योग का देवता-सा मालूम होता था। मैं आकर धूनी के पास खड़ी हो गई। उस समय यदि बाबाजी मुझे आग में कूद पड़ने की आज्ञा देते, तो मैं तुरन्त आग में कूद पड़ती। इसने मुझे बड़े प्रेम से बिठाया और मेरे सिर पर हाथ रखकर न जाने क्या कर दिया कि मैं बेसुध हो गयी। फिर मुझे कुछ नहीं मालूम कि मैं कहाँ गयी, क्या हुआ। जब मुझे होश आया तो मैं रेल पर सवार थी। जी में आया कि चिल्लाऊँ, पर यह सोचकर कि अब गाड़ी रुक भी गई और मैं उतर भी पड़ी, तो घर में घुसने न पाऊँगी, मैं चुपचाप बैठी रह गई। मैं परमात्मा की दृष्टि में निर्दोष थी, पर संसार की दृष्टि में कलंकित हो चुकी थी। रात को किसी युवती का घर से निकल जाना कलंकित करने के लिए काफ़ी था। जब मुझे मालूम हो गया कि सब मुझे मिर्च के टापू में भेज रहे हैं, तो मैंने ज़रा भी आपत्ति नहीं की। मेरे लिए अब सारा संसार एक-सा है। जिनका संसार में कोई न हो, उसके लिए देश-परदेश दोनों बराबर हैं। हाँ, यह पक्का निश्चय कर चुकी हूँ कि मरते दम तक अपने सत की रक्षा करूँगी। विधि के हाथ में मृत्यु से बढ़कर कोई यातना नहीं। विधवा के लिए मृत्यु का क्या भय? उसका तो जीना और मरना-दोनों बराबर है। बल्कि मर जाने से जीवन की विपत्तियों का तो अन्त हो जाएगा।

गौरा ने सोचा, इस स्त्री में कितना धैर्य और साहस है। फिर मैं क्यों इतनी कातर और निराश हो रही हूँ? जब जीवन की अभिलाषाओं का अन्त हो गया, तो जीवन के अन्त का क्या डर! बोली–बहिन, हम और तुम एक ही जगह रहेंगे। मुझे तो अब तुम्हारा ही भरोसा है।

स्त्री ने कहा–भगवान् का भरोसा रखो और मरने से मत डरो।

सघन अन्धकार छाया हुआ था। ऊपर काला आकाश था, नीचे काला जल। गौरा आकाश की ओर ताक रही थी। उसकी संगिन जल की ओर। उसके सामने आकाश के कुसुम थे, इसके चारों ओर अनन्त, अखण्ड, अपार अन्धकार था।

7

ज़हाज़ से उतरते ही एक आदमी ने यात्रियों के नाम लिखने शुरू किये। इसका पहनावा तो अंग्रेज़ी था, पर बातचीत से हिन्दुस्तानी मालूम होता था। गौरा सिर झुकाए अपनी संगिनी के पीछे खड़ी थी। उस आदमी की आवाज़ सुनकर वह चौंक

पड़ी। उसने दबी आँखों से उसकी ओर देखा। उसके समस्त शरीर में सनसनी दौड़ गई। क्या स्वप्न तो नहीं देख रही हूँ? आँखों पर विश्वास न आया; फिर उस पर निग़ाह डाली। उसकी छाती वेग से धड़कने लगी। पैर थर-थर काँपने लगे। ऐसा मालूम होने लगा, मानो चारों ओर जल-ही- जल है, और उसमें बही जा रही हूँ। उसने अपनी संगिनी का हाथ पकड़ लिया, नहीं तो ज़मीन पर गिर पड़ती। उसके सम्मुख वही पुरुष खड़ा था, जो उसका प्राणाधार था और जिससे इस जीवन में भेंट की उसे लेश मात्र भी आशा न थी। यह मँगरू था, इसमें ज़रा भी सन्देह न था। हाँ, उसकी सूरत बदल गई थी। यौवन-काल की वह कान्तिमय सहास, सदय छवि, नाम को भी न थी। बाल खिचड़ी हो गए थे; गाल पिचके हुए, लाल आँखों से कुवासना और कठोरता झलक रही थी। पर था मँगरू। गौरा के जी में प्रबल इच्छा हुई कि स्वामी के पैरों से लिपट जाऊँ, चिल्लाने को जी चाहा, पर संकोच ने मन को रोका। बूढ़े ब्राह्मण ने बहुत ठीक कहा था। स्वामी ने अवश्य मुझे बुलाया था और मेरे आने से पहले यहाँ चले आए। उसने अपनी संगिनी के कान में कहा—बहिन, तुम उस ब्राह्मण को व्यर्थ ही बुरा कह रही थी। यही तो वह हैं, जो यात्रियों के नाम लिख रहे हैं।

स्त्री—सच, ख़ूब पहचानती हो?

गौरा—बहिन, क्या इसमें भी धोखा हो सकता है?

स्त्री—तब तो तुम्हारे भाग जाग गए, मेरी भी सुधि लेना।

गौरा—भला, बहिन ऐसा भी हो सकता है कि यहाँ तुम्हें छोड़ दूँ।

मँगरू यात्रियों से बात-बात पर बिगड़ता था, बात-बात पर गालियाँ देता था; कई आदमियों को ठोकर मारे और कई को केवल अपने गाँव का ज़िला बता सकने के कारण उसने धक्का देकर गिरा दिया। गौरा मन-ही-मन गड़ी जाती थी। साथ ही अपने स्वामी के अधिकार पर उसे गर्व भी हो रहा था। आख़िर मँगरू उसके सामने आकर खड़ा हो गया और कुचेष्टापूर्ण नेत्रों से देखकर बोला—तुम्हारा क्या नाम है?

गौरा ने कहा—गौरा।

मँगरू चौक पड़ा, फिर बोला—घर कहाँ है?

गौरा ने कहा—मदनपुर; ज़िला बनारस।

यह कहते-कहते उसे हँसी आ गई। मँगरू ने अबकी उसकी ओर ध्यान से देखा, तब लपककर उसका हाथ पकड़ लिया और बोला—गौरा! तुम यहाँ कहाँ? मुझे पहचानती हो?

गौरा रो रही थी, मुँह से बात न निकली।

मँगरू फिर बोला—तुम यहाँ कैसे आईं?

गौरा खड़ी हो गई, आँसू पोंछ डाले और मँगरू की ओर देखकर बोल—तुम्हीं ने तो बुला भेजा था।

मँगरू—मैंने! मैं तो सात साल से यहाँ हूँ।

गौरा—तुमने उस बूढ़े ब्राह्मण से मुझे लाने को नहीं कहा था?

मँगरू—कह तो रहा हूँ, मैं सात साल से यहाँ हूँ और मरने पर ही यहाँ से जाऊँगा। भला तुम्हें क्यों बुलाता!

गौरा को मँगरू से इस निष्ठुरता की आशा न थी। उसने सोचा, अगर यह सत्य भी हो कि इन्होंने मुझे नहीं बुलाया, तो भी इन्हें मेरा यों अपमान न करना चाहिए था। क्या यह समझते हैं कि मैं इनकी रोटियों पर आई हूँ? यह तो इतने

ओछे स्वभाव के न थे। शायद दरज़ा पाकर इन्हें मद हो गया है। नारी सुलभ अभिमान से गर्दन उठाकर उसने कहा—तुम्हारी इच्छा हो, तो अब लौट जाऊँ, तुम्हारे ऊपर भार बनना नहीं चाहती?

मँगरू कुछ लज्जित होकर बोला—अब तुम यहाँ से लौट नहीं सकतीं गौरा? यहाँ आकर बिरला ही कोई लौटता है।

यह कहकर वह कुछ देर चिन्ता में मग्न खड़ा रहा, मानो संकट में पड़ा हुआ हो कि क्या करना चाहिए। उसकी कठोर मुखाकृति पर दीनता का रंग झलक पड़ा। तब कातर स्वभाव से बोला—जब आ गई हो, तो रहो। जैसी कुछ पड़ेगी देखी जाएगी।

गौरा—ज़हाज़ फिर कब लौटेगा?

मँगरू—तुम यहाँ से पाँच बरस के पहले नहीं जा सकतीं।

गौरा—क्यों, क्या कुछ ज़बरदस्ती है?

मँगरू—हाँ, यहाँ का यही हुक्म है।

गौरा—तो फिर मैं अलग मजूरी करके अपना पेट पालूँगी।

मँगरू ने सजल-नेत्र होकर कहा—जब तक मैं जीता हूँ, तुम मुझसे अलग नहीं रह सकतीं।

गौरा—तुम्हारे ऊपर भार बनकर न रहूँगी।

मँगरू—मैं तुम्हें भार नहीं समझता, लेकिन यह जगह तुम-जैसी देवियों के रहने लायक नहीं है, नहीं तो अब तक मैंने तुम्हें कब का बुला लिया होता। वही बूढ़ा आदमी, जिसने तुम्हें बहकाया, मुझे घर से आते समय पटने में मिल गया और झाँसे देकर मुझे यहाँ भरती कर दिया। तब से यहीं पड़ा हुआ हूँ। चलो, मेरे घर में रहो; वहाँ बातें होंगी! यह दूसरी औरत कौन है?

गौरा—यह मेरी सखी है। इन्हें भी बूढ़ा बहका लाया है।

मँगरू—यह तो किसी कोठी में जाएंगी। इन सब आदमियों की बाँट होगी। जिसके हिस्से में जितने आदमी आएंगे, उतने ही हर एक कोठी में भेजे जाएंगे।

गौरा—यह तो मेरे साथ रहना चाहती है।

मँगरू—अच्छी बात है, इन्हें भी लेती चलो।

यात्रियों के नाम तो लिखे ही जा चुके थे, मँगरू ने उन्हें एक चपरासी को सौंपकर दोनों औरतों के साथ घर की राह ली। दोनों ओर सघन वृक्षों की कतारें थीं। जहाँ तक निग़ाह जाती थी, ऊख-ही-ऊख दिखाई देती थी। समुद्र की ओर से शीतल, निर्मल वायु के झोंके आ रहे थे। अत्यंत सुरम्य दृश्य था। पर मँगरू की निग़ाह उस ओर न थी। वह भूमि की ओर ताकता सिर झुकाए, सन्दिग्ध चाल से चला जा रहा था, मानो मन-ही-मन कोई समस्या हल कर रहा है।

थोड़ी ही दूर गए थे कि सामने से दो आदमी आते दिखाई दिए। समीप आकर दोनों रुक गए और एक ने हँसकर कहा—मँगरू, इनमें से एक हमारी है।

दूसरा बोला—और दूसरी मेरी।

मँगरू का चेहरा तमतमा उठा था। भीषण क्रोध से काँपता हुआ बोला—यह दोनों मेरे घर की औरतें हैं। समझ गए?

इन दोनों ने ज़ोर से कहकहा मारा और एक ने गौरा के समीप आकर उसका हाथ पकड़ने की चेष्टा करके कहा—यह मेरी है। चाहे तुम्हारे घर की हो, चाहे बाहर की। बच्चा, हमें चकमा देते हो!

मँगरू–क़ासिम, इन्हें मत छेड़ो, नहीं तो अच्छा न होगा। मैंने कह दिया, मेरे घर की औरतें हैं।

मँगरू की आँखों से अग्नि की ज्वाला-सी निकल रही थी। वे दोनों उसके मुख का भाव देखकर कुछ सहम गए और समझ लेने की धमकी देकर आगे बढ़े। किन्तु मँगरू के अधिकार-क्षेत्र से बाहर पहुँचते ही एक ने पीछे से ललकार कर कहा–देखें, कहाँ लेकर जाते हो!

मँगरू ने उधर ध्यान न दिया। ज़रा कदम बढ़ाकर चलने लगा। जैसे सन्ध्या के एकान्त में हम कब्रिस्तान के पास से गुज़रते हैं और हमें पग-पग पर यह शंका होती है कि कोई शब्द कान में न पड़ जाए, कोई सामने आकर खड़ा न हो जाए, कोई ज़मीन के नीचे से कफ़न ओढ़े उठ न खड़ा हो।

गौरा ने कहा–ये दोनों बड़े शोहदे थे।

मँगरू–और मैं किस लिए कह रहा था कि यह जगह तुम-जैसी स्त्रियों के रहने लायक नहीं है।

सहसा दाहिनी तरफ़ से एक अंग्रेज घोड़ा दौड़ता हुआ आ पहुँचा और मँगरू से बोला–वेल ज़मादार, ये दोनों औरतें हमारी कोठी में रहेगा। हमारे कोठी में कोई औरत नहीं है।

मँगरू ने दोनों औरतों को अपने पीछे कर लिया और सामने खड़ा होकर बोला–साहब, ये दोनों मेरे घर की औरतें हैं।

साहब–ओ-हो? तुम झूठा आदमी। हमारे कोठी में कोई औरत नहीं तुम दो ले जाएगा। ऐसा नहीं हो सकता। (गौरा की ओर इशारा करके) इसको हमारे कोठी पर पहुँचा दो।

मँगरू ने सिर-से-पैर तक काँपते हुए कहा–ऐसा नहीं हो सकता।

मगर साहब आगे बढ़ गया था, उसके कान में बात न पहुँची। उसने हुक्म दे दिया था और उसकी तामील करना ज़मादार का काम था।

शेष मार्ग निर्विघ्न समाप्त हुआ। आगे मजूरों के रहने के मिट्टी के घर थे। द्वारों पर स्त्री-पुरुष जहाँ-तहाँ बैठे हुए थे। सभी इन दोनों स्त्रियों की तरफ़ घूरते थे और आपस में इशारे करते और हँसते थे। गौरा ने देखा, उसमें छोटे-बड़े का लिहाज़ नहीं है, न किसी की आँखों में शर्म है।

एक भदैसल औरत ने हाथ पर चिलम पीते हुए अपनी पड़ोसिन से कहा–चार दिन की चाँदनी फिर अँधेरा पाख।

दूसरी अपनी चोटी गूँथती हुई बोली–कलोर हैं न!

8

मँगरू दिन-भर द्वार पर बैठा रहा, मानो कोई किसान अपने मटर के खेत की रखवाली कर रहा हो। कोठरी में दोनों स्त्रियाँ बैठी अपने नसीबों को रो रही थीं। इतनी देर में दोनों को यहाँ की दशा का परिचय हो गया था। दोनों भूखी-प्यासी बैठी थीं। यहाँ का रंग देखकर भूख-प्यास सब भाग गई थी।

रात के दस बजे होंगे कि एक सिपाही ने आकर मँगरू से कहा–चलो, तुम्हें एजेण्ट साहब बुला रहे हैं।

मँगरू ने बैठे-बैठे कहा–देखो नब्बी, तुम भी हमारे देश के आदमी हो। कोई

मौक़ा पड़े, तो हमारी मदद करोगे न? जाकर साहब से कह दो, मँगरू कहीं गया है। बहुत होगा, जुर्माना कर देंगे।

नब्बी–न भैया, गुस्से में भरा बैठा है, पिए हुए है, कहीं मार चले तो बस, यहाँ चमड़ा इतना मज़बूत नहीं है।

मँगरू–अच्छा, तो जाकर कह दो, नहीं आता।

नब्बी–मुझे क्या, जाकर कह दूँगा, पर तुम्हारी ख़ैरियत नहीं है।

मँगरू ने ज़रा देर सोचकर लकड़ी उठाई और नब्बी के साथ साहब के बँगले पर चला। यह वही साहब थे, जिनसे आज मँगरू से भेंट हुई थी। मँगरू जानता था कि साहब से बिगाड़ करके यहाँ एक क्षण भी निर्वाह नहीं हो सकता। जाकर साहब के सामने खड़ा हो गया। साहब ने दूर ही से डाँटा, वह औरत कहाँ हैं? तुम उसे अपने घर में क्यों रखा है?

मँगरू–हजूर, वह मेरी ब्याहता औरत है।

साहब–अच्छा, वह दूसरी कौन है?

मँगरू–वह मेरी सगी बहन है हजूर?

साहब–हम कुछ नहीं जानता। तुमको लाना पड़ेगा। दो में से कोई, दो में से कोई।

मँगरू पैरों पर गिर पड़ा और रो-रोकर अपनी सारी राम-कहानी सुना गया। पर साहब ज़रा भी न पसीजे। अन्त में वह बोला–हजूर, वह ⋯ वह दूसरी औरतों की तरह नहीं हैं। अगर यहाँ आ भी गईं, तो प्राण दे देंगी।

साहब ने हँसकर कहा–ओ! जान देना इतना आसान नहीं है।

नब्बी–मँगरू अपनी दाँव रोते क्यों हो! तुम हमारे घर में नहीं घुसे थे? अब भी जब घात पाते हो, जा पहुँचते हो। अब रोते क्यों हो?

एजेण्ट–श्री, यह बदमाश है। अभी जाकर लाओ, नहीं तो हम तुमको हण्टरों से पीटेगा।

मँगरू–हजूर जितना चाहें पीट लें, मगर मुझसे वह काम करने को न कहें, जो मैं जीते जी नहीं कर सकता।

एजेण्ट–हम एक सौ हण्टर मारेगा।

मँगरू–हजूर एक हज़ार हण्टर मार लें, लेकिन मेरे घर की औरतों से न बोलें।

एजेण्ट नशे में चूर था। हण्टर लेकर मँगरू पर पिल पड़ा और लगा सड़ा सड़ ज़माने। दस-बारह कोड़े तो मँगरू ने धैर्य के साथ सहे, फिर हाय-हाय करने लगा। देह की ख़ाल फट गयी थी और मांस पर जब चाबुक पड़ता था, तो बहुत ज़ब्त करने पर भी कण्ठ से आर्त्त ध्वनि निकल आती थी और अभी एक सौ में कुल पन्द्रह चाबुक पड़े थे।

रात के दस बज गए थे। चारों ओर सन्नाटा छाया था और उस नीरव अन्धकार में मँगरू का करुण विलाप किसी पक्षी की भाँति आकाश में मँडरा रहा था। वृक्षों के समूह भी हतबुद्धि से खड़े मौन रुदन की मूर्ति बने हुए थे। यह पाषाण-हृदय, लम्पट, विवेक-शून्य ज़मादार इस समय एक अपरिचित स्त्री के सतीत्व की रक्षा करने के लिए अपने प्राण तक देने को तैयार था, केवल इसी नाते कि वह उसकी पत्नी की संगिनी थी। वह समस्त संसार की नज़रों में गिरना गवारा कर सकता

था, पर अपनी पत्नी की भक्ति पर अखंड राज्य करना चाहता था। इसमें अणुमात्र की कमी भी उसके लिए असह्य थी, उस अलौकिक भक्ति के सामने उसके जीवन का क्या मूल्य था?

ब्राह्मणी तो ज़मीन पर ही सो गई थी, पर गौरा बैठी पति की बाट-जोह रही थी। अभी तक वह उससे कोई बात न कह सकी थी। सात वर्षों की विपत्ति-कथा कहने और सुनने के लिए बहुत समय की ज़रूरत थी, रात के सिवा वह समय फिर कब मिल सकता था? उसे ब्राह्मणी पर कुछ क्रोध-सा आ रहा था कि यह क्यों मेरे गले की हार हुई। इसी के कारण तो वह घर में नहीं आ रहे हैं।

एकाएक वह किसी का रोना सुनकर चौंक पड़ी। भगवान्, इतनी रात गए कौन दुःख का मारा रो रहा है! अवश्य कोई कहीं मर गया है। वह उठकर द्वार पर आई तो यह अनुमान करके कि मँगरू बैठा हुआ है, बोली—वह कौन रो रहा है? ज़रा जाकर देखो तो।

लेकिन जब कोई जवाब न मिला, तो वह स्वयं कान लगाकर सुनने लगी। सहसा उसका कलेजा धक से हो गया। यह तो उन्हीं की आवाज़ है। अब आवाज़ साफ़ सुनाई दे रही थी। मँगरू की आवाज़ थी। वह द्वार के बाहर निकल आईं। उसके सामने एक गोली के टप्पे पर एजेण्ट का बँगला था। उसी तरफ़ से आवाज़ आ रही थी। कोई उन्हें मार रहा है। आदमी मार पड़ने पर ही इस तरह रोता है। मालूम होता है, वही साहब उन्हें मार रहा है। वह वहाँ खड़ी न रह सकी; पूरी शक्ति से उस बँगले की ओर दौड़ी, रास्ता साफ़ था। एक क्षण में वह फाटक पर पहुँच गई। फाटक बंद था। उसने ज़ोर से फाटक पर धक्का दिया, लेकिन वह फाटक न खुला और कई बार ज़ोर-ज़ोर से पुकारने पर भी कोई बाहर न निकला, तो वह फाटक के जंगलों पर पैर रखकर भीतर कूद पड़ी और उस पार जाते ही उसने एक रोमाँचकारी दृश्य देखा। मँगरू नंगे बदन से बरामदे में खड़ा था और एक अंग्रेज़ उसे हण्टरों से मार रहा था। गौरा की आँखों के सामने अँधेरा छा गया। वह एक छलाँग में साहब के सामने जाकर खड़ी हो गई और मँगरू को अपने अक्षय-प्रेम-सबल हाथों से ढाँककर बोली—सरकार, दया करो, इनके बदले मुझे जितना चाहो मारो; पर इनको छोड़ दो।

एजेण्ट ने हाथ रोक लिया और उन्मत्त की भाँति गौरा की ओर कई कदम आकर बोला—हम इसको छोड़ दें, तो तुम मेरे पास रहेगा?

मँगरू के नथुने फड़कने लगे। यह पामर, नीच, अंग्रेज मेरी पत्नी से इस तरह की बातें कर रहा है। अब वह जिस अमूल्य रत्न की रक्षा के लिए इतनी यातनाएँ सह रहा था, वही वस्तु साहब के हाथ में चली जा रही है, यह असह्य था। उसने चाहा कि लपककर साहब की गर्दन पर चढ़ बैठूँ, जो कुछ होना हो, हो जाए! यह अपमान सहने के बाद जीकर क्या करूँगा? नब्बी ने तुरन्त पकड़ लिया और कई आदमियों को बुलाकर उसके हाथ-पाँव बाँध दिए। मँगरू भूमि पर छटपटाने लगा।

गौरा रोती हुई साहब के पैरों पर गिर पड़ी और बोली—हजूर, इन्हें छोड़ दें, मुझ पर दया करें।

एजेण्ट—तुम हमारे पास रहेगा?

गौरा ने ख़ून का घूँट पीकर कहा—हाँ, रहूँगी।

9

बाहर मँगरू बरामदे में पड़ा कराह रहा था। उसकी देह में सूजन थी और घावों में जलन, सारे अंग जकड़ गए थे। हिलने की भी शक्ति नहीं थी। हवा घावों में शर के समान चुभती थी, लेकिन यह सारी व्यथा वह सह सकता था। असह्य यह था कि साहब गौरा के साथ इसी घर में बिहार कर रहा है और मैं कुछ नहीं कर सकता। उसे अपनी पीड़ा भूल-सी गई थी, कान लगाकर सुन रहा था कि उनकी बातों की भनक कान में पड़ जाए, देखूँ तो क्या बातें हो रही हैं। गौरा अवश्य चिल्लाकर भागेगी और साहब उसके पीछे दौड़ेगा। अगर मुझसे उठा जाता, तो उस वक़्त बचा को खोदकर गाड़ ही देता। लेकिन बड़ी देर हो गई, न तो गौरा चिल्लायी; न बँगले से निकलकर भागी! वह उस सजे-सज़ाए कमरे में साहब के पास बैठी सोच रही थी—क्या इसमें तनिक भी दया नहीं है? मँगरू का पीड़ा-क्रन्दन सुन-सुनकर उसके हृदय के टुकड़े हुए जाते थे। क्या इसके अपने भाई-बन्द, माँ-बहिन नहीं हैं? माता यहाँ होती, तो उसे इतना अत्याचार न करने देती। मेरी अम्माँ लड़कों पर कितना बिगड़ती थीं, जब वह किसी पेड़ पर ढेले चलाते देखती थीं। पेड़ में भी प्राण होते हैं। क्या इसकी माता इसे एक आदमी के प्राण लेते देखकर भी मना न करती! साहब शराब पी रहा था और गौरा गोश्त काटने का छुरा हाथ में लिये खेल रही थी।

सहसा गौरा की निग़ाह एक चित्र की ओर गई। उसमें एक माता बैठी हुई थी। गौरा से पूछा—साहब, यह किसकी तस्वीर है?

साहब ने शराब का गिलास मेज़ पर रखकर कहा—ओ, वह हमारे ख़ुदा की माँ मरियम है।

गौरा—बड़ी अच्छी तसवीर है! क्यों साहब, तुम्हारी माँ जीती हैं न।

साहब—वह मर गया, जब हम यहाँ आया, तो वह बीमार हो गया। हम उसको देख भी नहीं सका।

साहब के मुख-मण्डल पर करुणा की झलक दिखाई दी।

गौरा बोली—तब तो उन्हें बड़ा दुःख हुआ होगा। तुम्हें अपनी माता का भी प्यार नहीं था। वह रो-रोकर मर गई और तुम देखने भी न गए! तभी तुम्हारा दिल कड़ा है।

साहब—नहीं, नहीं; हम अपनी माता को बहुत चाहता था। वैसा औरत दुनिया में न होगा। हमारा बाप हमको बहुत छोटा-सा छोड़कर मर गया। मामा ने कोयले की खान में मजूरी करके हमको पाला।

गौरा—तब तो वह देवी थीं। इतनी ग़रीबी का दुःख सहकर भी तुम्हें दूसरों पर तरस नहीं आता? क्या वह दया की देवी तुम्हारी बेदर्दी देखकर दुःखी न होती होगी, उनकी कोई तसवीर तुम्हारे पास है?

साहब—ओ, हमारे पास उनके कई फ़ोटो हैं। देखो, वह उन्हीं की तसवीर है, वह दीवाल पर!

गौरा ने समीप जाकर तसवीर देखी और करुण स्वर में बोली—सचमुच देवी थीं,। जान पड़ता है, दया की देवी हैं। वह तुम्हें कभी मारती थीं कि नहीं? मैं तो जानती हूँ, वह कभी किसी पर न बिगड़ती रही होंगी। बिलकुल दया की मूर्ति हैं।

साहब—ओ, मामा हमको कभी नहीं मारता था। वह बहुत ग़रीब था, हर

अपने कमाई में कुछ-न-कुछ ज़रूर ख़ैरात करता था। किसी बे-बाप के बालक को देखकर उसकी आँखों में आँसू भर आता था। वह बहुत ही दयावान था।

गौरा ने तिरस्कार के स्वर में कहा—और उसी देवी के पुत्र होकर तुम इतने निर्दयी हो! क्या वह होतीं तो तुम्हें किसी को इस तरह हत्यारों की भाँति मारने देतीं? वह स्वर्ग में रो रही होंगी। स्वर्ग-नरक तो तुम्हारे यहाँ भी होगा। ऐसी देवी के पुत्र तुम कैसे हो गए?

गौरा को ये बातें कहते हुए ज़रा भी भय न होता था। उसने अपने मन में एक दृढ़ संकल्प कर लिया था और अब उसे किसी प्रकार का भय न था। जान से हाथ धो लेने का निश्चय कर लेने के बाद भय की छाया भी नहीं रह जाती। किन्तु वह हृदय-शून्य अंग्रेज़ इन तिरस्कारों पर आग हो जाने के बदले और भी नम्र होता जाता था। गौरा मानवी भावों से कितनी ही अनभिज्ञ हो, पर इतना जानती थी कि अपनी जननी के लिए प्रत्येक हृदय में, चाहे वह साधु का हो या कसाई का, आदर और प्रेम का एक कोना सुरक्षित रहता है। ऐसा भी कोई अभागा प्राणी है, जिसे मातृ-स्नेह की स्मृति थोड़ी देर के लिए रुला न देती हो, उसके हृदय के कोमल भाव को जगा न देती हो?

साहब की आँखें डबडबा गई थीं, सिर झुकाए बैठा रहा। गौरा ने फिर उसी ध्वनि में कहा—तुमने उसकी सारी तपस्या धूल में मिला दी। जिस देवी ने मर-मरकर तुम्हारा पालन किया, उसी को मरने के पीछे तुम इतना कष्ट दे रहे हो? क्या इसीलिए माता अपने पुत्र को रक्त पिला-पिलाकर पालती है? अगर वह बोल सकतीं, तो क्या चुप बैठी रहतीं; तुम्हारे हाथ पकड़ सकतीं, तो न पकड़तीं? मैं तो समझती हूँ, वह जीती होतीं, तो इस वक़्त विष खाकर मर जातीं।

साहब अब जब्त न कर सके। नशे में क्रोध की भाँति ग्लानि का वेग सहज ही में उठ आता है। दोनों हाथों से मुँह छिपाकर साहब ने रोना शुरू किया, और इतना रोया कि हिचकी बँध गई। माता के चित्र के सम्मुख जाकर वह कुछ देर तक खड़ा रहा, मानों माता से क्षमा माँग रहा हो तब आकर आर्द्र-कण्ठ से बोला—हमारे मामा को अब कैसे शान्ति मिलेगा? हाय-हाय! हमारे सबब से उसको स्वर्ग में भी सुख नहीं मिला। हम कितना अभागा है!

गौरा—अभी ज़रा देर में तुम्हारा मन बदल जाएगा और तुम फिर दूसरों पर यही अत्याचार करने लगोगे।

साहब—नहीं, नहीं, अब हम मामा को कभी दुःख नहीं देगा। हम अभी मँगरू को अस्पताल भेजता है।

10

रात ही को मँगरू अस्पताल पहुँचा दिया गया। एजेण्ट ख़ुद उसको पहुँचाने आया। गौरा भी उसके साथ थी। मँगरू को ज्वर हो आया था, बेहोश पड़ा हुआ था।

मँगरू ने तीन दिन आँखें न खोलीं और गौरा तीनों दिन उसके पास बैठी रही। एक क्षण के लिए भी वहाँ से न हटी। एजेण्ट भी कई बार हालचाल पूछने आ जाता और हर मरतबा गौरा से क्षमा माँगता।

चौथे दिन मँगरू ने आँखें खोलीं तो देखा, गौरा सामने बैठी हुई है। गौरा उसे आँखें खोलते देखकर पास खड़ी हुई और बोली—अब कैसा जी है?

मँगरू ने कहा–तुम यहाँ कब आईं?

गौरा–मैं तो तुम्हारे साथ ही यहाँ आई थी, तब से यहीं हूँ।

मँगरू–साहब के बंगले में क्या जगह नहीं है?

गौरा–अगर बंगले की चाह होती, तो सात समुद्र पार तुम्हारे पास क्यों आती?

मँगरू–आकर कौन-सा सुख दे दिया है? तुम्हें यही करना था, तो मुझे मर क्यों न जाने दिया?

गौरा ने झुँझलाकर कहा–तुम इस तरह की बातें मुझसे न करो। ऐसी बातों से मेरी देह में आग लग जाती है।

मँगरू ने मुँह फेर लिया, मानो उसे गौरा की बात पर विश्वास नहीं आया।

दिन-भर गौरा मँगरू के पास बेदाना-पानी खड़ी रही। गौरा ने कई बार उसे बुलाया, लेकिन वह चुप्पी साधे रह गया। यह सन्देहयुक्त निरादर कोमल हृदय गौरी के लिए असह्य था। जिस पुरुष को वह देवतुल्य समझती थी, उसके प्रेम से वंचित होकर वह कैसे जीवित रह सकती थी? यही प्रेम उसके जीवन का आधार था। उसे खोकर अब वह अपना सर्वस्व खो चुकी थी।

आधी रात से अधिक बीत चुकी थी। मँगरू बेख़बर सोया हुआ था, शायद कोई स्वप्न देख रहा था। गौरा ने उसके चरणों पर सिर रखा और अस्पताल से निकली। मँगरू ने उसका परित्याग कर दिया था। वह भी उसका परित्याग करने जा रही थी।

अस्पताल के पूर्व दिशा में एक फर्लांग पर एक छोटी-नदी बहती थी गौरा कगार पर खड़ी हो गई। अभी कई दिन पहले वह अपने गाँव में आराम से पड़ी हुई थी। उसे क्या मालूम था कि जो वस्तु इतनी मुश्क़िल से मिल सकती है, वह इतनी आसानी से खोई भी जा सकती है। उसे अपनी माँ की, अपने घर की, अपनी सहेलियों की, अपने बकरी के बच्चों की याद आई। वह सब छोड़कर इसीलिए यहाँ आई थी? पति के ये शब्द–'क्या साहब के बंगले में जगह नहीं है' उसके मर्मस्थान में बाणों के समान चुभे हुए थे। यह सब मेरे ही कारण तो हुआ? मैं न रहूँगी, तो वह फिर आराम से रहेंगे। सहसा उसे ब्राह्मणी की याद आ गई। उस दुखिया के दिन यहाँ कैसे कटेंगे? चलकर साहब से कह दूँ कि उसे या तो उसके घर भेज दें या किसी पाठशाला में काम दिला दें।

वह लौटना ही चाहती थी कि किसी ने पुकारा–गौरा! गौरा!!

वह मँगरू की करुण-कम्पित स्वर था। वह चुपचाप खड़ी हो गई। मँगरू ने फिर पुकारा–गौरा! तुम कहाँ हो? मैं ईश्वर से कहता हूँ कि ...

गौरा ने और कुछ न सुना। वह धम-से नदी में कूद पड़ी। बिना अपने जीवन का अन्त किए वह स्वामी की विपत्ति का अन्त कर सकती थी।

धमाके की आवाज़ सुनते ही मँगरू भी नदी में कूद पड़ा। वह अच्छा तैराक़ था। मगर कई बार गोते मारने पर भी गौरा का कहीं पता न चला।

प्रातःकाल दोनों लाशें साथ-साथ नदी में तैर रही थीं। जीवन-यात्रा में उन्हें यह चित्र-संग कभी न मिला था। स्वर्ग-यात्रा में दोनों साथ-साथ जा रहे थे।

❑❑❑